商管叢書 全華圖書 BUSINESS MANAGEMENT

INVESTMENT
投資學

李顯儀 編著

第4版

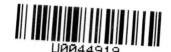

國家圖書館出版品預行編目資料

投資學 / 李顯儀　編著.　- -四版. - -
新北市：全華圖書，2022.05
　　面　；　公分
　ISBN 978-626-328-168-4(平裝)
　1.CST: 投資學
563.5　　　　　　　　111005962

投資學（第四版）

作者 / 李顯儀
發行人 / 陳本源
執行編輯 / 楊軒竺
封面設計 / 楊昭琅
出版者 / 全華圖書股份有限公司
郵政帳號 / 0100836-1 號
印刷者 / 宏懋打字印刷股份有限公司
圖書編號 / 0819503
四版一刷 / 2022 年 6 月
定價 / 新台幣 600 元
ISBN / 978-626-328-168-4
全華圖書 / www.chwa.com.tw
全華網路書店 Open Tech / www.opentech.com.tw
若您對本書有任何問題，歡迎來信指導 book@chwa.com.tw

臺北總公司(北區營業處)
地址：23671 新北市土城區忠義路 21 號
電話：(02) 2262-5666
傳真：(02) 6637-3695、6637-3696

南區營業處
地址：80769 高雄市三民區應安街 12 號
電話：(07) 381-1377
傳真：(07) 8 2-5562

中區營業處
地址：40256 臺中市南區樹義一巷 26 號
電話：(04) 2261-8485
傳真：(04) 3600-9806(高中職)
　　　(04) 3601-8600(大專)

四版序

近年來，國際金融市場陸續遭受到 Covid-19 疫情與俄烏戰爭的紛擾，致使投資操作更具挑戰性，這也凸顯要將這門學科學好的重要性。個人所編撰的投資學，長久以來，也一直與時俱進的進行修版，希望能提供優質的讀本，給修習該學科的學子們。

在此次改版中，除了增加現在最熱門的虛擬貨幣介紹外，並更新實務案例、影片檔以及證照相關題目，且對習題編排進行調整。希望此改版內容，能更符合市場所需與教學所用。

此次的改版，感謝諸多先進所提供的修正意見，並感謝全華圖書商管部編輯軒竺的用心編修、美編部優秀的排版協助，以及業務部門的大力推廣，才能讓此書順利改版發行。個人亦非常感謝用書者們的支持與鼓勵，才能讓本書有不斷精進、往前邁進的機會。

本書此次的改版修訂，個人雖竭盡心力，傾全力以赴，奈因才疏學淺，謬誤疏忽之處在所難免，敬祈各界先進賢達不吝指正，以匡不逮。若有賜教之處請 email 至：k0498@gcloud.csu.edu.tw。

李顯儀 謹識

2022 年 05 月

作者序

人一生所擁有的財富，一方面是辛苦工作賺錢或繼承而得，另一方面可藉由投資理財加以累積。所以懂得如何投資對現代人而言，實爲一項重要的課題。投資學所教授的內容，正是企業進行營業投資與個人進行財富規劃，所須用到的知識。希望藉由本書深入淺出的詮釋，引領讀者進入投資的領域，並爲國內投資理財教育盡一份心力。以下爲本書的主要特色：

1. 章節架構循序漸進，內容敘述簡明易讀，並輔以豐富圖表，有利教學。
2. 每章節皆附「實務案例與其導讀」，讓課本內容與實務相結合，以彰顯內容的重要性與應用性。
3. 書中部分例題具連貫性並輔以 Excel 說明，讓教授者能夠有系統且多樣性的解說例題。
4. 章末習題分「基礎題」、「進階題」與「證照考題」，讓學生練習由易入難且提供欲赴試者應考方向；另附各章題庫與詳解（教學光碟），可供教授者出習題與考題的方便性。
5. 另提供每章相關實務影片連結檔、解說與其 Q&A（教學光碟），讓上課內容更加貼近實務，並引導學生延伸性的思考，以提昇學習興趣與效果。

全球金融市場每日不停的變化著，投資動態的異動與金融商品的創新，使得從事財務領域的工作者必須不斷的自我充實，才能跟得上時代的脈動。個人自投入職場以來，即時時刻刻鞭策自己不容懈怠；於本書撰寫之際，亦竭力融入以往的實務經驗，讓教材能兼顧理論又符合現實所用，也希望對教授者與讀者提供易教、易讀的書籍。

此書能順利完成，首先，感謝全華圖書公司的厚愛，提供個人出版創作發揮的舞台；其次，感謝全華的奇勝、瓊慧在出版上的協助；編輯芸珊精良的編修以及美編優秀的排版協助，才得使此書順利出版。再者，感謝太太吳幸姬協助教養兩位小女，讓個人能較專心投入寫作。最後，將此書獻給具教養之恩的雙親——李德政先生與林菊英女士，個人的一切成就將歸屬於我敬愛的雙親。

個人對本書之撰寫雖竭盡心力，傾全力以赴，奈因個人才疏學淺，謬誤疏忽之處在所難免，敬祈各界先進賢達不吝指正，以匡不逮。若有賜教之處請 email 至：davidlsy2@yahoo.com.tw 或 davidlsy3@gmail.com。

李顯儀 謹識

2014 年 12 月

目錄

01 基礎篇

02 理論篇

03 證券市場篇

目錄

04 證券分析篇

05 衍生性金融商品篇

NOTE

01

第一篇

基礎篇

學習如何投資理財對現代人而言，是一件重要的課題。投資學該學科所教授的知識，是日常生活中廣被運用的常識，所以投資學是一門值得學習的學科。本篇包含 3 大章，其主要的內容為投資學基礎，提供讀者學習投資學時，所必須瞭解的基本常識與必備的重要技能。

chapter 1

投資學概論

本章大綱

本章內容為投資學概論，主要介紹投資概論與投資商品。其內容詳見下表。

節次	節名	主要內容
1-1	投資概論	投資的類型與要素，以及投資、投機與賭博的差異。
1-2	投資商品	實體商品與金融商品。

1-1 投資概論

投資（Investment）是一項常見的經濟活動，個人或企業通常會將身邊多餘的資金進行投資活動，其目的乃期望未來能產生更好的效益。通常這個效益可為「無形」，亦可為「有形」；需要多少「時間」與承受多少「風險」，才有此「報酬」產生。這些都是我們進行投資所必須清楚了解的地方。以下將介紹投資的類型與其須考量的要素；另外，介紹投資、投機與賭博的差別。

一 投資的類型

（一）無形的投資

此類的投資比較無法明確知道未來的效益為何？例如：將資金投資在自己在職進修或小孩的教育學習；或將資金投資於拓展政經商業人脈的經營等。這類投資的報酬較難用貨幣來衡量，只能期使未來的情勢能更優化，或可降低社會成本支出的風險。

（二）有形的投資

此類的投資比較可以明確知道未來的效益為何？例如：將資金投資於股票、基金、黃金與房地產等實質資產；或企業將資金投資於增建廠房或購買機器設備等營利活動。這類的投資報酬較能用貨幣來衡量，且較明確知道須承擔多少風險。

二 投資的要素

當我們進行投資時，通常會考慮要投資多久？可以產生多少報酬？以及必須承受多少風險？這是我們所必須考量的投資三要素──**「時間」**、**「報酬」**與**「風險」**。以下將分別說明之：

時間	投資的效益發生於未來，所以當評估一項投資時，必須考量需犧牲多少現在資金的「時間」價值（如：定存的收益），去換取未來的收益。因此投資期間要維持多久，需衡量耗費多少資金的時間機會成本。

報酬	投資時能獲取多少報酬是進行投資時最關心的要素，通常都希望報酬愈高愈好，既使有正報酬，也希望它比資金最基本的時間報酬還要高（如：投資報酬需高於定存的報酬）。報酬通常來自兩方面，其一為投資本身的增值（如：資本利得），另一為本身的額外收入（如：投資股票可以收取股利收益）。

風險	投資時會面臨報酬變動的不確定性，通常「實際報酬」與「預期報酬」的差異就是風險。一般而言，風險與報酬成正向關係，高報酬通常伴隨著高風險。投資時每個投資人可以忍受的風險程度並不一致，因此所要求的報酬也會有所差別。

三 投資、投機與賭博

當我們在進行投資股票時，因太頻繁的進行短期操作，常常會被質疑是在進行投機（Speculation）行爲，甚至被認爲是在進行賭博（Gambling）遊戲。那到底投資、投機與賭博這三者有何差異呢？基本上，**「投資」**行爲乃是願意承擔一定的風險下，去獲取長期較穩定的報酬；例如：投資共同基金、定存與投資型保單等。**「投機」**行爲乃是藉由商品價格波動，獲取短期較高額的報酬，且須承擔較高的風險；例如：投資期貨、選擇權與認股權證等。至於，**「賭博」**行爲乃是在公平情形下，將資金投資於不確定的事情上，利用碰運氣的方式去獲利，且須在沒有資訊下，冒很高的風險。例如：買彩券、六合彩或刮刮樂等。以下將進一步利用表 1-1 區別投資、投機與賭博這三者的差異。

表 1-1　投資、投機與賭博的差異

	投資	投機	賭博
動機目的	承擔一定的風險，獲取長期較穩定報酬	承擔較大風險，獲取短期報酬	憑運氣獲得高額報酬，且冒很高的風險
報酬來源	長期增值與額外收入	短期增值	短期暴利
持有期間	較長	較短	極短
承擔風險	較低	較高	極高
資訊蒐集	詳細	較少	不用
獲利速度	較慢	較快	極快
干擾因素	較多	較少	極少

1-2 投資商品

一般而言，可供投資的商品大致可分為兩大類，其一為「**實體商品**」（Physical Assets），另一為「**金融商品**」（Financial Assets）。以下將分別介紹之：

一 實體商品

實體商品具有抗通貨膨脹的特性，且大都具單一獨特性，所以市場流通性與變現性較差，因此並不一定具有眞正的市場價格且價格大多屬於高單價，容易出現市場亂哄價格的現象。以下將介紹幾種常見的實體商品。

（一）不動產（Real Estates）

一般而言，不動產包含土地與建築物等；不動產具有單價高不易流動的特性，價格容易受到總體經濟景氣與政府政策的影響；且亦受地域性（如：交通性、生活便利性等）與不動產本身的條件（如：屋齡、建蔽率、容積率與結構等）等因素的影響。

（二）黃金（Gold）

黃金包含金飾、金幣、金條與金塊等；通常黃金具有稀少性、耐久性與可分割性，所以可以將之標準化後變成貨幣工具進行交易。國際上有黃金的現貨與期貨市場，可供投資與避險交易。黃金的價格易受到市場供需、各國貨幣政策、美元價格、國際政局動盪、戰爭、恐怖事件等因素的影響。

此外，國內各銀行幾乎都有開辦「黃金存摺」業務，也是投資黃金的重要管道。「黃金存摺」是指投資人買賣黃金時，不拿實體黃金，而是用銀行的存摺來登錄買賣紀錄，投資人可隨時委託銀行買進黃金放在存摺裡，也可隨時將黃金賣回給銀行，所有交易都是在紙上作業完成，又稱為「紙黃金」。現今國內至銀行承辦黃金存摺，是以「1 公克」為基本掛牌單位。

（三）寶石（Gemstone）

一般而言，寶石包含鑽石、紅寶石、藍寶石、祖母綠等；通常寶石被視爲高單價的奢侈品，價位取決於市場的供需、寶石本身的條件等（如：大小、淨度、顏色、車工等因素）。國際上有專業的寶石鑑定機構（如：美國寶石學院（GIA）、歐洲寶石學院），可以提供具公信力的鑑定價格。

（四）珍稀品（Rare Treasures）

珍稀品乃是在市面上具有稀少性與特殊性的商品，這些商品通常以藝術品（Fine Arts）居多，也不乏具收藏價值的特殊貨幣或郵票等。一般而言，藝術品包含：古董、雕刻品、字畫等，通常藝術品因具稀有性與唯一性，所以並沒有標準的市場價格可供參考，因此價格取決於買賣雙方的個人認定。但國際上有著名的專業藝術品經紀公司，如：蘇富比（Sotheby's）與佳士得（Chrustie's），可幫賣主安排拍賣會，進行買賣交易。

此外，一般市面上，也有很多蒐藏郵幣的玩家，通常年份稀少或具特殊的古幣與郵票，其價格常比面額高出數倍，甚至有暴利的情形發生，所以價格並無一定標準，端視收藏品的供需雙方而定。

市場焦點

收藏紙鈔也能賺大錢！

如果想要發財致富，有時候不假外求，現在快翻翻你皮夾中的鈔票，這些薄薄的紙片，從 17 世紀發展迄今，除了是每個人錢包裡的小型藝術品，更有可能藏著讓你一夜致富的寶藏。

「當你拿起紙鈔，就拿起了一個國家的歷史、回憶和夢想。」一個國家的貨幣史能完整地呈現當時的背景故事。以「新台幣之王」大陳島套幣為例，雖然多數民眾對於隸屬浙江的大陳島，或許會感到陌生，但是它在 1955 年前仍屬於臺灣。歷經戰火與歲月的流逝，這 4 張限大陳島流通的貨幣，已成為臺灣最貴的新台幣紙鈔，市面要價更是飆破 150 萬元！

圖文資料來源：摘錄自蘋果日報與風生活 2018/09/03

解說

近年來，全球積極推動無現金社會，企圖消滅紙鈔的流通。但一國的紙鈔的發行，仍有承載著各國歷史、文化與生活等印記的情懷，深具承先啓後之意義。所以有些具歷史紀念性的票幣，都是蒐藏家的最愛，因為收藏它們通常都有很大的增值空間。

二 金融商品

通常金融商品會有明確的交易合約與市場，且許多商品都被標準化，所以市場流通性與變現性較好，市場價格較不容易失真。一般而言，金融商品可依投資的風險程度高低分成──「**固定收益類型**」（可獲取較穩定的固定報酬爲主）、「**非固定收益類型**」（以商品價差的報酬爲主），以下將依這兩類分別介紹之。

（一）固定收益類型

1. 票券（Bills）：包含國庫券、商業本票、承兌匯票與銀行可轉讓定存單等；此乃由政府、企業與銀行所發行的短期債務憑證。投資人可至票券金融公司進行交易，買賣票券可以獲取固定的短期收益。
2. 債券（Bonds）：包含公債、公司債與金融債券等；此乃由政府、企業與銀行所發行的中長期債務憑證。投資人可至證券公司、票券公司或銀行進行交易，買賣債券可以獲取固定的中長期收益。
3. 固定收益型基金（Fixed Income Funds）：包含「**貨幣型基金**」與「**債券型基金**」等；此乃由投資信託公司發行的受益憑證，其主要標的物爲票券、債券等固定收益商品。投資人可至投資信託公司、證券公司、銀行、基層金融機構、郵匯局與基金銷售平台進行交易，買賣固定收益型基金可以獲取固定的短、中與長期收益。
4. 定存（Certificate Deposit）：包含「**定期存款**」與「**定期儲蓄存款**」等；此乃爲金融機構吸收資金的方式之一，存款人可至銀行、基層金融機構與郵匯局皆可承作短、中長期定存，可以獲取固定的短、中長期收益。
5. 儲蓄型保險（Saving Deposited Insurance）：此乃壽險公司推出兼具「保險」與「儲蓄」的保險商品。投保人可至壽險公司或銀行等金融機構承作，通常期初繳交或每期定額繳交一筆資金後，可以依投保人需求，選擇一段期間（中長期）後，領回一筆資金或以年金方式領回的一種儲蓄型商品。
6. 互助會（標會）（Rotating Savings and Credit Association）：此乃爲民間一種小額信用貸款，具有賺取利息與籌措資金的功能。互助會有會首與會員之分，跟會者賺取「期初約定的標金」與「每期所願意出的標金」的差額之總和，通常愈晚得標的會員，利潤愈高，但有被倒會的風險。
7. P2P 借貸（Peer to Peer Lending）：投資人可至電商公司提供的網路 P2P 借貸平台，進行小額資金的放貸，將可以獲取比銀行還高的利息收入，但要承受被倒帳的風險。

（二）非固定收益類型

1. 股票（Stocks）：包含普通股、特別股與存託憑證等；此乃企業籌措資本所發行的長期有價證券。投資人可至證券經紀商進行交易，買賣股票除可獲取價差的資本利得外，尚有股利的收入。
2. 股票型基金（Stock Funds）：此乃由投資信託公司所發行的受益憑證，其主要標的爲股票。投資人可至投資信託公司、證券公司、銀行、基層金融機構、郵匯局與基金銷售平台等進行買賣，股票型基金通常以買賣價差的資本利得爲主，少部分亦有配息的收入。
3. 外幣（Foreign Currency）：種類以美元、歐元、日圓、英鎊與澳幣等爲主，投資人可至外匯指定銀行承作外幣投資，投資人除可獲取該外幣的利息收入外，尚可賺取外幣匯率變動的匯差利益。
4. 期貨（Futures）：可分爲商品與金融期貨兩種，爲衍生性商品的一種。投資人至期貨經紀商繳交一筆原始保證金後，進行以小搏大的財務槓桿操作，可以獲取極高的價差利益，但買賣雙方須承擔很高的風險。
5. 選擇權（Options）：可分爲買權與賣權兩種，爲衍生性商品的一種。投資人可至期貨經紀商繳交一筆權利金（買方）或保證金（賣方），進行以小搏大的財務槓桿操作，可以獲取極高的價差利益，但買方風險有限，賣方的風險較高。
6. 認股權證（Warrants）：可分爲認購權證與認售權證兩種，爲衍生性商品的一種。投資人可至證券經紀商進行交易，具有小搏大的財務槓桿的功能，可以獲取極高的價差利益。
7. 投資型保險（Investment Oriented Insurance）：乃壽險公司所推出的兼具「保險」與「投資」功能的保險商品。投資人可至壽險公司或銀行等金融機構承作，通常保戶所繳交的保費，一部分用來支應保險成本與保單相關費用，另一部分則用於投資於具風險的金融商品。
8. 虛擬貨幣（Virtual Currency）：是指存在於網路世界的數位化貨幣，由開發者發行與管控，供特定虛擬社群成員使用。例如：全球知名的虛擬貨幣－「比特幣」，因可與眞實貨幣雙向兌換，且限量發行，並不受金融監管，極受網路特定人士的喜好，因此價格水漲船高，也吸引許多加密貨幣愛好者的投資。

市場焦點

基金、股票、期貨，哪個風險最高？一張圖秒懂 9 種投資商品風險報酬率

投資前先要有正確的觀念

1. 高報酬的投資相對有高風險，沒有穩賺不賠的投資。
2. 投資請用閒錢操作，先存好生活的緊急預備金。
3. 千萬不用投資自己不懂無法解釋的投資商品。

目前在市場上的投資商品非常多種類別，有保險、股票、ETF、期貨等等，而這些類別又可以衍生出很多不同的產品組合，到底報酬好不好，風險高不高上面表格統整告訴你。

項目	風險	報酬	備註
保險 / 儲蓄險	低風險	低報酬	儲蓄險如果提早解約會散失本金，須做好資金規劃
定存 / 外幣定存	低風險	低報酬	如果是 1~3 年內會動用的資金，建議定存。外幣定存要留意匯差風險
股　票	中風險	中報酬	學習相關基本面分析，至少要有 5 年以上的持有時間，才能降低風險
ETF	中風險	中報酬	有紀律定期不定額的投資，長時間報酬回報也會不錯
基　金	中風險	低報酬	基金經理品質難掌握，還會收手續費，Sam 建議是投資 ETF
虛擬貨幣	高風險	高報酬	虛擬貨幣漲幅波動大，要留意是透過合法的平台投資
期　貨	高風險	高報酬	期貨是買賣雙方透過簽訂合約，同意按指定的時間、價格與其他交易條件、交易指定數量的現貨（外匯、商品等）
選擇權	高風險	高報酬	選擇權又稱為期權，也是要定出一個履行買賣的契約，但是跟期貨不同的是買方可以決定是否要執行此權力
房地產	高風險	高報酬	需要動用一定的資金跟財務槓桿，如果要改成出租套房還有法規層面的規範須留意

資料來源：節錄自風傳媒 2020/10/22

解說

金融市場內的投資商品琳瑯滿目，市場有一專家整理各式各樣的投資商品報酬率與風險，供投資人參考。並且強調三個投資觀念，第一為高報酬伴隨高風險，第二投資請用閒錢操作，最後為不要投資自己不懂的商品。

投資新視界

俄烏戰爭成詐騙話術！ 稱「黃金價飆漲」引誘投資

https://www.youtube.com/watch?v=OsT3OGzSCB8

黃金一直是國人喜歡投資的商品。因為俄烏戰爭，造成黃金市場價格飆漲，詐騙集團利用話術引誘民眾投資黃金，所以民眾必須小心。

狂！屋主買預售屋換約賺價差 報酬率 580%

https://www.youtube.com/watch?v=1Bu1JO5JgOE

高雄房價漲翻天，現在連預售屋換約也翻倍漲！有屋主買了 724 萬元的預售屋，只付了 69 萬元，就想靠換約賺 400 萬價差，投資報酬率狂飆 580%。

美元保單狂銷 5470 億！人民幣、澳幣保單退燒

https://www.youtube.com/watch?v=aoGdXgUSczE

美國聯準會吹起升息號角，市場資金先卡位，使得 2021 年前 11 個月，美元儲蓄型保單契約收入超過 5,300 億台幣，刷新歷史紀錄。

壽險公司紛推「類全委保單」 專家：需考量匯率風險

https://www.youtube.com/watch?v=KhmM7Png2_k

全球進入低利率時代，市場資金氾濫，讓類全委保單打出高配息吸引投資人。但類全委屬於投資型保單，不一定穩賺不賠，同時還得考量匯率風險。

年輕官員則偏愛基金及債券不同年齡投資理財觀念大不同

https://www.youtube.com/watch?v=LtGdqzZ2mrc

不同的年齡，投資理財的觀念大不相同。根據官員申報財產曝光，年輕官員偏愛基金及債券，年長官員則偏愛定存及儲蓄型保單。

本章習題

一、選擇題

證照題

( ) 1. 下列何種金融工具的報酬率標準差最高？ (A) 商業本票 (B) 公司債 (C) 股票 (D) 國庫券。【2010-1 證券業務員】

( ) 2. 下列那一項金融工具風險最高，同時亦具有最高的潛在報酬？ (A) 衍生性證券 (B) 普通股 (C) 特別股 (D) 債券。【2013-2 證券業務員】

( ) 3. 下列何者為金融資產（Financial Asset）？ (A) 商標 (B) 未開發之土地 (C) 政府債券 (D) 電腦。【2013-4 證券高級業務員】

( ) 4. 投資、投機與賭博之比較，其風險大小順序為：
(A) 投資＞投機＞賭博 (B) 投機＞賭博＞投資
(C) 賭博＞投機＞投資 (D) 賭博＞投資＞投機。【2015-3 證券業務員】

( ) 5. 期望在承擔適當的風險下，未來能夠賺取長期、穩定的報酬之行為是： (A) 投資 (B) 賭博 (C) 投機 (D) 避險。【2015-4 證券商高級業務員】

( ) 6. 下列何者為實質資產（Real Asset）？ (A)公司債 (B)股票 (C)廠房設備 (D)商業本票。【2016-3 證券高級業務員】

( ) 7. 一般而言，投資下列金融工具的風險狀況依序為何？甲 . 短期公債；乙 . 股票；丙 . 認購權證；丁 . 長期公債
(A) 乙＞丁＞甲＞丙 (B) 丙＞甲＞丁＞乙
(C) 甲＞乙＞丙＞丁 (D) 丙＞乙＞丁＞甲。【2018-4 證券商業務員】

( ) 8. 投資三要素，指的是報酬、時間和： (A) 風險 (B) 資產 (C) 市場 (D) 景氣。【2019-1 證券商業務員】

( ) 9. 何者不屬於衍生性金融工具？ (A) 期貨契約 (B) 選擇權 (C) 公司債 (D) 遠期契約。【2021-2 證券商業務員】

( ) 10. 下列何種資產的投資風險最高？ (A) 股價指數 (B) 小型股 (C) 公債指數 (D) 期貨。【2021-3 證券商高級業務員】

二、簡答題

基礎題

1. 請問投資的類型可分爲哪兩類？
2. 請問投資的三要素爲何？
3. 請問通常實體商品有哪些？
4. 下列哪些商品爲固定收益型商品？

   A. 公司債　B. 普通股　C. 期貨　D. 商業本票　E. 定存　F 貨幣型基金

   G. 股票型基金　H. 儲蓄型保險　I. 選擇權　J. 標會　K. 認股權證　L. 外幣
5. 承上題，哪些商品爲非固定收益型商品？

進階題

6. 請敘述投資、投機與賭博的差異？

chapter 2

金融商品

本章大綱

本章內容為金融商品，主要介紹可供投資的各種金融商品種類，以及金融市場的結構與種類，其內容詳見下表。

節次	節名	主要內容
2-1	金融商品種類	金融市場的四種基本與其他類型商品。
2-2	金融商品市場	金融商品交易中，所涉及的市場結構與種類。

2-1 金融商品種類

一般而言，可供投資的商品大致可分為兩大類，其一為「實體商品」，另一為「金融商品」。通常金融商品會有明確的交易合約與市場，且許多商品都被標準化，所以市場流通性與變現性較好，市場價格較不容易失真，因此較受一般投資人所偏好。

通常金融商品的種類，是以企業在進行融資、投資與避險活動時，所會涉及到的「**貨幣市場**」、「**資本市場**」、「**外匯市場**」與「**衍生性商品市場**」商品為主。其中「貨幣市場」、「資本市場」與「外匯市場」是屬於實體商品的「現貨市場」；「衍生性商品市場」是由「現貨市場」所對應衍生發展出來的。這四種基本的金融商品市場關係圖，詳見圖2-1。

此外，除上述四大市場商品外，尚有一些橫跨四大市場的綜合類金融商品（如：共同基金）、銀行或保險公司所推出的一些投資工具（如：存款與保險）、民間常使用的理財工具（如：標會）以及近年來，由網路所興起的「虛擬貨幣」。將在本節一併介紹之：

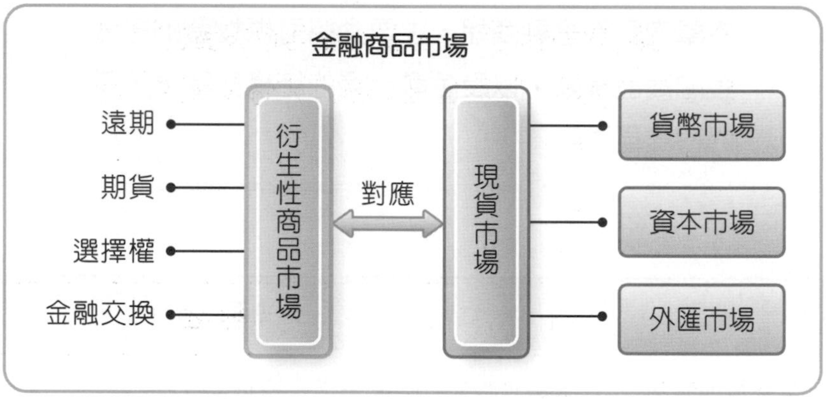

圖 2-1　金融商品市場關係圖

一 貨幣市場

貨幣市場是指短期資金（1年期以下）供給與需求的交易市場，市場內以短期的信用工具，作為主要的交易標的；目的在使短期資金能夠有效的運用，以提高流動性與變現性。貨幣市場包括「**票券市場**」與「**金融同業拆款市場**」。其中，票券市場為該市場之要角，其交易工具包括「**國庫券**」、「**商業本票**」、「**承兌匯票**」及「**銀行可轉讓定期存單**」等。

（一）國庫券

國庫券（Treasury Bills；TB）是由中央政府爲調節國庫收支，所發行的短期政府票券，並藉以穩定金融。其又分爲甲、乙兩種國庫券。

1. 甲種國庫券：按面額發行，票載利息，到期時本金連同利息一次清償；逾期未領，則停止計息。
2. 乙種國庫券：採**貼現方式**發行，票面不附載利息，到期時按面額清償。標售時公開進行，以超過所訂的最低售價依高低順序得標。唯如標價相同而餘額不足分配時，得以抽籤方式分配或不予配售。國內現行以此種國庫券爲主。

   例如：若現在向央行標售 91 天期面額 1,000 萬元的國庫券，得標利率爲 2.0%，則標售者應付 9,950,384 元 ($\frac{10,000,000}{1+2\%\times\frac{91}{365}}$) 給央行，91 天到期後，領回面額。

（二）商業本票

商業本票（Commercial Paper；CP）是由公司組織所發行的票據。其又分爲第一類及第二類兩種商業本票。

1. 第一類商業本票（簡稱 CP1）：是指工商企業基於合法交易行爲所產生之本票，具有自償性。由買方開具支付賣方價款的本票，賣方可持該本票，經金融機構查核後所發行的商業本票。與商業承兌匯票同爲貨幣市場中，代表純商業信用的交易工具，又稱**交易性商業本票**。
2. 第二類商業本票（簡稱 CP2）：是工商企業爲籌措短期資金，由公司所簽發的本票，經金融機構保證所發行的商業本票，或依票券商管理辦法所規定無須保證發行的本票，又稱爲**融資性商業本票**。國內的票券市場，以此類型的發行量爲主。

（三）承兌匯票

承兌匯票（Acceptance）是工商企業基於合法交易行爲或提供勞務而產生的票據。其種類又分爲「銀行承兌匯票」及「商業承兌匯票」兩種。

1. 銀行承兌匯票（Banker Acceptance；BA）：是指工商企業經合法交易行爲而簽發產生的票據，經銀行承兌，並由銀行承諾指定到期日兌付的匯票，此匯票屬於自償性票據。通常稱提供勞務或出售商品之一方爲匯票賣方，其相對人爲買方。

2. 商業承兌匯票（Trade Acceptance；TA）：是指工商企業經合法交易行爲而簽發產生的票據，經另一公司承兌，並由另一公司承諾指定到期日兌付的匯票，此匯票屬於自償性票據。通常由賣方簽發，經買方承兌，以買方爲匯票付款人。

（四）銀行可轉讓定期存單

銀行可轉讓定期存單（Bank Negotiable Certificates of Deposit；NCD）是指銀行爲充裕資金的來源，經核准簽發在特定期間，按約定利率支付利息的存款憑證，**不得中途解約**，但可在市場上自由轉讓流通。

二 資本市場

資本市場是指提供長期（1 年期以上或未定期限）金融工具交易的市場。其主要功能是成爲中、長期資金供給與需求的橋樑，以促進資本流通與形成。資本市場主要包括「**股票**」與「**債券**」兩種交易工具，其亦是公司資本形成的兩大來源。

（一）股票

股票（Stock）是由股份有限公司募集資金時，發行給出資人，以表彰出資人對公司所有權的有價證券。股票可分爲普通股（或存託憑證）及特別股兩種。

1. 普通股（Common Stock）：爲股份有限公司之最基本資本來源。普通股股東對公司具有管理權、盈餘分配權、剩餘資產分配權與新股認購權；其經營公司之風險，以出資的金額爲限，對公司僅負起有限責任。
2. 特別股（Preferred Stock）：通常被認爲介於普通股與債券之間的一種折衷證券，一方面可享有固定股利的收益，近似於債券；另一方面又可表彰其對公司的所有權，在某些情形下甚至可享有投票表決權，故亦類似於普通股。
3. 存託憑證（Depository Receipt）：存託憑證應視爲普通股的一種，其意義就是一種到海外發行，可表彰普通股的憑證，其權利與義務幾乎與普通股一樣。

（二）債券

債券（Bond）由發行主體（政府、公司及金融機構）在資本市場爲了籌措中、長期資金，所發行之可轉讓（買賣）的債務憑證。一般依發行者的不同可分爲政府公債、金融債與公司債三種。

1. 政府公債（Government Bonds）：是指政府為了籌措建設經費而發行的中、長期債券，其中包括「中央政府公債」及「地方政府建設公債」兩種。
2. 金融債券（Bank Debentures）：是指根據銀行法規定所發行的債券，其主要用途為供應銀行於中長期放款，或改善銀行的資本適足率。
3. 公司債（Corporate Bonds）：是指公開發行公司為了籌措中長期資金，而發行的可轉讓債務憑證。

三 外匯市場

外匯市場（Foreign Exchange Market）是指各種不同的外國通貨（包含外幣現鈔、銀行的外幣存款、外匯支票、本票、匯票及外幣有價證券）買賣雙方，透過各種不同的交易方式，得以相互交易的場所。外匯市場是連接國內與國外金融市場之間的橋樑。其主要功能為幫助企業進行國際兌換與債權清算、融通國際貿易與調節國際信用以及提供規避匯率變動的風險。

四 衍生性金融商品市場

衍生性金融商品（Derivative Securities）是指依附於某些實體標的資產所對應衍生發展出來的金融商品。其主要功能為幫助公司或投資人進行避險與投機的需求，並協助對金融商品之未來價格進行預測。其主要商品有「**遠期**」、「**期貨**」、「**選擇權**」及「**金融交換**」等四種合約。

（一）遠期（Forward）

遠期合約是指買賣雙方約定在未來的某一特定時間內，以期初約定好的價格，買賣一定數量與規格的商品交易。通常金融商品的遠期合約交易，大都會是跟銀行承作。市場上常見的遠期合約商品，如：遠期外匯。

（二）期貨（Future）

期貨是指買賣雙方約定在將來的某一時日，以市場成交的價格，交割某特定「標準化」（包含：數量、品質與規格）商品的合約交易。通常期貨合約都是由「期貨交易所」制訂標準化合約，交易雙方透過期貨商下單後，至「期貨交易所」以集中競價的方式進行買賣。

上述的期貨合約定義是以實物交割爲主，但大部分的期貨交易都在合約到期前，就進行平倉，是以現金交割爲主；也就是大部分的交易方式，都僅對期貨合約的買賣價差進行現金結算，至於進行實物交割之行爲非常稀少。

（三）選擇權（Option）

選擇權是一種在未來可以用特定價格買賣商品的一種憑證，是賦予買方具有是否執行權利，而賣方需相對盡義務的一種合約。選擇權合約的買方在支付賣方一筆權利金後，享有在選擇權合約期間內，以約定的履約價格買賣某特定數量標的物的一項權利；而賣方需被動的接受買方履約後的買賣標的物義務。

一般而言，選擇權主要可分爲買權（Call Option）和賣權（Put Option）兩種，不管是買權或賣權的「買方」，因享有合約到期前，以特定價格買賣某標的物的權利，故須先付出權利金，以享有權利；但若合約到期時，標的物的價格未達特定價格，則可放棄權利，頂多損失權利金。

反之，買權或賣權的「賣方」，因必須負起以特定價格買賣某標的物的義務，故先收取權利金，但須盡履約義務；所以當買方要進行履約時，賣方必須按照之前所約定的價格，買賣標的物，所以有時承受的風險較高。

（四）金融交換（Financial Swap）

金融交換是指交易雙方同意在未來的一段期間內，以期初所約定的條件，彼此交換一系列不同現金流量的合約。通常遠期合約是簽一次合約，僅進行一次性的交易，但金融交換卻是簽一次合約，則在未來進行多次的遠期交易，所以金融交換合約，可說是由一連串的遠期合約所組合而成。

五 綜合與其他商品

（一）共同基金（Mutual Funds）

共同基金是集合眾多小額投資人的資金，委託專業投資機構代爲管理運用，其收益與投資風險則歸原投資人共同享有與分攤的一種投資工具。國內的共同基金是由「證券投資信託公司」，以發行受益憑證的方式，向大眾募集資金，而所募得的資金交由保管機構代爲保管，證券投資信託公司則負責做妥善的規劃與應用，並利用投資組合達到獲取最大利潤及分散風險的目的。

（二）存款（Bank Deposit）

通常存款種類包含支票存款、活期存款、活期儲蓄存款、定期存款與定期儲蓄存款等。銀行通常會以存款資金的數量與存款的時間來決定利息高低。金融機構所提供的各種期限的存款，是一般人投資理財最常使用的工具，因爲它提供幾乎零風險的固定收益。

（三）保險（Insurance）

傳統的保險僅提供人身與物品的保障。但近年來理財觀念日顯重要，保險公司將傳統的保單結合其他金融商品，衍生出「**儲蓄型保險**」與「**投資型保險**」兩種理財工具。

1. 儲蓄型保險：此乃壽險公司推出兼具保險與儲蓄的商品。投保人通常期初繳交或每期定期繳交一筆資金後，可以依投保人需求，選擇一段期間（中長期）後，領回一筆資金或以年金方式領回的一種儲蓄型商品。
2. 投資型保險：此乃壽險公司推出兼具保險與投資的商品。投保人通常期初繳交或定期、不定期繳交一筆資金後，可以自由選擇投資保單所包含的標的資產，如：股票、基金與外匯等進行投資，投資人必須自行承擔所選擇的標的資產所帶來的損益。

（四）互助會（標會）（Rotating Savings and Credit Association）

此乃爲民間一種小額信用貸款，具有賺取利息與籌措資金的功能。互助會起會人爲「會首」，其餘參加人則爲會員。會首起會之後，可以向所有會員收取首期全數會款，之後每期會員所繳交之會款，則需交給得標會員。每一會員在每一會期只能得標一次，尚未得標的會員稱爲「**活會**」，已經得過標的就稱爲「**死會**」。

「死會」者通常自得標後，須繳「期初約定的標金」至會期結束；「活會」者則繳交「每期所願意出的標金」至得標後，改繳「期初約定的標金」至會期結束。所以跟會者可以獲得「期初約定的標金」與「每期所願意出的標金」的差額之總和。通常愈晚得標的會員，利潤愈高，但有被倒會的風險。

例如：若有 12 人參加互助會，期初規定每期會金 10,000 元，假設每期得標金額[1]皆爲500元，也就是說「死會」者每期須繳10,000元，至會期結束；「活會」者每期須繳9,500元（採內標制）[2]，至得標成爲「死會」後，改繳 10,000 至會期結束。現在假設有一人第 8 期得標，表示得標前有 7 期「活會」，將來會有 4 期「死會」。則該人標會總共可得金額爲 108,000 元 (10,000×7 + 9,500×4)；整個標會結束必須支付的金額爲 106,500 元 (9,500×7 + 10,000×4)。

（五）P2P 借貸（Peer to Peer Lending）

由電商公司提供的網路借貸平台，可以媒合有資金需求與供給的個體戶，讓供需雙方在網路上完成 P2P 的借貸交易，不用再經過傳統銀行的仲介。投資人可至 P2P 網路借貸平台，進行小額資金的放貸，將可獲取比銀行還高的利息收入，但要承受被倒帳的風險。因此投資人必須將一筆資金分成多筆投資放貸，以規避借款人的違約風險。

六 虛擬貨幣（Virtual Currency）

所謂的「虛擬貨幣」（Virtual Currency）是指存在於網路世界的數位化貨幣（Digital Currency），由開發者發行與管控，供特定虛擬社群成員使用。通常創設虛擬貨幣的開發者，都會設立流通平台，以服務網路社群成員。虛擬貨幣與「電子貨幣」（Electronic Money）（例如：儲値卡、電子錢包）很相似，但兩者最大的不同是電子貨幣具法償地位等同於眞實貨幣，可以在眞實的生活使用。但虛擬貨幣雖有自訂的計價單位，但不具法償地位，大都僅限於特定的網路社群裡使用，一般將之視爲「商品」而非眞正的法定貨幣。

在虛擬貨幣的體系裡，以往的虛擬貨幣，大都僅限開發者所限定的平台內流通使用，無法與眞實貨幣進行「雙向兌換」，且大都不具加密特質。但由於具加密技術的虛擬貨

1 實務上，通常每一期的得標金額是不同的。

2 標會的型態可分「**內標制**」與「**外標制**」兩種。此例中，若採「內標制」：活會每期須繳 9,500 元，死會每期須繳 10,000 元；若採「外標制」：活會每期須繳 10,000 元，死會每期須繳 10,500 元。

幣－「比特幣」的崛起，讓它擁有可與眞實貨幣進行「雙向兌換」的特質，因此，爾後，這種具加密特性的虛擬貨幣，逐漸演化出一系列相關的虛擬代幣出現，讓整個體系對經濟社會影響性逐漸擴大。以下本單元將介紹幾種可進行「雙向兌換」的虛擬貨幣。

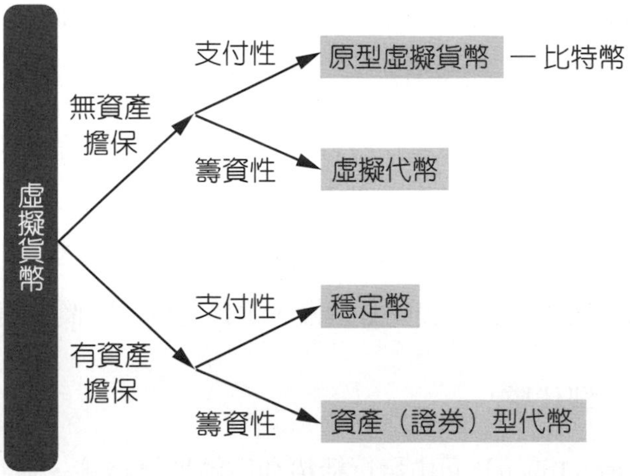

圖 2-2　虛擬貨幣的種類

（一）原型虛擬貨幣

此類虛擬貨幣乃網戶參與「區塊鏈」的共識驗證解密活動，所產生的獎勵（或稱酬勞）貨幣。由於這種「加密虛擬貨幣」（Cryptocurrency）具隱密性，所以便於被特定人士用於跨境支付行爲，並可與「眞實貨幣」進行雙向兌換，且市場也設置買賣此種虛擬貨幣的交易所，讓它在市場具有與眞實貨幣連結的交易價格。

全球知名的此類型的加密虛擬貨幣首推始祖－比特幣，由於深受市場的青睞，隨後又發展出上千種相似的虛擬貨幣，其中，以萊特幣（Litecoin）、瑞波幣（Ripple）、以太幣（Ether）最爲知名。

（二）虛擬代幣

虛擬代幣（Crypto Token）乃由上述的原型虛擬貨幣所衍生出來的代幣，且都利用區塊鏈技術，故亦具加密特性。通常代幣發行者利用「首次公開發行代幣」（InitialCoin Offerings；ICO）的名義於市場籌集資金，故虛擬代幣具籌資功能。例如：國內的首家發行虛擬代幣「沃田咖啡」所發行的「咖啡幣」籌集資金。

（三）穩定幣

穩定幣（Stable Coins）乃由發行機構利用區塊鏈技術，並提供某些資產（如：法定貨幣）當儲備、或提供穩定機制所發行的加密虛擬貨幣，且以「支付」爲主要功能。穩定幣除了具有與眞實貨幣進行雙向兌換的功能，且因價格會較無提供資產擔保的虛擬貨幣穩定，所以其「支付性」更受到信任。

此類型乃發行者提供某些資產當作發行穩定幣的擔保，且該穩定幣的價格與抵押資產的價值相連結。其中以「法定貨幣」當作抵押擔保最受青睞。「法幣穩定幣」（Fiat Stablecoin）是以各國的「法定貨幣」當作抵押擔保，並與其匯率相掛鉤所發行的虛擬貨幣。例如：發行 1 枚穩定幣會拿 1 美元當儲備，讓該穩定幣的價格與美元匯價相連結。

（四）資產（證券）型代幣

資產型代幣（Asset Token）乃由發行機構利用區塊鏈技術，並以資產（或所有權）的價值當作抵押擔保所發行的加密虛擬貨幣，且以「籌資」爲主要功能。通常資產型代幣在進行籌資時，若願受到當地證券交易法令的規範會將之稱爲「證券型代幣」（Security Token）。在虛擬貨幣世界裡，將資產價值碎片化轉爲「虛擬代幣」型式，稱爲「代幣化」（Tokenization），這如同傳統金融中，將資產價值碎片化轉爲「有價證券」型式，稱爲「證券化」（Securitization）。

證券型代幣常用來表徵發行機構的資產（或財產）、或其所擁有的權利，並以有價證券型式發行，並受相關法令規範與管理。通常發行機構可透過「證券型代幣首次發行」（Security Token Offering；STO），向投資人募集資金，並可於虛擬貨幣交易所進行買賣交易。由於證券型代幣可將資產碎片化，以利小額募資，且藉由區塊鏈的技術，將傳統有價證券的發行、託管和結算等程序融入智能合約內，讓發行與交易更便利、安全與透明。

另外，實務上，有些無形資產（所有權），如：智慧財產權、專利權、排碳權等、或其它資產（所有權），如：遊戲卡、遊戲中的虛擬寶物、藝術品、收藏品等，亦可拿來當作資產（證券）型代幣的標的物。

由於這些無形或其它資產（所有權），常具不可分割、稀缺與獨一之特性，所以實務上，會發行表徵不同價值的代幣，稱爲「非同質化代幣」（Non-Fungible Token；

NFT）。一般虛擬代幣都是同質性代幣，可以相互交易流通，但因非同質化代幣（NFT），因每個代幣其所表徵的資產或價值並不一樣，所以相互之間不可交易流通，所以又稱之爲「不可互換代幣」。

市場焦點

鹽酥雞也能虛擬交易　NFT 還能紅多久

2021 年最紅關鍵字除了元宇宙之外，NFT（非同質化代幣）也成為全球討論焦點。當鹽酥雞店開始賣起 NFT、藝術界上架 NFT 數位收藏品，外界不禁好奇，NFT 究竟會是下一波科技革命或可能走向泡沫化。

常見的加密貨幣例如比特幣、以太幣都屬於「同質化代幣」，每枚加密貨幣的價值、作用都相同，可以任意交換，具有可分割性，不需要以整數交易，持有者可以選擇交易 0.0001 枚比特幣。

NFT 顧名思義是「非同質化代幣」，每個 NFT 都有獨特性、不可替代性和稀有性，也因為區塊鏈技術而具備防偽特質，特別適合藝術品、遊戲、身分認證等應用。

隨著投資人熱錢湧入，加密貨幣進入新一波牛市，NFT 受到更多關注。2021 年 3 月國際拍賣行佳士得拍賣加密藝術品 Everydays: The First 500 days，不斷吸引買家出價，最後以 7,000 萬美元（約新臺幣 19 億元）成交，寫下 NFT 藝術市場最高價，讓外界意識到數位資產原來可以當成投資或保值的工具，從此打開 NFT 討論度。

不少人對於 NFT 收藏品賣出天價大開眼界，從本質來看，NFT 是以區塊鏈技術為基礎的數位資產，買家成交後可以獲得經過數位加密的認證，任何人都可以透過區塊鏈追溯交易紀錄及確認商品價值，大幅拓展了自由交易市場規模。

此外，臺灣餐飲業者搶搭 NFT 熱潮，擁有 30 多年歷史的師園鹽酥雞，2021 年 11 月在 NFT 平台 OurSong 上公開發行 NFT，買家每轉手交易一次 NFT，就能到師園免費兌換一份同樣餐點。師園 NFT 白皮書指出，原先只是覺得有趣而開設帳號，用每個 1OSD（約 1 美元）的價格發行世界上第一個鹽酥雞 NFT，但反應熱烈，在一天期間交易價格就超過發行價格的 100 倍，「已經超乎一開始的想像」。

師園表示，必須將趣味性化成社會責任，在合理價格內，將會努力維護 NFT 的價值：「我們也會努力的去思考什麼樣的作品是可以禁得起時間的考驗，甚至愈放愈有價值，所以在找到好作品點子之前，不會很輕易的就發表新的作品。」師園也提到，NFT 的誕生至今不超過 5 年，現今區塊鏈運作模式如同宋代發明紙鈔般，令一般人無法理解；但預期區塊鏈應用在 10 年內，就會如同現今的行動支付普遍應用。

圖文資料來源：節錄自聯合報、動區動趨 2022/02/04

解說

自從知名加密虛擬貨幣－比特幣誕生以來，整個虛擬代幣市場呈現一片欣欣向榮，各式各樣的幣種如雨後春筍巨量冒出。近期，有一種「非同質化代幣」（NFT）常被用於表徵無形資產與所有權。國內有一餐飲業者搶搭 NFT 熱潮，利用發行 NFT 以表徵業者的商標，並用於籌資，引發許多熱議，且也帶動業者的商機。

2-2 金融商品市場

投資各類金融商品時，需熟悉金融市場的交易結構與各種金融機構的種類，才能使投資進行的更順暢。以下將介紹金融市場的結構與金融機構的種類。

一 金融市場結構

金融市場依據交易者不同的需求，產生不同的市場結構。一般而言，金融市場結構可依交易層次、交易場所、資金籌措方式、區域性與仰賴中介程度進行分類。以下我們將依序介紹之。

（一）依交易層次分類

1. 初級市場（Primary Market）：是指有價證券的發行者（政府、公司）爲了籌措資金，首次出售有價證券（股票、債券、票券等）給最初資金供給者（投資人）的交易市場，又稱爲**發行市場**（Issue Market）。
2. 次級市場（Secondary Market）：是指已通過發行程序的有價證券在外買賣所構成的交易市場，又稱爲**流通市場**（Circulation Market）。

（二）依交易場合分類

1. 集中市場（Listed Market）：是指金融商品的買賣集中於一個固定的交易場所，採取「**競價**」方式交易。「**競價**」（Competitive Offer）是指買賣雙方會在一段時間內，對商品價格進行相互比價，成交價格以誰出的價格愈好愈先成交。買價以出價愈高者，愈先成交；賣價則以出價愈低者，愈先成交。由於集中市場採競價方式交易，所以交易商品必須被「標準化」，才有利於交易流通。

   例如：投資人至證券商買賣證券交易所或證券櫃檯買賣中心的「上市」或「上櫃」股票，或者至期貨商買賣期貨交易所「上市」的期貨與選擇權商品，皆採集中交易方式。投資人在一段時間內，在不同的交易商下單進行買賣，都會被集中傳輸至交易所進行競價撮合，以產生商品價格。

2. 店頭市場（Over The Counter）：是指金融商品的買賣，不經集中交易所，而是在不同的金融場所裡買賣雙方以「**議價**」方式進行交易。「**議價**」（Negotiated Offer）是指買賣雙方會在一段時間內，對商品價格進行相互商議，成交價格可能因買賣的單位不一樣而有所改變。可能以買或賣的單位數愈多者，其所出的價格優先成交。由於店頭市場採議價方式交易，所以交易商品不一定會被標準化，就可交易流通。

   例如：投資人在不同票券商買賣票券、在不同銀行承做定存，或在不同證券商買賣證券櫃檯買賣中心的「興櫃」股票，皆採店頭交易方式。投資人在一段時間內，在不同的交易商下單進行買賣，並不會被集中傳輸至交易所進行競價撮合，而僅是在交易商之間，相互聯繫的議價之下，產生商品價格。

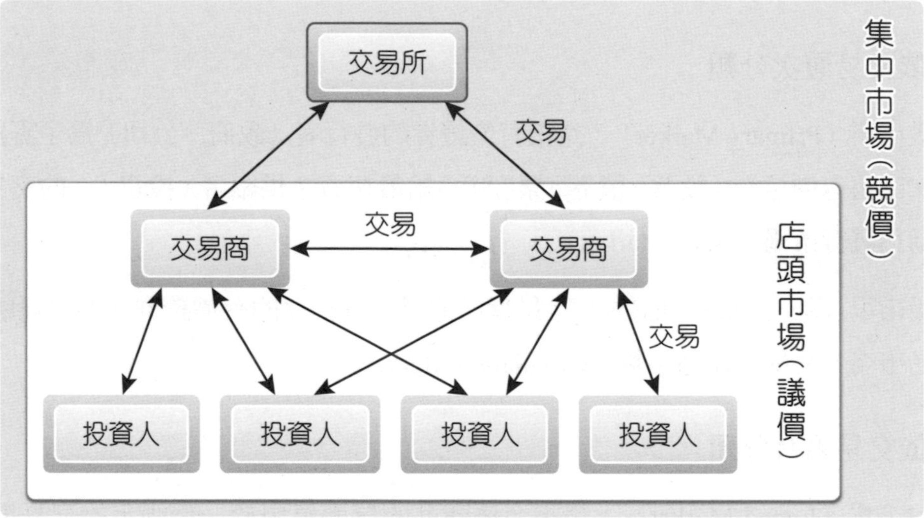

圖 2-3　集中市場與店頭市場示意圖

（三）依資金籌措方式分類

1. 直接金融市場（Direct Financial Market）：乃指政府、企業等機構爲了籌措資金，直接在貨幣、資本市場發行有價證券，向不特定的個體直接取得資金，而不須經過銀行仲介的管道。通常此管道，資金需求者知道資金是由哪些供給者所提供的。

   例如：A 公司缺資金時，發行股票，甲君去認購新股，此時 A 公司就會知道這筆資金是甲君提供的，甲君也清楚他提供資金給 A 公司，是 A 公司的股東。

2. 間接金融市場（Indirect Financial Market）：乃是經由銀行作為資金籌措的仲介機構。銀行先吸收大眾存款，再扮演資金供給者將資金貸款給需求者的管道。通常此管道，資金需求者並不知道資金是由哪些供給者所提供的。

例如：乙君將一筆錢存入銀行，銀行將許多人的存款集結後，再放款給 B 公司，B 公司只知道資金是銀行借它的，它並不清楚資金是哪些人存款進來的，當然乙君也不清楚他的錢是借給哪家公司。

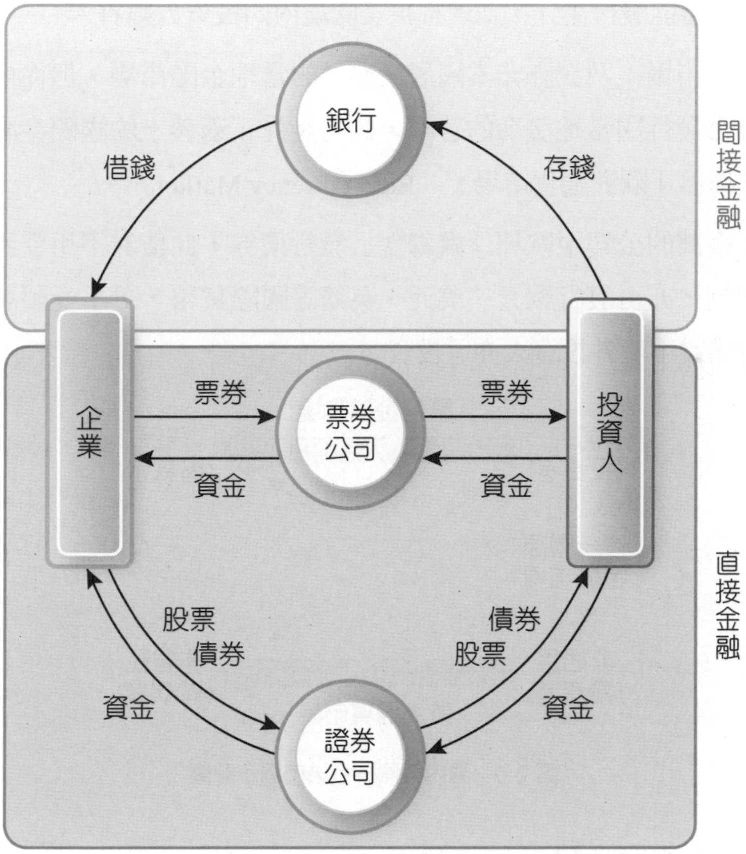

圖 2-4 直接與間接金融市場示意圖

（四）依區域性分類

1. 國內的金融市場（Domestic Financial Market）：乃指所有金融交易僅限國內者，稱國內的金融市場。

2. 國際的金融市場（International Financial Market）：是指國際間資金借貸的活動場所。若依資金融通期限可分爲國際貨幣市場和國際資本市場。若依金融管制鬆緊程度可分爲「**傳統國際金融市場**」和「**境外金融市場**」（Offshore Financial Market）。

   (1) 傳統國際金融市場：允許非本國居民參加的國內金融市場，受貨幣發行國當地有關法令的管轄。

   例如：臺灣的公司至美國發行債券，此債券須受到美國當地稅法及交易制度的限制，且僅能發行美元，並僅提供美國境內的投資人購買。

   (2) 境外金融市場：乃允許非本國居民參加的當地金融市場，但從事金融活動不受當地貨幣發行國當地法令的管轄。此乃是眞正涵義上的國際金融市場，此市場型式又稱爲「歐洲通貨市場」（Euro-currency Market）。

   例如：臺灣的公司至歐洲「盧森堡」發行債券，此債券不用受到該國法令、稅法的限制，亦可發行歐元、美元、英鎊等國際貨幣，更不受限該國境內的投資人才可購買，境外投資人亦可投資。

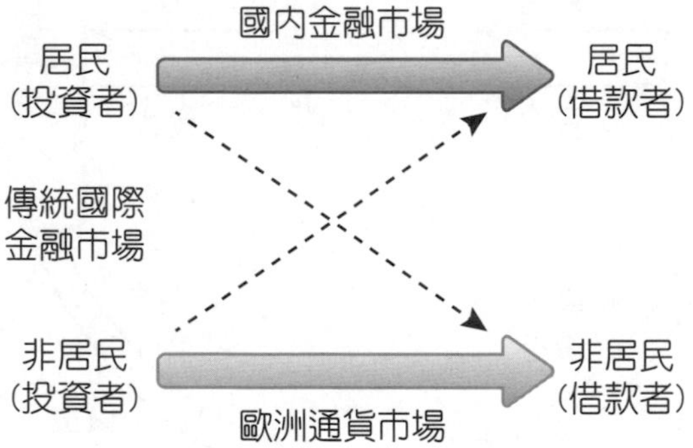

圖 2-5　國內與國外金融市場示意圖

（五）依仰賴中介程度分類

近年來，由於科技的進步，讓大部分的金融交易活動，都可在網路上進行。以往都是金融機構從事網路金融中介服務，但現已有電子商務科技公司，也滲入網路金融服務區塊，讓以往以金融機構當中心的情形發生變化。以下介紹數位金融與金融科技這兩種服務型態，有關兩者差異的示意圖，請見圖 2-6 所示。

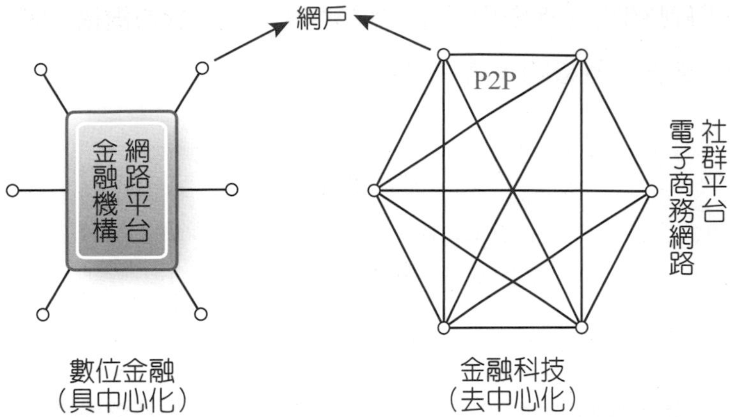

圖 2-6　數位金融與金融科技

1. 數位金融（Digital Finance）：指傳統金融機構利用網路、行動裝置等科技設備，提供許多數位化的金融服務。此服務不管從事資金借貸、匯款、或者涉及證券籌資，仍須分別透過銀行或證（票）券商等金融機構當作中介，由它們所提供的網路平台來完成交易程序。

   例如：網路銀行提供即時的存款貸款利息資訊，也提供網路換外幣的服務；證券商提供手機 APP 下單，讓買賣股票只要透過手機就可交易。

2. 金融科技（Financial Technology；Fin Tech）：指電子商務科技公司利用網際網路、行動裝置等科技設備，架設各種網路社群交易平台（如：支付、借貸、籌資平台等），藉由網戶相互連結，以完成網戶對網戶（Peer-To-Peer；P2P）之間的資金移轉、借貸與籌資等金融活動。因此金融科技的服務型態，以降低傳統金融中介的依賴，達到金融脫媒的營運模式。

   例如：「電子支付平台」，可以提供網戶間在封閉式儲值帳戶內相互轉帳；「P2P 網路借貸平台」，可以提供網戶間的資金借貸；「群眾募資平台」提供創意發想者或公益者，可以向平台的網戶籌集資金。

二 金融機構種類

企業於金融市場進行財務規劃、資產管理與資金融通，需透過專業的仲介機構，擔任中介的服務，這些中介者稱爲金融中介者（Financial Intermediary），因這些專業的金融中介者皆爲法人團體，所以亦稱爲金融機構（Financial Institutions）。依據現行臺灣金融統計是以能否「貨幣供給」為準則，將金融機構劃分為「**貨幣機構**」與「**非貨幣機構**」。以下將介紹這兩者與其主管機關，請見圖 2-7 所示。

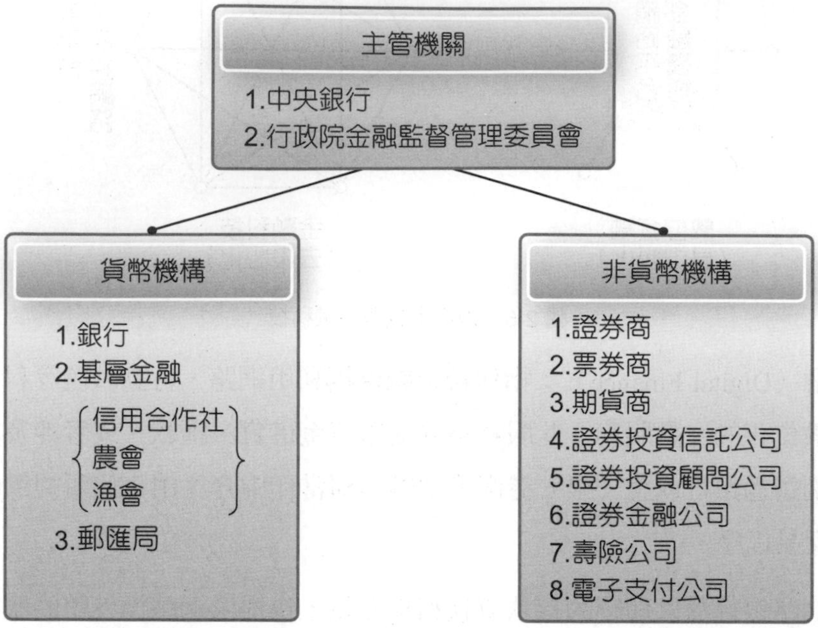

圖 2-7　國內金融機構種類

（一）貨幣機構

貨幣機構是指能同時吸收存款與放款，且能發行貨幣性間接證券，可影響貨幣供給額者。貨幣機構包括「銀行」、「基層金融機構」與「郵局儲匯處」。

1. 銀行（Bank）：乃辦理支票存款、活期存款、活期儲蓄存款、定期存款與定期儲蓄存款的主要機構，提供短中長期的存放款業務。銀行是創造存款貨幣的最重要成員。其成員包含商業、專業與外商銀行。

2. 基層金融機構：基層金融機構包括「信用合作社」（Credit Union）與「農漁會信用部」。信用合作社是由社員組成，其主要功能是將社員的儲蓄貸放給其他有資金需求的社員[3]。農漁會信用部是由農漁民為信用部會員，其主要功能也是將會員的儲蓄貸放給其他有資金需求的會員。

---

3 政府已於 2013 年底開放信用合作社，可以針對「非社員」進行放款，中小企業或微型企業主可以用個人名義，向信合社借貸營運資金。

3. 郵局儲匯處：中華郵政公司由於廣布全國各地都有分支，它除了從事郵件遞送的服務外，亦被政府賦予須協助一般公眾進行基礎金融事務，因此也是基層金融機構的一員。它可像一般的銀行一樣，吸收各期間的存款，但這些存款大都用於轉存中央銀行或其他金融機構、或供其他金融業借款、購買公債與短期票券等用途，且也對民眾提供匯款、簡易保險、保單借款、基金代銷與房屋貸款等金融服務。因此現在郵局儲匯處，已是國內貨幣機構的一份子。

（二）非貨幣機構

非貨幣機構是指不能同時吸收存款與放款，且不能發行貨幣性間接證券，不可影響貨幣供給額者。非貨幣機構包括證券商、票券商、期貨商、證券投資信託公司、證券投資顧問公司、證券金融公司、保險公司與電子支付公司。

1. 證券商（Securities Firms）：是指提供投資人買賣證券交易服務的法人組織，證券商包括「經紀商」（Brokers）、「自營商」（Dealers）與「承銷商」（Underwriter）或稱投資銀行（Investment Bankers）。經紀商是指經營有價證券買賣之行紀、居間、代理等業務。自營商是指經營有價證券之自行買賣等業務。承銷商則是指經營有價證券之承銷業務。

2. 票券商（Bills Corporation）：主要擔任短期票券的簽證、保證與承銷業務，為短期票券的主要仲介機構。且提供企業財務與短期投資諮詢服務，並提供貨幣市場交易行情報導。

3. 期貨商（Future Corporation）：主要擔任期貨或選擇權等衍生性商品的交易業務。期貨商包括期貨經紀商與期貨自營商。期貨經紀商主要從事期貨交易之招攬或接受期貨契約之委託並收受保證金，負責期貨交易人與經紀商或期貨交易所之仲介商。期貨自營商則為自行在期貨市場內買賣期貨契約，以賺取差價的機構。

4. 證券投資信託公司（Securities Investment Trust Funds）：又稱為基金公司，以發行受益憑證的方式成立「共同基金」（Mutual Funds），向大眾募集資金，再將資金投資於各種金融商品。證券投資信託公司則負責做妥善的資金規劃與應用，並利用投資組合，達到最佳利潤及分散風險的目的。

5. 證券投資顧問公司（Securities Investment Consulting Corporation）；簡稱投顧公司，其主要的業務乃提供投資人在進行證券投資時，相關的投資建議與諮詢服務，並向投資人收取佣金。

6. 證券金融公司（Securities Finance Corporation）：又稱證券融資公司，主要是負責證券市場的信用交易的法人機構，也就是融資融券的業務。

7. 保險公司（Insurance Company）：其主要以收取保費的方式自被保險人處獲取資金，然後將資金轉投資在股票、債券以及房地產上，最後保險合約到期時再支付一筆金額給受益人。壽險公司又分「人壽保險公司」（Life Insurance Company）與「產物保險公司」（Fire and Casualty Insurance Company）。

8. 電子支付公司（Electronic Payment Company）：主要是讓民眾於網路上，開立儲值帳戶，讓民眾可進行與實體店家的支付，亦可進行網戶之間（P2P）的資金流動。由於資金移轉只要透過這個閉環式的儲值帳戶，就可完成資金相互移轉，不用再透過銀行居間，而是電子支付公司以第三方名義居間，所以也被稱爲「第三方支付」（Third Party Payment）。由於國內已將以往的電子票證公司併入電子支付行列，所以國內現行專營的電子支付公司共有 9 家。例如：悠遊卡、一卡通、街口支付等。

（三）主管機關

目前國內與金融業務息息相關的兩個政府主管機關，分別爲「中央銀行」與「行政院金融監督管理委員會」。

1. 中央銀行（Central Bank）：中央銀行經營目標明訂爲促進金融穩定、健全銀行業務、維護對內及對外幣值的穩定，並在上列的目標範圍內，協助經濟發展。隨著經濟快速成長，中央銀行所肩負的首要任務由原先的追求經濟高度成長，轉變爲維持物價與金融穩定，並積極參與金融體系的建制與改革。中央銀行爲國內執行貨幣、信用與外匯政策的最高決策組織。其業務包含調節資金、外匯管理、金融穩定、支付清算、經理國庫、發行貨幣等六項。

2. 行政院金融監督管理委員會（Financial Supervisory Commission）：金融監督管理委員會成立宗旨在建立公平、健康、能獲利的金融環境，全面提升金融業競爭力，並包含四項目標：維持金融穩定、落實金融改革、協助產業發展、加強消費者與投資人保護以及金融教育。

目前金管會下設四個業務局，分別為「銀行局」、「證券期貨局」、「保險局」及「檢查局」、並設置「金融科技發展與創新中心」與「中央存款保險股份有限公司」，以分別負責所屬的金融產業發展。

(1) 銀行局：其主要掌管銀行業與票券業等相關事宜。

(2) 證券期貨局：其主要掌管證券業、期貨業與投信投顧業等相關事宜。

(3) 保險局：其主要掌管保險業等相關事宜。

(4) 檢查局：其主要掌管對金融業的監督事宜。

(5) 金融科技發展與創新中心：其主要掌管金融科技產業等相關事宜。

(6) 中央存款保險公司：其主要提供金融機構存款人權益保障相關事宜。

投資新視界

LnB 信用市集推 P2P 數位借貸平台 讓你輕鬆貸款免求人

https://www.youtube.com/watch?v=5evnGjZSRig

近年來，國內金融科技產業積極布局。有一 P2P 借貸業者看準商機推出數位服務，讓你省去繁瑣流程，資金流向更透明，可輕鬆貸款免求人。

電支新法 7 月上路 全家 全聯搶攻電支戰場

https://www.youtube.com/watch?v=53-3S8pHRV0

近期，國內以整合電子票證與電子支付，讓不同支付系統可相互轉帳。全家與全聯也看準商機，紛紛成立電子支付，搶佔行動支付商機。

世界上第一家鹽酥 NFT 交易一次可換「雞」吃

https://www.youtube.com/watch?v=7s5ottr7nDE

近年來，由「比特幣」所帶動發行虛擬代幣的風潮延燒致國內。國內有家鹽酥雞業者發行 NFT，投資只要交易一次就可換取該店的商品。

制裁俄羅斯！金管會命查 " 黑名單 " 國銀通匯受阻

https://www.youtube.com/watch?v=aLm_waiAWPc

國際間制裁俄羅斯，金管會向全體金融業，調查對俄的曝險部位，並對全體國銀下指令，要求注意是否與 FATF 黑名單上的銀行進行金融往來。

市場焦點

電支電票共用平台「一嗶搞定」！

臺灣電子支付發展將邁入重大里程碑。2021 年 7 月 1 日，新《電子支付機構管理條例》正式上路，不但整合電子支付、電子票證支付生態圈，未來由財金公司建置電支跨機構共用平台後，不同電支平台之間也能相互轉帳，並可進行外幣買賣、國內外小額匯兌、紅利積點整合折抵等多項新業務。

電支電票整合為單一法規

以往，國內電子支付發展面臨的最大挑戰，在於現行電支工具各自發展，無法互通，不但商家須應付並管理各種收款工具，就連消費者也無所適從。若國內無統一規格，未來想要導入國外支付工具將更加困難。

不同電支平台可相互轉帳

新法上路後，電子支付應用場景將有重大改變。第一是跨機構金流，以往不論是電票或電支，都不能進行跨機構轉帳，例如：街口帳戶不能轉帳到悠遊卡帳戶。未來財金公司建置電支跨機構共用平台後，將類似現行信用卡共用刷卡機的模式，民眾付款時不必煩惱哪個通路要用哪家支付，而且無論是 Line Pay Money、icash Pay、悠遊付、歐付寶、街口等用戶均可掃描 QR Code 付款，款項也可在這些電支帳戶間自由轉帳。

第二是可用外幣儲值、轉帳。目前，民眾在電支或電票裡的儲值都是新台幣，未來將可儲值外幣在電支帳戶裡，還能自由轉換幣別，例如：美元換成新台幣，也可用外幣進行轉帳。

第三是未來可用電支帳戶買賣金融商品，譬如客戶在電支帳戶儲值美元後，就可用來申購美元保單或美元計價的基金。

資料來源：節錄自 ETtoday 新聞 2021/07/24

解說

國內終於將「電子支付」與「電子票證」整合為單一機構（電子支付）。以後不同電支平台之間可相互轉帳，而且也可用於外幣儲值與轉帳、以及買賣金融商品。此舉可增加民眾使用行動支付的便利性。

本章習題

一、選擇題

證照題

( ) 1. 依據我國銀行法之規定，下列何者屬於銀行？ 甲．證券投資信託公司；乙．信託投資公司；丙．專業銀行；丁．商業銀行 (A) 甲、乙、丙、丁均是 (B) 僅乙、丙、丁是 (C) 僅甲、乙、丙是 (D) 僅丙、丁是。

【2010-1 證券商高級業務員】

( ) 2. 銀行為供中長期信用放款之用，所發行向社會大眾吸收資金之有價證券為：(A) 公司債 (B) 金融債券 (C) 政府公債 (D) 股票。【2011-3 證券商業務員】

( ) 3. 黃金期貨、專利權、利率交換合約、聯發科股票選擇權、大豆、石油、台積電公司債、統一普通股股票、機器設備。上述有幾項商品屬於金融商品？幾項屬於衍生性金融商品？ (A) 5 種；4 種 (B) 5 種；3 種 (C) 4 種；3 種 (D) 6 種；3 種。【2011-4 證券投資分析人員】

( ) 4. 可轉讓定期存單英文簡稱為： (A) T-Bill (B) GDR (C) NCD (D) BA。

【2012-1 證券商高級業務員】

( ) 5. 投資人將資金透過存放在金融機構（銀行），由金融機構（銀行）去決定要將資金運用在何處，此種做法稱之為： (A) 直接金融 (B) 間接金融 (C) 企業金融 (D) 消費金融。【2013-1 證券商業務員】

( ) 6. 在一般證券市場中所稱之為「發行市場」者，其另一種稱謂為？ (A) 流通市場 (B) 交易市場 (C) 初級市場 (D) 次級市場。【2013-2 證券商業務員】

( ) 7. 有關集中市場與店頭市場的比較，下列何者是錯誤的？ (A) 前者交易「標準化」商品，而後者交易「非標準化」商品 (B) 前者流動性通常較低，而後者流動性通常較高 (C) 前者交易價格較透明，而後者交易價格較不透明 (D) 前者規範較為嚴格，而後者規範較為鬆散。【2013-4 證券投資分析人員】

( ) 8. 有一家多國籍企業透過承銷商發行證券，此行為是在何種市場完成？ (A) 貨幣市場 (B) 初級市場 (C) 次級市場 (D) 抵押市場。

【2015-1 證券商高級業務員】

( ) 9. 以下哪些投資標的屬於貨幣市場的工具？ Ⅰ. 股票；Ⅱ. 國庫券；Ⅲ. 公債附條件交易；Ⅳ. 公司債；Ⅴ. 可轉讓定期存單 (A) 僅Ⅰ、Ⅲ、Ⅳ (B) 僅Ⅰ、Ⅱ、Ⅲ、Ⅳ (C) 僅Ⅱ、Ⅲ、Ⅴ (D) 僅Ⅳ、Ⅴ。【2015-2 證券商業務員】

( ) 10. 下列何者不是股票在集中市場交易的功能？ (A) 免證券交易稅 (B) 價格資訊透明 (C) 高流動性 (D) 降低交易成本。【2015-4 證券商業務員】

( ) 11. 下列何者不屬於國庫券的特性？ (A) 無違約風險 (B) 高流動性 (C) 到期日長 (D) 可以貼現的方式發行。【2016-2 證券商業務員】

( ) 12. 外匯交易之交割日在兩個工作天之內的稱為： (A) 即期外匯交易 (B) 中期外匯交易 (C) 遠期外匯交易 (D) 短期外匯交易。【2016-2 證券商高級業務員】

( ) 13. 商業銀行及其他金融機構為了在市場吸收短期閒置資金而發行的一種憑證稱為：(A) 可轉讓定期存單 (B) 商業本票 (C) 銀行承兌匯票 (D) 國庫券。

【2016-3 證券商高級業務員】

( ) 14. 以下何者為「直接金融」？ (A) 信用合作社的信貸業務 (B) 投資銀行的長期信貸業務 (C) 商業銀行的存貸業務 (D) 股票市場的交易。

【2016-4 證券投資分析人員】

( ) 15. 企業籌措資金之管道可分為「直接金融」與「間接金融」兩種，下列何者是屬於「直接金融」？甲. 發行新股；乙. 發行轉換公司債；丙. 向銀行借款；丁. 辦理私募 (A) 甲、丙、丁 (B) 甲、乙、丙 (C) 甲、乙、丁 (D) 甲、乙、丙、丁。【2018-2 證券商業務員】

( ) 16. 下列有關貨幣市場的敘述，何者是正確的？ (A) 係指 1 年期以上金融工具發行與買賣的市場 (B) 股票是最主要的貨幣市場工具 (C) 國庫券是貨幣市場的主要工作之一 (D) 貨幣市場最主要功能是促進資本形成。

【2018-2 證券投資分析人員】

( ) 17. 何者屬於資本市場之工具？甲. 可轉換公司債；乙. 銀行承兌匯票；丙. 政府債券；丁. 國庫券 (A) 僅甲、乙 (B) 僅丙、丁 (C) 僅甲、丙 (D) 僅甲、丁。

【2021-3 證券商高級業務員】

( ) 18. 證券金融公司的業務下列何者為非？ (A) 對客戶的授信 (B) 對證券商的轉融通 (C) 結算交割 (D) 融資融券。【2021-3 證券商投資分析人員】

(　) 19. 中央銀行被稱爲「銀行的銀行」，是因爲中央銀行： (A) 獨占通貨發行權 (B) 保管外匯 (C) 扮演銀行最後融通者角色 (D) 辦理票據交換之清算。

【2021-3 證券商投資分析人員】

(　) 20. 有關次級市場的敘述，下列何者「不正確」？ (A) 次級市場交易包括集中市場及店頭市場 (B) 提高投資人資產的流動性 (C) 方便股票易手 (D) 次級市場可以使一企業藉賣股票、債券及其他證券以取得資金。

【2022-1 證券商業務員】

二、簡答題

基礎題

1. 請問金融市場可分爲哪四個市場？
2. 請問貨幣市場有哪些交易商品？
3. 請問資本市場有哪些交易商品？
4. 請問衍生性金融市場有哪些交易商品？
5. 請問貨幣機構有哪些單位？
6. 請問非貨幣機構有哪些單位？

進階題

7. 請說明初級市場與次及市場的差異。
8. 請說明集中市場與店頭市場的差異。
9. 請說明直接金融與間接金融的差異。
10. 請說明傳統國際金融市場和境外金融市場的差異。

NOTE

chapter 3

報酬與風險

本章大綱

本章內容為報酬與風險，主要介紹報酬率的衡量、以及風險的種類與衡量，其內容詳見下表。

節次	節名	主要內容
3-1	報酬率的衡量	實際與預期報酬的衡量方法。
3-2	風險的衡量	實際與預期風險的衡量方法。
3-3	風險的種類	投資中所會面臨的風險種類。

3-1 報酬率的衡量

公司或投資人從事任何投資活動，都希望獲取不錯的報酬（Return）。報酬一般以絕對金額表示，若獲取的報酬與原始投資金額相比，就是報酬率（Rate of Return）觀念。通常報酬率依事件是否已經實現，可分爲「**實際報酬率**」與「**預期報酬率**」兩種。以下將分別介紹之。

一 實際報酬率

實際報酬率（Realized Rate of Return）是指投資人進行某種投資，經過一段時間後，實際獲得的報酬率，是一種「事後」或「已實現」的報酬率，亦即在損益發生的當時情形下，所計算出的報酬率。通常實際報酬率須經過一段期間才可求得，因此實際報酬率依期間次數的多寡，又可區分爲「單期」與「多期」實際報酬率。以下將分別介紹之。

（一）單期報酬率

投資某項資產於一段期間內的獲利金額佔原始金額的比率，此報酬率即爲**持有期間報酬率**（Holding-Period Returns）。此報酬由兩項報酬所組合，其一爲資產的資本利得（損失），另一爲資產的利息收益報酬。其計算公式如（3-1）式：

$$
\begin{aligned}
R_t &= \frac{\text{總報酬}}{\text{最初投資金額}} = \frac{(P_1 - P_{t-1}) + D_t}{P_{t-1}} \\
&= \frac{(P_1 - P_{t-1})}{P_{t-1}} + \frac{D_t}{P_{t-1}} \qquad (3\text{-}1) \\
&= \text{資本利得（損失）率＋利息收益率}
\end{aligned}
$$

R_t：資產第 t 期的實際報酬率（以百分比表示）

D_t：資產第 t 期內所收到的現金收益

P_t：資產第 t 期的期末價格

P_{t-1}：資產第 $t-1$ 期的期末價格

例題 3-1 【單期報酬率】

假設投資人年初購入 A 股票每股市價 25 元，年底 A 股票每股市價爲 40 元，請問下列 3 種情形下，求在該年度投資 A 股票的報酬率？此報酬率的組成爲何？又各爲多少？

(1) A 股於年中配發每股 2 元的現金股利

(2) A 股於年中配發每股 2 元的股票股利

(3) A 股於年中各配發每股 1 元的現金與股票股利

解

(1) A 股於年中配發每股 2 元的現金股利情形下，投資 A 股票的報酬率

$$R_t = \frac{\text{總報酬}}{\text{最初投資金額}} = \frac{(P_t - P_{t-1}) + D_t}{P_{t-1}} = \frac{(40-25)+2}{25}$$

$$R_t = \frac{40-25}{25} + \frac{2}{25} = 60\% + 8\% = 68\% = \text{資本利得報酬率} + \text{股利收益率}$$

其中，資本利得報酬率爲 60%，股利收益率爲 8%。

(2) A 股於年中配發每股 2 元的股票股利情形下，此時須將股票股利的權值還原，所以年底股價還原權值爲 48（40×1.2）

投資 A 股票的報酬率

$$R_t = \frac{\text{總報酬}}{\text{最初投資金額}} = \frac{(P_t - P_{t-1}) + D_t}{P_{t-1}} = \frac{(48-25)+0}{25}$$

$$R_t = \frac{48-25}{25} + \frac{0}{25} = 92\% + 0\% = 92\% = \text{資本利得報酬率}$$

其中，資本利得報酬率爲 92%，股利收益率爲 0%。

(3) A 股於年中各配發每股 1 元的現金與股票股利情形下，此時須將股票股利的權值還原，所以年底股價還原權值爲 44（40×1.1）

投資 A 股票的報酬率

$$R_t = \frac{\text{總報酬}}{\text{最初投資金額}} = \frac{(P_t - P_{t-1}) + D_t}{P_{t-1}} = \frac{(44-25)+1}{25}$$

$$R_t = \frac{44-25}{25} + \frac{1}{25} = 76\% + 4\% = 80\% = \text{資本利得報酬率} + \text{股利收益率}$$

其中，資本利得報酬率爲 76%，股利收益率爲 4%。

（二）多期報酬率

投資某項資產於一段期間後，計算每單一期間報酬率之平均報酬率（Average Rate of Return）。計算平均報酬率有兩種方式，其一爲「**算術平均報酬率**」，另一爲「**幾何平均報酬率**」。以下將分別介紹之。

1. 算術平均報酬率：將多項單期報酬率加總後，再除以期數所得出之報酬率。該報酬率較適用於不牽扯到時間的橫斷面分析，其計算式如（3-2）式：

$$\text{算術平均報酬率} = \frac{R_1 + R_2 + \cdots\cdots + R_n}{n} \qquad (3\text{-}2)$$

2. 幾何平均報酬率：將多項單期報酬率加 1 後連乘，再開以期數之次方根後減 1，所得出之報酬率。該報酬率較適用於牽扯到時間的縱斷面分析。其計算式如（3-3）式：

$$\text{幾何平均報酬率} = \sqrt[n]{(1+R_1)(1+R_2)\cdots\cdots(1+R_n)} - 1 \qquad (3\text{-}3)$$

例題 3-2 【算術與幾何平均報酬率】

假設投資人今年初買進每股市價 40 元的股票，年底該股票上漲至每股市價 50 元，而明年年底該股又跌回每股市價 40 元，這兩年內該股票無任何配息，請問

(1) 投資人投資該股票這兩年的報酬率分別爲多少？

(2) 這兩年的平均報酬率爲何？

解

(1) 這兩年的報酬率分別爲

第一年報酬率爲 $R_1 = \dfrac{50-40}{40} = 25\%$

第二年報酬率爲 $R_2 = \dfrac{40-50}{50} = -20\%$

(2) 這兩年的平均報酬率

$$算術平均報酬率=\frac{R_1+R_2}{2}=\frac{25\%+(-20\%)}{2}=2.5\%$$

$$幾何平均報酬率=\sqrt[2]{(1+R_1)\times(1+R_2)}-1=\sqrt[2]{(1+25\%)(1-20\%)}-1=0\%$$

此題由上兩種不同平均報酬率所求出的答案並不一致，因爲此平均報酬率牽扯到時間的變動，應該用幾何平均報酬率比較合理。

例題 3-3 【算術與幾何平均報酬率】

假設有一股票近 5 個交易日的每日報酬率如下表所示：

交易日	1	2	3	4	5
報酬率	4%	2%	–2%	1%	0%

請問：

(1) 算術平均報酬率爲何？

(2) 幾何平均報酬率爲何？

解

(1)
$$算術平均報酬率=\frac{R_1+R_2+R_3+R_4+R_5}{5}$$
$$=\frac{4\%+2\%+(-2\%)+1\%+0\%}{5}=1\%$$

(2)
$$幾何平均報酬率=\sqrt[5]{(1+R_1)(1+R_2)(1+R_3)(1+R_4)(1+R_5)}-1$$
$$=\sqrt[5]{(1+4\%)(1+2\%)(1+(-2\%))(1+1\%)(1+0\%)}-1=0.9805\%$$

註：通常觀察期數愈多，算數平均與幾何平均會愈接近。

二 預期報酬率

預期報酬率（Expected Rate of Return），又稱期望報酬率，是指投資人投資某項資產時，預期未來所能獲得報酬率，是一種「事前」或「未實現」的報酬率，由於投資標的物之未來報酬率，往往會隨著各種狀況的不同而改變。在統計學上，以機率（Probability）來衡量各種狀況發生的可能性，一般以機率分配來表示。因此我們將每種可能狀況所發生的機率，分別乘上該狀況發生後所提供的報酬率，再予以加總可得預期報酬率。其計算式如（3-4）式：

$$\tilde{R}_i = E(R_i) = \sum_{i=1}^{n} P_i R_i \qquad (3\text{-}4)$$

$\tilde{R}_i = E(R_i)$：第 i 種資產的預期報酬率

P_i：第 i 種資產在某情況下的機率值

R_i：投資第 i 種資產，可能獲得的報酬率

例題 3-4 【預期報酬率】

下表爲 A 與 B 公司內部對未來 1 年不同經濟景氣狀況下，其相對應股票報酬率的機率分配。試問 A 與 B 公司股票預期報酬率各爲何？

	A 公司		B 公司	
經濟景氣狀況	發生機率	股票報酬率	發生機率	股票報酬率
繁榮	0.2	40%	0.3	20%
持平	0.5	20%	0.3	10%
衰退	0.3	–30%	0.4	–10%

解

A 與 B 公司股票預期報酬率各爲

$\tilde{R}_A = E(R_A) = 0.2\times40\% + 0.5\times20\% + 0.3\times(-30\%) = 9\%$

$\tilde{R}_B = E(R_B) = 0.3\times20\% + 0.3\times10\% + 0.4\times(-10\%) = 5\%$

例題 3-5 【預期報酬率】

下列公司經理人對公司持有的三種資產（股票、債券與外匯），評估未來 1 年不同經濟景氣狀況，其報酬率的機率分配如下表。試問這三種資產預期報酬率各為何？

經濟景氣狀況	發生機率	股票報酬率	債券報酬率	外匯報酬率
繁榮	0.3	40%	4%	10%
持平	0.6	10%	5%	3%
衰退	0.1	−30%	6%	−5%

解

這三種資產預期報酬率各為

股票（Stock）：$\tilde{R}_S = E(R_S) = 0.3\times40\% + 0.6\times10\% + 0.1\times(-30\%) = 15\%$

債券（Bond）：$\tilde{R}_B = E(R_B) = 0.3\times4\% + 0.6\times5\% + 0.1\times6\% = 4.8\%$

外匯（Foreign）：$\tilde{R}_F = E(R_F) = 0.3\times10\% + 0.6\times3\% + 0.1\times(-5\%) = 4.3\%$

3-2 風險的衡量

在財務學中，風險（Risk）常與不確定性（Uncertainty）連結在一起。在投資的領域，投資人在進行投資時，對未來資產（或計畫方案）的報酬高低具有不確定性。當不確定性愈高，風險就愈大；反之，不確定性愈低，則風險就愈小。

因此風險乃指事件發生與否的不確定性。通常投資人對事件發生與否，會有個預期結果；所以風險亦指在特定時期內，預期結果和實際結果之間的差異程度。因此風險依事件是否已經實現，可分為「**歷史風險**」與「**預期風險**」兩種。以下將分別介紹之。

一 歷史風險

歷史風險（Historical Risk），是指投資人進行某種投資，經過一段時間後，每期所獲取的報酬率距離平均報酬率的離散程度。在統計學上，衡量離散程度通常使用全距、四分位距、變異數與變異係數等方式。其中以「變異數」和其平方根－「標準差」最常被使用衡量於絕對的離散程度（或稱絕對風險）；「變異係數」最常被使用衡量於相對的離散程度（或稱相對風險）。以下我們將分別介紹之。

（一）變異數與標準差

變異數（Variance）與標準差（Standard Deviation）兩者皆主要用以衡量資產報酬的波動程度，波動性愈大，風險就愈高，是衡量風險的「絕對」指標。變異數的平方根即爲標準差，變異數與標準差的計算公式如（3-5）、（3-6）式：

$$\text{變異數} = Var(R) = \sigma^2 = \frac{\sum_{i=1}^{n}(R_i - \bar{R})^2}{n-1} \quad (3\text{-}5)$$

$$\text{標準差} = \sigma = \sqrt{Var(R)} = \sqrt{\frac{\sum_{i=1}^{n}(R_i - \bar{R})^2}{n-1}} \quad (3\text{-}6)$$

R_i：資產第 i 期所獲得報酬率

$\bar{R}$：資產平均報酬率

n：期數

（二）變異係數

變異係數（Coefficient of Variation；CV）是衡量投資人欲獲取每單位報酬，所必須承擔的資產報酬波動程度。亦即投資人欲獲取每單位報酬，必須承擔的風險值，當 CV 值愈小時，表示投資人獲取每單位報酬所承擔的風險愈小。所以變異係數是衡量風險的「相對」指標。其計算公式如（3-7）式：

$$變異係數\ (CV) = \frac{標準差}{平均報酬率} = \frac{\sigma}{\mu} \qquad (3\text{-}7)$$

例題 3-6 【歷史風險衡量】

假設有一股票近 5 個交易日的每日報酬率如下表所示：

交易日	1	2	3	4	5
報酬率	3%	5%	–2%	3%	1%

請問

(1) 平均報酬率爲何？

(2) 變異數與標準差（風險）爲何？

(3) 變異係數爲何？

(4) 變異係數所代表意義爲何？

解

(1) $平均報酬率 = \frac{3\% + 5\% + (-2\%) + 3\% + (1\%)}{5} = 2\%$

(2) 變異數

$$= \frac{(3\% - 2\%)^2 + (5\% - 2\%)^2 + (-2\% - 2\%)^2 + (3\% - 2\%)^2 + (1\% - 2\%)^2}{5-1} = 0.07\%$$

$標準差 = \sqrt{0.07\%} = 2.65\%$（歷史風險）

(3) $變異係數\ (CV) = \frac{標準差}{平均報酬率} = \frac{2.65\%}{2\%} = 1.325$

(4) 變異係數 1.325 表示投資人欲獲取 1% 的投資報酬率，必須承擔 1.325 單位的風險。

例題 3-7 【歷史風險衡量】

假設有 C 與 D 兩檔股票近 5 年報酬率如下表所示：

年份	1	2	3	4	5
C 股票報酬率	20%	−10%	−15%	40%	25%
D 股票報酬率	10%	15%	−20%	25%	−10%

請問

(1) 平均報酬率為何？

(2) 變異數與標準差（風險）各為何？哪一檔股票絕對風險較高？

(3) 變異係數各為何？哪一檔股票相對風險較高？

解

(1) 平均報酬率

$$R_C = \frac{20\% + (-10\%) + (-15\%) + 40\% + 25\%}{5} = 12\%$$

$$R_D = \frac{10\% + 15\% + (-20\%) + 25\% + (-10\%)}{5} = 4\%$$

(2) 變異數

$$\sigma_C^2 = \frac{(20\% - 12\%)^2 + (-10\% - 12\%)^2 + (-15\% - 12\%)^2 + (40\% - 12\%)^2 + (25\% - 12\%)^2}{5-1}$$

$$= 5.575\%$$

標準差（風險）$\sigma_C = \sqrt{5.575\%} = 23.61\%$

$$\sigma_D^2 = \frac{(10\% - 4\%)^2 + (15\% - 4\%)^2 + (-20\% - 4\%)^2 + (25\% - 4\%)^2 + (-10\% - 4\%)^2}{5-1}$$

$$= 3.425\%$$

標準差（風險）$\sigma_D = \sqrt{3.425\%} = 18.51\%$

$\sigma_C = 23.61\% > \sigma_D = 18.51\%$，所以 C 股票的絕對風險較高。

(3) 變異係數

$$CV_C = \frac{標準差}{平均報酬率} = \frac{23.61\%}{12\%} = 1.97$$

$$CV_D = \frac{標準差}{平均報酬率} = \frac{18.51\%}{4\%} = 4.62$$

$CV_D = 4.62 > CV_C = 1.97$，所以 D 股票的相對風險較高。

二 預期風險

預期風險（Expected Risk）是指投資人投資某項資產時，預期未來將必須承擔的風險。因爲未來欲發生的狀況有好幾種可能性，因此我們將每種可能狀況所發生的機率，分別乘上該狀況產生的風險值，再予以加總即可求出預期風險。預期風險仍用變異數與標準差來表示之，其計算公式如（3-8）、（3-9）式：

$$\text{Var}(\tilde{R}) = \tilde{\sigma}^2 = \sum_{i=1}^{n} [R_i - E(R_i)]^2 \times P_i \quad (3\text{-}8)$$

$$預期風險 = \tilde{\sigma} = \sqrt{\sum_{i=1}^{n} [R_i - E(R_i)]^2 \times P_i} \quad (3\text{-}9)$$

例題 3-8 【預期風險】

同例 3-2 下表爲 A 與 B 公司內部對未來 1 年不同經濟景氣狀況下，其相對應股票報酬率的機率分配。試問 A 與 B 公司股票預期風險各爲何？

	A 公司		B 公司	
經濟景氣狀況	發生機率	股票報酬率	發生機率	股票報酬率
繁榮	0.2	40%	0.3	20%
持平	0.5	20%	0.3	10%
衰退	0.3	–30%	0.4	–10%

解

(1) A 股票預期風險

預期報酬率爲 $\tilde{R}_A = E(R_A) = 0.2 \times 40\% + 0.5 \times 20\% + 0.3 \times (-30\%) = 9\%$

預期風險爲

$$\tilde{\sigma}_A = \sqrt{(40\% - 9\%)^2 \times 0.2 + (20\% - 9\%)^2 \times 0.5 + (-30\% - 9\%)^2 \times 0.3} = 26.63\%$$

(2) B 股票預期風險

預期報酬率爲 $\tilde{R}_B = E(R_B) = 0.3 \times 20\% + 0.3 \times 10\% + 0.4 \times (-10\%) = 5\%$

預期風險爲

$$\tilde{\sigma}_B = \sqrt{(20\% - 5\%)^2 \times 0.3 + (10\% - 5\%)^2 \times 0.3 + (-10\% - 5\%)^2 \times 0.4} = 12.85\%$$

例題 3-9 【預期風險】

下表爲 X 與 Y 公司內部對未來 1 年不同經濟景氣狀況下，其預期股價的機率分配。若你今天皆以每股 30 元買進 X 與 Y 股票，則一年內此兩檔股票亦無任何配息，請問

	X 公司		Y 公司	
經濟景氣狀況	發生機率	股價	發生機率	股價
繁榮	0.3	45	0.3	40
持平	0.4	35	0.5	36
衰退	0.5	20	0.2	25

(1) X 與 Y 股票預期的投資報酬率爲何？

(2) X 與 Y 股票預期風險爲何？

(3) X 與 Y 股票的預期變異係數爲何？

解

(1) X 與 Y 股票預期投資報酬率

X 股票預期報酬率爲

$$\tilde{R}_X = E(R_X) = 0.3 \times \frac{45-30}{30} + 0.4 \times \frac{35-30}{30} + 0.3 \times \frac{20-30}{30} = 11.67\%$$

Y 股票預期報酬率為

$$\tilde{R}_Y = E(R_Y) = 0.3 \times \frac{40-30}{30} + 0.5 \times \frac{36-30}{30} + 0.2 \times \frac{25-30}{30} = 16.67\%$$

(2) X 與 Y 股票預期風險

X 股票預期風險為

$$\tilde{\sigma}_X = \sqrt{(\frac{45-30}{30} - 11.67\%)^2 \times 0.3 + (\frac{35-30}{30} - 11.67\%)^2 \times 0.4 + (\frac{20-30}{30} - 11.67\%)^2 \times 0.3}$$
$$= 32.53\%$$

Y 股票預期風險為

$$\tilde{\sigma}_Y = \sqrt{(\frac{40-30}{30} - 16.67\%)^2 \times 0.3 + (\frac{36-30}{30} - 16.67\%)^2 \times 0.5 + (\frac{25-30}{30} - 16.67\%)^2 \times 0.2}$$
$$= 17.64\%$$

(3) X 與 Y 股票的預期變異係數

X 股票的預期變異係數 $CV_X = \frac{32.53\%}{11.67\%} = 2.787$

Y 股票的預期變異係數 $CV_Y = \frac{17.64\%}{16.67\%} = 1.058$

市場焦點

想要高報酬，一定要高風險？無知才是最大風險

在普遍的認知裡，所有人都知道「風險愈大、報酬愈高」這個概念。在經濟學裡，其實這叫做「風險溢酬」，意思很簡單，就是如果有人要你做一件事，如果要冒的風險越大，那麼他就要付你越多錢你才可能去做。從「風險越高、報酬就越大」這個方向是完全合理的。但是現在卻也很多人有了誤解。

誤解 1：風險高的事情一定報酬越高？

很多人一直在冒險、承受巨大壓力，就因為他們認為一定要冒險才有高報酬。這完全是盲目的認知。首先我們要知道的是，風險高低是跟誰比，以及市場有沒有需求。

第一段我們看到的是「有人要你做一件事」，這就是市場有需求。第二，舉例來說，這件事是擦窗戶。他要你擦一樓的外窗跟 50 樓的外窗，很明顯 50 樓比較危險、風險比較高，那麼報酬肯定就與一樓的報酬不一樣，一定要高很多，不然沒有人要做。

那是不是只要比較危險，就一定比較高報酬呢？當然不是。之前在中國有一位專門表演高空平衡走繩索的人，後來因為某次在戶外實境的活動不慎掉落、去世。也看到很多人跑到大樓樓頂自拍，為了賺取更多點讚的數量，但他們的報酬有多少呢？那位英年早逝的高空走繩索的人，每走一次，只能拿到人民幣不到 500 元。所以，先鎖定需求，再評估風險。別再白白冒險了。

誤解 2：報酬越高的事就要冒越大的風險？

但這是不是代表要賺更多錢就一定要去 50 樓擦窗戶呢？不一定。因為這世界上還有許多比去 50 樓擦窗戶風險還低、但是報酬卻比它高的事。例如：在 50 樓窗戶裡面工作的金領族、例如廚師、技師、或價值投資者。這些人不需要冒著生命危險，也能有更高報酬。所以風險高低可能會影響報酬，但報酬高低絕對不是單純由風險決定，而是由價值決定。

誤解 3：如果不想冒險，是不是都賺不到錢了？

風險取向很低的人也別擔心。是不是到 50 樓擦窗戶就一定很危險？也不一定，只要我們可以做好十足的防範措施、甚至開發出可以自動擦窗的工具。這也就代表，當我們知識越充分，風險就能越低。

這也充分說明了我們在投資市場上應該持有的態度。許多人認為想要高報酬就一定要去做期貨、外匯、比特幣、當沖等高風險高報酬的投資產品；但即便如此，也還是要呼籲大家，永遠有風險更低、但是報酬更高的方法。追根究底，要降低風險，就如同巴菲特所說，風險來自於未知、以及無知。也就是，降低風險、增加報酬的唯一方法，在於不斷學習。

資料來源：節錄自 Money 錢雜誌 2020/04/27

解說

投資會面臨風險，如何在報酬與風險之間權衡是投資人的重要課題。一般而言，高風險相對伴隨而來的是高風險，但不斷學習是降低風險、增加報酬的唯一方法，無知才是最大的風險

3-3 風險的種類

投資人在進行證券相關投資時，會面臨到各種不同的風險。在眾多風險中，有一部分的風險是來自於市場，稱爲「市場風險」；另外有一部分的風險是來自於公司本身，稱爲「公司特有風險」。以下將分別介紹之。

一 市場風險

市場風險（Market Risk）是指市場的非預期因素與金融資產價格的不確定性，對所有公司營運產生的影響。因此市場風險是每家公司都會受到影響的風險，所有公司都逃不掉這些因素的影響。通常市場風險有自然、政治、社會與經濟風險等幾種，詳見表 3-1 說明：

表 3-1　市場風險類型

類型	說明	實例
自然風險	一國的地理、氣候或環境等因素，發生嚴重的變化或受到汙染，所產生的不確定風險。	地震、颱風、水災、海嘯、火山爆發與瘟疫傳染…等因素。
政治風險	政府或政黨組織團體，因行使權利或從事某些行爲，所引起的不確定風險。	戰爭、主權紛爭、政黨惡鬥、政權貪腐與執法不公…等因素。
社會風險	個人或團體的特殊行爲，對社會的正常運作，所造成的不確定風險。	社會階級衝突、種族歧視、宗教信仰衝突…等因素。
經濟風險	經濟活動過程中，因市場環境的變化，讓某些商品價格發生異常變動，所導致的不確定風險。	經濟成長率、利率、匯率、物價等因素。

二 公司特有風險

公司特有風險（Firm Specihc Risk）是指由個別公司或產業的特殊事件所造成的風險，因此只會影響個別公司或產業。通常公司特有風險有營運、財務與流動性風險等三種，詳見表 3-2 說明：

表 3-2　公司特有風險類型

類型	說明	實例
營運風險	投資證券時，投資人必須留意公司的外部經營環境和條件，以及內部經營管理的問題造成公司利潤的變動。	產業供需失衡致使產品價格大幅下跌、公司管理階層大幅異動、公司的工人罷工與新產品開發失敗等因素。
財務風險	投資證券時，投資人必須留意公司在各項財務活動中，由於各種非預期因素，使得公司所獲取財務成果與預期發生偏差，造成公司經濟損失。	企業的財務活動中的籌措資金、長短期投資、分配利潤、資產的流動性等都可能產生風險。
流動性風險	投資任何資產時，都必須考量資產交易時的流動性問題，尤其某些非標準化或特殊的商品，由於買賣雙方的交易者不多，很容易使資產或商品流於有行無市的情狀發生。	即使在交易所，採集中交易的商品，也必須留意是否有週轉率不足的情形發生。

投資新視界

35 年前買台積電賺多少？ 張忠謀：報酬 1 千倍！

https://www.youtube.com/watch?v=GC8Zwg5eCJg

通常投資人買股票，最重視的就是報酬率。台積電創辦人張忠謀說：如果投資人 35 年前持有該股票至今，報酬率會有 1 千倍。

認購太陽能板穩賺？年化報酬率逾 6%? 專家揭背後 3 大風險

https://www.youtube.com/watch?v=SZ15-m_hCAk

永續綠能議題，帶動太陽能板認購熱度。專家提醒，投資太陽能電廠，期滿 20 年才能拿到宣稱的 6% 年化報酬率，但也得留意流通與轉移等風險。

資金大逃亡！俄烏戰爭打爆全球股匯 專家：避風港在「這裡」

https://www.youtube.com/watch?v=fsJ2dUr0oDo

俄烏開戰，引發國際金融市場的系統風險，除俄羅斯本身的股市狂瀉、盧布兌美元匯價創歷史新低外，其他包括歐元、亞洲股匯也都慘遭資金雙殺。

台開遭退票金管會曝 11 家金融業踩雷若無改善 11 月恐下市

https://www.youtube.com/watch?v=WuUQiF3AH3A

台開因存款不足遭退票，產生財務危機。債權銀行共有 10 幾家，若台開遲遲無法改善，與債權人達成協議，近期恐面臨下市。

本章習題

一、選擇題

證照題

( ) 1. 某投資組合過去三年的報酬率均為 10%，則其三年之幾何平均報酬率：(A) 高於算術平均報酬率 (B) 等於算術平均報酬率 (C) 低於算術平均報酬率 (D) 無法判斷。【2010-1 證券商高級業務員】

( ) 2. 若市場在均衡狀況下，則下列何者為真？ (A) 期望報酬率和要求報酬率相同 (B) 已實現報酬率和期望報酬率相同 (C) 要求報酬率和已實現報酬率相同 (D) 選項 (A)、(B)、(C) 皆非。【2010-1 證券商高級業務員】

( ) 3. 當實際報酬率與預期報酬率離散程度小時，即表示： (A) 該項投資的報酬很大 (B) 該項投資的報酬很小 (C) 該項投資的風險很大 (D) 該項投資的風險很小。【2011-3 證券商高級業務員】

( ) 4. 股票 X 的報酬率標準差較股票 Y 為大，則下列敘述何者正確？ (A) X 之貝它必較 Y 為高 (B) 當市場上漲時，X 之價格上漲幅度必較大 (C) 當市場下跌時，Y 之價格下跌幅度必較大 (D) X 之總風險必較 Y 為大。

【2011-3 證券商高級業務員】

( ) 5. T 股票有下列一年後預期價格之機率分配：

狀態	機率	價格
1	0.25	$50
2	0.40	$60
3	0.35	$70

若今日你（妳）買 T 股票 $55，而來年 T 股票會配現金股利 $4，你（妳）持有 T 股之預期持有期間報酬（Holding-period Return）為何？ (A) 17.72% (B) 18.18% (C) 17.91% (D) 18.89%。【2011-4 證券投資分析人員】

( ) 6. 下列何者不屬於市場風險？ (A) 貨幣供給額的變動 (B) 利率的變動 (C) 政治情況的變化 (D) 某公司核心人士遭同業挖角。【2012-1 證券商業務員】

( ) 7. 艾鈞兩年來投資華碩股票，第一年期間股價從 120 元上漲至 170 元，第二年期間卻又從 170 元回跌至 120 元，請問下列何者較能合理評估平均年報酬率（假設沒有任何股利）？ (A) 算術平均法，0% (B) 算術平均法，6.3% (C) 幾何平均法，0% (D) 幾何平均法，6.3%。【2012-1 證券商高級業務員】

( ) 8. 當我們比較規模不同的投資專案時，我們需要一個能將專案規模予以標準化的統計量來衡量比較風險，此一統計量為： (A) 變異數 (B) 變異係數 (C) 標準差 (D) 平均數。 【2012-4 證券商業務員】

( ) 9. 政治動盪影響股市下跌，請問這屬於何種風險？ (A) 利率風險 (B) 違約風險 (C) 市場風險 (D) 事業風險。 【2013-4 證券商業務員】

( ) 10. 對一家完全未使用負債融資的公司而言，其風險會集中於： (A) 財務風險 (B) 市場風險 (C) 公司特有風險 (D) 事業風險。 【2014-1 證券商業務員】

( ) 11. 李四投資之股票與共同基金如下：1. 速網科技公司未上市櫃股票；2. 台積電上市股票；3. 富達歐洲共同基金（歐元計價）；4. 群益安利債券基金。依其投資之股票與共同基金，恐面臨下列何者風險：I. 營運風險；II. 利率風險；III. 市場風險；IV. 匯率風險 (A) I、II (B) II、III、IV (C) I、IV (D) I、II、III、IV。 【2015-2 證券投資分析人員】

( ) 12. 若股票的變異數為 0.36，變異係數為 5，請問其平均報酬率為： (A) 0.012 (B) 0.675 (C) 0.12 (D) 0.35。 【2015-2 證券高級業務員】

( ) 13. 某 91 天期的國庫券，面額 100 元，發行價 99.5 元，則投資報酬率為：(A) 0.05% (B) 0.5% (C) 2.0% (D) 5.0%。 【2015-2 證券高級業務員】

( ) 14. 年前一碗陽春麵只要 10 元，現在卻要 30 元，請問這屬於何種風險？ (A) 利率風險 (B) 購買力風險 (C) 財務風險 (D) 價格風險。

【2015-3 證券高級業務員】

( ) 15. 因市場利率變動而使金融商品之未來現金流量產生波動之風險，稱為： (A) 流動性風險 (B) 信用風險 (C) 利率變動之現金流量風險 (D) 利率變動之公允價值風險。 【2016-2 證券業務員】

( ) 16. 假設甲股票的預期報酬率為 15%，乙股票的預期報酬率為 20%，丙股票的預期報酬率為 30%，請問投資人應選擇哪一支股票？ (A) 甲股票 (B) 乙股票 (C) 丙股票 (D) 無法判斷。 【2019-1 證券商業務員】

( ) 17. 影響金融市場中所有資產報酬的事件，其衝擊屬於全面性的風險有哪些？甲 . 利率風險；乙 . 購買力風險；丙 . 政治風險 (A) 僅甲、乙 (B) 僅乙、丙 (C) 僅甲、丙 (D) 甲、乙、丙。 【2019-1 證券商業務員】

( ) 18.假設你投資300萬於某一檔股票，3年來的報酬率分別爲3%、－8%、＋15%，3年後總共的報酬率爲： (A) 13% (B) 8.97% (C) 13.85% (D) 11.78%。 【2021-2 證券商高級業務員】

( ) 19.期初以每股價格200元買進一張A公司股票，第一年年底股價下跌至120元，第二年年底股價漲回至150元，以幾何平均法計算之平均年報酬率爲多少？ (A)－25% (B)－12.52% (C)－7.51% (D)－13.40%。 【2021-2 證券投資分析人員】

( ) 20.某公司該年稅後盈餘$600萬，股利發放率50%，全部發放現金股利，且在外發行股數爲100萬股。小王在今年以50元買入1,000股，年底除息，明年賣出，若小王希望持有期間報酬率爲40%，小王至少應該以多少元賣出？ (A) 63元 (B) 67元 (C) 68元 (D) 65元。 【2021-3 證券商高級業務員】

二、簡答與計算題

基礎題

1. 假設投資人年初購入A股票每股市價爲40元，年底每股市價爲50元，請問下列3種情形下，求在該年度投資A股票的報酬率？此報酬率的組成爲何？又各爲多少？
   (1) A股於年中配發每股2元的現金股利
   (2) A股於年中配發每股2元的股票股利
   (3) A股於年中各配發每股1元的現金與股票股利
2. 假設有一股票近5個交易日的每日報酬率如下表所示：

交易日	1	2	3	4	5
報酬率	5%	–3%	4%	6%	–2%

   請問
   (1) 算術平均報酬率爲何？
   (2) 幾何平均報酬率爲何？
   (3) 變異數與標準差爲何？
   (4) 變異係數爲何？
   (5) 變異係數所代表意義爲何？

3. 下表爲 A 與 B 公司內部對未來 1 年不同經濟景氣狀況下，其相對應股票報酬率的機率分配。

   (1)試問 A 與 B 公司股票預期報酬率各爲何？

   (2)試問 A 與 B 公司股票預期風險各爲何？

   (3)試問 A 與 B 公司股票預期變異係數各爲何？

	A 公司		B 公司	
經濟景氣狀況	發生機率	股票報酬率	發生機率	股票報酬率
繁榮	0.4	25%	0.3	20%
持平	0.3	10%	0.5	10%
衰退	0.3	–20%	0.2	–10%

4. 請問衡量風險的方法有那幾種？其中以何者衡量相對風險較佳？
5. 請問市場風險有哪幾種？
6. 請問公司特有風險有哪幾種？

進階題

7. 假設你今日以 40 元買 A 股票，1 年期間該股票各配發 2 元現金與 2 元股票股利，若 1 年後你出售該股票後共得 40% 的報酬率，請問你是以多少價格售出？
8. 下表爲 A 與 B 公司內部對未來 1 年不同經濟景氣狀況下，其預期股價的機率分配。若你今天皆以每股 50 元買進 A 與 B 股票，且一年內此兩檔股票亦無任何配息，請問

   (1)A 與 B 股票預期的投資報酬率爲何？

   (2)A 與 B 股票預期風險爲何？

   (3)若以股票的全距、標準差衡量股價波動風險，何者爲大？

   (4)若以股票的變異係數衡量股價波動風險，何者爲大？

	A 公司		B 公司	
經濟景氣狀況	發生機率	股票報酬率	發生機率	股票報酬率
繁榮	0.4	70%	0.1	80%
持平	0.2	55%	0.8	55%
衰退	0.4	30%	0.1	20%

02

第二篇

理論篇

公司或個人在進行投資活動時，會面臨到各種風險與各種不確定因素。所以要達成一個完美的投資，則希望能在具有效率的市場裡，建構出一個最適投資組合，以達到報酬最大與風險最小的最佳的狀況。本篇內容包含 3 大章，其主要介紹投資組合管理、投資理論以及市場的效率性，其內容兼具理論與實用。

chapter 4

投資組合管理

本章大綱

本章內容為投資組合管理，主要介紹投資組合報酬與風險、風險分散、管理策略與績效指標，其內容詳見下表。

節次	節名	主要內容
4-1	投資組合報酬與風險	投資組合的報酬與風險之衡量。
4-2	投資組合的風險分散	投資組合所面臨的風險與 β 係數。
4-3	投資組合管理策略	積極型與消極型投資組合管理策略。
4-4	投資組合績效指標	報酬風險比率、夏普指數、崔納指數與傑森指標。

4-1 投資組合報酬與風險

投資人在進行投資時，基於風險的考量，通常不會把所有的資金集中投資於某項資產上。而會將資金廣泛投資於數種資產以建構一**投資組合**（Portfolio）。所謂投資組合是指同時持有兩種以上證券或資產所構成的組合。投資組合理論是由財務學者馬可維茲（Markowitz）於 1952 年所提出，該理論希望藉由多角化投資，以期使在固定的報酬率之下，將投資風險降到最小，或在相同的風險之下，獲取最高的投資報酬率。故投資組合管理所強調的就是建構一個「有效率」的投資組合，以下將介紹投資組合報酬與風險之衡量。

一 投資組合報酬

投資組合的預期報酬率之衡量，就是將投資組合內各項資產的預期報酬率，依投資權重加權所得的平均報酬率。投資組合報酬率的計算方式如（4-1）式：

$$\tilde{R}_p = W_1\tilde{R}_1 + W_2\tilde{R}_2 + \cdots + W_n\tilde{R}_n = \sum_{i=1}^{n} W_i\tilde{R}_i \qquad (4\text{-}1)$$

$\tilde{R}_p$：投資組合的預期報酬率

W_i：即權重，投資組合內各項資產價值佔投資組合總價值的比率

$\tilde{R}_i$：投資組合內各項資產的個別預期報酬率

二 投資組合風險

通常投資組合報酬的衡量較為簡單，但衡量投資組合的風險則較複雜，因為兩種或數種個別報酬率很高的資產，所組合出的投資組合報酬，無疑的一定也很高；但兩種或數種個別風險很高的資產，所組合出的投資組合風險就不一定了。因為必須取決於資產之間的相關性，若彼此相關程度很高，投資組合風險才會高；若彼此相關程度很低或甚至是負相關，則投資組合風險就會降低甚至為零。因此要衡量投資組合風險，還須端視資產之間的相關性。

以下我們就先說明由兩種、三種資產所組合的投資組合風險，再擴充到多種資產組合的投資組合風險。

（一）兩種資產組合的風險衡量

上述投資組合預期報酬率的計算，以個別證券預期報酬率之加權平均相加即可，但投資組合的風險，則須引入兩種資產的**相關係數**。其投資組合預期報酬率與風險的計算方式，如（4-2）、（4-3）式。

1. 投資組合預期報酬率：$\tilde{R}_P$

$$\tilde{R}_p = W_1\tilde{R}_1 + W_2\tilde{R}_2 \qquad (4\text{-}2)$$

2. 投資組合預期風險：$\tilde{\sigma}_P$

$$\begin{aligned}\tilde{\sigma}_P^2 &= VAR(\tilde{R}_P) = VAR(W_1\tilde{R}_1 + W_2\tilde{R}_2) = W_1^2\tilde{\sigma}_1^2 + W_2^2\tilde{\sigma}_2^2 + 2W_1W_2\rho_{12}\tilde{\sigma}_1\tilde{\sigma}_2 \\ &= W_1^2\tilde{\sigma}_1^2 + W_2^2\tilde{\sigma}_2^2 + 2W_1W_2\tilde{\sigma}_{12}\end{aligned} \qquad (4\text{-}3)$$

$\tilde{\sigma}_1$：表示第一種資產報酬率之標準差（風險值）

$\tilde{\sigma}_2$：表示第二種資產報酬率之標準差（風險值）

ρ_{12}：表示這兩資產報酬率之相關係數

$\tilde{\sigma}_{12}$：表示這兩資產報酬率之共變異數

其中，**共變異數**（Covariance）為表達兩種資產的相關程度與變化方向之量數，其與相關係數關係如（4-4）式：

$$\rho_{12} = \frac{\sigma_{12}}{\sigma_1\sigma_2} \qquad (4\text{-}4)$$

另外，在衡量兩種資產組合投資風險時，須知道兩種資產彼此間相關係數。所謂**相關係數**（Correlation Coefficient），是指表達兩種資產的相關程度與變化方向之量數。通常相關係數乃介於正負 1 之間（ $-1 \le \rho_{12} \le 1$ ）。

1. 當 $\rho_{12}=1$ ⇒ 完全正相關（表示兩資產預期報酬率呈現完全同向變動）。
2. 當 $\rho_{12}=-1$ ⇒ 完全負相關（表示兩資產預期報酬率呈現完全反向變動）。
3. 當 $\rho_{12}=0$ ⇒ 零相關（表示兩資產預期報酬率沒有關係）。
4. 當 $0<\rho_{12}<1$ ⇒ 正相關（表示兩資產預期報酬率呈同方向變動）。
5. 當 $-1<\rho_{12}<0$ ⇒ 負相關（表示兩資產預期報酬率呈反方向變動）。

（二）三種資產組合的風險衡量

若爲三種資產組合的風險，其兩兩資產之間就有 1 個相關係數，所以三種資產之間就有 3 個相關係數（$C_2^3=3$）。其計算式如（4-5）式：

$$\begin{aligned}\tilde{\sigma}_p^2 &= VAR(\tilde{R}_P)=VAR(W_1\tilde{R}_1+W_2\tilde{R}_2+W_3\tilde{R}_3)\\ &=W_1^2\tilde{\sigma}_1^2+W_2^2\tilde{\sigma}_2^2+W_3^2\tilde{\sigma}_3^2+2W_1W_2\rho_{12}\tilde{\sigma}_1\tilde{\sigma}_2+2W_1W_3\rho_{13}\tilde{\sigma}_1\tilde{\sigma}_3+2W_2W_3\rho_{23}\tilde{\sigma}_2\tilde{\sigma}_3\end{aligned} \tag{4-5}$$

（三）n 種資產組合的風險衡量

若爲 n 種資產組合的風險，n 種資產之間就有 $\frac{n(n-1)}{2}$ 個相關係數 $(C_2^n=\frac{n(n-1)}{2})$。其計算式如（4-6）式：

$$\begin{aligned}\tilde{\sigma}_p^2 &= VAR(\tilde{R}_P)=VAR(W_1\tilde{R}_1+W_2\tilde{R}_2+\cdots\cdots+W_n\tilde{R}_n)\\ &=\sum_{i=1}^{n}W_i^2\sigma_i^2+2\sum_{i=1}^{n-1}\sum_{j>i}^{n}W_iW_j\rho_{ij}\sigma_i\sigma_j\end{aligned} \tag{4-6}$$

若 n 項資產，每一項的投資比重均等爲 $1/n$，每種資產的變異數爲 $\sigma 2$，則投資組合風險如（4-7）式：

$$\sigma_P^2=n(\frac{1}{n})^2\sigma^2+(\frac{1}{n})^2n(n-1)\sigma_{ij} \tag{4-7}$$

由上式得知，當 $n\to\infty$，$\sigma_P^2=\sigma_{ij}$。總風險中的個別風險部份（σ_i^2），亦即非系統風險已被分散，只剩下系統風險。

例題 4-1 【投資組合報酬與風險】

投資人投資 A 與 B 兩種證券，證券 A 與 B 的預期報酬率分別爲 10% 與 20%，證券 A 與 B 的預期報酬率之標準差爲 15% 與 25%，若兩證券間的相關係數爲 0.7，投資人投資於兩證券的權重分別爲 40% 與 60%，則投資組合預期報酬率與風險爲何？

解

(1) 投資組合預期報酬率

$$\tilde{R}_p = 0.4 \times 10\% + 0.6 \times 20\% = 16\%$$

(2) 投資組合預期風險

$$VAR(\tilde{R}_P) = \tilde{\sigma}_P^2 = (0.4)^2 \times (15\%)^2 + (0.6)^2 \times (25\%)^2 + 2 \times 0.4 \times 0.6 \times 0.7 \times 15\% \times 25\%$$
$$= 0.0387$$

$$\tilde{\sigma}_P = \sqrt{0.0387} = 19.67\%$$

例題 4-2 【投資組合報酬與風險】

下表爲 A 與 B 公司內部對未來 1 年不同經濟景氣狀況下，其相對應股票報酬率的機率分配。

(1) 求 A 股票預期報酬率與風險各爲何？

(2) 求 B 股票預期報酬率與風險各爲何？

(3) 若投資於 A 與 B 公司的資金比重爲 6：4，且兩者的相關係數爲 0.7，求投資組合預期風險與報酬各爲何？

(4) 同上，且兩者的相關係數爲 – 0.7，求投資組合預期風險與報酬各爲何？

	A 公司		B 公司	
經濟景氣狀況	發生機率	股票報酬率	發生機率	股票報酬率
繁榮	0.3	30%	0.4	40%
持平	0.5	10%	0.4	10%
衰退	0.2	–20%	0.2	–30%

解

(1) A股票預期風險

預期報酬率爲 $\tilde{R}_A = E(R_A) = 0.3\times30\% + 0.5\times10\% + 0.2\times(-20\%) = 10\%$

預期風險爲 $\tilde{\sigma}_A = \sqrt{(30\%-10\%)^2\times0.3 + (10\%-10\%)^2\times0.5 + (-20\%-10\%)^2\times0.2}$
$= 17.32\%$

(2) B股票預期風險

預期報酬率爲 $\tilde{R}_B = E(R_B) = 0.4\times40\% + 0.4\times10\% + 0.2\times(-30\%) = 14\%$

預期風險 $\tilde{\sigma}_B = \sqrt{(40\%-14\%)^2\times0.4 + (10\%-14\%)^2\times0.4 + (-30\%-14\%)^2\times0.2}$
$= 25.76\%$

(3) 當 $\rho_{AB} = 0.7$ 時，投資組合預期報酬率

$\tilde{R}_p = 0.6\times10\% + 0.4\times14\% = 11.6\%$

當 $\rho_{AB} = 0.7$ 時，投資組合預期風險

$\tilde{\sigma}_P = \sqrt{(0.6)^2\times(17.32\%)^2 + (0.4)^2\times(25.76\%)^2 + 2\times0.6\times0.4\times0.7\times17.32\%\times25.76\%}$

$\tilde{\sigma}_P = \sqrt{0.0364} = 19.08\%$

(4) 當 $\rho_{AB} = -0.7$ 時，投資組合預期報酬率

$\tilde{R}_p = 0.6\times10\% + 0.4\times14\% = 11.6\%$

當 $\rho_{AB} = -0.7$ 時，投資組合預期風險

$\tilde{\sigma}_P = \sqrt{(0.6)^2\times(17.32\%)^2 + (0.4)^2\times(25.76\%)^2 + 2\times0.6\times0.4\times-0.7\times17.32\%\times25.76\%}$

$\tilde{\sigma}_P = \sqrt{0.0064} = 8.02\%$

由上可知：兩種資產所組合的投資組合風險，會因兩種資產報酬的相關性不同，產生很大的差異。

4-2 投資組合的風險分散

當投資人進行投資時，建構一個投資組合。投資組合所面臨的風險稱爲**總風險**，總風險中有部分可藉由多角化投資將它分散稱爲「**非系統風險**」；有部分則無法規避掉稱爲「**系統風險**」。因此總風險是由系統風險與非系統風險所組成。以下將介紹此兩種風險的特性。

一 系統與非系統風險

（一）系統風險

系統風險（Systematic Risk）是指無法藉由多角化投資將之分散的風險，又稱爲**不可分散風險**（Undiversifiable Risk）。通常此部分的風險是由市場所引起的，例如：天災、戰爭、政治情勢惡化或經濟衰退等因素，所以此類風險即爲市場風險。

（二）非系統風險

非系統風險（Unsystematic Risk）是指可藉由多角化投資將之分散的風險，又稱爲**可分散風險**（Diversifiable Risk）。通常此部分的風險是由個別公司所引起的，例如：新產品開發失敗、工廠意外火災或高階主管突然離職等因素，所以此類風險即爲公司特有風險。由於這些因素在本質上是隨機發生的，因此投資人可藉由多角化投資的方式，來抵銷個別公司的影響（亦即一家公司的不利事件，可被另一家公司的有利事件所抵銷）。

由圖 4-1 可以看出，當投資組合只有一檔股票時，該組合的風險最高，但隨著股票數目的增加，投資組合的風險亦隨之下降，而當投資組合內超過三十檔股票以上，投資組合風險的下降幅度會趨緩，最後趨近於一個穩定值，此時再增加股票數目，投資組合風險已無法再下降。上述中可藉由增加股票數而下降的風險即爲非系統風險，無法利用增加股票數而下降的風險即爲系統風險。

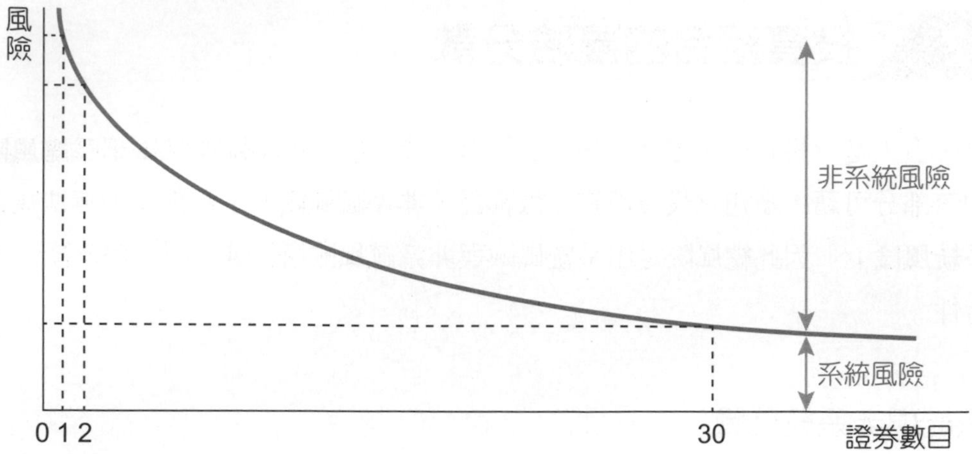

圖 4-1　系統與非系統風險關係圖

二 投資組合風險與報酬之關係

在投資的領域中，將一筆資金建構一組投資組合，在風險與報酬的關係中，風險愈高的資產，其所獲取的報酬愈高，通常這種所指的風險是以系統風險爲代表。因爲總風險中的非系統風險可以藉由多角化將之去除，所以非系統風險的部分，並不能獲取額外的**風險溢酬**（Risk Premium）亦稱**風險貼水**；或稱「**超額報酬**」（Excess Return），但仍有其資金投入的最基本機會成本報酬可以取之，此乃「**無風險利率**」（Risk-free Rate）。至於系統風險的部分因不可分散，所以必須冒風險才可得到的額外報酬，稱爲風險溢酬。

因此投資組合的報酬與風險的關係，我們可以由（4-8）、（4-9）式以下兩式得知：

投資組合報酬率＝無風險利率＋風險溢酬　（4-8）

投資組合風險＝非系統風險＋系統風險　（4-9）

三 貝他（β）係數

由上述投資組合的報酬與風險關係中得知，系統風險是決定資產（或投資組合）報酬和風險溢酬的重要因素。因此要決定預期報酬之前，須先知道個別資產（或投資組合）的系統風險水準。通常每一資產受到系統風險（或市場風險）的影響程度不一，例如：

現在經濟不景氣，民眾消費減少，但傳統的民生必需品食品股所受到的衝擊相對較小，電子類股就可能受到較大的衝擊，因此這兩類資產受到市場風險（系統風險）的影響就不一致。所以個別資產報酬受系統風險的影響程度，我們通常用「**貝他（β）係數**」（Beta Coefficient）來表示之。

（一）意義

若從統計學的觀點來看，β 係數其實是一個經由線性迴歸模型實證所得到的**迴歸係數**，其可說明個別資產（或投資組合）報酬率與市場報酬率的線性關係。此處用以衡量單一資產（或投資組合）的報酬率與整個市場報酬率的連動關係。亦可解釋為，當整個市場報酬率變動一單位時，單一資產（或投資組合）報酬率的反應靈敏程度。β 值可能大於、等於或小於 1，也可能為負值。若 β 值等於 1 時，表示資產的漲幅與大盤指數（市場報酬率）相同。若 β 值等 1.5 時，表示大盤指數（市場報酬率）上漲 1% 時，資產報酬率會上漲 1.5%；相對的當大盤指數（市場報酬率）下跌 1%，資產報酬率則下跌 1.5%。若 β 值等於 –1 時，表大盤指數（市場報酬率）上漲 1%，資產報酬率則下跌 1%，與大盤指數（市場報酬率）連動成反比。其計算公式如（4-10）式：

$$\beta = \frac{\mathrm{Cov}(R_i, R_m)}{Var(R_m)} = \frac{\sigma_{i,m}}{\sigma^2_m} = \rho_{i,m} \times \frac{\sigma_i}{\sigma_m} \qquad (4\text{-}10)$$

$Cov(R_i, R_m)$，$(\sigma_{i,m})$：i 資產報酬率與市場報酬率的共變數

$Var(R_m)$：市場報酬率的變異數

$\rho_{i,m}$：i 資產報酬率與市場報酬率之間的相關係數

σ_i：i 資產報酬率的標準差（風險）

σ_m：市場報酬率的標準差（風險）

（二）投資組合的 β 值

通常每一資產都有其 β 值，若投資人建構一投資組合，欲求整個投資組合的 β 值，則將投資組合中個別資產的 β 值與權重相乘後相加，即為投資組合的 β 值。投資組合的 β 值反映出投資組合報酬率相對於市場投資組合報酬率的變動程度。其計算式如（4-11）式：

$$\beta_P = \sum_{i=1}^{n} W_i\beta_i = W_1\beta_1 + W_2\beta_2 + \cdots\cdots + W_n\beta_n \qquad (4\text{-}11)$$

β_P：投資組合的 β 值

W_i：第 i 種資產的權重

β_i：第 i 種資產的 β 值

例題 4-3 【投資組合的 β 值】

假設投資人投資 500 萬元於 5 檔股票，其個股投資金額與貝他係數，如下表所示，是問投資組合的 β 值爲何？

證券	投資金額	貝他
A	250 萬元	1.28
B	50 萬元	1.04
C	60 萬元	0.92
D	120 萬元	1.46
E	20 萬元	0.88

解

投資組合的 β 值

$$\beta_P = \frac{250}{500}\times 1.28 + \frac{50}{500}\times 1.04 + \frac{60}{500}\times 0.92 + \frac{120}{500}\times 1.46 + \frac{20}{500}\times 0.88 = 1.24$$

4-3 投資組合管理策略

當投資人在市場進行投資時，為了降低風險，會避免過度集中投資於單一資產，於是會建構一個多角化的投資組合，以達分散風險之目的。通常投資組合的管理方式，基本上是根據市場的效率性[1]高低來決定的。

若市場效率性較低，標的物價格容易出現失真的情形，所以市場具有套利投機的機會，因此具有分析能力的投資人，應該採取「**積極型投資組合管理策略**」，試圖去尋找被高估或被低估的標的，隨時進場交易，以獲取超額報酬。

若市場效率性較高，標的物價格幾乎都反應完市場的訊息，所以價格不管利用各種分析工具，也很難找到被高估或被低估的標的，所以可以採取「**消極型投資組合管理策略**」，較省時省力。

一 積極型（主動式）投資組合管理策略

所謂的「積極型（主動式）投資組合管理策略」的特點，在於投資人會隨著市場價格變化，動態調整投資組合內容，使投資組合的報酬與風險達到一個最佳狀況。因此要隨時維持一個最佳狀況，投資人必須「適時」的調整標的物的「內容」與「數量」，若以股票為例，就是必須做好「**擇時策略**」、「**擇股策略**」與「**擇量策略**」。以下將分別說明之：

（一）擇時策略

所謂的擇時策略就是投資人依據市場的狀況，選擇適當的時機進場與出場，使投資組合維持在最佳狀況。通常要精準的預測市場趨勢是一件不容易的事情，投資人可透過市場的景氣面、資金面與股票籌碼面等因素的變化來作判斷，並可藉由技術分析工具的輔助，選擇在多頭市場剛萌芽時進場買進股票，待空頭市場剛罩頂時賣出股票，使得投資組合能在最佳時機進出場。

---

1 市場的效率性詳見本書的第六章說明。

（二）擇股策略

所謂的擇股策略就是投資人依據各種分析工具，選擇具有獲利機會的股票進場買賣，使投資組合維持在最佳狀況。通常要選擇有機會獲利的股票，可以從股票基本面為主、技術面分析為輔著手進行挑選。除了選擇被高估（或低估）的股票，或者選擇現在市場的強勢股（或弱勢股）[2] 進行買賣操作外，仍需選擇具題材的股票進行操作，並忌諱投資組合內有太多同質股票，這樣才能使投資組合內的標的為最優質的選擇。

（三）擇量策略

所謂的擇量策略就是投資人需隨時透過各種計算分析工具，去調配好投資組合內各種資產的數量與持有的時間，使投資組合維持在最佳狀況；此策略亦即「動態資產配置」（Dynamic Asset Allocation）[3]。例如：在多頭市場時，可以增加高 β 值股票部位的數量及持有時間，並減少低 β 值股票部位的數量及持有時間；反之，在空頭市場時，可以增加低 β 值股票部位的數量及持有時間，並減少高 β 值股票部位的數量及持有時間，隨時調整投資組合的資產配置，可使投資組合內的標的物數量維持在最佳狀況。

二 消極型（被動式）投資組合管理策略

所謂的「消極型（被動式）投資組合管理策略」的特點，在於投資人建構投資組合後，就鮮少隨著市場的變化去調整投資組合的內容，其目的不藉由擇股、擇時或擇量策略來提高投資報酬，只求投資組合報酬能貼近某些被追蹤的指數報酬（例如：臺灣 50 股價指數）。通常要使投資組合報酬盡量能貼近被追蹤的指數報酬，其投資組合的建構方法有以下三種方式：

---

2 所謂強勢股（弱勢股）是指一段期間內股價持續上漲（下跌）的股票。通常投資人的獲利，可藉由買進強勢股票，賣出弱勢股票的方式，即追高殺低的「**動能策略**」（Momentum Strategy），或稱「**正向回饋交易策略**」（Positive Feedback Trading Strategy）；亦可藉由買進弱勢股票，賣出強勢股票的方式，即買低賣高的「**反向投資策略**」（Constrain Strategy）。

3 「動態資產配置」又依持有資產的時間，可分為「策略性資產配置」與「戰術性資產配置」。「**策略性資產配置**」（Strategic Asset Allocation）是一種長期規劃，投資人持有資產的時間比較不會因為市場的變化而改變。「**戰術性資產配置**」（Tactical Asset Allocation）是一種短期規劃，投資人持有資產的時間會隨著資產本身條件的變化隨時更動。

（一）完全複製法

「完全複製法」是建構一個和想追蹤的指數所包含的成分股，完全相同的投資組合。此方法的優點是投資組合報酬能很密切的與被追蹤的指數報酬相仿；其缺點須買進被追蹤的指數的所有成分股，必須耗費大額資金與交易成本；以及不一定能完全買到成分股的投資權重。

（二）抽樣近似法

「抽樣近似法」是建構一個和想追蹤的指數所包含的成分股，相似的投資組合即可。因爲前述完全複製法須耗費大額資金與交易成本，因此我們只要透過抽樣方式，選取想追蹤的指數之成分股中，最具代表性或權值較大的股票，來模擬建構一個投資組合。此方法的優點是所花費的資金與交易成本較少；但其缺點因無法完全複製被追蹤指數所有的成分股，所以可能投資績效和被追蹤指數存在較大的報酬誤差。

（三）合成複製法

「合成複製法」是建構一個和想追蹤的指數所包含的成分股，相似的績效表現即可。通常不直接去購買標的成分股，而是利用其他的金融商品（例如：期貨、選擇權等），去模擬複製出所要追蹤的指數績效表現。此方法的優點是所發費的資金與交易成本較少；但其缺點因其操作衍生性商品風險較大，須做好風險管控，不然除了有可能出現投資績效和被追蹤指數之間，存在較大的報酬誤差外，還可能出現嚴重的損失。

市場焦點

主動投資管理　波動市場最佳對策

過去 40 年，全球大概經歷 4 次完整景氣循環，主要多為大型事件引導景氣循環發生變化。以美國為例，1980 年以來經歷 6 次衰退，等於為 5 次完整景氣循環，近期的景氣變動造成股市大幅的波動。

台中銀投信 GAMMA 量化多重資產基金投資顧問「高曼資本」合夥人，在最近的報告中指出，應該發展出在中期與長期間轉換的切換策略，以達到比單一策略更好的報酬，並有效降低風險，若再進一步加入擇時指標，則能減少通膨走高時對策略帶來的傷害。

台中銀投信 GAMMA 量化多重資產基金經理人表示，投資的策略從標的的選擇就已經開始，想投資什麼樣的標的物、投資時該如何調整以及投資後該何時進退，都應該要有相對應的策略，才能保障投資者在風險中穩中求利。

在這個多變的時期，與其等待一切穩定，不如透過多重資產的配置，搭配動態調整的投資策略，作為長期的規劃，而非做短期的獲利挑戰，將自身置於風險之中。要降低投資風險，可以選擇透過多重的資產配置，股票、債券、ETF 等相關投資標的的持有，來進行風險的控管，再透過多元的投資策略，調整各標的在不同情況下的持有比例，讓投資獲利得以穩定中求發展，這就是所謂的主動投資管理。

經理人指出，要擬定一個能夠動態靈活調整投資部位比例的策略並不容易，因為投資市場的多變受許多面向的影響，如政府的政策、市場的動態以及總體經濟等因素，如果能夠將相關因素做為依據，進而量化並透過量化的數據來調整，才是投資策略的根本。

資料來源：節錄自經濟日報 2022/03/08

解說

在這個多變的市場裡，要保持良好的績效確實不易。通常必須進行多重資產的配置再搭配動態調整投資策略，才能降低風險，平穩中求利。這就是所謂的主動投資管理。

4-4 投資組合績效指標

通常進行投資時，最重視是報酬率的表現，但報酬率是一個「絕對」值的觀念，若只用它來衡量投資績效，又難免太過簡略。所以應再考慮另一個重要的投資要素，亦即風險，將報酬與風險同時考量採取「相對」的概念，這樣衡量出來的投資績效就比較客觀。以下將介紹幾種常見衡量投資組合績效的指標：

一 報酬風險比率

報酬風險比率（Return to Risk Ratio；R/R Ratio）是由投資組合報酬率除以投資組合風險而得，其實該比率即是變異係數（CV）的倒數。該比率衡量每承擔一單位總風險可以獲取多少報酬率，該比率愈高愈好，表示投資組合每承受一單位的風險可以獲取的報酬就愈高。其計算公式如（4-12）式：

$$R/R=\frac{R_P}{\sigma_p} \qquad (4\text{-}12)$$

R/R：報酬風險比率

R_p：投資組合的報酬率

σ_p：投資組合的總風險

二 夏普指數

夏普指數（Sharpe Index）是 1990 年諾貝爾經濟學獎得主夏普（Sharpe）所提出的，該指數是指投資人每多承受一單位的風險，可以獲取多少的風險溢酬。夏普指數愈高，表示投資組合每承受一單位的風險，可以獲取的風險溢酬就愈高。若夏普指數爲正值（負值），表投資組合報酬率高於（低於）無風險報酬（定存利率）。其計算公式如（4-13）式：

$$S_p=\frac{R_p-R_f}{\sigma_p} \qquad (4\text{-}13)$$

S_p：夏普指數

R_p：投資組合的報酬率

R_f：無風險的報酬率

σ_p：投資組合的總風險

三 崔納指數

崔納指數（Treynor Index）是 1966 年由崔納（Treynor）所提出，其衡量方式與夏普指數相似，唯一不同乃崔納指數是利用 β 係數（系統風險）來替代夏普指數的標準差（總風險）。崔納指數是指投資人每多承受一單位的系統風險，可以獲取多少的風險溢酬。崔納指數愈高，表示投資組合每承受一單位的系統風險，可以獲取的風險溢酬就愈高。其計算公式如（4-14）式：

$$T_p = \frac{R_p - R_f}{\beta_p} \tag{4-14}$$

T_p：崔納指數

R_p：投資組合的報酬率

R_f：無風險報酬率

β_p：投資組合的系統風險

四 傑森指數

傑森指數（Jensen Index）亦稱爲 α 指標。此指標乃在計算「單一投資組合」與「市場投資組合」兩者在風險溢酬之間的差異。若 α 值大於（小於）零，則表示此投資組合的績效優於（劣於）整個市場投資組合績效。其計算公式如（4-15）式：

$$\alpha_p = (R_p - R_f) - \beta_p (R_m - R_f) + \varepsilon_p \tag{4-15}$$

α_p：傑森指標

R_p：投資組合的報酬率

R_f：無風險報酬率

R_m：市場投資組合的報酬率

β_p：市場投資組合的系統風險

ε_p：投資組合的隨機誤差

例題 4-4 【投資組合績效指標】

假設現在市場報酬率爲 10%，無風險報酬率爲 5%，若下列 ABC 三檔基金（投資組合），其報酬率、總風險、系統風險如下所示：

請問 ABC 三檔基金，(1) 報酬風險比率、(2) 夏普指數、(3) 崔納指數與 (4) 傑森指數各爲何？何者較優？

證券	A	B	C
報酬率	12%	15%	20%
總風險	9%	12%	20%
系統風險	0.9	1.1	1.2

解

(1) 報酬風險比率

$$R/R_A=\frac{12\%}{9\%}=1.33 \qquad R/R_B=\frac{15\%}{12\%}=1.25 \qquad R/R_C=\frac{20\%}{20\%}=1.0$$

若以報酬風險比率衡量，A 基金較優

(2) 夏普指數

$$S_A=\frac{12\%-5\%}{9\%}=0.78 \qquad S_B=\frac{15\%-5\%}{12\%}=0.83 \qquad S_C=\frac{20\%-5\%}{20\%}=0.75$$

若以夏普指數衡量，B 基金較優

(3) 崔納指數

$$T_A=\frac{12\%-5\%}{0.9}=0.078 \qquad T_B=\frac{15\%-5\%}{1.1}=0.091 \qquad T_C=\frac{20\%-5\%}{1.2}=0.125$$

若以崔納指數衡量，C 基金較優

(4) 傑森指數

$$\alpha_A=(12\%-5\%)-0.9\times(10\%-5\%)=2.5\%$$

$$\alpha_B=(15\%-5\%)-1.1\times(10\%-5\%)=4.5\%$$

$$\alpha_C=(20\%-5\%)-1.2\times(10\%-5\%)=9\%$$

若以傑森指數衡量，C 基金較優

例題 4-5 【投資組合績效指標】

(1)假設甲基金其報酬風險比爲 1.2，該基金報酬率爲 18%，無風險報酬爲 6%，請問夏普指數爲何？

(2)假設乙基金夏普指數爲 0.8，該基金總風險爲 12%，系統風險爲 1.2，請問崔納指數爲何？

(3)假設丙基金其崔納指數爲 0.08，該基金報酬率爲 20%，無風險報酬爲 4%，市場報酬爲 10%，請問傑森指數爲何？

解

(1) $$R/R=\frac{R_P}{\sigma_p}\Rightarrow 1.2=\frac{18\%}{\sigma_P}\Rightarrow \sigma_P=15\%$$

$$S_p=\frac{R_p-R_f}{\sigma_p}=\frac{18\%-6\%}{15\%}=0.8$$

(2) $$S_p=\frac{R_p-R_f}{\sigma_p}=\frac{R_P-R_f}{12\%}=0.8\Rightarrow R_P-R_f=9.6\%$$

$$T_p=\frac{R_p-R_f}{\beta_p}=\frac{9.6\%}{1.2}=0.08$$

(3) $$T_p=\frac{R_p-R_f}{\beta_p}\Rightarrow 0.08=\frac{20\%-4\%}{\beta_P}\Rightarrow \beta_P=2$$

$$\alpha_p=(R_p-R_f)-\beta_p(R_m-R_f)=(20\%-4\%)-2\times(10\%-4\%)=4\%$$

投資新視界

供鏈短缺等 Q4 變數多！專家教戰資產配置分散風險

https://www.youtube.com/watch?v=KiUaNHPczbc

全球面臨供應鏈及消費動能消長衝擊，專家建議除了留意經濟、能源及財政政策變化，可鎖定能源、房地產等產業基金，多元布局，藉此分散風險。

主動型股票基金強過 ETF 挑選心法公開！

https://www.youtube.com/watch?v=AODoV0w8bhI

雖然全球 ETF 的發行熱潮不減，但專家點出，主動式管理的股票基金績效仍強過被動式管理的 ETF，專家並傳授挑選優質基金的心法。

本章習題

一、選擇題

證照題

( ) 1. 某投資組合報酬率與市場報酬率之相關係數為ρ，其貝它係數為β。下列敘述何者正確？ (A) ρ 越高，β 也必定高 (B) β 越高，ρ 也必定高 (C) ρ 為負值，β 也必定為負值 (D) 選項 (A)、(B)、(C) 皆正確。

【2010-1 證券商高級業務員】

( ) 2. 使用動能投資策略（Momentum Investment Strategy）可以獲得超額報酬的假設原因為： (A) 市場反應過度 (B) 市場反應不足 (C) 市場具有效率性 (D) 股價為隨機漫步。 【2011-4 證券商高級業務員】

( ) 3. 積極的投資組合管理包括： (A) 擇時（Market Timing） (B) 選股（Security Selection）(C) 跟隨指數（Indexing） (D) 擇時及選股。

【2011-4 證券投資分析人員】

( ) 4. 請問下列選項中之兩資產相關係數，其所組成之投資組合分散風險的效果最好？ (A) 1 (B) 0.5 (C) 0 (D) −1。 【2012-1 證券商業務員】

( ) 5. 投資管理中，所謂被動式管理（Passive Management）是指投資組合通常將資金投資於： (A) 國庫券 (B) 銀行定存 (C) β 值大於 1 之證券 (D) 市場指數之投資組合。 【2012-1 證券投資分析人員】

( ) 6. 若某基金增加股票投資部位後，股價指數隨之上漲，但同期間基金淨值卻下跌，則表示基金經理人：甲 . 具有較佳的選股能力；乙 . 具有較佳的擇時能力；丙 . 具有較差的選股能力 (A) 僅乙、丙 (B) 僅丙 (C) 僅甲 (D) 僅乙。

【2012-4 證券商高級業務員】

( ) 7. 投資者在進行風險性資產的投資時，因承擔風險所給予的補償，稱之為： (A) 無風險利率 (B) 投資報酬 (C) 風險溢酬 (D) 股利殖利率。

【2013-1 證券商高級業務員】

( ) 8. 在考量風險因素之下，下列指標中，那一項不適合用來衡量投資績效？ (A) 夏普指標 (B) 崔納指標 (C) 貝它係數 (D) 詹森的 α 指標。

【2013-2 證券商高級業務員】

( ) 9. 投資人採用戰術性的資產配置（tactical asset allocation）比較是要： (A) 掌握總體經濟景氣循環來進出各類資產市場 (B) 投資指數型基金 (C) 認爲投資人無法獲得超額報酬 (D) 將資金分配到各熱門產業。

【2013-2 證券投資分析人員】

( ) 10. 對於一個沒有完全分散風險之投資組合，如高科技基金，最適合之績效衡量指標是： (A) Treynor 績效指標 (B) Sharpe 績效指標 (C) Jensen 績效指標 (D) Fama 績效指標。【2013-2 證券投資分析人員】

( ) 11. 「覆巢之下無完卵」比較像形容以下何種風險？(A) 可分散風險 (B) 非系統風險 (C) 系統風險 (D) 個別公司風險。【2013-3 證券商高級業務員】

( ) 12. 被動式（Passive）投資組合管理目的在： (A) 運用分散風險原理，找出效率投資組合，獲取正常報酬 (B) 運用隨機選股策略，選取一種股票，獲取隨機報酬 (C) 運用選股能力，照出價格偏低之股票，獲取最高報酬 (D) 運用擇時能力，預測股價走勢，獲取超額報酬。【2013-3 證券投資分析人員】

( ) 13. 過去一年中，X 共同基金之 Jensen's alpha 爲 2%、beta 爲 1.25、平均報酬率爲 15%；而 Y 共同基金之 Jensen's alpha 爲 –1%、beta 爲 0.95、平均報酬率爲 10%。請問過去一年之市場風險溢酬爲何？ (A) 5.33% (B) 6.67% (C) 7.33% (D) 8.67%。【2013-3 證券投資分析人員】

( ) 14. X 股票的貝它係數是 Y 股票的兩倍，則下列敘述何者正確？ (A) X 的期望報酬率爲 Y 的兩倍 (B) X 的風險爲 Y 的兩倍 (C) X 受市場變動影響程度爲 Y 的兩倍 (D) 選項 (A)、(B)、(C) 皆正確。【2013-4 證券商高級業務員】

( ) 15. A 投資組合產生 13% 的年報酬率，其貝它（Beta）爲 0.7，標準差爲 17%。市場指數報酬率爲 14%，標準差 21%。若無風險利率爲 5%，則 A 投資組合之夏普（Sharpe）衡量爲何？ (A) 0.3978 (B) 0.4158 (C) 0.4563 (D) 0.4706。

【2013-4 證券投資分析人員】

( ) 16. 正常來說，投資人可以藉著多角化投資來降低風險到何種程度？ (A) 可以完全消除風險 (B) 若多角化程度夠大，則可以完全消除風險 (C) 無法完全消除風險 (D) 無法降低風險。【2014-1 證券商業務員】

( ) 17. 楊過將財富的 40% 投資於風險性資產，期望報酬率爲 15%，變異數爲 0.04；再將剩餘之 60% 投資於國庫券（無風險），且報酬率爲 6%。試問楊過投資組合之期望報酬率及標準差爲何？ (A) 0.114；0.12 (B) 0.096；0.08 (C) 0.08；0.12 (D) 0.096；0.10。【2014-1 證券投資分析人員】

( ) 18. 下列對市場投資組合之描述，何者正確？ 甲 . 其貝它係數等於 1；乙 . 其期望報酬率較任何個別證券低；丙 . 其報酬率標準差較任何個別證券低；丁 . 其包含了市場上所有的證券 (A) 甲、乙、丁 (B) 甲、丙、丁 (C) 甲、丁 (D) 丙、丁。 【2015-1 證券高級業務員】

( ) 19. 投資者透過對於市場的預估與判斷，以掌握進場或出場的時機，來調整投資組合的動作為下列何種決策？ (A) 資產配置決策 (B) 選股策略 (C) 選時決策 (D) 多角化策略。 【2015-3 證券高級業務員】

( ) 20. 不能放空下，投資組合中之個別資產間的相關係數為何時，才可能將投資組合之標準差降為零： (A) 1 (B) –1 (C) 0 (D) 無法將投資組合之標準差降為零。 【2015-3 證券高級業務員】

( ) 21. 文獻所指反向策略（Contrarian Strategy）是指： (A) 買進高 beta 的股票、賣出低 beta 的股票 (B) 當股市悲觀時進場、樂觀時出場 (C) 買進前期輸家股票、賣出前期贏家股票 (D) 買進散戶賣出的股票、賣出散戶買進的股票。

【2015-3 證券投資分析人員】

( ) 22. 下列績效衡量指標無法衡量出投資組合風險分散的程度：I. 詹森指標；II. 崔納指標；III. 平均報酬；IV. 夏普指標 (A) I、II (B) II、III (C) III、IV (D) I、II、III。 【2016-4 證券投資分析人員】

( ) 23. 大型機構投資人採取的追漲殺跌是下列何種投資策略？ (A) 反向投資策略 (B) 動能投資策略 (C) 預期投資策略 (D) 效率投資策略。

【2019-1 證券商業務員】

( ) 24. 長期而言，影響投資組合報酬率的主要因素是哪項投資決策？ (A) 證券選擇決策 (B) 選時決策 (C) 資產配置決策 (D) 波段操作決策。

【2019-1 證券商高級業務員】

( ) 25. 建構消極性投資組合時，應考慮：甲 . 交易成本；乙 . 追蹤誤差；丙 . 股價是否低估 (A) 僅甲、乙 (B) 僅甲、丙 (C) 僅乙、丙 (D) 甲、乙及丙皆是。

【2021-2 證券商高級業務員】

( ) 26. 利用過去報酬計算出國內共同基金 J 的 β 值等於 1，崔納指標（Treynor's Index）等於 3%，簡生阿爾發（Jensen's Alpha）為 1%。同時又利用過去同期間報酬計算出國內共同基金 K 的 β 值等於 1.2，崔納指標等於 2.5%，試計算共同基金 K 的簡生阿爾發為多少？ (A) 0.4% (B) 0.6% (C) 0.8% (D) 1.0%。

【2021-3 證券商高級業務員】

二、簡答與計算題

基礎題

1. 投資人投資 A 與 B 兩檔基金，A 爲股票型基金、B 爲債券型基金，其預期報酬率分別爲 15% 與 5%，預期報酬率之標準差爲 20% 與 6%，若兩種基金之間的相關係數爲 –0.5，投資人投資於此兩種基金的權重爲 30% 與 70%，則投資組合預期報酬率與風險爲何？
2. 下表爲投資人所建構兩投資組合 X 與 Y，每投資組合內各投資 A、B、C、D、E 共 5 種股票，其股票 β 值如下表所示：

   (1) 若現在大盤上漲，請問何檔股票上漲最多？

   (2) 若現在大盤下跌，請問何檔股票下跌最少？

   (3) X 與 Y 投資組合的 β 值各爲何？

   (4) X 與 Y 投資組合何者風險較高？

	投資比重（%）		
公司	X 組合	Y 組合	β 值
A	20%	10%	1.6
B	10%	20%	1.3
C	10%	20%	0.8
D	30%	20%	0.9
E	30%	10%	1.1

3. 請說明兩資產的相關係數爲正與負值，表示何種意思？
4. 請說明系統風險與非系統風險之差異？
5. 若一檔股票的 β 值爲 1.5，表示何種意思？
6. 通常投資組合管理策略可分哪兩類？
7. 何謂正向回饋交易策略與反向投資策略？
8. 請問消極型（被動式）投資組合管理策略，通常要使投資組合報酬盡量能貼近被追蹤的指數報酬，其投資組合的建構方法有哪三種方式？
9. 請問報酬風險比率、夏普指數、崔納指數與傑森指數的計算式中，哪幾個指標會用到 β 值？

10. 假設現在市場報酬率為 8%，無風險報酬率為 5%，若 A 基金其報酬率 15%、總風險 10%、系統風險 1.2，請問 A 基金的報酬風險比率、夏普指數、崔納指數與傑森指數各為何？

進階題

11. 下表為 A 與 B 公司內部對未來 1 年不同經濟景氣狀況下，其相對應股票報酬率的機率分配。

	A 公司		B 公司	
經濟景氣狀況	發生機率	股票報酬率	發生機率	股票報酬率
繁榮	0.2	40%	0.3	30%
持平	0.3	20%	0.3	20%
衰退	0.5	–10%	0.4	–20%

(1) 求 A 股票預期報酬率與風險各為何？

(2) 求 B 股票預期報酬率與風險各為何？

(3) 若投資於 A 與 B 公司的資金比重為 6：4，且兩者的相關係數為 0.8，求投資組合預期風險與報酬各為何？

(4) 同上，且兩者的相關係數為 –0.6，求投資組合預期風險與報酬各為何？

12. 下列為 A、B、C 三檔股票的報酬率、標準差、β 值與彼此間的相關係數以及投資組合權重概況表，請問投資組合的報酬、風險與 β 值各為何？

	報酬率	標準差	β 值	相關係數	權重
A	15%	20%	1.2	$\rho_{AB} = 0.8$	30%
B	20%	30%	1.4	$\rho_{BC} = -0.2$	50%
C	25%	40%	1.3	$\rho_{AC} = 0.5$	20%

13. 若 A 證券的報酬率標準差為 18%，市場報酬率 16%，其報酬標準差為 12%，崔納指數為 0.125，若此 A 證券與市場相互之間報酬率的相關係數為 0.8，無風險利率為 6%，則請問 A 證券的傑森指數為何？

14. 下列四種指數型中，若成立基金要追縱這些指數，請問經理人應用何種方式複製這些指數 (1) 臺灣加權股價指數、(2) 臺灣 50 股價指數、(3) 臺灣中型 100 股價指數、(3) 臺灣高股息股價指數

15. A 與 B 兩檔基金，利用報酬風險比率、夏普指數、崔納指數進行績效時，是否會發生不一致的情形，請說明原因？

chapter 5

投資理論

本章大綱

本章內容為投資理論，主要介紹效率投資組合與投資理論模型。其內容詳見下表。

節次	節名	主要內容
5-1	效率投資組合	投資可能曲線、效率投資組合與最佳投資組合。
5-2	投資理論模型	兩個投資理論重要的模型——資本資產定價模型與套利定價模型。

5-1 效率投資組合

前一章我們從投資組合報酬與風險的介紹中得知，任兩資產所建構的投資組合報酬與風險，會隨著投資在資產的資金權重與兩者間的相關係數高低，而有所變化。根據 1952 年馬可維茲（Markowitz）所提出投資組合理論，我們必須在資產所建構的可能投資集合中，找到相同報酬率下，風險最小的效率投資組合；或在相同風險下，報酬率最高的效率投資組合。這些最有效率的投資組合所建構的曲線稱爲**效率前緣**（Efficient Frontier）。此外，我們在效率的投資組合加入無風險資產，可以建構一個最佳的投資組合。以下我們將介紹眾多資產所建構的「可能投資集合」、最具效率投資的「效率前緣」以及「最佳的投資組合」。

一 可能投資集合

（一）兩種資產的投資組合

通常任兩資產所建構的投資組合報酬與風險，會隨著投資在資產的資金權重與兩者之間的相關係數高低，而產生不同的投資可能集合。以下我們將舉例說明投資組合所可能建構的投資集合。

假設 A、B 兩資產的報酬率與風險分別爲（R_A, σ_A）=（25%, 40%）、（R_B, σ_B）=（10%, 30%）。若兩資產的投資權重（W_A, W_B）與報酬率之相關係數（ρ_{AB}）如下表 5-1，則兩資產的投資組合報酬率與風險值（R_P, σ_P）如下表所示。

我們根據表 5-1 所計算出之投資組合報酬率與風險值（R_P, σ_P），可以畫出圖 5-1。從圖 5-1 得知，由兩種資產所建構的投資組合之投資可能集合，爲一個凸向 Y 軸的投資曲線集合。當 A、B 兩資產報酬率之相關係數（ρ_{AB}）愈小，投資曲線集合愈凸向 Y 軸。

表 5-1 A、B 兩資產的投資組合報酬率與風險值（R_P, σ_P）

權重	（W_A, W_B）（100%, 0%）	（W_A, W_B）（70%, 30%）	（W_A, W_B）（50%, 50%）	（W_A, W_B）（30%, 70%）	（W_A, W_B）（0%, 100%）
投資組合報酬率與風險值	（R_P, σ_P）	（R_P, σ_P）	（R_P, σ_P）	（R_P, σ_P）	（R_P, σ_P）
$\rho_{AB}=1$	（25%, 40%）	（20.5%, 37%）	（17.5%, 35%）	（14.5%, 33%）	（10%, 30%）
$\rho_{AB}=0.5$	（25%, 40%）	（20.5%, 33.4%）	（17.5%, 30.4%）	（14.5%, 28.0%）	（10%, 30%）
$\rho_{AB}=0$	（25%, 40%）	（20.5%, 29.4%）	（17.5%, 25%）	（14.5%, 24.2%）	（10%, 30%）
$\rho_{AB}=-0.5$	（25%, 40%）	（20.5%, 24.7%）	（17.5%, 18%）	（14.5%, 18.2%）	（10%, 30%）
$\rho_{AB}=-1$	（25%, 40%）	（20.5%, 19%）	（17.5%, 5%）	（14.5%, 9%）	（10%, 30%）

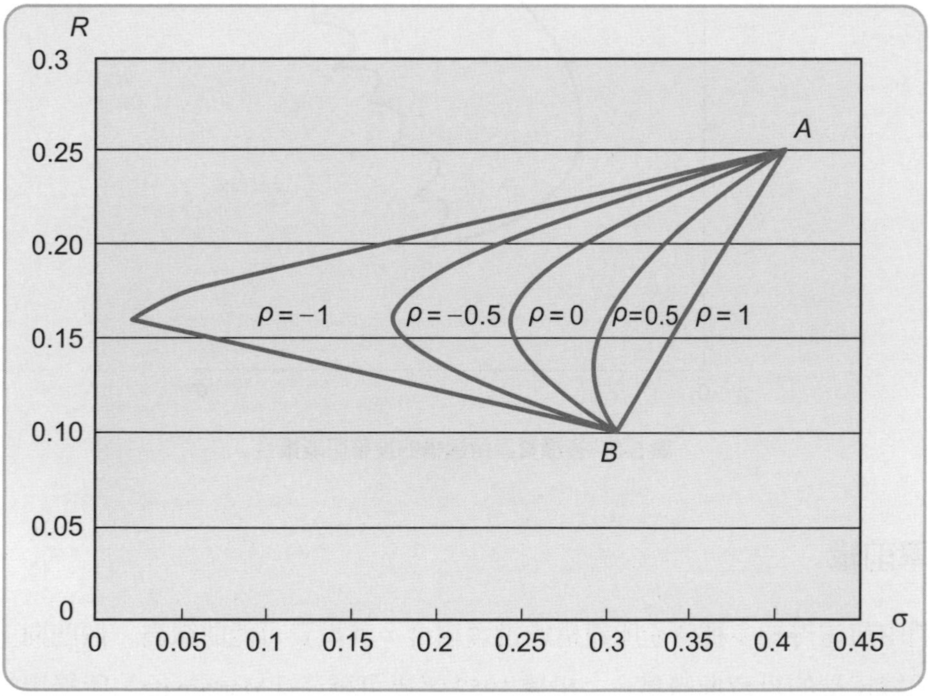

圖 5-1 A、B 兩種資產所建構的投資可能集合

A 與 B 兩資產報酬率之相關係數介於正 1 與負 1 之間（$-1 < \rho_{AB} < 1$），但通常兩資產報酬率的相關係數不會正好等於正 1 或負 1。所以兩資產所建構的投資組合之投資曲線不會是 AB 兩點的最短連線（當 $\rho_{AB} = 1$）與最長連線（$\rho_{AB} = -1$）。因此由兩資產所建構的投資組合之投資可能集合，爲一個隨著資產報酬率之相關係數（ρ_{AB}）變小，愈凸向 Y 軸的投資曲線集合。

（二）多種資產的投資組合

我們由前述得知由任兩資產所建構的投資組合之投資可能集合，爲一個凸向 Y 軸的投資曲線集合。當投資組合內的資產擴充爲多種資產時，則投資可能曲線爲一個凸向 Y 軸、且帶鋸齒弧線尾端 [1] 的投資曲線集合，如圖 5-2 所示。

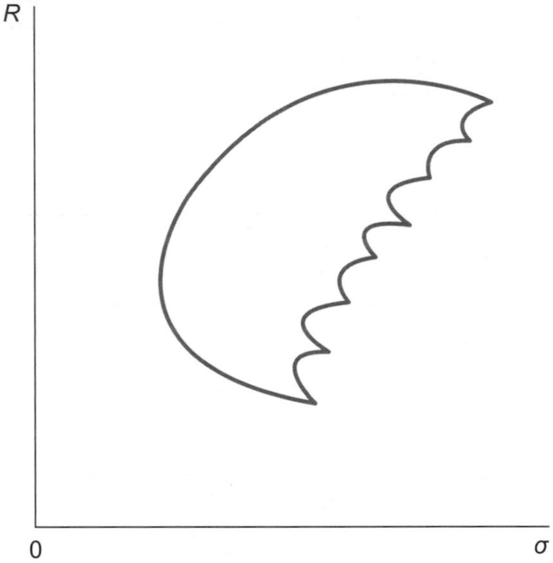

圖 5-2 多種資產所建構的投資可能集合

二 效率前緣

我們由前述得知多種資產所建構的投資組合，其投資可能曲線爲一個凸向 Y 軸、且帶鋸齒弧線尾端的投資曲線集合。根據 1952 年馬可維茲（Markowitz）所提出的投資組合理論中，可以利用「**平均數－變異數**」（Mean-Variance；M-V）分析法則，來建構效

1 因爲任兩資產報酬的相關係數不太可能爲正 1，所以任兩資產的投資曲線皆凸向 Y 軸的弧線。

率投資曲線。該法則即是在投資可能曲線中，在相同報酬率下，找出風險最小的效率投資組合；或在相同風險下，找出報酬率最高的效率投資組合。這些最有效率的投資組合所建構的曲線即稱爲「**效率前緣**」（Efficient Frontier）。

以下利用圖 5-3 說明如何尋找效率前緣曲線。如果在投資組合所建構的投資可能集合中，我們首先固定一個風險值（σ_i），則對應投資可能集合可以找尋到 X、Y、Z 三種資產組合，其三種資產組合報酬率順序爲 $R_X > R_Y > R_Z$，根據 M-V 法則，因爲 X 資產的報酬率最高，所以 X 資產組合爲最有效率的投資組合。其次我們固定一個報酬率（R_i），則對應投資可能集合可以找尋到 P、Q、R 三種資產組合，其三種資產組合報酬率順序爲 $\sigma_P < \sigma_Q < \sigma_R$，根據 M-V 法則，因爲 P 資產的風險值最低，所以 P 資產組合爲最有效率的投資組合。

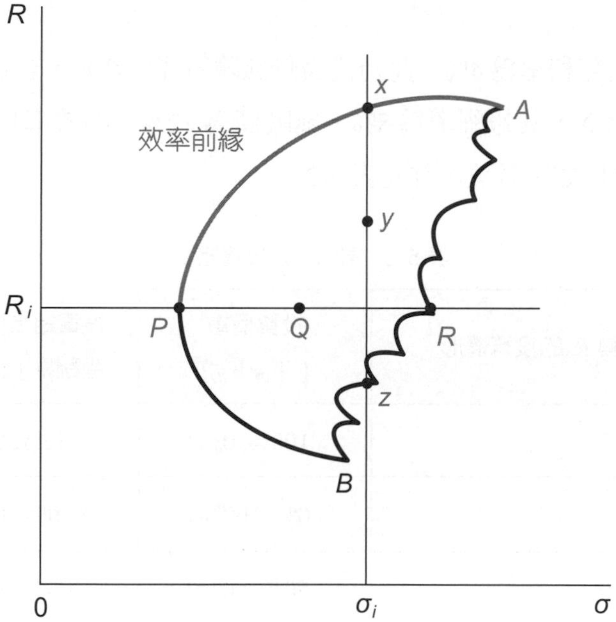

圖 5-3　效率前緣曲線

所以我們根據 M-V 法則，可在原先多種資產投資組合所建構的投資可能曲線中找到 AP 之間的弧線，此乃投資可能曲線中最具效率的投資組合曲線，此曲線又稱爲**效率前緣曲線**。

三 最佳投資組合

通常投資人在進行投資時，大都會選擇多角化投資，其標的物除了具風險的資產外，仍有一些資金放在無風險（Risk-free）資產（例如：銀行定存或買公債）。在風險資產的選擇，上述已經介紹我們可以在效率前緣上，找任一資產組合，皆是**效率投資組合**（Efficient Portfolio）。若現在我們將一部分的資金投資在效率前緣線的任一投資組合上，再將另一部分的資金保留於定存（無風險資產），這兩種投資所建構的投資曲線，會因投資人選擇不同的效率投資組合，而有不同的結果。但效率前緣上僅有一效率投資組合可以與無風險資產組成**最佳投資組合**（The Optimal Portfolio）。以下我們舉二個例子並搭配圖 5-4 加以說明。

（一）投資案例一

假設現在銀行定存利率爲 4%，此乃代表無風險資產（R_f），若效率前緣線上我們找到一個效率投資組合 N，其報酬率爲 8%，風險值爲 12%。則效率投資組合 N 與無風險資產（R_f）的投資情形如下敘述，詳見表 5-2。

表 5-2　案例一之投資組合

資金投入 N 組合與 R_f 的投資情形	投資權重 (W_M, W_{R_f})	投資組合風險與報酬率 (σ_P, R_P)	圖形位置
全部投資在 N 組合	（100%, 0%）	（12%, 8%）	N
全部投資在 R_f	（0%, 100%）	（0%, 4%）	R_f
N 組合與 R_f 各投資 50%	（50%, 50%）	（6%, 6%）	N_S
借 50% 的 R_f，將資金投資在 N 組合 150%	（150%, –50%）	（18%, 10%）	N_B

1. 若將資金全部投資在 N 資產組合，則投資組合風險與報酬率（σ_P, R_P）＝（12%, 8%），位於圖 5-4 之 N 點。
2. 若將資金全部投資在無風險資產（R_f），則投資組合風險與報酬率（σ_P, R_P）＝（0%, 4%），位於圖 5-4 之 R_f 點。

3. 若將資金各投資 50% 在 N 資產組合與無風險資產（R_f），則投資組合風險與報酬率（σ_P, R_P）＝（6%, 6%），位於圖 5-4 之 N_S 點。

4. 若向銀行定存（無風險資產）借出50%的資金，然後投資150%的資金於N資產組合，則投資組合風險與報酬率（σ_P, R_P）＝（18%, 10%），位於圖 5-4 之 N_B 點。

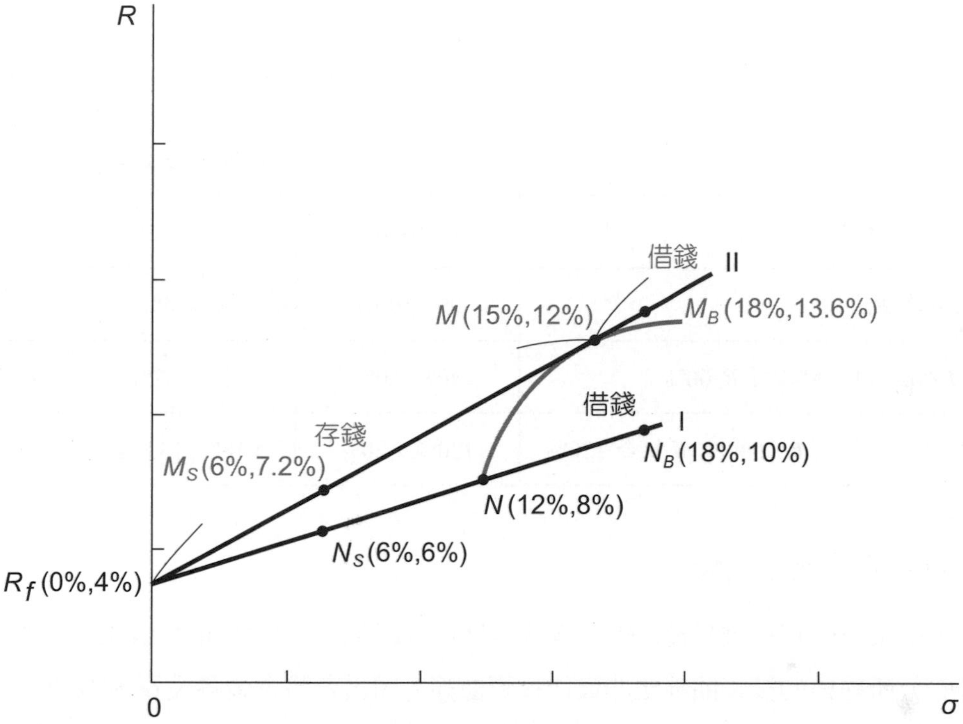

圖 5-4　最佳投資組合

（二）投資案例二

假設現在銀行定存利率為 4%，此乃代表無風險資產（R_f），若效率前緣線上，我們找到一個效率投資組合 M，其報酬率為 12%，風險值為 15%。若效率投資組合 M 與無風險資產（R_f）的投資情形如下敘述，詳見表 5-3。

1. 若將資金全部投資在 M 資產組合，則投資組合風險與報酬率（σ_P, R_P）＝（15%, 12%），位於圖 5-4 之 M 點。

2. 若將資金全部投資在無風險資產（R_f），則投資組合風險與報酬率（σ_P, R_P）＝（0%, 4%），位於圖 5-4 之 R_f 點。

3. 若將資金各投資 40% 在 M 資產組合與 60% 於無風險資產（R_f），則投資組合風險與報酬率（σ_P, R_P）＝（6%, 7.2%），位於圖 5-4 之 M_S 點。

4. 若向銀行定存（無風險資產）借出 20% 的資金，然後投資 120% 的資金於 M 資產組合，則投資組合風險與報酬率（σ_P, R_P）＝（18%, 13.6%），位於圖 5-4 之 M_B 點。

表 5-3　案例二之投資組合

資金投入 M 組合與 R_f 的投資情形	投資權重 (W_M, W_{R_f})	投資組合風險與報酬率 (σ_P, R_P)	圖形位置
全部投資在 M 組合	（100%, 0%）	（15%, 12%）	M
全部投資在 R_f	（0%, 100%）	（0%, 4%）	R_f
投資 M 組合 40% 與投資 R_f 60%	（40%, 60%）	（6%, 7.2%）	M_S
借 20% 的 R_f，將資金投資在 M 組合 120%	（120%, –20%）	（18%, 13.6%）	M_B

（三）兩投資案例之比較

由上兩案例得知，雖然投資組合 N 與 M 皆爲效率投資組合，但投資組合 N 與無風險資產（R_f）所建構的投資曲線並非最佳投資曲線。因爲若將資金各投資 50% 在 N 資產組合與無風險資產（R_f），其投資組合風險與報酬率（σ_P, R_P）＝（6%, 6%）；但若將資金 40% 投資在 M 資產組合與 60% 投資於無風險資產（R_f），其投資組合風險與報酬率（σ_P, R_P）＝（6%, 7.2%）。此兩種投資組合的風險值皆爲 6%，但由 M 資產組合的所建構的報酬率爲 7.2%，高於 N 資產組合的報酬率 6%。根據 M-V 法則，由效率投資組合 M 與無風險資產所建構 M_S，優於由效率投資組合 N 與無風險資產所建構的 N_S（M_S 優於 N_S）。

另外，若將資金投資 150% 在 N 資產組合與 –50% 投資於無風險資產，其投資組合風險與報酬率（σ_P, R_P）＝（18%, 10%）；但若將資金 120% 投資在 M 資產組合與 –20% 投資於無風險資產，其投資組合風險與報酬率（σ_P, R_P）＝（18%, 13.6%）。此兩種投資組合的風險值皆爲 18%，但由 M 資產組合的所建構的報酬率爲 13.6%，高於 N 資產組合的報酬率 10%。根據 M-V 法則，由效率投資組合 M 與無風險資產所建構 M_B，優於由效率投資組合 N 與無風險資產所建構的 N_B（M_B 優於 N_B）。

由上述分析得知，由投資組合 M 與無風險資產所建構的投資曲線（II 線），皆優於由投資組合 N 與無風險資產所建構的投資曲線（I 線）。所以效率前緣上的投資組合都是效率投資組合，但若要與無風險資產建構成最佳的投資組合，此投資組合必須選擇效率前緣與無風險資產相切的交點，如圖 5-5 所示的 O 點，此 O 點的投資組合即爲最佳的投資組合。效率前緣 O 點與無風險資產相切的切線即爲**資本市場線**（Capital Market Line；CML）。

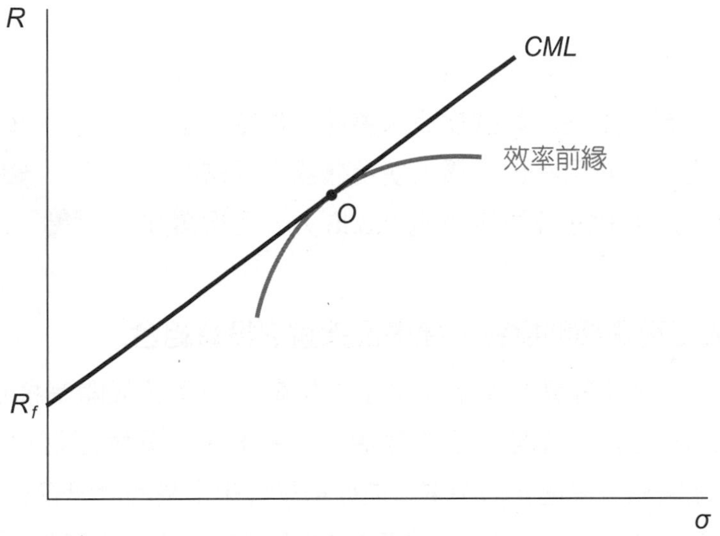

圖 5-5　資本市場線

在 CML 線上的任一個點，都是效率投資組合。投資人可以根據自己的風險承擔能力來制訂投資策略。如果投資人可以承擔較高風險，則可以選擇效率前緣 O 點右端的投資曲線進行投資，此時投資人利用無風險利率借出部分資金投資於 O 點之效率投資組合。如果投資人風險承擔能力較低，則可以選擇效率前緣 O 點左端的投資曲線進行投資，此時投資人可將部分資金投資於無風險資產，部分投資於 O 點之效率投資組合。

市場焦點

搶攻智能投資風潮！富蘭克林「國民理財機器人」添生力軍

疫情打亂民眾理財規劃與想法，卻也加速接受並習慣數位化服務，進入後疫情時代，股市前景仍佳但漲勢已高亦是不爭的事實，然而機器人理財的客觀判斷優勢，能降低情緒性決策所造成的干擾，近期更深獲投資人青睞，根據金管會證期局統計，截至今年 6 月為止，國人使用機器人理財的人數達 10 萬 6234 人，相比去年同期 5 萬 2,325 人，呈現爆炸性成長。

國民理財機器人二種選擇助投資人建構最適宜之投資組合

深耕臺灣 30 年的基金專家富蘭克林證券投顧，多年前就開始積極耕耘金融科技 FinTech，近期又搭上國內機器人理財熱潮，順勢推出「國民理財機器人 2 號 - 富動能」，運用「動能策略」挑選強勢市場，並使用諾貝爾得獎的計量模型，透過演算法分析出最適宜之投資組合，幫助投資人把握市場動向，尋求波段中的超額報酬機會。

富蘭克林表示，為了因應多變市場、滿足投資人多樣化的理財需求，才會提供二種獨具特色的機器人，於 2018 年領先業界開發「機器人 1 號 - 富智能」同樣使用諾貝爾得獎的計量模型，主打以「AI 技術預測市場趨勢」，計算出符合效率前緣的最適宜之投資組合，適合透過長期穩健投資達成理財目標的投資人。

資料來源：節錄自鉅亨網 2021/09/06

解說

近年來，全球的金融業受到「金融科技」的衝擊，現在已經愈來愈多的銀行都利用人工智慧，幫客戶進行機器人理財服務。通常智慧理財仍是以投資學中的「效率前緣」理論為基礎，以協助客戶建構出最佳的資產配置。

5-2 投資理論模型

本節將介紹「資本資產定價模式」與「套利定價模型」等，兩個財務領域重要的理論。

一 資本資產定價模型

（一）模型的推演

在 5-2 節我們已經介紹 β 值之概念，每一股票或投資組合皆有其 β 值，β 值是用來衡量單一個股（或投資組合）與市場投資組合（大盤指數）的風險敏感度。通常 β 值愈大，代表個股相對於大盤指數的報酬率變動就愈大。因此每一個股的報酬率與 β 值呈正向的關係，如圖 5-6 所示。通常 β 值是用於衡量系統風險大小的指標，前述已有提到系統風險因不可分散，所以必須冒風險才可得到的額外報酬稱為風險溢酬。風險溢酬乃是個股報酬（R_f）與無風險利率（R_f）的差異（$R_i - R_f$）。

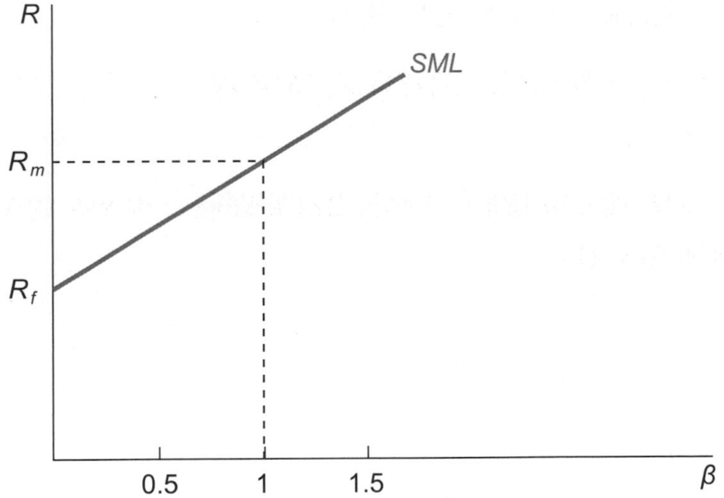

圖 5-6　資本資產定價模型

根據上述中，「個股的報酬率與 β 值呈正向的關係」與「β 值（系統風險）才可得到的額外報酬稱為風險溢酬」這兩個觀念，且「**報酬對風險比率**」（Reward to Risk Ratio）相對等原則，於圖 5-6 我們可得到個股報酬率（R_i）、β 值（β_i）與市場報酬率（R_m）、β 值（β_m）以及無風險報酬率（R_f）之間，將呈現以下關係式（5-1）：

$$\frac{R_m - R_f}{\beta_m} = \frac{R_i - R_f}{\beta_i} \Rightarrow \frac{R_m - R_f}{1} = \frac{R_i - R_f}{\beta_i}$$
$$\Rightarrow R_i - R_f = \beta_i(R_m - R_f) \tag{5-1}$$
$$\Rightarrow R_i = R_f + \beta_i(R_m - R_f)$$

由（5-1）式的關係式就是**「資本資產定價模型」**（**CAPM**），其圖 5-6 所畫出的線就是**證券市場線**（*SML*）。CAPM 模型是在 1960 年代由夏普（Sharpe）、林特爾（Lintner）、崔納（Treynor）和莫辛（Mossin）等人在現代投資組合理論的基礎上發展而來的。根據 *CAPM* 得知，任一資產的報酬是由無風險利率與資產的風險溢酬所組成。其中風險溢酬是由該資產的 β 值所決定。因此資本資產定價模型通常被稱爲**「單因子模型」**（One Factor Model）。其理論廣泛應用於投資決策與公司理財領域。

（二）證券市場線與資本市場線之差異

由 *CAPM* 模型所推導出的證券市場線（*SML*），與效率前緣所衍生出的資本市場線（*CML*），在經濟涵義與圖形呈現上雖有許多相似之處，但仍有所不同。圖 5-7 爲 *SML* 與 *CML* 線[2]之圖形對照圖，其兩者差異說明如下。

1. 經濟意涵上：任一個股或投資組合都會落在 *SML* 線上，但只有效率投資組合才會落在 *CML* 線上。
2. 圖形呈現上：*SML* 與 *CML* 圖形的 *Y* 軸皆爲預期報酬率，但 *SML* 的 *X* 軸爲系統風險，*CML* 的 *X* 軸則爲總風險。

$$SML \Rightarrow R_i = R_f + \beta_i(R_m - R_f)$$

$$CML \Rightarrow R_P = R_f + \sigma_P\left(\frac{R_m - R_f}{\sigma_m}\right)$$

---

2 根據圖 5-7CML 線上的效率投資組合（p）與整體市場投資組合（m）所對應的報酬與風險，基於 CML 線上任何一點斜率相同下，可得 CML 線爲：

$$\frac{R_p - R_f}{\sigma_p} = \frac{R_m - R_f}{\sigma_m} \Rightarrow R_P = R_f + \sigma_P\left(\frac{R_m - R_f}{\sigma_m}\right)$$

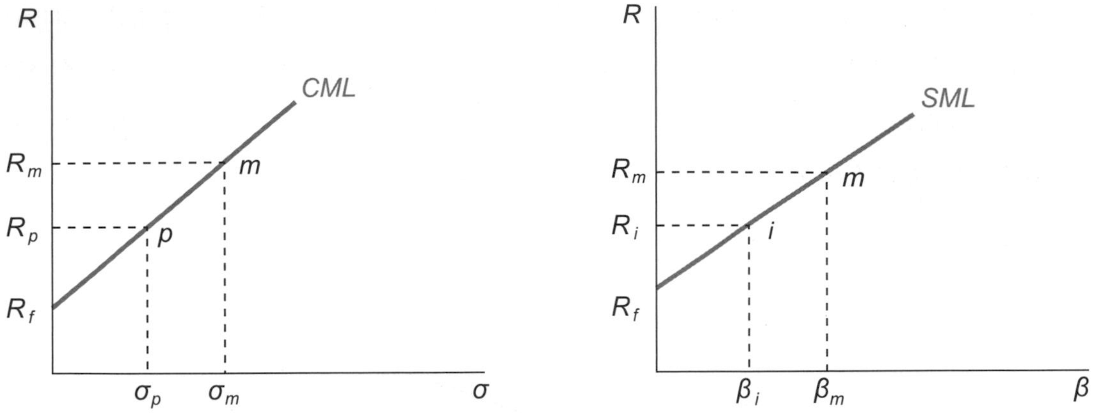

圖 5-7　*SML* 與 *CML* 線之圖形對照

（三）證券市場線的變動

由資本資產定價模型所發展出來的證券市場線（*SML*），有可能因兩種情形導致整條線的移動。其一爲通貨膨脹的影響，其二爲風險迴避程度的改變。

1. 通貨膨脹的影響：證券的預期報酬是由無風險報酬率與證券的風險溢酬所組成。其中，無風險報酬率爲一名目利率，根據費雪方程式（Fisher Equation）：名目利率等於實質利率加通貨膨脹率。所以當通貨膨脹率增加時，無風險利率就增加，將導致原先證券市場線（*SML*）向上平移成 *SML'*。如圖 5-8 所示。

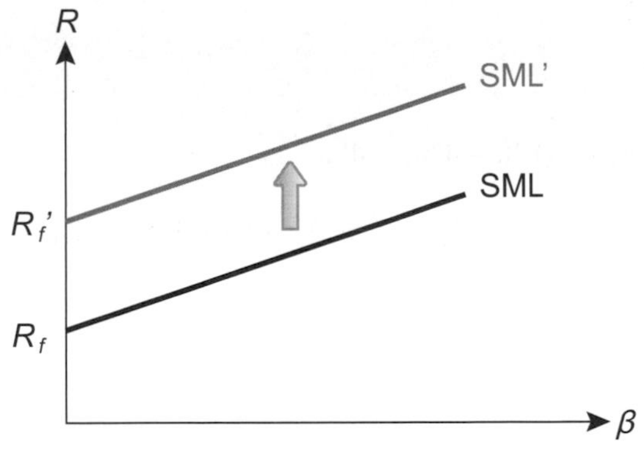

圖 5-8　風險程度改變對 *SML* 線的影響

2. 風險迴避程度的改變：當投資人投資證券時，可以忍受的風險程度增加時，則所要求的補償就愈高，於是此時證券市場必須提供更多的風險溢酬（R_m–R_f），才能滿足投資人的需求。若在無風險利率（R_f）與系統風險值（β）不變下，風險溢酬（R_m–R_f）增加，將使原先證券市場線（*SML*）的斜率變陡成 *SML'*。如圖 5-9 所示。

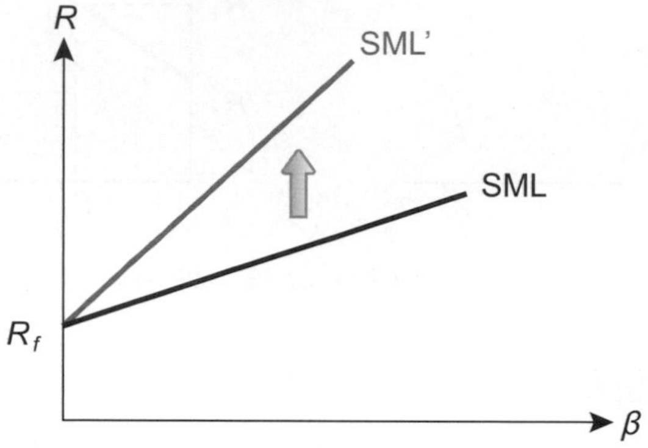

圖 5-9　風險規避程度改變對 *SML* 線的影響

例題 5-1 【CAPM】

假設 A 證券 β 值爲 1.5，市場報酬爲 8%，無風險利率爲 4%，則

(1)風險溢酬爲何？

(2)A 證券預期報酬爲何？

解

(1) 風險溢酬 $= (R_m - R_f) = (8\% - 4\%) = 4\%$

(2) A 證券預期報酬 $\Rightarrow R_A = R_f + \beta_A(R_m - R_f) = 4\% + 1.5 \times (8\% - 4\%) = 10\%$

例題 5-2 【CAPM】

假設 B 證券預期報酬爲 16%，市場風險溢酬爲 6%，市場報酬爲 10%，則

(1)無風險報酬爲何？

(2)B 證券的 β 值爲何？

解

(1) 無風險報酬

市場風險溢酬 $= (R_m - R_f) = (10\% - R_f) = 6\% \Rightarrow R_f = 4\%$

(2) B 證券的 β 值

根據 $CAPM \Rightarrow R_B = R_f + \beta_B(R_m - R_f) = 4\% + \beta_B \times (6\%) = 16\% \Rightarrow \beta_B = 2$

例題 5-3 【CAPM】

假設 C 證券年初時股價爲 40 元，當時大盤指數爲 5,000 點，年底時大盤指數已經上漲至 6,000 點；若該證券以往 β 值爲 1.2，且今年銀行的定存利率爲 2%，請問 C 證券年底時股價應爲多少元才合理？

解

市場報酬 $= \dfrac{6{,}000 - 5{,}000}{5{,}000} = 20\%$

根據 CAPM $\Rightarrow R_C = R_f + \beta_C (R_m - R_f) = 2\% + 1.2 \times (20\% - 2\%) = 23.6\%$

C 證券的股價 $= \dfrac{S_C - 40}{40} = 23.6\% \Rightarrow S_C = 49.44$

二 套利定價模型

套利定價理論（**APT**），1976 年由羅斯（Ross）所提出，其理論爲當證券市場達成均衡時，個別證券的預期報酬率是由無風險利率與風險溢酬所組成，且預期報酬率會與多個因子共同存在著線性關係。前述 $CAPM$ 則認定只有一個因子 β 會對預期報酬率造成影響；但套利定價理論認爲不只一個因子，而是有許多不同的因子都會對預期報酬率造成衝擊，因此套利定價理論是「**多因子模型**」（Multiple Factor Model）。其影響模型之因子包含未預期的長短期利率利差、通貨膨脹率、工業生產產值成長率等因素，其模型說明如（5-2）式：

$$\begin{aligned} E(R_i) &= R_f + b_1[E(R_1) - R_f] + b_2[E(R_2) - R_f] + \cdots + b_n[E(R_n) - R_f] \\ &= R_f + b_1\lambda_1 + b_2\lambda_2 + \cdots + b_n\lambda_n \end{aligned} \quad (5\text{-}2)$$

$E(R_i)$：第 i 種證券之預期報酬率

R_f：無風險利率

b_i：該證券對特定因子的敏感度，$i = 1, 2\cdots\cdots n$

λ_i：各個特定因子所提供的平均風險溢酬，$i = 1, 2\cdots\cdots n$

例題 5-4 【*APT*】

影響投資組合有兩個因素，第一因素敏感度係數爲 0.9，第二因素敏感度係數爲 1.3，無風險利率爲 6%。若第一、二因素之風險溢酬分別爲 4% 及 7%，則請問無套利機會下，投資組合之期望報酬率爲何？

解

A 投資組合之期望報酬率

$$R_P = R_f + b_1\lambda_1 + b_2\lambda_2 = 6\% + 0.9 \times 4\% + 1.3 \times 7\% = 18.7\%$$

投資新視界

「智能理財」成趨勢 年輕族群投資新選擇

https://www.youtube.com/watch?v=sm5ve5qLygM

這幾年 AI 發展越來越成熟，也讓民衆在投資方面可以獲得更好的幫助，透過「智能理財」建構投資組合，可以提高投資的勝率。

研究資產市場趨勢 三學者獲經濟學獎

https://www.youtube.com/watch?v=U3nLkQ9mIZc

2013 年諾貝爾經濟學獎頒給研究投資理論中，對「資產定價與實證」具有卓越貢獻的學者。此象徵研究資產趨勢，對整體財經發展有重要的幫助。

本章習題

一、選擇題

證照題

( ) 1. 產生通貨膨脹時，將使證券市場線，如何移動？ (A) 向下平移 (B) 向上平移 (C) 斜率變緩 (D) 斜率變陡。 【2011-3 證券商業務員】

( ) 2. 根據 CAPM，非系統風險高之證券： (A) 其期望報酬率應較高 (B) 其系統風險也較高 (C) 其貝它係數也較高 (D) 其期望報酬率不一定較高。 【2011-3 證券商高級業務員】

( ) 3. 假設某公司股價已達均衡，其預期報酬率為 13%，報酬率標準差為 30%，另設市場之風險溢酬為 6%，無風險利率為 4%，市場報酬率之標準差為 15%，若 CAPM 成立，該公司股票報酬率與市場報酬率之相關係數為何？ (A) 94% (B) 85% (C) 75% (D) 71%。 【2011-4 證券商高級業務員】

( ) 4. 考慮多因子 APT，因子 1 與因子 2 之風險貼水各為 6% 與 4%，無風險報酬率為 4%，股票 T 的預期報酬率為 16% 且因子 1 之 β 為 1.3，則其因子 2 的 β 為： (A) 1.33 (B) 1.05 (C) 1.67 (D) 2.00。 【2011-4 證券投資分析人員】

( ) 5. 在 CAPM 模式中，若其他條件不變而市場預期報酬率減少，則整條證券市場線的斜率會： (A) 愈陡峭 (B) 愈平緩 (C) 不變 (D) 無從得知。 【2012-1 證券商高級業務員】

( ) 6. 下列有關證券市場線（*SML*）之敘述何者正確？ (A) 僅用於個別證券，不適用於投資組合 (B) 僅用於投資組合，不適用於個別證券 (C) 個別證券與投資組合均適用 (D) 個別證券與投資組合均不適用。 【2012-4 證券商高級業務員】

( ) 7. 在資本市場線（*CML*）與證券市場線（*SML*）中，描述風險的指標分別為： (A) 變異數、貝它值 (B) 標準差、貝它值 (C) 貝它值、變異數 (D) 貝它值、標準差。 【2013-1 證券商業務員】

( ) 8. 根據 *CAPM*，下列哪一種風險無法獲得溢酬？ (A) 證券發行人信用風險 (B) 利率風險 (C) 匯率風險 (D) 通貨膨脹風險。 【2013-1 證券商高級業務員】

( ) 9. 在橫軸為投資組合的風險、縱軸為投資組合的預期報酬率下，效率前緣向那個方向移動對投資人最好？ (A) 右下方 (B) 左上方 (C) 左下方 (D) 右上方。 【2013-2 證券商業務員】

(　) 10. A 股票之期望報酬率等於 13%，其貝它係數為 1.2。設無風險利率為 5%，市場預期報酬率等於 10%。根據 CAPM，該證券的價格： (A) 低估 (B) 高估 (C) 公平 (D) 無法得知。 【2013-3 證券商高級業務員】

(　) 11. 依照 *CAPM*，已知一證券的預期報酬率為 15.8%，其股票貝它（Beta）為 1.2，且無風險利率為 5%，則預期市場報酬率為多少： (A) 5% (B) 9% (C) 13% (D) 14%。 【2013-4 證券投資分析人員】

(　) 12. 在橫軸為 β，縱軸為證券預期報酬率下，證券市場線（*SML*）的斜率為：(A) R_f (B) β_i (C) β_i（R_m–R_f） (D)（R_m–R_f）。 【2014-1 證券商業務員】

(　) 13. 在 *CAPM* 模式中，若證券貝它（Beta）值減少，則： (A) 風險減少，預期報酬減少 (B) 風險增加，預期報酬增加 (C) 風險不變，預期報酬增加 (D) 風險增加，預期報酬不變。 【2015-3 證券商高級業務員】

(　) 14. 有關套利定價理論（APT）之敘述何者正確？ (A) 屬單因子模型 (B) 屬多因子模型 (C) 預期報酬僅會受市場報酬率影響 (D) 在市場達成均衡時，個別證券報酬率等於無風險報酬率。 【2016-2 證券業務員】

(　) 15. 根據資本資產訂價模型（CAPM），抗跌性強的股票其系統性風險指標可能為：(A) $\beta > 1$ (B) $\beta < 1$ (C) 變異數為 0 (D) 選項 (A)(B)(C) 皆非。

【2016-4 證券業務員】

(　) 16. 所謂效率投資組合（Efficient Portfolio）是指：甲 . 在固定風險水準下，期望報酬率最高之投資組合；乙 . 在固定期望報酬率水準下，風險最高之投資組合；丙 . 在固定風險水準下，期望報酬率最低之投資組合；丁 . 在固定期望報酬率水準下，風險最低之投資組合 (A) 甲與乙 (B) 甲與丁 (C) 乙與丙 (D) 丙與丁。

【2018-2 證券商高級業務員】

(　) 17. 根據 CAPM，下列何者正確？ (A) 所有證券都在資本市場線上 (B) 所有證券都在證券市場線上 (C) 價值低估的證券位在證券市場線上的下方 (D) 選項 (B) 與 (C) 都正確。 【2019-1 證券商高級業務員】

(　) 18. 資本資產訂價模型（CAPM）認為貝它（β）係數為 0 的證券，其預期報酬率應為： (A) 負的報酬率 (B) 零報酬率 (C) 無風險報酬率 (D) 市場報酬率。

【2021-2 證券商業務員】

(　) 19. A、B 二股票之預期報酬率分別爲 7% 及 11%，報酬率標準差分別爲 20% 及 30%，若無風險利率爲 5%，市場預期報酬率爲 10%，且 A、B 二股票報酬率之相關係數爲 0.5，請問 A 股票之 β 係數應爲多少？ (A) 0.4 (B) 0.6 (C) 0.9 (D) 1.5。 【2021-2 證券商高級業務員】

(　) 20. 有關一價格被高估之股票，下列敘述何者正確？ (A) 位於證券市場線（SML） (B) 位於 SML 下方 (C) 位於 SML 上方 (D) 報酬等於無風險利率。 【2021-3 證券商業務員】

二、問題與計算題

基礎題

1. 何謂平均數－變異數分析法則？
2. 根據 *CAPM* 模型，請回答下列 4 個問題。
   (1) 假設 A 股票，其 β 值爲 1.6，市場報酬爲 6%，無風險利率爲 4%，則 A 股票預期報酬爲何？
   (2) 假設 B 股票預期報酬 10%，其 β 值爲 1.2，無風險利率爲 4%，則市場報酬爲何？
   (3) 假設 C 股票預期報酬 10%，其 β 值爲 1.5，市場報酬爲 8%，則無風險利率爲何？
   (4) 假設 D 股票預期報酬 8%，市場報酬爲 5%，無風險利率爲 2%，則 β 值爲何？
3. 根據 *APT* 模型，影響投資組合有三個因素，其因素敏感度係數分別爲 1.2、0.8 與 1.0，其三因素之風險溢酬分別爲 2%、4% 與 6%，無風險利率爲 4%，請問無套利機會下，投資組合之期望報酬率爲何？
4. 請說明證券市場線與資本市場線之差異。
5. 證券市場線（*SML*）若通貨膨脹與風險迴避程度的改變，將導致整條線的如何移動？

進階題

6. 若 A 證券的報酬率標準差爲 18%，市場報酬率 16%，其報酬標準差爲 12%，若此 A 證券與市場相互之間報酬率的相關係數爲 0.6，無風險利率爲 6%，則請問 A 證券的預期報酬爲何？
7. 若一檔基金的報酬率爲 20%，該基金崔納指數 0.1，此時無風險利率爲 5%，請問市場報酬率爲何？

8. 若有一股票目前股價 30 元，今年將發放 2 元現金股利，目前無風險利率為 8%，
 (1) 市場報酬率為 14%，若投資人希望明年股價可達 34 元，請問該股票 β 值應為多少？
 (2) 預期明年以後股利將以 10% 持續成長，若該股票 β 值為 0.8，請問市場報酬為何？

chapter 6

效率市場

本章大綱

本章內容為效率市場，主要介紹效率市場假說與檢定，其內容詳見下表。

節次	節名	主要內容
6-1	效率市場假說	效率市場的意義與種類。
6-2	效率市場檢定	檢測弱式、半強式與強式效率市場的方法。

6-1 效率市場假說

當一家公司在從事募集資金或投資活動時，須透過金融市場的運作，方能順行進行。而金融市場的效率高低，對公司籌資與投資行爲的效益，具有重大的影響。因此一個金融市場是否具有效率，攸關公司營業績效之優劣。所以效率市場的探討爲財務學中一個重要的主題。以下將分別說明效率市場的意義與種類。

一 效率市場意義

效率市場假說（Efficient Market Hypothesis；EMH）係指金融市場的訊息都是公開、很容易取得的，且所有的訊息都能夠很快速的反應在資產價格上，因此投資人無法在資產獲得超額報酬。此假說爲法瑪（Fama）於 1970 年歸納當時美國學術界的實驗研究結果。

效率市場假說中認爲投資人是理性的，當市場訊息出現時，因爲資訊不對稱或資訊解讀的時間差異，致使資產價格短期間偏離合理價值（例如：**反應過度**或**反應不足**），但投資人能很快的學習與調整，使得資產價格很迅速的回歸基本價值。所以投資人無法藉由目前所有公開資訊獲取超額報酬。圖 6-1 爲資產價格對訊息反應的示意圖。

效率市場能夠存在，基本上有以下四點假設。

1. 市場內每個投資人都很容易且免費取得公開訊息。
2. 市場內沒有任何交易、稅負等成本。
3. 任何投資人都無法影響價格。
4. 每個投資人都是理性的，追求利潤極大化。

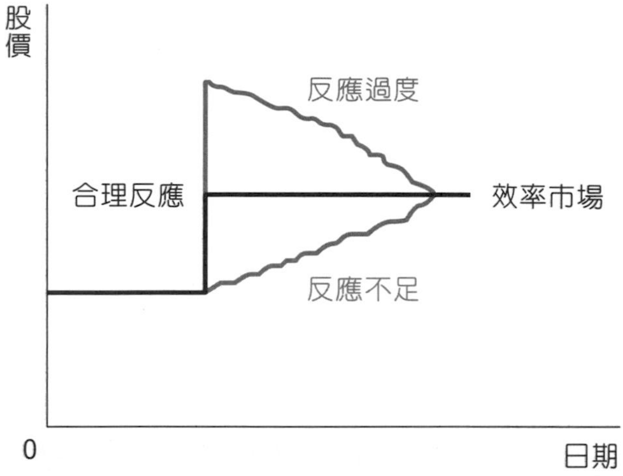

圖 6-1　資產價格對訊息反應示意圖

上述的假設，其實在眞實環境很難達成。

首先，因爲市場資訊並不是每個人都能公平取得，通常公司內部人員或董事、證券分析師或政府官員等相關人員，相對於一般的散戶投資人而言較容易與迅速獲取資訊。

再者，證券市場通常有證券交易稅、證券所得稅與交易手續費等交易成本的存在。此外，市場有些資本雄厚的法人是有機會操縱股價的，再加上市場投資人並非每個都很理性，有時基於某些特殊原因，無法追求利潤極大化。基於上述的原因，我們得知眞正一個**完美的效率市場**（Perfectly Efficient Market）是很難達成的。

因此並非每個市場都能達到效率市場的境界，有些市場對資訊的反應程度較快速且完全，有些則不然。所以效率市場根據法瑪（Fama）於 1970 年的效率市場假說研究中，將效率市場分成以下三種種類。

二 效率市場種類

根據法瑪（Fama）於 1970 年歸納整理，將效率市場依照資訊內容的不同，區分爲「**弱式**」、「**半強式**」與「**強式**」效率市場三種假說，詳見表 6-1。圖 6-2 則爲此三種效率市場的假說關係圖。

表 6-1　效率市場種類

種類	說明
弱式效率市場 (Weak-form Efficient Market)	• 目前股票的價格已經完全反映所有證券市場的「歷史資訊」，其歷史資訊包含過去的價格、報酬率與成交量之變化。 • 投資人使用過去的「歷史資料」來分析目前的市場狀況，並無法獲取超額利潤。 • 這也意謂著，在弱式效率市場中，「**技術分析**」無效。
半強式效率市場 (Semi-strong Efficient Market)	• 目前股票的價格已經完全反映所有證券市場的「歷史資訊」與「現在公開的資訊」，其歷史資訊如上述；現在公開的資訊包含公司的股利殖利率、本益比、股價淨值比、營收成長率與相關的政治與經濟訊息。 • 投資人使用過去的「歷史資料」與「現在公開的資訊」來分析目前的市場狀況，並無法獲取超額利潤。 • 這也意謂著，在半強式效率市場中，「**技術分析**」與「**基本面分析**」皆無效。
強式效率市場 (Strong-form Efficient Market)	• 目前股票的價格已經完全反映所有證券市場的「歷史資訊」、「現在公開的資訊」與「未公開的資訊」，其歷史與現在公開資訊如上述；未公開的資訊包含公司未來營運方向、公司即將接到的訂單等公司內部訊息。 • 投資人使用過去的「歷史資料」、「現在公開的資訊」與「未公開的資訊」來分析目前的市場狀況，並無法獲取超額利潤。 • 這也意謂著，在強式效率市場中，「**技術分析**」、「**基本面分析**」與「**內線交易**」皆無效。

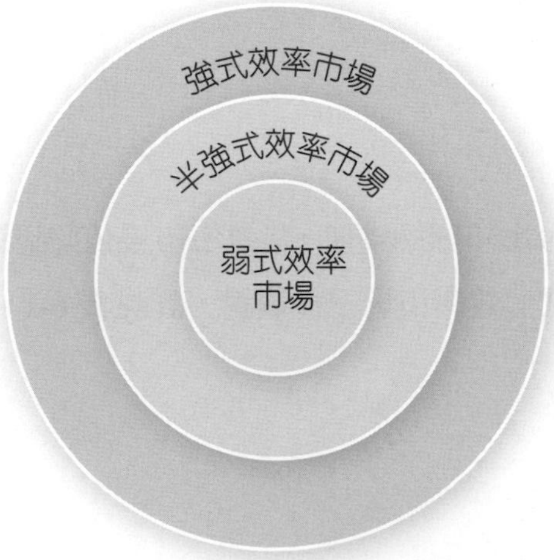

圖 6-2　三種效率市場的假說關係圖

6-2 效率市場檢定

究竟我們身處的金融市場，是弱式、半強式或是強式效率市場？以往有許多研究學者在進行探討，本節將列舉部分關於檢定弱式、半強式與強式效率市場的方式，以驗證這些假說是否成立。

一 弱式效率市場檢定

弱式效率市場的檢定，主要是利用過去的歷史資料來分析目前的市場狀況，是否能獲取超額利潤。因此我們檢測過去的歷史股價與未來的股價是否具關聯性，若兩者具關連性，則表示我們可以用歷史股價走勢預測未來股價趨勢，即能獲取超額利潤，此時市場就不具弱式效率市場的資格。

此處我們提供兩種有關檢定弱式效率市場的方法，其一爲報酬率獨立性檢定，另一爲市場交易法則檢定。

（一）報酬率獨立性檢定

通常股價走勢須符合「**隨機漫步**」（Random Walk），亦即股價報酬在不同時期是相互獨立，亦即股價的波動不可預測。因此我們利用自我相關檢定（Autocorrelation Test）、連檢定（Run Test）及交叉相關檢定（Cross-correlation Test）三種方式來檢測股價報酬率的獨立性。

1. 自我相關檢定：自我相關檢定（Autocorrelation Test）乃利用不同時期股價報酬的相關程度，以檢測股價報酬率的獨立性。此方法亦即檢測股價的第 t 天報酬率（R_t）與第 t–1 天報酬率（R_{t-1}）是否具相關性，若不具相關性才符合股價報酬率的獨立性。

2. 連檢定：連檢定（Run Test）乃利用股價報酬率在一段期間內是否隨機產生，以檢測股價報酬率的獨立性。此方法將股價報酬率出現正値（負値），標記爲＋（－），隨後觀察＋、－的排列情形是否隨機產生，可利用統計學的連檢定來進行測試。例如：若股價報酬率出現＋＋－＋＋－＋＋－，此種序列具規律性，利用連檢定測試一定會否定股價報酬率的獨立性。

3. 交叉相關檢定：交叉相關檢定（Cross-correlation Test）乃利用前期的其他變數是否可用來預測當期的股較報酬率，以檢測股價報酬率的獨立性。例如：可利用前期的本益比與當期的股價報酬率是否具相關性，若具相關性，表示前期的本益比可預測當期的股價報酬率，則股價報酬率不具獨立性。

（二）市場交易法則檢定

投資人可利用一套事先設定好的損益交易規則，進行買賣股票，觀察是否可以賺取超額報酬，以檢測市場是否具弱式效率市場假說。通常此交易法則常使用「濾嘴法則」與「移動平均線檢定」。

1. 濾嘴法則：所謂濾嘴法則（Filter Rule）是指當股價由低點往上上漲某一預定比率（濾嘴）時，就買進股票；當股價由高點往下下跌某一預定比率時，就賣出股票。若依此原則操作，長期間內若可以賺取超額報酬，那代表市場不具弱式效率市場。例如，我們設定當某檔股票由低點上漲 2%，我們就執行買進；然後當股票又從某一高點下跌 2%，我們就執行賣出。我們可統計一段時間內，此策略可執行幾次，這幾次的累積報酬率若大於零，表示此策略有效，則代表市場不具弱式效率市場。故我們之前設定的 2% 即爲濾嘴比率，此比率可隨意設定，檢測哪一種濾嘴比率較有機會獲利。此外，關於濾嘴法則的操作，我們上述首先設定「先買進後再賣出」，稱爲**買長策略**（Buy Long Rule）；亦可從事「先賣出後再買進」，稱爲**賣空策略**（Short Selling Rule）；亦可同時操作買長 / 賣空策略，檢測哪一種策略較有機會獲利。
2. 移動平均線檢定：移動平均線檢定乃利用股價低於某一期間的移動平均線（如 5 日週線）下，某一個比例（如 2%），就執行買進股票；當股價高於該移動平均線之上 2%，才執行賣出股票。若依此原則操作，長期間內若可以賺取超額報酬，那代表市場不具弱式效率市場。當然此策略亦可反向操作，就是當股價高於移動平均線（如 5 日週線）之上 2%，先執行賣出股票；當股價低於該移動平均線之下 2% 後，才執行買進股票。

二 半強式效率市場檢定

半強式效率市場的檢定，主要是利用現在公開的資訊來分析目前的市場狀況，是否能獲取超額利潤。因此我們利用現在市場的狀況或公開的訊息，來檢測股票價格的反應速度，若股票價格對現在市場的狀況或公開訊息的反應有落差時，投資人就能獲取超額利潤，此時市場就不具半強式效率市場的資格。

此處我們檢定半強式效率市場假說的方法大致可從「市場的特定時期」、「股票的特性」與「公司的事件研究」等三個方向，來進行分析討論。

（一）市場的特定時期

投資人在市場的某特定時期買賣股票，若會出現較高的報酬率，則市場不符合半強式效率市場假說。這些特定時期，通常最常被拿來討論的包括「**元月效應**」（The January Effect）、「**週末效應**」（Weekend Effect）等。若市場在元月或週末出現較高的異常報酬時，此時市場不具半強式效率市場之資格。

此外，還有「**每月效應**」（Monthly Effect）就是檢測每個月的前半個月投資報酬是否高於後半個月，若有此種情形，表示市場不具半強式效率市場。「**每週效應**」（Weekly Effect）就是檢測每週的第一個交易日（週一）的股票報酬是否低於該週的其他交易日，若有此種情形，表示市場不具半強效率市場。因為通常公司或政府會選擇在週末收盤後發布利空消息，如此一來股價在下週一才能反應，因而造成週一股價報酬較低的情形。「**每日效應**」（Daily Effect）就是檢測股票價格是否在每日收盤前 15 分都會上漲，若有此種情形，表示市場不具半強效率市場。因為通常法人在操作股價或開盤放空的投資人，都會選擇收盤前一段時間內，拉抬股價或回補股票。

另外「**窗飾效應**」（Window Dressing）又稱為「年（季）底作帳效應」，是指法人通常會在年底（或季底）檢視投資組合內的股票，並將持股中已有獲利的贏家（Win）股票繼續加碼買進，並賣出虧損的輸家（Loss）股票，以美化即將公布的投資績效；因此在年（季）底法人持股較高的贏家股票，可能會出現較高的異常報酬。

（二）股票的特性

投資人如果買賣某些特色之股票，可以賺取超額報酬，則市場不符合半強式效率市場假說。這些股票的特性包括公司規模（Size）、本益比（PE Ratio）、股利殖利率（Dividend Yield）與淨值市價比（BM Ratio）、營業收入（Sale）等。例如，若投資人買進「小規模」、「低本益比」、「低市價淨值比」、「高股利殖利率」與「高營收」之股票，可以獲取較高的超額報酬，則市場不符合半強式效率市場假說。

（三）公司的事件研究

公司的事件研究乃投資人如果在公司某些事件發生時，買賣該公司股票，若可以賺取超額報酬，則市場不符合半強式效率市場假說。這些事件包括公司股利發放、股票新上市、盈餘宣告與公司購併等。例如，投資人在公司公布高股利發放、高盈餘宣告與公司購併其他公司宣告時買進股票，或買進初使股票（IPO）後，若可以賺取超額報酬，則市場不符合半強式效率市場假說。

三 強式效率市場檢定

強式效率市場的檢定主要判斷為檢測未公開的訊息是否能賺取超額報酬。通常會擁有未公開訊息（內部消息）的人士包括公司內部人員、證券分析師或基金經理人等，若這些人能先獲取未公開資訊，在市場上得到超額報酬，則代表這市場不具強式效率市場的資格。通常檢定強式效率市場假說的方法，大致可從「**內線交易**」與「**訊息靈通**」這兩個方向，來進行分析討論。

（一）內線交易

內線交易（Insider Trading）是指公司內部人員（包含董監事、大股東、經理人、會計師等）在公司尚未公開足以影響股價波動的私有訊息前，從事買賣股票的行為。若他們的買賣行為可以賺取超額報酬，表示內線交易有效，則市場不符合強式效率市場的假說。

（二）訊息靈通

通常市場上的法人機構（例如，投信、投顧、證券商等）會擁有較專業與較豐富的知識與資源，對於訊息的搜集與解讀能力會較一般散戶強，在市場屬於訊息靈通者（Well Information）。若這些專業機構法人的交易方式，長期可以賺取超額報酬，則表示這些人能獲質量較優的資訊，進而獲取利潤，則市場不符合強式效率市場假說。

市場焦點

聖誕效應真的存在嗎？

美國股市在各月份的表現：1926年-2020年

Schroders

月份	上漲的次數	下跌的次數	平均報酬率	股市上漲的機率
一月	59	36	1.34%	62.1%
二月	53	42	0.35%	55.8%
三月	62	33	0.61%	65.3%
四月	62	33	1.67%	65.3%
五月	61	34	0.49%	64.2%
六月	57	38	1.04%	60.0%
七月	58	37	1.87%	61.1%
八月	60	35	1.21%	63.2%
九月	49	46	-0.69%	51.6%
十月	57	38	0.54%	60.0%
十一月	64	31	1.52%	67.4%
十二月	74	21	1.60%	77.9%

資料來源：施羅德、晨星，2020/10/31。採用資料為Ibbotson SBBI US Large Cap index(含配息的總報酬率)1926年至2020年的歷史數據。上述資料僅作舉例說明，不代表任何金融商品之推介或投資建議。過去績效不代表未來績效之保證。本文提及之經濟走勢預測不必然代表未來之績效。

儘管全球經濟在 2020 年都因疫情而受到衝擊，美國股市仍在該年年底的聖誕氛圍中（2020 年 12 月）創下十多年來最好的單月報酬率，美國大型股指數的報酬率在該月上升了 3.8%。這是美國股市在 2018 年歷經第二慘淡的 12 月之後，連續第二年在 12 月的假期後上漲。

2018 年的 12 月對投資人來說並不是很愉快，當時市場擔心全球經濟的狀況，該月美國股市的報酬率為－ 9%。當時我們還不知道一年多後一場災難性的疫情將會到來。然而 2018 年的 12 月，是過去 35 年中第七次未能實現「聖誕效應」的年度。事實上，從長期來看，12 月仍然是在股市中表現最好的月份之一。

什麼是「聖誕效應」？

「聖誕效應」是指投資人在歡度耶誕假期後，往往懷著正向的心情看待股市，使得股市通常會在聖誕假期過後上漲。不過許多經驗豐富的投資人並不相信此論點，且認為從過去的股市歷史中得出確切結論是不理智的，「因為過去績效不代表未來績效的保證」。

在「聖誕效應」下得到正回報的機會有多大？

根據施羅德投資的分析及晨星上的數據，從 1926 年以來，美國股市有 77.9% 的機率，在 12 月會取得正報酬，平均報酬率為 1.6%（見上表）。在一年的 12 個月中，12 月獲得正報酬的可能性最高，這或許為「聖誕效應」的神話增添了一些色彩。

為什麼股市在 12 月表現更好？

關於「十二月效應」的原因有很多猜測，其中一種觀點是基於投資人的心理，由於聖誕假期帶給投資人許多正向的情緒，使得市場出現更多活絡的氛圍，從而推升更多的買氣。

另一種觀點認為，這是因為基金經理人的操作所導致的，基金經理人會在年底前重新平衡投資組合，透過出售一些績效好的股票，基金經理人可以買入更多股價表現不佳的股票，因其資金部位龐大，在買入後往往能推升市場價格。

資料來源：節錄自鉅亨網 2021/12/13

解說

通常「窗飾效應」（也可稱年底作帳行情、聖誕效應）是用於檢測市場，是否具「半強勢」效率市場的方法之一。報導中，美國股市過去 95 年來的 12 月份的報酬率較其他月份高，顯示出具有「聖誕效應」。

本文整理 1990 ～ 2021 年臺灣加權指數平均月報酬率，如下表所示。由表得知：，在過去 32 年來，臺灣的股市 12 月份的平均報酬率為 4.17%，確實較整年平均報酬率 0.49% 高，且也是各月份最高的。這顯示臺灣股市具有「年底作帳行情」的跡象，此表示臺灣的股市仍不到「半強勢效率」市場水準。

【1990 ～ 2021 年臺灣加權指數平均月報酬率之比較】

月份	1 月	2 月	3 月	4 月	5 月	6 月	7 月	8 月	9 月	10 月	11 月	12 月	平均
%	1.90	2.92	1.13	0.92	-1.34	-0.60	-0.20	-2.37	-2.56	0.06	1.91	4.17	0.49

資料來源：TEJ 資料庫

投資新視界

臺股近十年開紅盤收漲機率 7 成 牛年勁揚 3.54% 最大

https://www.youtube.com/watch?v=q40J21ENIm4

根據報導統計最近 10 年來，股市開紅盤日當天，上漲機率高達 7 成，若顯示有紅包效應，則國內市場並不具「半強效率市場」。

臺股拚站穩萬八！年底作帳行情內外資可望歸隊

https://www.youtube.com/watch?v=JVsJ-eOfYuI

每年年底都是科技股的旺季，也是法人積極作帳的行情。臺股的表現亮眼，讓年底作帳行型亮眼，也顯示市場很難具備「半強效率市場」。

本章習題

一、選擇題

證照題

( ) 1. 當一期間與過去相同期間之報酬率無顯著之相關性時，代表該市場符合： (A) 弱式效率 (B) 半強式效率 (C) 強式效率 (D) 選項 (A)、(B)、(C) 皆非。

【2010-1 證券商業務員】

( ) 2. 某操盤人專門在除權前後買賣股票，幾年來的獲利表現平平，請問其市場：(A) 不符合弱式效率 (B) 符合半強式效率 (C) 符合強式效率 (D) 無效率。

【2010-1 證券商業務員】

( ) 3. 若一市場爲半強式效率市場，則： (A) 此一市場必可以讓技術分析專家賺取超額利潤 (B) 股價未來之走勢可以預測 (C) 投資小型股的獲利通常比大型股爲佳 (D) 此市場僅能使內部人可能賺取超額利潤。

【2011-4 證券商高級業務員】

( ) 4. 小公司的報酬率大於大公司的現象，稱爲： (A) 元月效應 (B) 完全市場 (C) 規模效應 (D) 資本資產定價效應。 【2012-1 證券商高級業務員】

( ) 5. 以下何者適合用來檢定半強式效率市場假說？ I. 濾嘴法則；II. 規模效果；III. 新上市股票 (A) I、II (B) I、III (C) II、III (D) I、II、III。

【2012-4 證券投資分析人員】

( ) 6. 如果投資人應用技術分析可以持續獲得超額報酬，則表示市場是：I. 沒有半強式市場效率；II. 可能有弱式市場效率 (A) 僅 I 正確 (B) 僅 II 正確 (C) I、II 都正確 (D) I、II 都不正確。 【2013-2 證券投資分析人員】

( ) 7. 下列敘述何者正確？ I. 如果證券市場沒有弱式效率，則市場也是沒有半強式效率；II. 只要投資人無法利用公開資訊而賺到報酬率，市場就是有強式效率 (A) 只有 I 正確 (B) 只有 II 正確 (C) I、II 都正確 (D) I、II 都不正確。

【2013-4 證券投資分析人員】

( ) 8. 濾嘴法則（Filter Rules）常用於滿足何種效率市場假說檢定 (A) 無效率市場 (B) 弱式效率市場 (C) 半強式效率市場 (D) 強式效率市場。

【2014-1 證券商高級業務員】

( ) 9. 下列何者並非強式效率市場檢定中，公司內部人員檢定之對象？ (A) 董事 (B) 總經理 (C) 重要股東 (D) 基金經理人。 【2015-1 證券業務員】

( ) 10. 依效率市場假說，限制股價的漲跌幅，將使股價反映訊息的時間： (A) 延長 (B) 加速 (C) 不受影響 (D) 不一定。 【2016-2 證券業務員】

( ) 11. 所謂的規模效應是指： (A) 投資低本益比股票的報酬率通常較高本益比之股票爲高 (B) 投資小公司的報酬率大於大公司的現象 (C) 投資組合的規模愈大風險愈小 (D) 投資大型公司風險較小。 【2018-2 證券商高級業務員】

( ) 12. 在弱式效率市場中，以下何者是有用的資訊？I. K 線圖；II. P/E 比率；III. KD 值；IV. 經濟成長率 (A) I、III (B) II、IV (C) I、IV (D) I、II、III。 【2018-4 證券投資分析人員】

( ) 13. 若資本市場之證券價格已充分反應了所有已經公開之資訊，則此市場屬於何種效率市場的假設？ (A) 強式 (B) 半強式 (C) 弱式 (D) 半弱式。 【2021-2 證券商業務員】

( ) 14. 何者爲效率市場的定義？ (A) 政府不以人爲的手段干預市場，讓市場自由發展 (B) 市場無交易成本、稅負以及其他障礙 (C) 市場能夠迅速正確反應所有攸關資訊，所有投資者將無法利用任何資訊賺取超額的報酬 (D) 市場交易的作業流程完全電腦化。 【2021-3 證券商業務員】

( ) 15. 就市場效率性而言，設置漲跌幅之限制： (A) 可能會延緩資訊反應在股價上之速度 (B) 對於股價反應資訊並無任何影響 (C) 是一個具有效率的市場必有的措施 (D) 是半強式效率市場之特質。 【2021-3 證券商業務員】

二、簡答題

基礎題

1. 請問效率市場的意義爲何？
2. 請問效率市場可分爲哪三種層級？
3. 何謂濾嘴法則？

進階題

4. 請問我們可以使用哪些方式來檢測弱式效率市場？
5. 請問我們可以使用哪些方式來檢測半強式效率市場？
6. 請問我們可以使用哪些方式來檢測強式效率市場？

NOTE

03

第三篇

證券市場篇

一般而言，投資商品的範疇裡，最常被使用的金融商品就是有價證券，因為它們通常被標準化，且在一個公開的市場中進行交易。所以商品價格透明、流動性高，也是常被企業拿來籌資與理財的重要工具。本篇內容包含 5 大章，主要介紹常被使用到的有價證券之種類、特性與市場狀況，其內容以實務性為主。

chapter 7

權益證券

本章大綱

本章內容為權益證券，主要介紹權益證券的特性、以及價格探討，其內容詳見下表。

節次	節名	主要內容
7-1	權益證券的基本特性	權益證券的意義、種類、增縮與性質。
7-2	股票價格探討	股票的價格評價模式。

7-1 權益證券的基本特性

權益證券（Equity securities）是表彰發行公司所有者權益的證券，如股份有限公司發行的「**普通股**」、「**特別股**」與「**存託憑證**」等有價證券。權益證券是一種最常被使用的金融工具，是企業籌集資金的主要來源。一家公司開始成立之初，必須要由股東出資，而這些資本通常會使用權益證券中的普通股（或說股票）來表彰，因爲股票的發行，使得公司募集資金與所有權移轉更爲便利與效率。股票經過上市之後的價格變動，通常會引起投資人的關注，因爲那會涉及投資人（股東）的投資損益。因此，權益證券對公司與一般投資人而言是很重要的金融工具。

一 股票的意義

股票（Stock）是由股份有限公司募集資金時，發行給出資人，以表彰出資人對公司所有權的有價證券，通常股票的持有人稱爲**股東**（Shareholders or Stockholders）。國內股票的面額通常以一股 10 元爲單位，每張股票有 1,000 股。通常一家資本額（股本）10 億元的公司，以面額 10 元計算，共有 1 億股（10 億元 ÷10 元＝ 1 億）。因每張股票有 1,000 股，故 1 億股共可分爲 10 萬張股票（1 億股 ÷1,000 股＝ 10 萬）在外面流通。若此公司的每股市價爲 20 元，則此公司就有 20 億元（1 億股 ×20 元＝ 20 億元）的市場價值。通常市場上在衡量一家公司的規模大小，會以公司的**市場價值（市値）**爲主，而非公司的資本額。此外，每家公司的帳面價值除以股數所得爲每股淨值（Book Value），此每股股價與每股淨值的相對值（股價淨值比），常用於衡量股價是否合理的指標之一。

例題 7-1【流通在外股票、市值與淨值計算】

假設有一家上市公司其資本額 50 億元，且財務報表上的帳面價值爲 100 億元，若公司市場股價每股 100 元，股票面額爲 10 元，則

(1)請問該公司流通在外股票有幾張？

(2)該公司市值爲多少？

(3)該公司股票每單位淨值爲何？

(4)該公司股票股價淨值比爲何？

解

(1) 流通在外股票

資本額 50 億元，以面額 10 元計算，共有 5 億股（50 億元 ÷10 元＝ 5 億）。因每張股票有 1,000 股，故 5 億股共可分爲 50 萬張股票（5 億股 ÷1,000 股＝ 50 萬）在外面流通。

(2) 公司市值

公司每股市價 100 元，因有 5 億股，則公司市值共有 500 億元（5 億股 ×100 元＝ 500 億元）。

(3) 股票每股淨值

財務報表上的帳面價值爲 100 億元，因有 5 億股，所以股票每股淨值爲 20 元（100 億元 ÷5 億股）

(4) 股價淨值比

該公司股票的股價淨值比爲 5（100÷20）

二 股利的發放

公司經過整年的營業活動之後，通常會將盈餘分配給股東，亦可說是分派股利（Dividends）給股東作爲報酬。公司分派股利時，通常可以使用現金或股票兩種方式進行。

（一）現金股利

公司以**現金股利**（Cash Dividends）配發給股東時，公司股本不會產生變化，但公司的內部現金，因而減少並轉移至股東身上。在考慮股東持有股票總價值不變的情形下，此時股東現金增加，但持有股票市值須減少，因此股價須向下調整，稱爲「**除息**」（Ex-dividend）。例如，某股票股價 30 元，若分配 2 元現金股利，則除息後股票參考價爲 30 － 2 ＝ 28 元。若某一檔股票除息後，經過一段時間股票漲回原先除息日的基準價格，稱爲「**填息**」；若經過一段時間股價仍比原先除息日的基準價格還低，稱爲「**貼息**」。

（二）股票股利

公司以股票股利（Stock Dividends）配發給股東時，乃將原本要給股東的現金留在公司內部並轉化成股本，將使公司的股本增加。在考慮股東持有股票總價值不變的情形下，此時股東持股會增加，但股票原本市值並無受影響，因此股價須向下調整，稱爲「**除權**」（Ex-right）。例如，某股票股價 30 元，若分配 2 元股票股利，則除權後股票參考價爲 30 ÷ 1.2 ＝ 25 元[1]。同樣的，若某一檔股票除權後，經過一段時間股票漲回原先除權日前的價格，稱爲「**塡權**」；若經過一段時間股價仍比原先除權日的基準價格還低，稱爲「**貼權**」。

表 7-1　發放現金與股票股利時，股票面額、股數、價格、市值與股東權益的變化

	股票面額	資本額（股數）	股價	股票市值	股東權益
現金股利	不變	不變	降低	減少	不變（股東現金增加，但持有股票市值減少）
現金股利	不變	增加	降低	不變	不變（股東現金增加，但持有股票市值減少）

例題 7-2　【現金股利與股票股利】

假設有一公司股本 10 億元，現在公司每股市場價格爲 60 元，則

(1)請問未發放股利前，公司的市值爲何？

(2)若此時每股發放 2 元現金股利，請問此時公司市值、股本與除息後股價爲何？

(3)若此時每股發放 2 元股票股利，請問此時公司市值、股本與除權後股價爲何？

(4)若此時每股同時發放 2 元現金股利與 2 元股票股利，請問公司此時除息除權後股價爲何？

解

---

1 發放股票股利 2 元佔面額 10 元的 $\frac{2}{10}=0.2$，所以如果發放股票股利 10 元，則除權價格爲 15 元（$30\div1\frac{10}{10}\Rightarrow30\div2=15$）

(1) 未發放股利前，公司的市值

股本 10 億元，將有面額 10 元的股票 1 億股（10 億元 ÷10 元）

公司每股市場價格爲 60 元，共有 1 億股的股票，因此公司的市值爲 60 億元（60 元 ×1 億）。

(2) 發放 2 元現金股利後，公司股本、市值與除息後股價

① 因公司有股票 1 億股，因此每股發放 2 元現金股利，亦即將 2 億元（1 億 ×2 元）現金發放給股東，在考慮股東持股總價值不變下，公司市值將減少 2 億元變爲 58 億元（60 億元 –2 億元）。

② 但此時公司的股本，不因發放現金而有所變化，仍維持 10 億元股本。

③ 公司市值因發放現金減爲 58 億元，因此發放 2 元現金股利後，除息股價應調整爲 58 元（60 元 –2 元）。

(3) 發放 2 元股票股利後，公司股本、市值與除息後股價

① 此時因沒有現金流出，使得公司市值維持原先的 60 億元。

② 將原先給股東 2 億元的現金轉爲股本，使公司的股本增加 2 億元，變爲 12 億元股本。

③ 股本增加 2 億元，每股面額 10 元的股票數量增加 2 千萬股（2 億元 ÷10 元），因此公司發放 2 元股票股利後，除權股價應調整爲 50 元（60÷1.2）。

(4) 同時發放 2 元現金股利與 2 元股票股利，除權息後股價

公司股價的調整會先「除息」後再「除權」，除權息後股價爲 48.3 元 [(60–2)÷1.2]。

三 股票的增縮

一般而言，一家公司股票的股數（或張數），取決於公司資本額的多寡與股票面額的高低。通常公司經過一段時間的營運後，可能會進行增減資活動，此時公司的股票股數（或張數），將隨之變動。此外，有些公司的股價過高（低），公司亦會調整股票的面額，讓股票的價格、股數（或張數），也隨之調整。以下將介紹這兩種會讓股票的股數（或張數）增縮之方式。

（一）資本額變動

通常公司經過一段時間的營運後，若需要更多的資金來擴大規模時，可能會向股東要求「增資」活動，以擴充資本。當公司經營若干時期後，也有可能因某些因素進行「減資」活動，以降低資本。以下將對公司「增資」與「減資」，進行介紹：

1. 增資：通常公司進行增資時，公司股數增加，股本膨脹，每股淨值減少，但當下對原來股東權益並沒有影響。一般而言，常見的增資方式有以下兩種：
   (1) 盈餘轉增資：是指公司將當年公司賺到的盈餘，或將以前提撥的法定盈餘公積與特別盈餘公積，將其轉爲資本；這也就是前述所說明的「股票股利」。
   (2) 現金增資（Seasoned Equity Offering；SEO）：是指公司在資本市場，再發行新的股票，讓更多投資人認購。
2. 減資：減資則是將股本消滅且股數減少，若以現金方式發還股東，等於股東把股本變爲現金。通常減資後，股數會減少，股價會增加，每股淨值也會增加，但原股東權益仍然不變。例如：某公司股價 80 元，若欲將原股票 1,000 股換發減資後 800 股，則減資後價格爲 100 元（$\frac{80\times1{,}000}{800}$）。

（二）股票面額變動

通常有些公司的股價過高（低），公司亦會使用調整股票面額的方式，讓股票價格下降（上升），而股票的張數（或股數），也隨之調整。以下介紹兩種調整股票面額的方式：

1. 股票分割：通常公司股價太高時，會讓許多投資人望之卻步，此時公司可以進行股票分割（Stock Spilt），讓股票的股數、面額與股價都隨之調整，但股票的總市值與股東權益不變。例如：某檔股票市價爲 300 元，將普通股由 1 股分割成 2 股，則原先流通在外的股數（或張數）會增加 2 倍，但面額也會減半成爲 5 元，股價亦跟著減半成爲 150 元，但不影響股東權益。
2. 彈性面額制度：臺灣證券交易所於 2014 年起，推動採用「彈性面額股票制度」，讓國內公司發行股票之面額將不限於新臺幣 10 元，可以是 5 元、1 元、20 元或其他面額，公司可以依照自己的需求自行決定股票發行面額。例如：某一家公司原本股票面額爲 10 元，股價 500 元，若公司實施調性面額將面額調整至 1 元，則股數（或張數）會增加 10 倍，但股價會降爲原來的 1/10，則爲 50 元，但不影響公司的股票總市值與股東權益。

市場焦點

長榮減資對投資人沒有任何損失
大股東可節稅　EPS 可自 70 元增為 175 元

國內長期研究航運股的資深研究員指出，長榮減增六成股東權益不會改變，1 千股變 4 百股，如果以今天的股價 158 元計，立刻變成 395 元，投資人不會有任何損失，但是減資的這 6 元，估計可以讓大股東免繳 28% 或 40% 的稅。另法人原估長榮今年 EPS70 元，減資後會跳升為 175 元，發 4 成股利就有 70 元，明顯是個長多。

長榮減資引發市場熱議，會不會損及股東權益，這位資深研究員分析，如果減資會傷害股東權益，政府不會允許的，大股東也不可能自斷手腳，長榮是因為錢賺太多，為了節稅採取的高明手段。假設減掉的 317 億全部屬於大股東，最高稅率 40% 要繳掉 127 億，用單一稅率 28% 也要繳掉約 89 億元，而減資是資本退回，不需要繳稅，最大獲利者是大股東，但不損及小股東利益。

減資後股價大幅拉高，並不會影響投資人投資意願，目前市場上股價比長榮高的公司並不少，但是股價高了以後，估計一些衝浪客就不敢隨便出手，可以減少投機客。

資料來源：節錄自 ETtoday 新聞 2022/03/16

解說

由於疫情的關係，使得運費大漲，航運股因而受惠。國內的長榮海運也因此獲利超乎預期，公司內部現金多到滿出來，因此公司決議辦理減資，將現金退回給股東。此舉讓公司股本縮小，股價與淨值皆上升，亦可讓將來的 EPS 更為亮眼，也不會影響股東權益。

市場焦點

大立光一張 3,000 多元超不親民…
高價股可仿蘋果用「這招」吸散戶

財訊 WEALTH MAGAZINE

長華（8070）股票 面額變更前後的股權變動概況

科目	變更前（舊股）	變更後（新股）
資本額（億元）	6.388	6.388
每股面額（元）	10	1
在外流通股數（萬股）	6388	63880
每股稅後純益（元）	5.850	0.585
每股淨值（元）	84.440	8.444
每股市價（元）	190.0	19.0
總市值（億元）	121.37	121.37

資料來源：股市公開資訊觀測站
註1：每股稅後純益、每股淨值是以長華今年上半年的財報數字為準
註2：每股市值為舊股停止交易前一天的收盤價以及新股上市首日的參考價
註3：股票面額變更前及變更後的股東權益報酬率（ROE）、本益比、股利殖利率及股價／淨值比等均不變
註4：長華*8月28日的收盤價為19.6元

封裝材料及設備通路商長華電材，在 2020 年股東會決議通過修改公司章程，將原有的股票面額由新台幣 10 元變更為 1 元，公司資本額則維持 6.388 億元，因此，發行股數由原來的 6,388 萬股增加至 6.388 億股，亦即流通在外股數變為原來的 10 倍。

台股改採取彈性面額制度是為了與國際股市接軌，綜觀歐美日等國家的《公司法》，股票有的是採取有面額，有的是採取無面額，也有的是兼採取有面額及無面額等不同制度。至於與我國鄰近的新加坡，在 2005 年修正《公司法》時，就將法定股數及面額廢除，從 2006 年起，上市公司的股票都是無面額。

另外，香港雖然有法定股數及面額，但是股票面額並非固定，有的面額是 0.1 港元，有的面額只有 0.01 港元，有的面額則大於 1 港元；例如：股票在香港掛牌多年的台資企業亞泥中國與統一中國，其股票面額分別為 0.1 港元及 0.01 港元。

我國的《公司法》第 156 條對於公司的每股面額並無限制，僅規定股份公司的資本，「應分為股份，每股金額應歸一律」；至於公開發行公司股票面額 10 元的規定，是主管機關為了方便股票交割及管理，才在 1979 年頒布「公開發行公司股票統一規格要點」（該要點已於 1988 年 11 月 24 日起由「公開發行股票公司股務處理準則」所取代），並在該要點中明訂「股票每股金額均新臺幣壹拾元」。

然而，因為時空已經大幅改變，為了與國際股市接軌，同時也有利於國內創新事業的籌資規畫與順利銜接資本市場，以及股價長期低於 10 元的上市櫃、興櫃公司的籌資。主管機關於 2013 年底公告修正「公開發行股票公司股務處理準則」第 14 條，將原本「股票每股金額均新臺幣壹拾元」的規定修正為「公司發行之股份，每股金額應歸一律」，也就是每股的面額不再以 10 元為限，可以是 100 元、50 元、20 元、5 元、1 元或其他金額。

基本上，採取彈性面額制後，個股的每股稅後純益、每股淨值及每股股利與原本面額為 10 元的公司將無法直接做比較，假定股票面額是由 10 元變更為 1 元，那麼其股價、每股淨值、每股稅後純益將變為原先的 1/10，但公司的獲利能力、經營績效及股東權益均不會受到影響；例如：股東權益報酬率、股利殖利率及本益比等，都與面額變更前相同。

例如：目前資本額 13.414 億元的大立光，在外流通股數僅 1.3414 億股，如果能將其股票面額由 10 元變更為 1 元，那麼在外流通股數就可以變成原來的 10 倍，股價則由目前的 3,000 多元變成 300 多元，那麼就會更加親民。

資料來源：節錄自財訊 2020/09/29

解說

2014 年國內開始實施股票彈性面額制度，2019 年長華科技為首家調整的公司，爾後，也有幾家公司跟進。其實國內股王－大立光以及股價超過 500 元的公司都是很適用彈性面額制，因可讓它們的股價更親民些。

四 權益證券的種類及性質

通常公司可以藉由發行**普通股**、**特別股**與到海外發行**存託憑證**等三種方式籌措資本，以下將介紹發行三種權益證券的特性。

（一）普通股

普通股（Common Stock）是股份有限公司最基本的資金憑證，也就是說，若沒有普通股，就不能成立公司。一般可分為「**記名式**」及「**無記名式**」兩種，通常採用「記名式」居多，股票其特性如下幾點。

永久出資	普通股為公司最基本的資本來源，在公司成立經營過程中「最早出現，最晚離開」，所以除非公司解散清算，否則股東不能向公司取回投資之資金。但股東在投資以後，有權利自由出售或轉讓所持有的股票，俾可於必要時取得資金。
有限責任	其負擔之風險，以出資的金額為限，並不對公司的風險負無限的責任。所以當公司（有限公司）發生倒閉時，普通股股東最壞的情況就是手中所持有的股票價值降為零，至於個人財產則受到保護，與公司的債務無關。
公司管理權	即股東具有出席股東會、投票選舉董事、監察人來監督經營管理公司之權利，一般而言，股東未必是公司的管理者，故實際上公司之經營管理，大多與「所有權」分離。
盈餘分配權	公司營運所得利潤，在納稅、支付公司債債息及特別股股息後，其餘便為普通股股東所有，該盈餘可以用股利方式分配予股東，或以保留盈餘方式留存於公司。
剩餘資產分配權	當公司解散清算時，剩餘資產除了公司債債權人及特別股股東較普通股股東有優先受償權之外，普通股股東對公司資產之餘值亦享有分配權益。此項餘值之分配，係按照持有股份數量比例分配之。
新股認購權	依公司法規定，公司發行新股時，除保留部分以供員工認購外，其餘應由原有股東按所持股份比例儘先認購之。同條亦規定，新股認購權利得與原有股份分離獨立轉讓。

（二）特別股

特別股（Preferred Stock）通常被認爲介於普通股與債券之間的一種**折衷證券**，一方面可享有固定股利的收益，近似於債券；另一方面又可表彰其對公司的所有權，在某些情形下甚至可享有投票表決權，故亦類似於普通股。而特別股和普通股相較之下，特別股較普通股具有某些優惠條件及權益上的限制，其說明如下。

1. 優惠條件
   (1) 股利分配優先權：當公司有盈餘時，股利分配應以特別股優先。
   (2) 剩餘資產優先分配權：當公司遭解散清算其剩餘資產時，特別股較普通股有優先求償權。
2. 權益限制
   (1) 股利受限於期初約定：特別股的股利固定（除了某些參與分配之特別股外），即使當公司獲利甚大時，其股利仍以當初約定爲限。
   (2) 股利受限於營業盈餘：特別股股利仍以營業盈餘爲前提，須董事會通過分派，如果公司沒有營業盈餘，仍不能分配特別股股利。
3. 種類：特別股的種類隨其權利與義務的不同，可劃分爲許多種類，通常這些權利與義務在發行前就必須先約定，以下說明特別股的種類。
   (1) 參與分配特別股及非參與分配特別股：特別股除優先分配明文規定之定額或定率的股息外，尚可再與普通股分享公司盈餘者稱爲參與特別股。反之，如不能參與普通股分享盈餘者，即爲非參與特別股。
   (2) 累積特別股與非累積特別股：發行條款中規定公司虧損或獲利不多，無法按期發放股息時，將於次年或以後年度累積補發者，稱爲累積特別股。反之，於某一期間因故無法發放，而以後年度又不補發者，稱爲非累積特別股。
   (3) 可贖回特別股及不可贖回特別股：特別股發行一段時間以後，公司可按約定價格贖回者，稱爲可贖回特別股；反之，不可贖回者稱爲不可贖回特別股。
   (4) 可轉換特別股及不可轉換特別股：特別股流通一段期間以後，如可以轉換成普通股，稱爲可轉換特別股；反之，則稱爲不可轉換特別股。
   (5) 有表決權特別股及無表決權特別股：特別股可以參加選舉董監事及表決重要事項者，稱爲有表決權特別股；反之，未具表決權者，稱爲無表決權特別股。

（三）存託憑證

存託憑證（Depository Receipt；DR）是指發行公司提供一定數額的股票寄於發行公司所在地的保管機構（銀行），而後委託外國的一家存託銀行代爲發行表彰該公司股份權利憑證，使其股票能在國外流通發行，以供證券市場上買賣。亦即國外的上市公司，其公司股票不能在國外市場直接買賣，而是以存託憑證的方式來表彰其公司的權利憑證，以供國外的投資人亦可參與其他國家績優股票上市公司的成長成果。通常存託憑證依據發行地不同與公司參與與否，可分爲下列幾種種類。

1. 依存託憑證發行地不同區分：

(1) 若發行地在美國市場發行稱爲美國存託憑證（American DR；ADR）。

(2) 發行地在歐洲市場稱爲歐洲存託憑證（European DR；EDR）。

(3) 發行地在日本市場稱爲日本存託憑證（Japan DR；JDR）。

(4) 發行地在新加坡市場稱爲新加坡存託憑證（Singapore DR；SDR）。

(5) 發行地在臺灣市場稱爲臺灣存託憑證（Taiwan DR；TDR）。

(6) 若發行地在全球稱爲全球存託憑證（Global DR；GDR）或稱爲國際存託憑證（International DR；IDR）。GDR 與 IDR 主要差異，通常 GDR 是以美金作爲貨幣單位，而 IDR 是以美金以外的貨幣爲單位。

2. 依發行公司是否參與區分：

一般而言，以原有價證券發行公司是否參與，可將存託憑區分爲：

(1) 公司參與型（Sponsored）：係由發行公司與存託機構簽訂存託契約，彼此依存託契約規定，規範「發行公司」、「存託機構」及「存託憑證持有人」之權利義務關係。發行公司受契約規範，需依期限規定提供各項財務、業務資訊予存託機構，對投資人較有保障。此類型多爲公開募集發行，且具有籌措資金之功能，目前臺灣發行之存託憑證，是以參與型爲限。

(2) 非公司參與型（Unsponsored）：非公司參與型爲發行人並未介入存託憑證發行計畫，通常係由投資銀行於境外購入外國有價證券，存入境外的當地保管銀行後，委託境內的存託銀行發行存託憑證。此型式僅爲流通目的，無籌措資金的功能。

7-2 股票價格探討

本書將利用貨幣的時間價值觀念，去探討股票價格的評價，股票本身可被視為一種資產，它提供持有者（或股東）一系列的未來股利與出售時的價格收入。所以，股票的價值可由未來所收到的股利與出售價值的折現值來決定；或可由未來所有股利的現值決定之。以下我們介紹幾種股票的股利折現評價模式。

一 股利折現一般模式

股利折現一般模式，是以未來股利現金流量折現值來決定股票的價值。其評價模式與示意圖如圖 7-1，計算如（7-1）式。

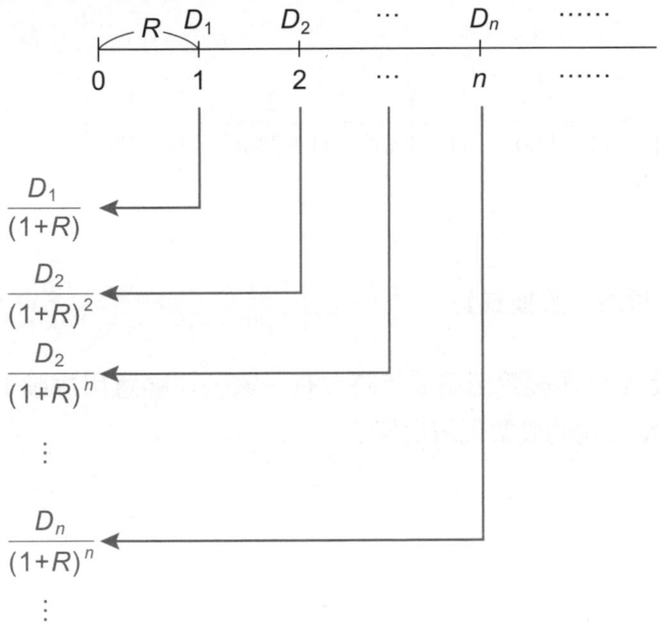

圖 7-1 股利折現一般模式

$$P_0 = \frac{D_1}{(1+R)} + \frac{D_2}{(1+R)^2} + \cdots + \frac{D_n}{(1+R)^n} + \cdots = \sum_{t=1}^{\infty} \frac{D_t}{(1+R)^t} \qquad (7\text{-}1)$$

P_0：股票現在價格

D_t：第 t 年股東預期收到之股利

R：投資人所要求的最低報酬率

此外，若已知未來第 n 期的股價爲 P_n，亦知第 1 期至第 $n-1$ 期的每一期股利，則（7-1）式亦可以修改成（7-2）式：

$$P_0=\frac{D_1}{(1+R)}+\frac{D_2}{(1+R)^2}+\cdots+\frac{D_{n-1}}{(1+R)^{n-1}}+\frac{P_n}{(1+R)^n} \tag{7-2}$$

例題 7-3 【股利折現一般模式】

假設 A 公司由於經營不善，業績逐年走下坡只營運 5 年即發生倒閉，但前 5 年每股仍各發放 5 元、4 元、3 元、2 元、1 元的股利，若股東要求最低報酬率設定爲無風險利率（銀行定存利率）3%，則公司的股票現值爲何？

解

$$P_0=\frac{5}{(1+3\%)^1}+\frac{4}{(1+3\%)^2}+\frac{3}{(1+3\%)^3}+\frac{2}{(1+3\%)^4}+\frac{1}{(1+3\%)^5}$$
$$=14.01\text{（元）}$$

例題 7-4 【股利折現一般模式】

同例題 7-3，假設 A 公司經營至第 6 年時，有一家公司願意用每股 10 元向 A 公司收購所有股份，則 A 公司的股票現值爲何？

解

$$P_0=\frac{5}{(1+3\%)^1}+\frac{4}{(1+3\%)^2}+\frac{3}{(1+3\%)^3}+\frac{2}{(1+3\%)^4}+\frac{1}{(1+3\%)^5}+\frac{10}{(1+3\%)^6}$$
$$=22.28\text{（元）}$$

二 股利固定折現模式〔零成長模式（Zero Growth Model）〕

股利固定折現模式乃設定公司每年預期發給股東的股利皆固定不變爲 D，也就是 $D_1 = D_2 = \cdots = D_n = D_{n+1} = \cdots$；此模型即爲「永續年金」及「永續債券」的評價。若無到期日的特別股評價亦可適用本模式，其評價模式[2]與示意圖如圖 7-2，計算式如（7-3）。

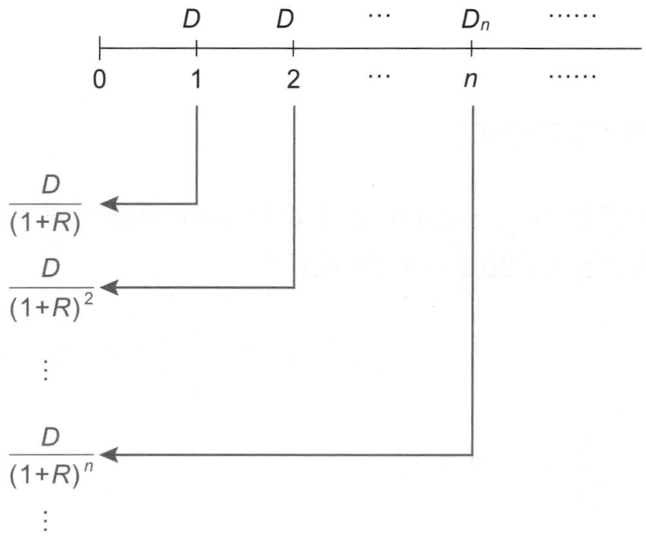

圖 7-2　股利固定折現模式

$$
\begin{aligned}
P_0 &= \frac{D}{1+R} + \frac{D}{(1+R)^2} + \cdots + \frac{D}{(1+R)^n} + \cdots \\
&= \frac{D}{1+R}\left(1 + \frac{1}{1+R} + \cdots + \frac{1}{(1+R)^{n-1}} + \cdots\right) \\
&= \frac{D}{1+R} \times \frac{1+R}{1+R-1} \\
&= \frac{D}{R}
\end{aligned}
\qquad (7\text{-}3)
$$

P_0：股票現在價格

D：每年股東預期收到的股利

R：投資人所要求的最低報酬率

2 推導股利固定折現模式與股利固定成長的折現模式，我們都須運用無窮等比級數之觀念。

$$1 + x + x^2 + \cdots = \frac{1}{1-x},\ 0 < x < 1$$

例題 7-5 【股利固定折現模式】

假設 B 公司普通股每年固定配發現金股利 2 元，且設定股東要求之最低報酬率爲 5%，則普通股現値爲何？

解

$$P_0 = \frac{D}{R} = \frac{2}{5\%} = 40 \text{（元）}$$

例題 7-6 【股利固定折現模式】

若現在 C 公司的股價爲 50 元，該公司股東要求的最低報酬率爲 4%，請利用股利固定折現模式，評估公司每年應發多少現金股利？

解

$$P_0 = \frac{D}{R} \Rightarrow 50 = \frac{D}{4\%} \Rightarrow D = 2 \text{（元）}$$

三 股利固定成長折現模型〔勾頓模型（**Gordon Model**）〕

股利固定成長折現模型乃假設現在（今年）公司股利爲 D_0，明年起，每年股利以 $g\%$ 的速度成長，投資人所必須接受的最小報酬率爲 R，其評價模式與示意圖如圖 7-3，計算式如（7-4）。

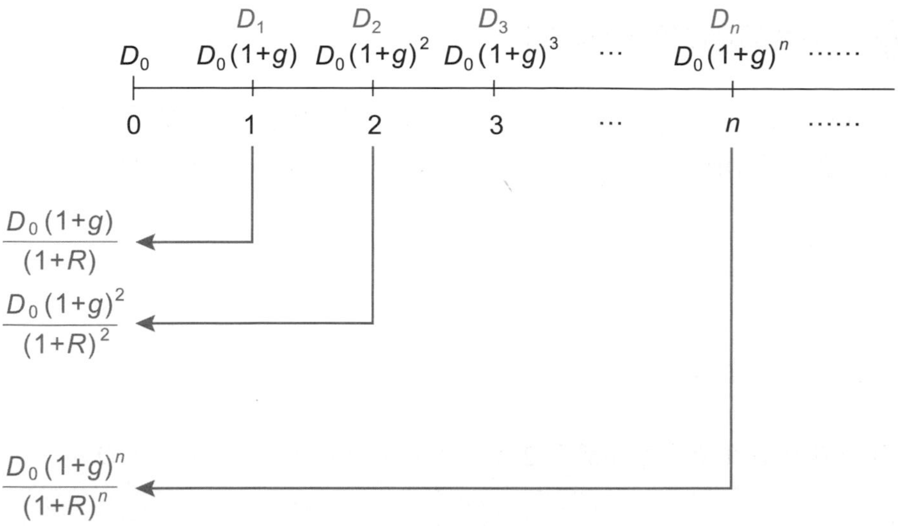

圖 7-3　股利固定成長折現模式

$$
\begin{aligned}
P_0 &= \frac{D_0(1+g)}{1+R}+\frac{D_0(1+g)^2}{(1+R)^2}+\dots+\frac{D_0(1+g)^n}{(1+R)^n}+\cdots \\
&= \frac{D_0(1+g)}{1+R}\left[1+\frac{(1+g)}{1+R}+\dots+\frac{(1+g)^{n-1}}{(1+R)^{n-1}}+\cdots\right] \\
&= \frac{D_0(1+g)}{1+R}\times\frac{1}{1-\frac{1+g}{1+R}} \qquad (7\text{-}4) \\
&= \frac{D_0(1+g)}{1+R}\times\frac{1+R}{R-g} \\
&= \frac{D_0(1+g)}{R-g}=\frac{D_1}{R-g}
\end{aligned}
$$

例題 7-7　【股利固定成長折現模式】

假設 D 公司目前支付每股股利 2 元，在可預見的將來股利成長率爲 4%，該公司的股東要求最低報酬率爲 6%，請問在此情況下，該公司股票現在價位爲何？

解

$$P_0=\frac{2(1+4\%)}{6\%-4\%}=104 \text{（元）}$$

例題 7-8 【股利固定成長折現模式】

假設 D 公司明年將支付每股股利 3 元，且未來每年將增發 6% 的股利，該公司的股東要求最低報酬率爲 10%，請問在此情況下，該公司股票現在價位爲何？

解

$$P_0=\frac{3}{10\%-6\%}=75\ (\text{元})$$

※ 注意此題目強調爲明年股利 2 元，即爲公式的 $D_0(1+g)=D_1$。

四 股利非固定成長的折現模式

此模式（如圖 7-4）分爲二階段，分別爲「**股利超成長期**」與「**股利固定成長期**」階段，要評價此模式股價的價值須將「股利超成長期」折現模式的現值與「股利固定成長期」折現模式的現值相互加總，以下我們分二階段討論之。

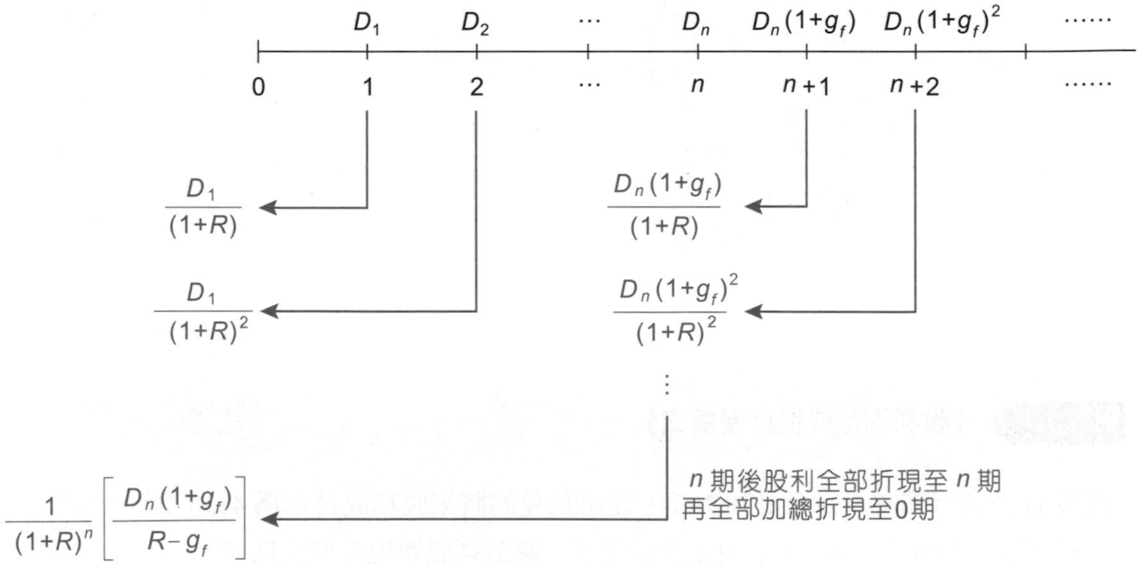

圖 7-4 股利非固定成長折現模式

1. 第一階段：**股利超成長模式**，設前 n 期股利每期現金流量如下：

期數	股利
$n=1$	$D_1=D_0(1+g_1)$
$n=2$	$D_2=D_1(1+g_2)=D_0(1+g_1)(1+g_2)$
$n=3$	$D_3=D_2(1+g_3)=D_0(1+g_1)(1+g_2)(1+g_3)$
.	.
.	.
.	.
$n=n$	$D_n=D_{n-1}(1+g_n)=D_0(1+g_1)(1+g_2)\cdots(1+g_n)$

將超成長期股利折現值（P_s），如（7-5）式：

$$P_s=\frac{D_1}{1+R}+\frac{D_2}{(1+R)^2}+\ldots+\frac{D_n}{(1+R)^n}=\sum_{t=1}^{n}\frac{D_t}{(1+R)^t} \tag{7-5}$$

2. 第二階段：**股利固定成長模式**，設在 n 期後股利爲 D_n，且每年以 g_f 成長率成長，則股利折現值（P_f），如（7-6）式：

$$\begin{aligned}P_f&=\frac{1}{(1+R)^n}\left[\frac{D_n(1+g_f)}{1+R}+\frac{D_n(1+g_f)^2}{(1+R)^2}+\ldots+\frac{D_n(1+g_f)^n}{(1+R)^n}+\cdots\right]\\&=\frac{1}{(1+R)^n}\left[\frac{D_n(1+g_f)}{R-g_f}\right]\end{aligned} \tag{7-6}$$

所以股利非固定成長折現模式，將其兩階段的折現值加總得股票現值爲，如（7-7）式：

$$P_0=P_S+P_f=\sum_{t=1}^{n}\frac{D_t}{(1+R)^t}+\frac{D_n(1+g_f)}{(1+R)^n(R-g_f)} \tag{7-7}$$

例題 7-9 【股利非固定成長的折現模式】

某公司今年發放股利 2 元，預計將來 5 年爲公司的超成長期，股利成長率分別 8%、10%、12%、11%、9%。但第 6 年起公司以每年股利以 3% 成長率穩定成長，若投資人設定最低投資報酬率爲 5%，則普通股現值爲何？

解

前 5 年股利現金流量

$D_1 = 2 \times (1 + 8\%) = 2.16$

$D_2 = 2 \times (1 + 8\%) \times (1 + 10\%) = 2.376$

$D_3 = 2 \times (1 + 8\%) \times (1 + 10\%) \times (1 + 12\%) = 2.6611$

$D_4 = 2 \times (1 + 8\%) \times (1 + 10\%) \times (1 + 12\%) \times (1 + 11\%) = 2.9538$

$D_5 = 2 \times (1 + 8\%) \times (1 + 10\%) \times (1 + 12\%) \times (1 + 11\%) \times (1 + 9\%)$

$= 3.2197$

$$P_0 = \frac{2.16}{(1+5\%)^1} + \frac{2.376}{(1+5\%)^2} + \frac{2.6611}{(1+5\%)^3} + \frac{2.9538}{(1+5\%)^4} + \frac{3.2197}{(1+5\%)^5} + ... + \frac{3.2191 \times (1+3\%)}{(1+5\%)^5 (5\% - 3\%)}$$

=141.38（元）

投資新視界

中鋼股利暴增十倍！ 買台積不如買中鋼？

https://www.youtube.com/watch?v=rrGExyTo--I

股利高低是投資股票的重點之一。國內鋼鐵大廠－中鋼，2022 年股利較去年暴增 10 倍，殖利率直逼 8%，所以有人認為買台積電不如買中鋼。

臺股股王矽力 KY 股票拆分　每股面額降為 2.5 元

https://www.youtube.com/watch?v=VqsTSmgtt8E

近期，臺股股王矽力 KY 實施股票彈性面額制度，面額從 10 元降為 2.5 元，相當於原來 1 股可換 4 股新股，分拆後價格變親民，有助於提升成交量。

航運挑戰傳產股息王！長榮破天荒減資 + 發股利 24 塊

https://www.youtube.com/watch?v=53jA995gpWM

由於長榮海運 2021 年大賺，手上現金暴增，董事會首度破天荒決議減資 60%，每股將退還股東現金 6 元，加上原本 18 元股利，合計每股將配發 24 元。

特別股殖利率逾 4%! 專家點出布局亮點

https://www.youtube.com/watch?v=gd8KC7g-t4A

近期，美國 10 年期公債殖利率下滑到低點，未來殖利率反轉時，現特別股收益率仍有 4% 以上，專家建議將特別股納入核心部位，長線持有。

TDR 溢價大被關切！證交所擬延長撮合處置

https://www.youtube.com/watch?v=OQxTwYiBW48

前陣子，多檔臺灣存託憑證股價溢價風險高，證交所再三示警，也讓 DR 股持續重挫，有部分 DR 股的投資人，質疑證交所處置過重。

本章習題

一、選擇題

證照題

( ) 1. 所謂參與型臺灣存託憑證是指： (A) 存託憑證持有人可參與原股外國公司之股利分配 (B) 持有人可參與公司之董監選舉 (C) 由證券承銷商參與發行 (D) 由股票發行公司與存託機構簽訂存託契約所發行。

【2011-3 證券商高級業務員】

( ) 2. 發放股票股利會改變公司哪些會計科目？甲 . 淨值總額；乙 . 公司資本；丙 . 發行股數 (A) 僅甲、乙對 (B) 僅甲、丙對 (C) 僅乙、丙對 (D) 甲、乙、丙均對。 【2011-4 證券投資分析人員】

( ) 3. 當公司發放 25% 的股票股利時，股價會變成配股前之： (A) 50% (B) 75% (C) 80% (D) 不變。 【2012-1 證券商業務員】

( ) 4. 股利固定成長之評價模式—高登模式（Gordon Model）在何種情況下無法適用？(A) 折現率大於股利成長率 (B) 折現率小於股利成長率 (C) 股利成長率小於 0 (D) 股利成長率等於 0。 【2012-1 證券商業務員】

( ) 5. F 公司為固定成長公司，股利每年固定成長 8%，再假設 Y 公司的普通股股票 Beta 係數是 1.2，市場投資組合要求報酬率是 18%，無風險利率是 8%，最近剛發放的股利 $4。試估算 F 公司目前的每股價格為何？ (A) 20 (B) 3.33 (C) 36 (D) 50。 【2012-4 證券投資分析人員】

( ) 6. 利用股利永續成長模式來估計股票之價值時，較不需要考慮下列哪一因素？(A) 目前之股利 (B) 股票要求報酬率 (C) 股利成長率 (D) 銷貨成長率。

【2013-3 證券商高級業務員】

( ) 7. 除權前一日之收盤價與除權參考價之差稱為： (A) 股票股利 (B) 權息 (C) 息值 (D) 息票。 【2013-4 證券商業務員】

( ) 8. 有關特別股之特性，下列敘述何者錯誤的？ (A) 優先股利分配權 (B) 可轉換成普通股 (C) 可提前贖回 (D) 可參與經營管理公司。

【2013-4 證券投資分析人員】

( ) 9. 下列何者為固定股利成長折現模型的條件？ I. 股利成長率固定；II. 股利無限期成長；III. 要求報酬率（權益資金成本）小於股利成長率 (A) 僅 I (B) 僅 III (C) 僅 I 與 II (D) I、II 與 III。 【2013-4 證券投資分析人員】

( ) 10. 下列何者敘述是臺灣存託憑證（TDR）的特性？ (A) 表彰臺灣企業的股票 (B) 外國公司在臺灣所公開發行的存託憑證 (C) 臺灣公司在海外發行的存託憑證 (D) 在海外市場掛牌交易。【2014-1 證券商業務員】

( ) 11. 美國存託憑證，其上市公司一定設籍在： (A) 中華民國 (B) 美國 (C) 中華民國境外國家 (D) 美國境外國家。【2015-1 證券高級業務員】

( ) 12. 特別股相對於普通股的優勢是： (A) 特別股股東具有優先普通股發放股利的權利 (B) 特別股股利通常是無法累積的 (C) 特別股具有較高的報酬率 (D) 特別股股東具有選舉權。【2015-3 證券高級業務員】

( ) 13. 下列何者會增加公司之發行股數？ 甲 . 盈餘轉增資；乙 . 發放現金股利；丙 . 公積轉增資；丁 . 股票分割 (A) 僅甲、丙對 (B) 僅甲、丙、丁對 (C) 僅乙、丙、丁對 (D) 甲、乙、丙、丁均對。【2015-4 證券高級業務員】

( ) 14. 固定成長股利折現模式，是假設： (A) 股利成長率小於要求報酬率 (B) 股利成長率大於要求報酬率 (C) 股利成長率等於要求報酬率 (D) 股利成長率等於 0。【2016-2 證券業務員】

( ) 15. 上市公司發放股票股利給股東，則下列敘述何者正確？ (A) 會造成公司資產減少 (B) 會造成公司之淨值減少 (C) 會使負債增加 (D) 會造成公司流通在外股數增加，每股盈餘被稀釋。【2019-1 證券商業務員】

( ) 16. 發放股票股利及股票分割後，下列敘述何者錯誤？ (A) 均不影響權益總數 (B) 均使股票面額下跌 (C) 均使股數增加 (D) 股東所持有股票占總數比例均不變。【2018-4 證券商高級業務員】

( ) 17. 假設某公司合理本益比為 16.5 倍，其現金股利發放率為 30%，且預期現金股利成長率為 10%，若高登模式（Gordon Model）成立，請問該公司股票之必要報酬率為何？ (A) 10% (B) 11% (C) 12% (D) 13%。

【2019-1 證券商高級業務員】

( ) 18. 股利折現模式，不適合下列哪種公司的股票評價？ (A) 銷售額不穩定的公司 (B) 負債比率高的公司 (C) 連續多年虧損的公司 (D) 正常發放現金股利的公司。【2021-2 證券商業務員】

( ) 19. 發放股票股利及股票分割後，下列敘述何者錯誤？ (A) 股票分割的目的是為了便於流通 (B) 股票股利不改變股票面額 (C) 股票股利使得股本增加 (D) 股票股利與股票分割皆不用作分錄。【2021-2 證券商業務員】

( ) 20. 福隆公司每年固定配發現金股利 4 元，不配發股票股利，其股票必要報酬率爲 10%，若其貝它係數爲 1.22，在零成長之股利折現模式下，其股價應爲： (A) 44.4 元 (B) 33.3 元 (C) 40 元 (D) 48.8 元。 【2021-3 證券商高級業務員】

二、簡答與計算題

基礎題

1. 一般而言，公司的權益證券有哪些？
2. 某家公司股本爲 20 億元，財務報表上的帳面價值爲 50 億元，若該公司股價每股 40 元，股票面額爲 10 元，請問
   (1) 該公司流通在外股票有幾張？
   (2) 該公司市值爲何？
   (3) 該公司股票每單位淨值爲何？
   (4) 該公司股票股價淨值比爲何？
3. 承上題
   (1) 若每股發放 1 元現金股利，請問該公司市值、股本與除息後股價爲何？
   (2) 若每股發放 1 元股票股利，請問該公司市值、股本與除權後股價爲何？
   (3) 若每股同時各發放 1 元現金與 1 元股票股利，請問該公司除息除權後股價爲何？
4. 何謂存託憑證？
5. 何謂庫藏股？
6. 若某公司預計只營業 4 年，未來 4 年的股利分別爲 3 元、3 元、2 元、2 元，若股東報酬率設定爲 3%，則公司的股票現值爲何？
7. 若某公司每年固定配發現金股利 2 元，且股東所要求最低報酬率爲 4%，則普通股現值爲何？
8. 某公司目前支付每股股利 3 元，未來股利成長率爲 6%，且股東所要求最低報酬率爲 10%，
   (1) 請問該公司股票現在價位爲何？
   (2) 若該公司明年預計每股股利爲 3 元，在其他條件不變下，請問該公司股票現在價位爲何？

進階題

9. 請說明特別股較普通股有哪些優惠條件及限制？
10. 某公司今年發放股利3元，預計將來5年爲公司的超成長期，其股利成長率分別7%、8%、9%、10%、11%，但第6年起公司股利每年以5%成長率穩定成長，若股東要求最低報酬率爲6%，則普通股現值爲何？
11. 若某公司每年固定發放3元現金股利，若該公司股票報酬風險比爲0.8，該股票的風險爲20%，請問該公司股價爲何？
12. 假設某公司採取每年股利成長的發放政策，若今年的股利爲2元，未來股利成長率爲4%，此公司股票的β值爲1.2，此時市場報酬與無風險報酬分別爲10%與5%，請問該公司股價爲何？

NOTE

chapter 8

股票市場

本章大綱

本章內容為股票市場，主要介紹臺灣的股票市場結構、交易實務、信用交易、承銷制度與庫藏股制度等，其內容詳見下表。

節次	節名	主要內容
8-1	市場結構	股票市場的主要機構、週邊機構與投資人。
8-2	交易實務	開戶委託、委託單、最小升降單位、漲跌幅、撮合、交割、交易費用與其他交易型態。
8-3	信用交易	信用交易方式、可融資融券的帳户與證券、融資融券的金額與損益計算、擔保維持率以及標借、議借與標購股票。
8-4	承銷制度	承銷方法與新股銷售方式。
8-5	庫藏股制度	庫藏股意義、功能與缺失。

臺灣由早期的農業社會轉變成工業社會，股票市場是工業化過程中的產物，亦是經濟發展到一定階段的必然結果。臺灣股票市場不但是融通資本、活躍經濟的重要管道，還與臺灣的政治、兩岸形勢與社會穩定密切聯繫。臺灣的股票市場濫觴於 50 年代，初期爲店頭市場交易，直到 1962 年臺灣證券交易所正式開業，才開始進入集中市場交易。1966 年臺灣證券交易所開始編制發行加權股價指數（將當年的**股價指數定爲 100**），使股票市場的股價指數有基本的參考依據。

由於 50 ～ 70 年代臺灣人民的勤奮努力，創造舉世認同的經濟奇蹟，連動的帶動臺灣的股票市場在 80 年代的蓬勃發展，股市於 1986 年至 1990 年，短短 3 年多，股價指數從 1,000 點上漲至 12,000 點，整個市場充滿投機風氣，但股票交易量卻因此大增，亦促使證交所於 1993 年全面將股市交易電腦化，才能提高交易效率。

此外，隨著金融自由化、國際化，使得金融商品不斷地出陳創新。臺灣於 1997 年推出權證，由證券商發行提供投資人一項高槓桿的市場投資工具。1998 年證交所首次讓國外已上市的公司，至臺灣申請第二上市發行臺灣存託憑證（TDR），使得臺灣證券市場更加國際化。2003 年發行指數股票型基金（ETF），提供投資人以最簡便的方式與低廉的成本，即可投資一籃子股票；且爾後又陸續推出各式各樣的 ETF（如：國外指數型、槓桿型、反向型、商品型等），讓 ETF 商品呈現多元性，以滿足投資人需求。2005 年推出不動產證券化受益證券（REITs）上市，讓投資人得以小額資金，參與不動產租金之收益分配。且 2011 年後，陸續推出牛熊證以及延展型牛熊證商品，讓權證商品呈現多樣化，以符合不同投資人的交易需求。2019 年又推出一種與 ETF，同樣具追蹤且連結某些指數報酬的交易所商品－指數投資證券（ETN），提供國人另一個投資指數型商品的管道。

在店頭市場的發展方面，1988 年成立臺灣櫃檯買賣中心後，又重新成立股票店頭市場，其目的是爲公開發行但尚未上市的公司，開展股票流通的管道，也因此有了「**上市**」股票和「**上櫃**」股票之分。2002 年櫃檯賣買中心又成立「**興櫃**」市場後，希望有效地抑制了非法地下證券商，仲介的未上市上櫃股票的交易。2014 年櫃檯賣買中心又成立「**創櫃板**」市場後，提供具創新、創意構想之非公開發行微型企業股權籌資功能。2021 年櫃買中心將在興櫃市場增設「戰略新版」與證交所新增「創新版」，以扶植新創產業的發展。

臺灣股票市場經過了50幾年的成長茁壯，市場參與者也從僅由國內的交易人放寬至外國法人的加入，且法人交易量已逐年攀高，市場日趨開放成熟與穩定。此外，上市上櫃的股票也由國內公司擴展至海外公司亦可來臺交易，市場逐漸朝向國際化與自由化邁進。所以臺灣股票市場經過這麼多年來的淬鍊，市場的交易制度、法規與結構等都逐具完備與完善。以下將介紹臺灣股票市場結構、交易實務、信用交易、承銷制度與庫藏股制度等。

8-1 市場結構

臺灣股票市場的結構主要包括負責證券交易、監督管理與諮詢服務的證券相關機構以及證券投資人；其中證券機構又分為主要與週邊機構，以下將進一步分別介紹之。

一 證券主要機構

（一）證券商

證券商是證券市場裡最重要的要角，其主要服務內容乃提供投資人證券交易與服務的法人組織。通常「綜合證券商」內部包括**經紀商**（Brokers）、**自營商**（Dealers）與**承銷商**（Underwriter）或稱**投資銀行**（Investment Bankers）。「經紀商」主要負責接受客戶委託，經營有價證券買賣、居間與代理等業務，並收取手續費。「自營商」是指證券商利用自己的名義從事有價證券的買賣，且盈虧自負。「承銷商」主要負責接受企業委託，協助公司有價證券發行之業務。

國內早期的證券商是以地方性的經紀商為主，但1988年以後，綜合證券商陸陸續續成立，使得地方性的經紀商漸漸被綜合證券商所併購，所以現在臺灣的證券商都是以綜合證券商為主。

（二）證券交易所

臺灣證券交易所交易的證券是以**集中交易**方式進行，亦即採公開競價方式。目前在臺灣證券交易所，進行交易之有價證券，包括股票、債券換股權利證書、可轉換公司債、公債、受益憑證、認購（售）權證、ETF、臺灣存託憑證及受益證券等。臺灣證券交易所仍需擔任證券集中交易市場之結算所角色，並提供特定機構法人進行有價證券借貸交易之服務。

臺灣證券交易所還必須維護證券市場交易秩序，保護證券投資人權益，防範不法炒作及內線交易，以確保證券交割安全。並持續推動臺灣證券市場的自由化與國際化；積極向國外投資者宣傳我國證券市場，以期望吸引更多外資投資，使我國證券市場更加活絡。

（三）證券櫃檯買賣中心

臺灣證券櫃檯買賣中心爲國內第二個成立的證券交易所，其與臺灣證交所都是有其相同目標，都是「流通證券、活絡經濟」。櫃檯買賣中心最主要擔負起國內新興高科技產業、創意產業、中小企業及微型企業的掛牌及籌資。櫃檯買賣中心，除了部分證券，採「集中競價」的交易方式（稱爲上櫃股票）外；尙提供中小型或微型公司的股票、以及公民營公司債券等商品，以「店頭議價」的交易方式進行流通。所以臺灣的證券櫃檯買賣中心，其交易制度是採用「集中」與「店頭」兩種市場模式，此爲國際股票市場間極具特色之交易所。

（四）集中保管結算所

臺灣集中保管結算所是將原先的「臺灣證券集中保管公司」與「臺灣票券集中保管結算公司」兩相合併而得。原臺灣證券集中保管公司，主要負責處理「有價證券集中保管帳簿劃撥制度」之相關業務，服務項目包括有價證券集中保管帳簿劃撥、集中交易及櫃檯買賣市場有價證券交割、興櫃股票款券結算交割、期貨結算電腦處理、無實體有價證券登錄、參加人有價證券電腦帳務處理等，並接受金融監督管理委員會證券期貨局委託辦理股務查核作業。

（五）行政院金融監督管理委員會（金管會）

行政院金融監督管理委員會（金管會）的業務由四個分局負責，分別爲「銀行局」、「證券期貨局」、「保險局」與「檢查局」。其中證券期貨局其主要掌管證券業、期貨業與投信投顧業等相關事宜。其主要工作爲維持證券與期貨市場交易秩序，健全相關的法令與制度，推動證券與期貨業的國際化，並加強公開資訊的揭露與對投資人保護及教育工作。

二 證券週邊機構

（一）證券投資信託公司

證券投資信託公司又稱爲**基金公司**，是以發行受益憑證的方式成立共同基金（Mutual Funds），向大眾募集資金，再將資金投資於各種金融商品。證券投資信託公司除了發行基金外，政府於 2000 年後亦開放投信，亦可經營爲個別投資人量身訂做的代客操作[1]之業務，更符合特定投資人之需求。此外，通常投信公司下單買賣股票，仍需透過證券經紀商方能進行交易。

（二）證券投資顧問公司

證券投資顧問公司其主要的業務乃提供投資人在進行證券投資時，相關的投資建議與諮詢服務，並向投資人收取佣金。通常國內大型綜合券商都有附設投資顧問公司，其主要提供研究分析報告給自營商作爲投資操作的參考、並提供投資建議給於該公司經紀商下單的投資人參考。此外，市場間仍有爲數眾多的投資顧問公司，尤其有線電視第四台的證券分析節目，都是以投資顧問公司的身分，吸收會員收取會費，並提供投資諮詢服務。國內於 2000 年後，也開放投顧公司可以從事代客操作業務，使得投資人進行證券投資時，多了一項投資管道的選擇。

（三）證券金融公司

證券金融公司在證券市場主要是負責「**信用交易**」的業務，也就是融資融券。臺灣早期唯一的一家證券金融公司爲復華證券金融公司[2]成立於 1980 年，早期要從事信用交易的投資人，礙於證金公司的資金有限，所以當時市場盛行「丙種」經紀人[3]的非法墊款與墊股。通常「丙種」經紀人在處理融資融券的時效，均迅速於證金公司，且大部分從事「丙種」都是由證券經紀商居間，因此政府於 1990 年開放綜合證券商亦可辦理融資融券業務，使得信用交易呈現雙軌制（證金公司與綜合券商）。

---

1 代客操作乃爲「**全權委託投資業務**」（Discretionary Investment Business），是指由個別投資人可將一筆資金全權委託給資產管理業者（如：投信或投顧公司），代爲投資與管理，雙方在約定受託範圍內，投信或投顧公司可自行爲客户投資操作的一項資產管理業務。

2 復華證券金融公司已於 2007 年併入元大金控，現更名爲元大證券金融公司。

3 通常證券經紀商稱爲「**甲種**」經紀人，證券自營商稱爲「**乙種**」經紀人。證券市場除了上述兩種證券商以外，還有一種私下的墊股墊款營業，以賺取利息，市場稱爲「**丙種**」經紀人。

爾後，國內於 1995 年後，又成立富邦、環華與安泰等三家證券金融公司，使得投資人從事信用交易的資金更加充足。由於現行綜合證券公司，亦可辦理融資融券業務，所以衝擊證金公司的生存空間，因此國內經過幾年的整併後，原本僅存兩家證金公司分別爲元大、環華；但 2019 年 4 月，兩家又進一步整併成爲一家，僅留元大證金公司。

三 投資人

參與臺灣證券市場的投資人，基本上可分爲散戶與機構投資人這兩類：

（一）散戶投資人

一般而言，散戶投資人乃以國內外自然人爲主。通常散戶投資人又依投資金額大小可分爲一般散戶、中實戶、大戶與公司大股東。國內早期的股票市場的交易比重是以散戶投資人爲主，近年來由於投資觀念的改變，散戶投資人的交易比重，由以往接近 90%，已逐年降低至 50% ～ 60% 左右。有關國內股市投資人交易比重，詳見表 8-1 說明。

（二）機構投資人

在臺灣的股票市場裡，機構投資人包含三大類：「**證券自營商**」、「**投信公司**」與「**外國機構法人**」。其中自營商就是證券自營商專戶。國內投信公司除了操作自行募集的共同基金外，亦包含受政府全權委託操作的國安基金與政府四大基金（公務人員退撫基金、郵儲基金、勞保基金、勞退基金）的資金。外國機構法人包含外國與中國大陸地區投資人（外資與中資）。臺灣股市長久以來都是散戶交易比重較高，但近年來機構投資人的交易比重已逐年攀高。有關臺灣股市投資人交易比重情形，請見表 8-1。

表 8-1 臺灣股市投資人交易比重

	散戶投資人	機構投資人
2000 年	86.10%	13.90%
2001 年	84.42%	15.58%
2002 年	83.27%	16.73%
2003 年	79.08%	20.92%
2004 年	77.57%	22.43%
2005 年	71.25%	28.75%
2006 年	72.81%	27.19%
2007 年	69.37%	30.63%
2008 年	63.92%	36.08%
2009 年	72.09%	27.91%
2010 年	67.99%	32.01%
2011 年	62.77%	37.23%
2012 年	62.08%	37.92%
2013 年	59.19%	40.81%
2014 年	58.83%	41.17%
2015 年	53.29%	46.71%
2016 年	52.00%	48.00%
2017 年	59.41%	40.59%
2018 年	59.78%	40.22%
2019 年	58.21%	41.79%
2020 年	62.12%	37.88%
2021 年	68.04%	31.96%

資料來源：臺灣證交所

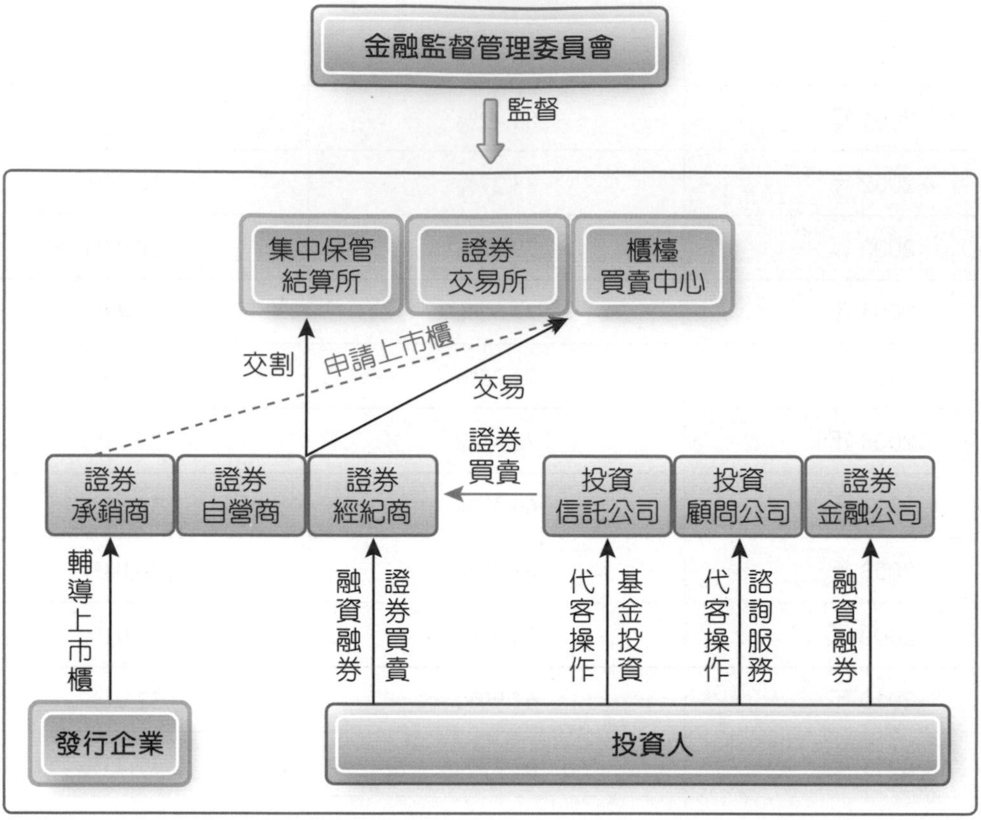

圖 8-1 證券市場組織架構圖

8-2 交易實務

投資人進場交易股票，必須先知道股票市場的相關交易規定，才能使交易順利進行，以下將介紹臺灣股票市場的交易實務。

一 開戶與委託

若要在股市進行交易，首先須至證券經紀商開「**證券戶**」，並開一個與證券戶帳號相對應的「**銀行帳戶**」。若投資人買賣上市櫃股票，證券戶會出現股票的增減，銀行帳戶則負責買賣資金的交割。

當投資人下單時，需透過經紀商方能進行交易，通常可以藉由以下幾種傳統委託方式：當面、電話、電報與書信委託；以及現在資訊科技發達的網路或語音下單等皆可。

此外，投資人除了在券商開立一般的委託帳戶外，尚可開立「複委託帳戶」後，就可透過此帳戶下單至國外證交所所核准的券商，以進行買賣海外有價證券（例如：股票、債券及基金等）。

二 委託單

投資人下單買賣股票時，必須塡寫欲買賣的價位。通常價格委託單都是「當日有效」（Rest of Day；ROD），且大致可以分爲「市價委託單」（Market Order）與「限價委託單」（Limit Order）兩種。此外，由於國內即將實施逐筆交易制度，所以爲配合逐筆交易特性，再增加兩種委託單供投資人使用，分別爲「立即成交否則取消」（Immediate or Cancel；IOC）、「全部成交或取消」（Fill or Kill；FOK）。以下將介紹這幾種委託單的特性：

（一）市價委託單

是指投資人不限定價格，以當時市場的成交價做爲買賣的指令，其目的只爲立即成交，不在乎交易價格的微幅差異，通常會以今日該股票的漲（跌）停價掛買（賣）單。例如：某檔股票昨日收盤價 100 元，現在盤中股價爲 102 元，若投資人不在乎價格急欲想購入或賣出該股票，此時投資人可以下市價委託單的指令，經紀商當場會以 107 元（當日漲停價）掛買單或 93 元（當日跌停價）掛賣單去成交，投資人買到的價格可能是 102 元，也有可能比 102 元高或低。

（二）限價委託單

是指投資人限定價格買賣股票，買進時在其指定價格或更低價格成交；賣出時在其指定價格或更高價格成交，此單通常不一定會成交。例如：某檔股票昨日收盤價 100 元，現在盤中股價爲 102 元，投資人此時用 101 元掛限價委託買單等待，此限價單若要成交，必須今天盤中之後的股價有低於 101 元，才有可能成交（若等於 101 元，還不定成交），若成交投資人可能買到的價位最高爲 101 元，但也有可能買到比 101 元更低的價位；反之，如果 101 元掛限價委託賣單等待，投資人至少會賣到 101 元或更高的價位。

（三）立即成交否則取消委託單

立即成交或取消委託單是指投資人下此委託單時，須即刻成交，未能成交之委託，則立即作廢。

（四）全部成交或取消委託單

全部成交或取消委託單指投資人下此委託單時，須全數部位都成交，未能全數成交，則立即作廢。

三 最小升降單位與漲跌幅

證交所會針對不同價格的股票，設定最小升降單位，以符合不同價位股票漲跌之需求，其各種價位的最小升降單位，如下表所示：

價位範圍（元）	最小升降單位（元）
10 以下	0.01
10 ～ 50 以下	0.05
50 ～ 100 以下	0.1
100 ～ 500 以下	0.5
500 ～ 1,000 以下	1
1,000 以上	5

臺灣上市與上櫃的股票中，採集中市場交易制度的股票，每一營業日的最大漲跌幅為前一日營業日收盤價的 10%。假設某檔股票現在價位為 94 元，今天最大漲跌幅 10% 的變動為 9.4 元（94×10%），所以今天該股票的漲停板為 103 元[4]（94 + 9.4），跌停板為 84.6 元（94 − 9.4 = 86.4）。

此外，在櫃買中心中登錄的興櫃的股票，並沒有漲跌幅限制。且 2005 年 3 月起，初次上市上櫃（但不含上櫃轉上市）的普通股前 5 日，亦無漲跌幅限制；此制度可使初次上市上櫃的普通股價，能夠充分反應其合理價值，以符合市場需求。

4 因為股價超過 100 元時，股價最小升降單位為 0.5 元，所以漲停板雖為 103.4 元，但僅會顯示至 103 元。

四 撮合方式

臺灣上市上櫃的股票，除了「上櫃股票的鉅額交易」與「興櫃股票」採用議價方式之外，其餘均採競價方式撮合。一般而言，競價方式可分爲「集合競價」（Call Auction）與「連續競價」（Continuous Auction）兩種，國內現行上市股票都以「集合競價」爲主。近期，國內爲了與國際交易制度接軌，將於 2020 年 3 月起，交易日盤中時段（9：00-13：25）改採實施「逐筆交易」，但開收盤時段仍維持「集合競價」。以下介紹「**集合競價**」與「**逐筆交易**」這兩種撮合方式：

（一）集合競價

所謂的「集合競價」：乃將一段期間內（約 5 秒），將所有投資人所掛的買單與賣單全部集合起來一起比價，以價格高低進行撮合，以一次可以滿足的「最大成交量」當作成交價。

以下舉一例子來說明集合競價的撮合方式，下表爲某一段期間內，某檔股票，價位從 59.7～60.3 每一價位的買賣單張數、買賣單累積張數、以及每個價位可能撮合的張數。其中，「買單」由出價愈高者愈先成交，所以價位由高至低排序，共累積 67 張未成交單；「賣單」由出價愈低者愈先成交，所以價位由低至高排序，共累積 62 張未成交單。我們由下表每一價位可以滿足的量觀察得知：當股價爲 60 元時，是所有價位中可撮合的最大滿足量，因爲此時買單累積 32 張，賣單累積 33 張，所以市場可撮合的量爲 32 張（取買單或賣單累積的最小值），因此該股票此時的成交揭示價爲 60 元。

買單累積（由價位高至低）	買單張數	買賣價位	賣單張數	賣單累積（由價位低至高）	可撮合量（取買或賣單累積最小值）
5	5	60.3	12	62	5
13	8	60.2	10	50	13
20	7	60.1	7	40	20
32	12	60	8	33	32
43	11	59.9	6	25	25
52	9	59.8	9	19	19
67	15	59.7	10	10	10

（二）逐筆交易

逐筆交易是指只要有投資人下單，立即以價格高低進行撮合，只要買賣雙方符合成交條件，就立即成交，所以可能會出現一張委託單，有多個成交價格的情形；將有別於現行集合競價，須等一段時間才會進行撮合，且每次撮合只會出現一個價格。

以下舉一例子來說明逐筆交易的撮合方式，下表爲某一段期間內，某檔股票共有 A、B、C、D、E、F，共有 6 人下單，其買賣價位與張數如表所示。此時，在價格優先與時間優先的原則下，買方 A 所下的 60 元 10 張買單，可以分別依序與賣方 F 於 59.8 元成交 5 張賣單、與賣方 E 於 59.9 元成交 3 張賣單、與賣方 D 於 60 元只能成交 2 張賣單，所以此時會瞬間出現 59.8 元、59.9 元與 60 元，三種成交價位。

買方	買單張數	買單價位	賣單價位	賣單張數	賣方
A	10 張	60 元	60 元	5 張	D
B	2 張	59.9 元	59.9 元	3 張	E
C	5 張	59.8 元	59.8 元	5 張	F

五 交割

當投資人下單買賣股票後，必須進行股票與價款的交割（Clear）程序。通常交割方式可分爲「**普通交割**」與「**全額交割**」兩種。

（一）普通交割

投資人向證券商委託買進或賣出股票後，於次二個營業日（T+2）才可以取得買進的股票或賣出的價款。一般而言，上市與上櫃股票均採普通交割。

（二）全額交割

又稱現股或現款交割；投資人向證券商委託買進或賣出全額交割股，應於委託買賣前，預先繳交股票或價款，證券商必需要先收到買賣股票的價款或股票，才能進行交易。通常營運發生困難或發生財務危機的公司，才可能會被列爲「全額交割股」。

六 交易費用

投資人進行證券交易，必須透過證券經紀商居間仲介，所以證券經紀商須收取證券「買賣手續費」，目前證券買賣手續費率的上限爲成交金額的 0.1425%，且買賣各收取一次。此外，投資人賣出證券時，需支付給政府「證券交易稅」，其稅率依不同的證券而異，通常上市上櫃的股票爲成交金額的 0.3%，存託憑證與受益憑證爲成交金額的 0.1%。因此投資人買賣一次股票，須耗費成交金額 0.585%（0.1425+0.1425+0.3）的交易成本。

七 其他交易型態

（一）鉅額交易

凡一次買賣同一上市股票數量達 500 交易單位以上、或金額達 1,500 萬元以上。或 5 種股票以上且總金額達 1,500 萬元以上。且鉅額買賣價格之申報，升降單位爲 0.01 元。

（二）零股交易

通常買賣數量不足 1 張股票，則爲零股交易。零股交易由證券經紀商受託買賣，自 2020 年下半年開放盤中交易（9：00 ～ 13：30），且可於每交易日盤後 13：40 至 14：30 進行買賣申報交易，於 14：30 以彙整一次競價撮合。

此外，零股交易除了開放盤中交易外，盤中零股交易也開放「先買後賣」的當沖交易；但零股當沖交易僅限盤中，盤後目前暫不擬開放。

（三）停牌交易

證交所爲了降低交易資訊不對稱的問題，只要上市公司符合因併購、待釐清媒體報導、無法釐清媒體報導等三大事項，公司可主動申請或證交所強制執行股票暫停交易（停牌），待釐清事情原委後，再恢復交易。若公司欲申請停牌交易，必須在前 1 個交易日提出申請，若是重大事件，可以在當天 7 點半以前提出申請。通常停牌天數以一個交易日爲主，上限爲三個交易日，必要時可持續執行。

（四）定期定額買股交易

證交所爲了提振台股的交易量，首創實施投資人可以仿照投資基金的模式，利用定期定額的方式，購買股票或 ETF。投資人可與證券商約定欲投資的股票、投款金額與期間；券商將利用現行的「台股交易平台」或券商的「財富管理信託平台」，幫投資人進行定期定額投資股票與 ETF。

市場焦點

上市櫃股票下市機制　4 月 1 日上路

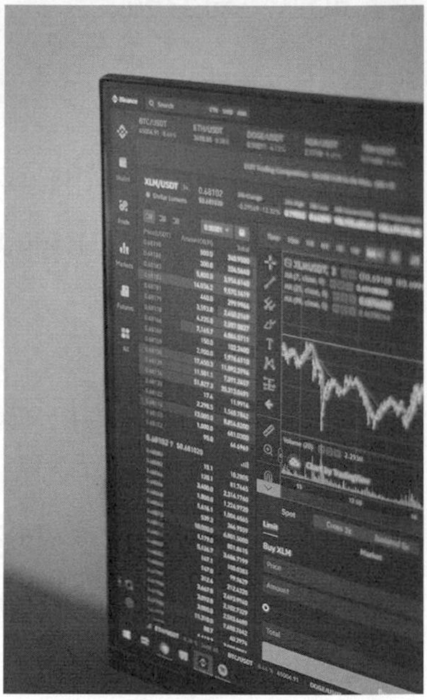

證交所 2019 年頒布「下市機制」，其中，設下兩大條件包括一、企業被簽證會計師出具繼續經營能力存在重大不確定性查核報告，二、每股淨值低於 3 元，只要滿足其一且在三年內無法改善，將予以暫停交易，並於停牌後半年強制下市。

此次疫情衝擊，主要影響企業財報難產，包括會計師可能出具有重大不確定性報告，而對此證交所已有例行審閱制度，還有下市機制，啓動時點涵蓋 2019 年年報及 2020 年第 1 季財報。

證交所董事長先前強調，過去證交所只在企業淨值為負數，或遭到退票而拒絕往來，才強制下市，但增訂新的標準後，財報被會計師認可有疑慮或淨值過低，也納入範圍。證交所並在此部分提供緩衝，主要考量沒有處理過殭屍股的經驗，隨機制擴充，也希望市場更健全。

資料來源：節錄自經濟日報 2020/03/27

解說

股票市場中，有些公司經營不善，導致財務績效欠佳且公司淨值也過低。國內主管機關已於 2020 年開始實施讓這些財務不良的全額交割股退場，強制它們下市。

8-3 信用交易

通常投資人買賣股票都是以現股交易爲主，但進行現股交易時，買一張股票須出全部的價款，且手中沒有股票亦不能先賣出股票。因此在具投機意味的股票市場裡，缺了槓桿的效果，於是市場發展出一種具槓桿的信用交易制度，以滿足投機的需求。因信用交易具槓桿的效果，所以股票市場針對的信用交易的規範，施以較嚴格的規定與限制，以下將針對 (1) 信用交易的方式、(2) 可融資融券的帳戶與證券、(3) 融資融券金額損益計算、(4) 擔保維持率的計算以及 (5) 標借、議借與標購的股票行爲，逐一介紹之：

一 信用交易的方式

所謂的信用交易可分爲「**融資**」、「**融券**」以及同時融資與融券的「**資券相抵**」這三種方式：

（一）融資（Margin Purchase）

融資是當投資人買入一檔股票，僅需付部分價款，以部份自備款當擔保，其餘的價款可以向證券商融通；簡單的說「**融資就是借錢來買股票**」。當投資人融資買進股票時，將來可以選擇反向的「融資賣出」平沖掉原有部位、或者現金償還融資及利息後，並融資買進「取回現股」。

（二）融券（Short Selling）

融券又稱「**放空**」，是投資人手中沒有股票，但只要繳交一定成數的保證金之後，可以向證券商借股票先行賣出，將來在約定的期限內，再買回股票歸還給證券商；簡單的說「**融券就是借股票來先賣出**」。當投資人融券賣出股票時，將來可以選擇反向的「融券買入」平沖掉原有部位、或者投資者向原授信機構繳納證券，並取回融券賣出的價款、保證金與融券利息之「現償還券」。

（三）當日沖銷[5]（Day Trade）

投資人可以在同一天融資買入且又融券賣出相同股票，將兩者資券相抵後再進行餘額交割。投資人可以針對當天某些股票進行「買低賣高」或「賣高買低」的價差交易，投資人僅須進行買賣之間價差的金額交割即可。

---

5 近期，臺灣證交所爲了刺激台股成交量，於 2017 年 4 月底實施現股當日沖銷交易，交易稅減半措施，將交易稅由 0.3% 降至 0.15%。

二 可融資融券的帳戶與證券

因信用交易具槓桿的效果，所以股票市場針對可以從事信用交易的帳戶與證券具有一定的規範，要從事信用交易的帳戶需要有一定的交易紀錄當審核依據，要被當作信用交易的證券，也需要是財務健全且已上市上櫃一段期間。以下將針對可融資融券的帳戶與證券進一步說明：

（一）可融資融券的帳戶

須具備以下條件：

1. 年滿 20 歲有行爲能力之國民，或依法律組織登記之法人。
2. 須立受託買賣帳戶滿 3 個月。
3. 最近一年內委託買賣成交 10 筆以上，累積成交金額達申請額度 50%，開戶未滿一年者亦同。
4. 最近一年之所得及各種財產核計達所申請額度之 30%。

（二）可融資融券的證券

其規定如下：

1. 上市上櫃滿 6 個月，且每股淨值在票面之上。
2. 上市滿 6 個月，且財務報告顯示無累積虧損之臺灣存託憑證。
3. 上市滿 6 個月之受益憑證。但指數股票型證券投資信託基金受益憑證、以及境外指數股票型基金受益憑證得不受上市滿 6 個月之限制。

三 融資融券金額與損益

投資人欲融資融券時，融資須自備部分款當擔保，融券需要繳交一定成數的保證金，才能進行信用交易。截至 2019 年底止，上市與上櫃股票的融資成數分別爲 60% 與 50%，融券保證金成數均爲 90%。若融資成數愈高，表示投資人可以借錢買股票的資金愈多，槓桿效果就愈好；融券保證金成數愈高，表示投資人要放空股票須繳交更多的錢，相對的成本就較高。

假設現在 T 股票一股為 60 元，若市場融資成數為 60%，融券保證金成數為 90%，此時投資人欲「融資買進」或「融券賣出」1 張 T 股票，則下表為投資人的一開始融資與融券時的資金互動情形。

融資買進	※ 投資人可以融資到的金額為 36,000 元（60×1000×60%） ※ 投資人所需繳交的融資自備款為 24,000 元 [60×1000×（1－60%）]
融券賣出	投資人須繳交 54,000 元的融券保證金（60×1000×90%）

投資人從事信用交易，除了須繳交一定成數的融資自備款與融券保證金外，因為牽扯到資金與證券的借貸，所以就會衍生出「融資融券的利息」與「借券手續費」（通常此兩項費用依證券商與證金公司而異）的問題，以下利用例題 8-1 來說明，實務上融資融券所會發生的實際損益計算：

例題 8-1 【融資融券的損益】

假設現在 A 與 B 股票股價分別為 100 元與 50 元，若市場上從事信用交易，融資與融券成數皆為 70%，融資利息 6.5%，融券的利息為 0.3%，融券手續費 0.1%，證券買賣手續費 0.1425%，證交稅 0.3%，請回答下列問題：

【融資的情形】

(1) 若現在投資人融資買進一張 A 股，請問可融資金額為何？融資自備款為何？

(2) 若半年後，A 股票漲至 120 元後，投資人融資賣出，請問投資獲利多少？

【融券的情形】

(3) 若現在投資人融券賣出一張 B 股，請問融券保證金為何？融資擔保品金額為何？

(4) 若半年後，B 股票跌至 40 元後，投資人融券買入，請問投資獲利多少？

解

【融資的情形】

(1) 投資人可以融資到的金額為 70,000 元（100×1,000×70%）

投資人所需繳交的融資自備款為 30,000 元 [100×1,000×（1–70%）]

證券買進手續費 142.5 元（100×1,000×0.1425%）

融資自備款（含手續費）30,142.5 元（30,000＋142.5）

(2) 證券賣出手續費 171 元（120×1,000×0.1425%）

證券交易稅 360 元（120×1,000×0.3%）

半年後融資賣出時，融資利息爲 2,275 元（$70,000\times\frac{6.5\%}{2}$）

獲利金額＝資本利得－買與賣手續費－證交稅－融資利息

＝（120－100）×1,000－142.5－171－360－2,275＝17,051.5 元

【融券的情形】

(3) 投資人須繳交 35,000 元的融券保證金（50×1,000×70%）

融券手續費爲 50 元（50×1,000×0.1%）

證券賣出手續費 71 元（50×1,000×0.1425%）

證券交易稅 150 元（50×1,000×0.3%）

融資擔保品金額＝融券賣出成交款－融券手續費－賣出手續費－證交稅

＝50×1,000－50－71－150＝49,729

(4) 半年後融券保證金與融資擔保品利息收入 127 元$[(35,000+49,729)\times\frac{0.3\%}{2}]$

證券買入手續費 57 元（40×1,000×0.1425%）

獲利金額＝資本利得＋利息收入－買與賣手續費－融券手續費－證交稅

＝（50–40）×1,000＋127－71－57－50－150＝9,799 元

四 擔保維持率

投資人進行信用交易時，股票價格每天漲漲跌跌，會影響信用交易擔保品的價值變化。擔保品的價值必須高於「融資的金額」或「融券的股價」，才能確保券商一定能拿回借出的資金或股票。券商爲確保擔保品的價格足夠償還的指標，稱爲「**擔保維持率**」。依據現行法令，臺灣股票市場的擔保維持率下限訂爲 130%，若信用戶的擔保維持率低於下限時，投資人應於券商通知後的 2 個交易日，補足擔保品不足之差額，否則將處分其擔保品（俗稱「斷頭」）。以下爲擔保維持率的計算公式：

$$\text{擔保（整戶）維持率}=\frac{\text{融資擔保品市值}+\text{原融券擔保品及保證金}}{\text{原融資金額}+\text{融券標的證券市值}}\times 100\%$$

以下將以例題 8-2 說明，信用戶在各種情形下，擔保維持率的變化與帳戶的金額變動：

例題 8-2 【擔保維持率】

承例題 8-1 的情形，若當擔保維持率降至 130% 時，須補繳金額，請回答下列問題：

【僅融資的情形】

(1) 若現在投資人融資買進一張 A 股，請問當時買進時的擔保維持率爲何？

(2) 當 A 股票跌至多少元，投資人會被通知追繳？

【僅融券的情形】

(3) 若現在投資人融券賣出一張 B 股，請問當時賣出時的擔保維持率爲何？

(4) 當 B 股票漲至多少元，投資人會被通知追繳？

【同時融資與融券的情形】

(5) 若現在投資人融資買進一張 A 股，亦同時融券賣出一張 B 股，請問當時的擔保維持率爲何？

(6) 若經過半年後，A 股價格爲 90 元，B 股價格爲 60 元，請問當時的擔保維持率爲何？

解

【僅融資的情形】

(1) $$\text{擔保維持率}=\frac{\text{融資擔保品市值}+\text{原融券擔保品及保證金}}{\text{原融資金額}+\text{融券標的證券市值}}\times 100\%$$

$$=\frac{100\times 1000}{70{,}000}=142.86\%$$

(2) $$\text{擔保維持率}=130\%=\frac{X\times 1{,}000}{70{,}000}\Rightarrow X=91\text{ 元}$$

【僅融券的情形】

(3) $擔保維持率=\dfrac{融資擔保品市值+原融券擔保品及保證金}{原融資金額+融券標的證券市值}\times 100\%$

$$=\frac{49{,}729+35{,}000}{50\times 1000}=169.46\%$$

(4) $擔保維持率=130\%=\dfrac{49{,}729+35{,}000}{X\times 1{,}000}\Rightarrow X=65.17$ 元

【同時融資與融券的情形】

(5) $擔保（整户）維持率=\dfrac{融資擔保品市值+原融券擔保品及保證金}{原融資金額+融券標的證券市值}\times 100\%$

$$=\frac{100\times 1000+49{,}729+35{,}000}{70{,}000+50\times 1{,}000}=153.94\%$$

(6) $擔保（整户）維持率=\dfrac{90\times 1{,}000+49{,}729+35{,}000}{70{,}000+60\times 1{,}000}\times 100\%=134.41\%$

五 標借、議借與標購

從事融資融券時，融資買進股票的投資人，須將股票抵押放在證券商，證券商可以將這些抵押股票，借給需要融券的投資人去放空股票，所以市場上有個口語說：「先有資才有券」。通常實務法令上，被融資張數的 75% 可以借給欲從事融券者使用，但有時市場上會發生融券餘額大於融資餘額，產生無法交割的現象，此時就必須去市場上「**標借**」、「**議借**」與「**標購**」股票，來解決券源不足的情形。以下舉一實例來說明之。

若一家券商現有客戶融資 1,000 張 A 股，此時可以提供 750 張給客戶放空使用。當這 750 張已全部被拿去放空使用後，此時若先前融資的人獲利或認賠賣出 500 張 A 股，這時融資餘額剩 500 張，但融券餘額卻爲仍爲 750 張，所以發生融券餘額大於融資餘額的情形，此時券商就必須去解決券源不足的情形，於是必須去市場上標借、議借與標購股票，來取得融券差額的股票。以下將針對標借、議借與標購股票的行爲進行說明：

1. 標借：當從事融資融券，券商發生融券券源不足時，券商（不限券商，大股東或主力皆可）首先須向交易所申請，向「不特定」的持股者借入股票。
2. 議借：當標借股票後，若再有不足時，再進一步洽「特定人」議價洽借股票。

3. 標購：當議借股票後，若再有不足時，再委託券商辦理標購，再度向持股者借入股票，以取得融券差額的證券。

六 現股當日沖銷

政府為了提高股市的成交量，且進一步提供投資人更多元的投資與避險管道，於2014年1月6日起開放投資人得以進行「現股當日沖銷」。所謂的「**現股當日沖銷**」是指投資人可在同一帳戶當日可以進行同一現股「先買進再賣出」或「先賣出再買進」的當日沖銷交易，且不強制收取保證金，有別於信用交易的「資買券賣」的當日沖銷。

若要從事現股當沖的投資人應符合下列條件：

1. 開立受託買賣帳戶滿3個月且最近1年內委託買賣成交達10筆（含）以上。但已開立「信用交易帳戶者」及「專業機構投資人」不在此限。
2. 簽訂概括授權同意書。

8-4 承銷制度

公司達到一定的規模後，若要在繼續成長，可能需要更多的資金挹入，除了向銀行借款外，另外最快速直接的集資方式就是發行股票。公司發行股票要有人認購，當然是透過股票上市或上櫃的方式，比較容易吸引投資人的目光。公司要上市上櫃要經過一定的程序，通常需要證券承銷商的輔導，最後經過證交所或櫃買中心的同意，才可以順利上市上櫃。所以公司股票的發行須要承銷商的協助，以下將介紹承銷商的承銷方式與新股的銷售方式。

一 承銷方法

公司若要將股票於公開市場發行上市，通常須透過承銷商的配銷，才能使股票流通在外。通常公司有兩種情形須要承銷商的協助上市。其一為**初次上市**（**IPO**）股票是指公司首次上市或上櫃買賣的股票；另一是公司已經上市，公司再度需要資金而辦理的**現金增資**（**SEO**）股票。一般而言，承銷商的承銷方式有兩種：

（一）代銷制（Best Efforts）

代銷制是指若承銷商未能在承銷期間將新發行的證券全數銷售完畢，剩下的證券則退還給發行公司。採取此種承銷方式，承銷商僅承擔分銷任務，不必承擔證券的發行風險，所以對於承銷商而言所負責任較輕，當然承銷費用通常亦較包銷制度少。

（二）包銷制（Firm Commitment）

包銷制是指承銷商保證在承銷期間內，將公司所新發行的證券全數銷售完畢。通常此種承銷方式，公司可確定獲得所需的資金，但承銷商所負擔的發行風險較高，故承銷費用通常亦較高。一般而言，包銷制又可分爲確定包銷與餘額包銷兩種。

1. 確定包銷：又稱爲全額包銷，意指承銷商將新發行的證券全數認購以後，再分銷給投資大眾。採確定包銷制，公司於發行有價證券前，就可從證券商獲得所有資金。
2. 餘額包銷：指的是在承銷期間內，承銷商先自行銷售，若尚有未售完的證券，再由承銷商自行買回認購。採餘額包銷制，公司須等到承銷期間屆滿，才可從證券商獲得所有資金。

二 新股銷售方式

公司欲將新上市的股票銷售給投資人，通常有三種銷售方式：分別爲競價拍賣、詢價圈購與公開申購配售此三種。公司可依據到底要發行「初次上市股票」[6]或「現金增資股票」，選擇適合的銷售方式，以下將介紹這三種配銷方式：

（一）競價拍賣

競價拍賣適用初次上市上櫃股票。競價拍賣是指承銷商首先與發行公司議定最低承銷價格、以及欲拍賣的股票數量，再由購買者競相出價投標，出價最高者優先得標，直到拍賣數量完全交易結束。通常採競價拍賣制度，承銷價格由投資人共同決定，承銷價具有價格發現之功能，也較公平公正；但如果市場情況較低迷時，有可能承銷案乏人問津，造成承銷失敗。

---

6 國內於2016年起，凡IPO籌資5億元以上，須8成競價拍賣、2成公開申購配售(公開抽籤)；IPO籌資5億元以下者，才可採競價拍賣、詢價圈購或公開申購配售。

（二）詢價圈購

詢價圈購適用初次上市上櫃股票或現金增資股。詢價圈購是指承銷商在和發行公司議定承銷價格前，先在市場中探詢潛在投資人的認購價格與數量，然後與發行公司議定承銷價格，最後再配售給先前參與詢價的投資人。通常採取詢價圈購方式，承銷商可以直接洽特定人認購，承銷時間較短，但容易衍生私相授受的黑箱疑慮。

（三）公開申購配售

公開申購配售適用初次上市上櫃股票或現金增資股。公開申購配售即一般所謂的「公開抽籤」配售，通常公司新上市股票，若部份採取競價拍賣或詢價圈購，則部份可以選擇採取公開申購配售給投資人，配售價格可由先前競價拍賣或詢價圈購方式中，所決定之承銷價格。通常公開抽籤配售是提供小額投資人，認購股票的機會。

此外，當初次上市股票時掛牌上市時，因原公司股東持股成本較低廉，恐有掛牌後即賣出持股導致股價下跌之虞，因此國內於 2005 年金管會引進「過額配售機制」，採穩定價格操作之機制與誘因，以發揮承銷價格穩定之功能。

所謂的「**過額配售**」就是承銷商辦理初次上市股票承銷時，配售方式採詢價圈購或競價拍賣者，當承銷商認為初次上市股將供不應求時，承銷商將可協調公司大股東以提出老股方式，最高可提出股本 15%，作為新股上市股本。在初次上市股掛牌首 5 個交易日，若出現跌破承銷價格者，承銷商得運用過額配售所得之資金，自市場買入股票回補過額配售之部位（發揮價格支撐功能），並於執行穩定價格操作期間屆滿後，將股票退還給公司大股東；若出現上漲超過承銷價格者，承銷商應將過額配售所得之現金歸還給公司大股東。

市場焦點

IPO 新制上路 蜜月行情飛了？

吵了許久的 IPO（首次公開發行）承銷新制，將於 2016 年元月上路。走了幾十年的詢圈機制將成為歷史，未來取而代之的是證交所辦理競價拍賣，這項重大變革到底對掛牌新股有何衝擊？

承銷新舊制度比一比

範圍	新制	舊制
IPO籌資金額5億元以上	8成競價拍賣，2成公開抽籤	4承詢價圈購，6成公開抽籤
IPO籌資金額5億元以下	可採競拍、詢圈、公開抽籤	
優點	承銷價格由投資人共同決定，為公平，具價格發現功能	直接洽特定人士認購，較不受市況影響，IPO案容易成功
缺點	承銷商將不易維繫客戶關係；市況差，若競拍人氣差，IPO案恐失敗	券商有配售裁量權，易出現私相授受黑箱作業；恐遭證期局處罰或被告

資料來源：證交所

為什麼金管會要從「詢價圈購」改變為「競價拍賣」制度？其實，投資圈都知道，過去詢價圈購時，圖利特定人士時有所聞。新制被稱作「康師傅 TDR（臺灣存託憑證）條款」，是因為康師傅 TDR 來台掛牌時，圈購名單曝光，包括連勝文在內的一長串「特定人士」在列，讓小股民大嘆不公平。

簡單的說，過去新股上市有一段蜜月行情，詢圈利益龐大，但只有和承銷商有特殊關係的人、或機構法人，才有機會取得股票，讓這條詢圈致富道路變了調，為人詬病。

如今改採競價拍賣，將有助於解決利用人頭戶申購，及承銷商圖利旗下客戶套利等弊端。某券商主管表示，由於競價拍賣採美國標，就是投標價格高者優先得標，得標人依不同的得標價格繳交價款，讓蜜月行情利益還給投資大眾。

法人分析，以漢翔案例來看，競價拍賣新制度具有價格發現功能，法人圈對於價格最高接受度為 36 元，這也成為掛牌價格的期待值，因為漢翔掛牌首日收盤價為 37.1 元，和法人圈普遍競標最高價格相去不遠。很顯然，當新制度上路後，過去最誘人的新股蜜月行情，在價格發現下，興櫃市場可能就反映完畢了，新股飆漲，恐將成歷史。

資料來源：摘錄自財訊雙週刊 2016/01/26

解說

由於以往國內 IPO 的承銷制度，採取「詢價圈購」的制度，這樣有可能會圖利某些特定人士，於是金管會將改為「競價拍賣」制度，以讓承銷制度更趨完善。

8-5 庫藏股制度

政府爲了健全證券市場之發展，維護上市、上櫃公司信用及股東權益，政府於 2000 年 6 月立法通過證券交易法修正案中的庫藏股制度，並於 2000 年 8 月發布「上市上櫃公司買回本公司股份辦法」，正式賦予庫藏股制度法源依據。公司可藉由買回公司的股票，藉此穩定公司的股價。

一 意義

所謂庫藏股票（Treasury Stock）係指公司買回自己發行流通在外的股票，且買回後尚未出售或未辦理減資、註銷的股票稱之。依原有公司法之規定，我國公司原則上不得擁有自己的股份，公司只有在四種例外情形[7]下得收回、買回自己之股票。根據修正之證交法規定，將新增可以實施庫藏股制度的 3 大理由：(1) 轉讓股份予員工。(2) 配合附認股權公司債、附認股權特別股、可轉換公司債、可轉換特別股或認股權憑證之發行，作爲股權轉換之用。(3) 爲維護公司信用及股東權益所必要而買回，並辦理消除股份者。

二 庫藏股制的功能

（一）維持公司股價之穩定

當公司股價被低估時或不明原因暴跌，公司可利用購回自己公司的股票，藉此穩定公司的股價。

（二）防止公司被惡意購併

當有心人士從市場上大量購買該公司的股票，欲併購此公司時，此時這家公司可以藉由買回自己公司的股票，以防止被他人惡意購併。

---

7 依原有公司法之規定，公司只有在四種例外情形下得收回、收買自己之股票。
(1) 對於公司所發行之特別股，公司得以盈餘或發行新股所得之款項予以收回。
(2) 對於以進行清算或受破產宣告之股東，公司得按市價收回股東之股份以抵償股東於清算或破產宣告前積欠公司之債務。
(3) 公司股東會決議與他人簽訂出租全部營業、委託經營或共同經營契約，或決議讓與全部或主要部份之營業或財產，或受讓他人全部營業或財產，對公司營運有重大影響，公司得異議股東之請求，收買其股份。
(4) 公司與他公司合併時，公司得應異議股東之請求，收買其股份。

（三）供股權轉換行使支用

當公司發行可轉換特別股或可轉換公司債、附認股權證債券等，公司可以利用庫藏股票來供投資人轉換或認購，就不需要再另外發行新股，不但可節省時間，又可節省成本。

（四）調整公司的資本結構

如果公司的權益資金在資本結構中所佔的比例過高，可透過股票的購回，以減少權益資金，藉以調整資本結構。

（五）收回異議股東之股票

當公司做出重大的特別決議時（例如決議合併等），面對有異議的股東，公司即可藉由買回有異議股東的股份來消除紛爭，以使公司的運作能夠順暢。

三 庫藏股制的缺失

（一）股票價格被操控

公司的管理階層可能會濫用庫藏股制度，進行公司股票價格的操縱，藉以圖利公司管理階層，破壞股票市場的公正性及股票價格形成的經濟功能。

（二）控制公司經營權

公司藉由「轉讓股份給予員工」或「爲維護公司信用及股東權益所必要」而實施之庫藏股或透過其轉投資的子公司大量買回母公司的股票會導致在外流通的股數減少，此時大股東利用公司資源來提高自己持股，變相解決董監事持股不足的問題，以控制公司經營權。

（三）易發生內線交易

雖然庫藏股制度可以穩定公司的股價，但庫藏股制度中的「護盤條款」如果遭濫用的話，可能會產生嚴重的股價操縱及內線交易。

市場焦點

一次不夠，台積電還會再買進庫藏股！而且每年都會買！背後原因曝光

根據重訊內容，台積電計畫買回 1,387 張庫藏股，買回區間價格在 444 元至 960 元之間，主要原因是公司發行了限制員工權利新股將增加流通在外股數，為抵銷所造成的股權稀釋影響，因此買回庫藏股註銷以避免股本膨脹。

很多上市櫃公司都是先實施庫藏股，再轉讓給員工，為何台積電要繞一圈，先發新股給員工，再從市場上買回股票註銷？這中間又有學問，也是公司精算過的。其實整個過程台積電是精算過的，而且可能創造一個新的運作模式。

為了吸引及留任人才　去年開始發行新股獎勵員工

半導體人才荒，每年畢業季都引起台積電、聯電、力積電、聯發科、鴻海等重量級公司的搶人大賽，換句話說，如果國內供應不足，往海外挖角或吸引人才勢在必行。再者，美中貿易戰後，北京政府加快半導體自主的步伐，對研發人員也是「求才若渴」，尤其這些年來對岸對臺灣各科技大廠挖角動作不斷，台積電為防止技術和人才外流，也必要祭出優厚的待遇。

如此說來，台積電每年董事會決議發行限制員工權利新股留住人才，恐在未來成為常態（因為時效一年），然後又為了怕稀釋股本，再買回庫藏股註銷，就成為投資人或股東經常會看到的情況。

台積電買回庫藏股，不單單只是為了買回股票，背後留才的用心和苦衷，才是重點，這顯示半導體搶奪人才已經相當白熱化，連「護國神山」這樣的企業，也必須祭出股票優惠，才不會被後面的競爭對手趕超過去；對中長期持有股東而言，這是每年必須全力支持的成本花費，況且新股發行連結績效達成制度，讓股東可以享受成長果實，一加一減最後還是贏家。

資料來源：節錄自今周刊 2022/02/18

解說

通常大部分的公司都先去市場買回庫藏股，再分配給員工；但台積電卻相反，反而先發新股給員工，再從市場上買回股票註銷。主因乃希望先發行限制員工權利新股留住人才後，再買回庫藏股註銷，以免股本膨脹後，稀釋獲利。

投資新視界

臺灣創新板上路！門檻大降助企業籌資 戰略新板首發掛牌！

https://www.youtube.com/watch?v=XL39Xg9-i-4

為扶植創新產業，證交所與櫃買中心共同創立「臺灣創新板及戰略新板」，未來將有更多新創公司，能用較低的獲利門檻掛牌上市，同時獲得籌資管道。

盤中零股交易 小資族愛台積電 . 大立光 . 聯發科

https://www.youtube.com/watch?v=nH7miR0SGC4

近期，證交所公布最新的盤中零股交易排行榜，其中台積電、聯發科、大立光、鴻海、國巨都成為小資族鎖定的重點。

中企把臺灣股民當韭菜？杜康 -DR 下市掀爭議

https://www.youtube.com/watch?v=FhPWOSAdyxE

杜康是中國白酒公司，按照臺灣規定下市必須以淨值收購，杜康相違背，無法用淨值購回，如今卻遭批根本是把臺灣股民當韭菜。

真敢！融資當航海王賺 800 萬 專家：風險很高

https://www.youtube.com/watch?v=f7cy9VZasls

有一名男網友分享，他抱著 30 萬本金進入股市，短短 1 年就賺了 1,100 萬元。這個案是透過融資方式，一般股民要達到這樣的成效相當困難。

最貴「水餃」股！八方雲集 8 / 30 公開申購 抽中現賺 2 萬 6

https://www.youtube.com/watch?v=D90hUr02OyU

近期，鍋貼起家的連鎖餐飲－八方雲集掛牌上市，將進行公開申購，承銷價每股 155 元，如果抽中一張等於現賺 2 萬 6 的價差。

買回自家股！台積電庫藏股買回價格上限 960 元

https://www.youtube.com/watch?v=1XVOrVFzBwc

台積電要買回自家股，價格在 440~960 之間，預計買回 1,387 張註銷，也引發外界關注。不過分析師說，台積電用意要避免股本膨脹，不必過度解讀。

本章習題

一、選擇題

證照題

( ) 1. 目前我國的店頭市場中，一般上櫃股票之股價撮合方式為： (A) 競價 (B) 議價 (C) 競價或議價 (D) 以上皆非。 【2010-1 證券投資分析人員】

( ) 2. 下列何者一定不能以融資方式買進？甲 . 存託憑證 （合併財務報告有累積虧損）；乙 . 債券換股權利證書；丙 . 普通股 (A) 僅甲對 (B) 僅甲、乙對 (C) 僅甲、丙對 (D) 僅乙、丙對。 【2011-4 證券商高級業務員】

( ) 3. 目前證券交易稅為？ (A) 買賣雙方共同負擔 (B) 買方負擔 (C) 賣方負擔 (D) 獲利者才負擔。 【2011-4 證券商高級業務員】

( ) 4. 張三於 8 月 1 日以每股 40 元的價格融資買進 A 證券 4,000 股，融資比率為 50%，融券保證金成數為 70%，則融資金額為多少？ (A) 40×4,000 元 (B) 40×4,000×70% 元 (C) 40×4,000×50% 元 (D) 40×4,000×30% 元。 【2012-1 證券商業務員】

( ) 5. 融券的成本不包括？ (A) 交易稅 (B) 融券手續費 (C) 融券利息 (D) 交易手續費。 【2013-2 證券商業務員】

( ) 6. 下列何種有價證券並不在證券集中市場流通交易？ (A) 封閉式基金之受益憑證 (B) 開放式基金 (C) 認購權證 (D) 轉換公司債。 【2013-3 證券商高級業務員】

( ) 7. 市場價值加權股價指數受下列哪一類的股票價格變動之影響最大？ (A) 股價高的股票 (B) 交易量大的股票 (C) 總市值高的股票 (D) 股本大的股票。 【2013-3 證券商高級業務員】

( ) 8. 某人於 1 月 7 日，以每股 50 元，融資買進聯電股票 5,000 股，假設融資比率為 6 成，證券商手續費 0.1425%，證券交易稅 0.3%，又 2 月 1 日，聯電股票收盤價下降為每股 45 元，試問擔保維持率為？ (A) 100% (B) 150% (C) 67.67% (D) 112.5%。 【2013-3 證券投資分析人員】

( ) 9. 目前我國一般上櫃股票之鉅額交易，其股價撮合方式為： (A) 競價 (B) 議價 (C) 競價或議價 (D) 以上皆非。 【2013-3 證券投資分析人員】

( ) 10. 得與證券交易所訂立使用有價證券集中交易市場契約之證券商是為下列何者？ (A) 承銷商、自營商 (B) 自營商、經紀商 (C) 經紀商、承銷商 (D) 承銷商、自營商、經紀商皆可。【2013-4 證券商高級業務員】

( ) 11. 臺灣證券交易所，一般股票當日收盤價之決定方式為： (A) 最後一筆成交價 (B) 收盤前五分鐘集合競價結果 (C) 當日平均價格 (D) 收盤前五分鐘之平均價格。【2016-2 證券投資分析人員】

( ) 12. 臺灣信用交易的業務屬於何種架構？ (A) 一段式（由券商直接融通） (B) 兩段式（僅由券商代理證金公司融通） (C) 獨占式（僅由證金公司承做） (D) 雙軌式（由證金公司及券商兩者併行融通）。【2016-2 證券高級業務員】

( ) 13. 集中交易市場零股交易每日升降幅度為何？ (A) 百分之三 (B) 百分之五 (C) 百分之十 (D) 未限制。【2016-3 證券高級業務員】

( ) 14. 在我國，買賣存託憑證和股票之相同點有： 甲 . 手續費相同；乙 . 證券交易稅相同；丙 . 價格跳動單位相同；丁 . 漲跌幅相同 (A) 甲、乙、丙、丁均對 (B) 僅甲、丙、丁對 (C) 僅甲、乙、丙對 (D) 僅乙、丙、丁對。

【2016-4 證券高級業務員】

( ) 15. 投資人下單購買上市股票，目前限採何種方式？ (A) 漲跌停單 (B) 市價單 (C) 停損單 (D) 限價單。【2016-4 證券高級業務員】

( ) 16. 國內證券市場中所稱之三大法人係指下列何者？甲 . 壽險公司；乙 . 證券投資信託公司所經理之證券投資信託基金；丙 . 外資法人；丁 . 證券自營商；戊 . 勞退基金 (A) 甲、乙、丙 (B) 甲、丙、戊 (C) 乙、丙、丁 (D) 丙、丁、戊。

【2018-2 證券商業務員】

( ) 17. 下列何者之交易方式不屬於與推薦證券商或造市商議價交易？ (A) 上櫃股票 (B) 興櫃股票 (C) 登錄於櫃買中心「開放式基金受益憑證交易平台」之基金 (D) 登錄於櫃買中心「黃金現貨交易平台」之黃金。【2018-2 證券商業務員】

( ) 18. 其它條件不變下，公司購入庫藏股對其權益及每股盈餘有何影響？ (A) 前者減少，後者增加 (B) 前者減少，後者不變 (C) 前者不變，後者增加 (D) 二者均不變。【2018-2 證券商業務員】

( ) 19. 有關零股交易敘述，以下何者正確？ (A) 只可在盤後進行申報 (B) 申報時應以市價為之 (C) 變更買賣申報時，無須撤銷原買賣申報 (D) 應以限價為之，且限當日有效。【2021-2 證券商業務員】

( ) 20. 下列有關庫藏股的敘述，何者正確？ (A) 庫藏股會影響公司的核准發行股數 (B) 庫藏股會影響公司的已發行股數 (C) 庫藏股會影響公司的每股盈餘 (D) 庫藏股應視爲公司的長期投資。 【2021-2 證券商業務員】

二、簡答題與計算題

基礎題

1. 通常綜合證券商有哪些部門所組成？
2. 臺灣上市與上櫃的股票各在哪些場所交易？
3. 臺灣股票市場中，哪一金融機構負責共同基金的發行？
4. 臺灣股票市場中，哪一金融機構負責投資建議與諮詢的服務？
5. 臺灣股票市場中，哪一金融機構其主要的業務爲負責信用交易？
6. 通常臺灣的機構投資人可分爲哪三類？
7. 臺灣現行投資人下單買賣股票只能下哪一種委託單？
8. 請問股價在 50 ～ 100 元的股票，其最小升降單位爲何？
9. 臺灣股票市場中，股價的最大漲跌幅爲何？
10. 現在臺灣股票市場採取哪一種競價撮合方式？
11. 臺灣的股票的交割方式可分爲哪兩種？
12. 臺灣買賣股票的證券手續費上限爲何？證交稅爲何？
13. 通常鉅額交易的標準，需同一種股票買賣幾張以上？
14. 何謂融資與融券？
15. 若信用戶的擔保維持率低於下限時，投資人應於券商通知後的幾個交易日，補足擔保品不足之差額？
16. 通常融資融券時，融券餘額大於融資餘額，產生無法交割的現象，可至市場採取哪三種方式借券？
17. 一般而言，承銷商的承銷方式有哪兩種？
18. 請問新股銷售方式有哪三種？

進階題

19. 假設現在 C 與 D 股票股價分別爲 60 元與 40 元，若市場上從事信用交易，融資成數爲 60%，融券成數爲 80%，融資利息 6.5%，融券的利息爲 0.3%，融券手續費 0.1%，證券買賣手續費 0.1425%，證交稅 0.3%，請回答下列問題：

(1)若現在投資人融資買進一張 C 股，請問可融資金額爲何？融資自備款爲何？

(2)若半年後，C 股票漲至 80 元後，投資人融資賣出，請問投資獲利多少？

(3)若現在投資人融券賣出一張 D 股，請問融券保證金爲何？融資擔保品金額爲何？

(4)若半年後，B 股票跌至 30 元後，投資人融券買入，請問投資獲利多少？

20. 承第 19 題的情形，若當擔保維持率降至 130% 時，須補繳金額，請回答下列問題：

(1)若現在投資人融資買進一張 C 股，請問當時買進時的擔保維持率爲何？

(2)當 C 股票跌至多少元，投資人會被通知追繳？

(3)若現在投資人融券賣出一張 D 股，請問當時賣出時的擔保維持率爲何？

(4)當 D 股票漲至多少元，投資人會被通知追繳？

(5)若現在投資人融資買進一張 C 股，亦同時融券賣出一張 D 股，請問當時的擔保維持率爲何？

(6)若經過半年後，A 與 B 股價格都爲 50 元時，請問當時的擔保維持率爲何？

chapter 9

共同基金

本章大綱

本章內容為共同基金，主要介紹共同基金概論、種類、指數證券型商品與共同基金投資策略等，其內容詳見下表。

節次	節名	主要內容
9-1	共同基金概論	基金的特性與發行。
9-2	共同基金的種類	基金種類依各種類型區分、與其他特殊類型。
9-3	指數證券型商品	指數證券型基金、指數投資證券。
9-4	共同基金的投資策略	定期投資法、單筆投資法與母子投資法。

共同基金幾乎是現代人最常使用的投資理財工具，它兼具「小額投資」、「風險較低」、「專業化」的優點；且基金種類齊全，適合中長期與多元性投資的投資人持有。由於共同基金能較一般投資人，進行更專業的投資，所以一直深受國內投資人的青睞。

臺灣早期的基金發行權是由 4 家老投信（國際、光華、建弘、中華）所寡佔。直至 1992 年，政府新開放 11 家投信公司的營業，才結束 4 家老投信的寡佔時期。由於基金事業在國內受到國人的歡迎，政府自 1996 年又開放新投信公司的申請，2000 年又開放外資投信的加入，以及 2003 年開放指數證券型商品的發行，讓國內基金的發行市場更益蓬勃。

截至 2021 年 12 月，國內共有 39 家投信公司的成立，總共發行接近 1,000 檔基金，境內基金規模更接近 5 兆元。此外，國內更有 40 家境外基金總代理人，代理了超過 1 千多檔境外基金，供國內的投資人選擇。可見共同基金的事業，正在日益的成長茁壯發展中。以下本章將介紹共同基金概論、種類、指數證券型商品與共同基金投資策略。

9-1 共同基金概論

由於共同基金兼具中長期與多元投資的特性，所以幾乎是現代人最常使用的投資理財工具。有關基金發行與交易的知識是投資基金時，所應具備的基本常識，以下將分別說明之：

一 基金的發行

共同基金（Mutual Fund）是指集合眾多小額投資人的資金，並委託專業投資機構代為管理運用，其投資收益與風險則歸原投資人共同享有與分攤的一種投資工具，此又稱「證券投資信託基金」。

通常國內的共同基金，是由「證券投資信託公司」（簡稱：投信公司），以發行「**受益憑證**」的方式，向不特定的「投資人（受益人）」募集資金，並將委託「保管機構」代為保管受益憑證與所募得的資金。通常投信公司再將所募得的資金，依基金的類別，投資於各種金融商品，並建立一個可以獲取最大利潤及分散風險的投資組合。

一般而言，基金在發行時，會先設定每單位「**淨值**[1]」，假設每單位淨值設定爲10元，若現在總共募集到5億個單位，則基金的「**淨資產價值**[2]」（Net Asset Value；NAV）爲50億元（10元×5億）。然後投信公司，再將這些資金投資於各種「金融商品」（如：股票、債券、期貨等），若一段期間後，假設基金的淨資產價值增爲60億元，則此時基金每單位淨值就由10元漲爲12元（60億元÷5億）。所以投資人買賣基金的獲利情形，通常都跟淨值高低變化有關。

二 基金的交易

通常基金經過發行，由投資人（受益人）購得後，若現投資人欲想將之前所購得基金賣出，或現有投資人想再進行買入，此時必須根據投資人所持有的是開放型或封閉型基金之差別，會各有不同的交易場域。以下將分別說明之：

（一）開放型基金

通常開放型基金投資人可透過三種管道去申購或贖回基金，分別爲「投信公司（境外基金代理人[3]）」、「代銷機構」與「代銷平台[4]」。以下分別介紹這三種管道。有關開放型基金的發行與交易架構圖，詳見圖9-1。

1. 投信公司（境外基金代理人）：通常投資人欲交易境內（或境外）基金，可以直接找投信公司（或境外基金代理人），進行申贖。通常此管道投資人只能針對投信公司（或境外基金代理人），所發行（或代理）的基金進行交易。
2. 代銷機構：基金代銷機構乃被委任爲代理銷售基金的機構，在國內通常是以銀行、證券商、投顧公司爲主。通常代銷機構會跟多家境內及境外基金的發行機構簽約，所以投資人在此管道買賣的基金較多元。

---

1 每單位的淨值是指基金之淨資產價值，按發行在外總單位數平均計算之每單位價值。

2 淨資產價值（NAV）是指基金之全部資產減除全部負債之餘額。主要是以現金及證券爲主。

3 國內於2005年後採取「基金總代理制」，境外基金需委任國內一家投信、投顧或證券商擔任「境外基金代理人」，以負責境外基金的銷售與募集。

4 此基金銷售平台爲「基富通證券」，雖名稱爲類似證券公司，但卻不是我們一般認知的證券公司，而是一家科技公司。所以基富通證券，應屬於國內的金融科技產業的範疇。

3. 代銷平台：國內金管會爲了基金銷售通路，不用侷限在代銷機構，於 2016 年成立「基金銷售平台」（基富通證券），因此境內及境外基金的發行機構，只要跟國內的「集中保管結算所」簽約後，就可以將基金放到「基金銷售平台[5]」上架銷售。此管道將提供基金發行機構，更多元的銷售通路，不再受代銷機構的牽制，將使得投信公司更容易募集與銷售基金。

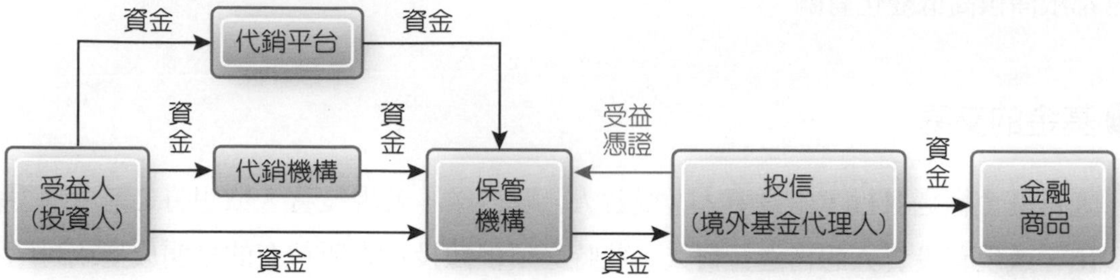

圖 9-1　開放型基金的發行與交易架構圖

（二）封閉型基金

通常封閉型基金的買賣是採集中市場交易，須由保管機構將已發行的受益憑證至國內的「證券集中保管結算所」登錄，然後就可在「證券交易所」掛牌上市。投資人須透過透過「證券經紀商」下單至「證券交易所」進行競價撮合交易。有關封閉型基金的發行與交易架構圖，詳見圖 9-2。

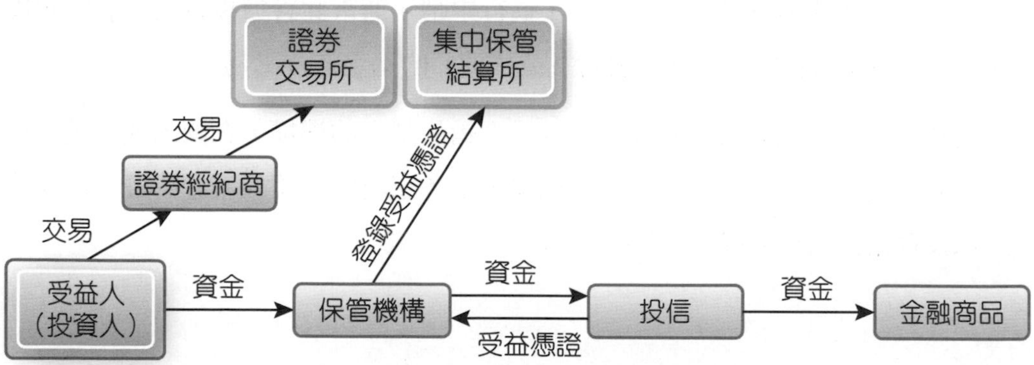

圖 9-2　封閉型基金的發行與交易架構圖

5 國內現今的基金代銷平台，除了「基富通證券」外，尚有兩家民間以投資顧問公司名義所成立的平台，分別爲「聚亨基金平台」與「中租全民基金平台」。

市場焦點

買基金 非銀行通路省最多

通常交易基金時，除了內含費用以外，還有外加費用，包括銀行收取的手續費、信託管理費、分銷費、基金轉換費等。這些費用的差異極大，單筆及定期定額的費用不一樣，各銀行收取的費用也不相同。

整體說來，基金的內含費用是資產管理業者「代客操作」的服務費，降低的空間有限；但外加費用主要是運用銀行服務所衍生的費用，投資人如果透過非銀行的管道交易基金，就可以降低這方面的費用。

申購共同基金的主要管道

管道	特色
銀行	基金數目多，有金流，有理專，相關費用較高
證券	基金數目中等，箱規費用偏低
投信	基金數目（通常只有一家基金公司系列）最少，相關費用最低
基金平台	基金數目多，相關費用低

所謂非銀行的管道，包括投信、證券、基金交易平台等。到非銀行的通路申購基金，共同點是可以免除每年 0.2% 的銀行信託管理費。長期累積下來，可以省下一大筆錢。到銀行申購共同基金時，通常還要支付 1.5% 到 3% 的名目手續費給銀行。就算定期定額時手續費打五折，手續費率也要 0.75% 到 1.5%。

在非銀行的管道，通常有更優惠的手續費折扣活動。例如，在限定時間內申請某些或同系列所有基金，或是定期定額累計一定次數，就可以享有定期定額終身零手續費。不過，以交易基金的數目來說，一般而言以銀行最多，其次是證券，再來則是投信。至於近年興起的基金平台，可申購的基金數目直追銀行，手續費又很有競爭力，已吸引愈來愈多投資人。

資料來源：摘錄自經濟日報 2017/02/01

解說

在國內投資基金，除了可直接向投信購買，亦可選擇代銷機構（如：銀行、證券商）、以及近期興起的代銷平台。一般而言，去銀行購買的成本最高，但基金種類也較多樣。

9-2 共同基金的種類

通常共同基金依據不同的分類標準，可以分成許多基本類型，以下將分別針對不同種類的基金進行介紹：

一 依成立組織型態區分

1. 公司型基金（Corporate Type Fund）：具有共同投資目標的投資人，組成投資公司發行股份，投資人透過購買公司股份成為股東，將資金交由公司運用投資與管理。美國的基金，大都屬於此種型式。
2. 契約型基金（Contractual Type Fund）：由委託人（投信公司）、受託人（保管銀行）及受益人（投資人）三方訂立信託契約，投信公司在契約規範下運用基金投資，保管銀行負責保管信託資產，至於投資所產生的收益為受益人所有。該型基金以發行受益憑證的方式，其功能在於表彰投資人對信託資產的主張權。臺灣的基金屬於此種型式。

二 依發行型態區分

1. 開放型基金（Open-end Type Fund）：是指投信公司自基金發行日起一段時間後，投資人可隨時向投信公司申購或贖回，所以基金的發行單位數，也隨投資人的申贖而變動，並無固定的規模。申贖的價格是以基金的每單位「**淨值**」來計算，且投資人的申贖單位數可為畸零單位。通常申購時，以當日每單位淨值計算，若贖回時，以次日的每單位淨值計算。
2. 封閉型基金（Closed-end Type Fund）：是指投信公司在基金募集期間，向投資人募得欲發行的單位數後，便將基金申請上市。上市後，投信公司不再接受贖回或申購，因此基金的單位數不會變動，有其固定的規模。將來投資人可透過證券商，以基金當時的「**市價**」在集中市場（證券交易所）公開交易買賣，但最小交易單位為 1 張（亦即 1,000 單位數）。通常封閉型基金的每單位交易市價、與基金的每單位淨值，並不一定相同，常有折溢價的情形發生[6]，若出現市價高（低）於淨值，稱為溢（折）價。

---

6 臺灣早期基金市場發行約 30 檔的封閉型基金，且都有嚴重的折價問題，後來 1995 年證券主管機關同意封閉型基金可以轉型為開放型基金，於是封閉型紛紛轉型成開放型，國內最後一檔「富邦富邦」封閉型基金，也於 2013 年底申請改制為開放型。但國內又於 2003 年與 2005 年，開始發行 ETF 與 REITs，這兩種證券又是以封閉型基金的型態上市，所以封閉型基金仍在市場上佔有一席之地。

有關開放型與封閉型基金兩者的差異，以下將舉兩例詳細說明之，並將兩者主要差異整理於表 9-1。

例題 9-1 【開放型基金】

假設投信公司欲募集一檔規模（淨資產價值（NAV））50 億元的開放型基金，發行時每單位淨值設定為 10 元，請回答以下問題。

1. 該基金共發行多少單位數？
2. 若該基金在發行時，有一投資人申購 100 萬元，請問他買到多少單位數？
3. 若該基金在發行一段時間後，基金淨資產價值（NAV）漲為 55 億元，請問每單位淨值為何？
4. 承 3.，此時之前申購 100 萬的投資人欲贖回基金，請問該投資人損益為何？該基金的規模（單位數）變化為何？
5. 承 3.，此時有一投資人欲再申購 100 萬元該檔基金，請問他可以買到多少單位數？該基金的規模（單位數）變化為何？

解

1. 基金募集 50 億元，發行時，每單位淨值為 10 元，則共發行 5 億（50 億元 ÷10 元）個單位數。
2. 該基金發行時，每單位淨值為 10 元，投資人申購 100 萬元，可以買到 10 萬（100 萬元 ÷10 元）個單位數。
3. 若基金淨資產價值漲為 55 億元，因該基金共發行 5 億個單位數，則此時該基金每單位淨值漲為 11 元（55 億元 ÷5 億）。
4. 若之前申購 100 萬的投資人欲贖回基金，因他購買 10 萬單位數，所以可贖回 110 萬元（11 元 ×10 萬），共獲利 10 萬元（110 萬－ 100 萬）；此時該基金單位數，因被贖回 10 萬個單位數，所以整個發行規模會減少。
5. 若此時有一投資人欲再申購 100 萬元該檔基金，因該基金每單位淨值已漲為 11 元，所以投資人只能買到 90,909.09 個單位數（100 萬元 ÷11 元）（畸零單位）；此時該基金單位數，因被申購增加 90,909.09 個單位數，所以整個發行規模會增加。

例題 9-2 【封閉型基金】

假設投信公司欲募集一檔規模（淨資產價值（NAV））50 億元的封閉型基金，發行時每單位淨值設定為 10 元，請回答以下問題。

1. 該基金共發行多少單位數？共發行多少張受益憑證？每張受益憑證價值多少元？
2. 若該基金在發行時，有一投資人申購 100 萬元，請問他買到多少單位數？多少張受益憑證？
3. 若該基金在發行一段時間後，基金淨資產價值（NAV）漲為 55 億元，請問每單位淨值為何？此時每張受益憑證價值多少元？
4. 承 3.，此時之前申購 100 萬的投資人，欲將此基金賣出，若此基金每單位市價可能有以下三種情形，分別為 10.8 元、11 元、11.2 元，請問該投資人損益各為何？該基金的規模（單位數）變化為何？
5. 承 3.、4.，此時有一投資人欲再花 100 萬元該檔基金，請問他可以買到多少張受益憑證？該基金的規模（單位數）變化為何？

解

1. 基金募集 50 億元，發行時，每單位淨值為 10 元，則共發行 5 億（50 億元 ÷10 元）個單位數。因每張受益憑證為 1,000 單位數，所以共發行 50 萬張（5 億 ÷1,000）受益憑證。因此每張受益憑證價值 1 萬元（10 元 ×1,000）。

2. 該基金發行時，每單位淨值為 10 元，投資人申購 100 萬元，可以買到 10 萬（100 萬元 ÷10 元）個單位數。因每張受益憑證為 1,000 單位數，所以共買到 100 張（10 萬 ÷1,000）受益憑證。

3. 若基金淨資產價值漲為 55 億元，因該基金共發行 5 億個單位數，則此時該基金每單位淨值漲為 11 元（55 億元 ÷5 億）。因此每張受益憑證價值 1.1 萬元（11 元 ×1,000）。

4. 若之前申購 100 萬的投資人，他就擁有 100 張受益憑證，若此時欲賣出基金，因該基金淨值已漲為 11 元，但此基金共有 50 萬張受益憑證在市面上流通，通常「市價」和「淨值」會同方向漲跌，但幅度不一定相同，端視市場買賣供需力道而定。

(1) 若此基金每單位市價爲10.8元時，表示該基金處於「折價」，投資人將持有100張受益憑證售出，可以得到108萬元（10.8×1,000×100張），共獲利8萬元（108萬－100萬）。

(2) 若此基金每單位市價爲11元時，表示該基金處於「平價」，投資人將持有100張受益憑證售出，可以得到110萬元（11×1,000×100張），共獲利10萬元（110萬－100萬）。

(3) 若此基金每單位市價爲11.2元時，表示該基金處於「溢價」，投資人將持有100張受益憑證售出，可以得到112萬元（11.2×1,000×100張），共獲利12萬元（112萬－100萬）。

上述無論投資人，將基金市價以不同價格售出，只是將之前所持有受益憑證賣給其他投資人，並沒有被投信贖回，因此整個市場仍保持50萬張受益憑證在市面上流通，所以整個發行規模（單位數）並沒有改變。

5. 若此時有一投資人欲再花100萬元購買該檔基金，該基金現在市場價格分別有以下三種情形，將會購買到不同的張數：

(1) 若此基金每單位市價爲10.8元時，每張受益憑證市價爲1.08萬（10.8×1,000），只能再購入92張（100萬÷1.08萬）受益憑證。

(2) 若此基金每單位市價爲11元時，每張受益憑證市價爲1.1萬（11×1,000），只能再購入90張（100萬÷1.1萬）受益憑證。

(3) 若此基金每單位市價爲11.2元時，每張受益憑證市價爲1.12萬（11.2×1,000），只能再購入89張（100萬÷1.12萬）受益憑證。

上述無論投資人，以多少市價將基金買入，只是將別人之前所持有受益憑證轉買進來，並沒有再跟投信申購，因此整個市場仍保持50萬張受益憑證在市面上流通，所以整個發行規模（單位數）並沒有改變。

表 9-1 開放型與封閉型基金的主要差異

	開放型基金	封閉型基金
交易方式	向投信申購贖回	須在集中市場交易
申購贖回	可隨時申購贖回	不可隨時申購贖回
基金規模	不固定	固定
買賣情形	依淨值買賣	依市價買賣
交易單位	可爲畸零單位	須以 1 張（1,000 單位）爲基礎

三 依投資方針區分

1. 積極成長型基金（Aggressive Growth Fund）：是各類型共同基金中最具風險性者。主要投資目的是在追求資本利得的極大化，因此具有高風險、高報酬的特性，其投資標的通常是風險性較高的投資工具。如：轉機股、投機股，甚至投資在期貨、認股權證及選擇權上。

2. 成長型基金（Growth Fund）：主要投資目的在追求長期穩定的增值利益，其投資標的多是經營績效良好，股價有長期增值潛力的高科技股、或具成長潛力的中小型股爲主，此基金追求的利潤以資本利得爲主，股利收入僅佔小部份。風險性較積極成長型低，深受投資人歡迎，目前國內大多數基金皆屬此類。

3. 成長加收益型基金（Growth and Income Fund）：不僅追求投資的資本利得，且重視穩定的利息和股利收入。投資標的以未來前景看好且股利分配穩定的股票爲主，如：大型績優股或成熟產業的股票。另外，亦可投資可轉換公司債，因爲可轉換公司債是股票與債券的結合，當股票價格上揚時，可轉換成股票，享有資本利得；當股票價格下跌時，則享有公司債之固定收益。此類基金風險性較前二者爲低。

4. 收益型基金（Income Fund）：其投資目的主要在追求穩定的固定收益，對於資本利得較不重視，投資標的以具有固定收益的投資工具爲主。如:特別股、債券與票券等。國內此類型基金是以「債券型」與「貨幣型」基金爲主，此類基金風險甚低，較適合希望藉由投資帶來固定收入的投資人購買。

5. 平衡型基金（Balanced Fund）：其投資目標是希望同時著重在資本利得與固定收益。其投資標的爲「股票」及「債券」兩種，其風險性則由此兩種投資標的的比例決定。此種基金與成長加收益型基金類似，但不同的是成長加收益型基金是投資在股票上，藉由選股達到操作目標，而平衡型基金則將投資組合分散於股票和債券。

四 依投資標的區分

國內各投信公司所發行之基金因受證期會對投資標的物之限制，其募集之資金只能投資於有價證券，主要在於股票及債券；而國外基金投資標的物不受限制，所以種類繁多，如下：

1. 股票型基金（Stock Fund）：投資標的以股票爲主，也稱爲股票中的股票。
2. 債券型基金（Bond Fund）：投資標的以固定收益的公債、公司債與金融債券爲主，亦可投資在短期的「債券附買回」。
3. 貨幣型基金（Money Market Fund）：投資標的以貨幣市場的商品爲主，如：商業本票、承兌匯票、國庫券等。
4. 認股權證基金（Warrant Fund）：投資標的以認股權證爲主，其槓桿倍數約爲一般基金的 3～5 倍左右，基金淨值波動幅度相當大，風險性及報酬率高。
5. 期貨基金（Future Fund）：投資標的以股票指數、利率、外匯、商品（如：咖啡、原油與黃金）期貨爲主。由於期貨基金的買賣進出時機點，通常是利用電腦程式交易系統，來嚴格判斷與執行交易，完全沒有人爲感情因素的干擾，並在全球市場找尋不同的多空獲利機會，且注重分散風險，所以其實波動風險並不高。
6. 貴金屬基金（Precious Metals Fund）：投資標的以黃金、白銀等貴金屬或與貴金屬相關的上市公司股票。由於貴金屬行情常與股票、債券與貨幣等投資工具呈相反走勢，所以可作爲投資組合中的平衡工具。
7. 能源基金（Energy Fund）：投資標的以開採石油、天然氣與煤礦等相關的上市公司股票。
8. 產業基金（Sector Specific Fund）：投資標的以單一產業的股票爲主，常見分類如：高科技、內需型、地產股及休閒概念股等產業。

9. 不動產基金（Real Estate Investment Trusts；REITs）：是將不動產（如：辦公大樓）的所有權分割成小等份的股權，再將這些股權以基金的方式發行。投資人購買此基金，等於間接擁有不動產所有權的一部分。投資人買此類基金，除了可享有固定配息（配息的資金來源爲辦公大樓的租金收入）外，也可享有不動產價值波動的資本利得。

五 依投資地區區分

1. 單一國家型基金（Country Fund）：基金募集資金後，將以單一國家的證券爲投資標的物。當投資人特別看好某個國家具有發展潛力時，可以針對該國選擇國家基金。
2. 區域型基金（Regional Fund）：投資於某特定區域內的證券，可分散對單一國家的投資風險。常見區域型基金有大中華經濟圈、亞洲新興國家、北美地區、拉丁美洲及東歐基金等。
3. 全球型基金（Global Fund）：向本國人募集資金後，將資金投資範圍遍及全球，亦可投資本國股市。

六 其他型態基金

1. 指數型基金（Index Fund）：基金的操作方式採取被動式管理（Passive Management Strategy），基金的投資組合主要透過模擬股市的某些股價指數的持股比重，來進行選股操作，由於選股與某些股價指數編製公式大致相同，因此基金的淨值與股價指數的漲跌幾乎同步。
2. 避險型基金（Hedge Fund）：又稱「套利型基金」（Arbitrage Fund），此基金運用股票、可轉換公司債、期貨、外匯及選擇權等多種投資工具進行套利及避險操作。其操作策略很多種類型，其中最常見的就是利用兩種波動性相關係數極高的商品，其價格間發生價差時，可買進價格偏低的商品，同時賣出價格偏高的商品，以鎖住中間的價差利潤。
3. 保本型基金（Guaranteed Fund）：其特色在於投資基金一定期間後，投信承諾投資人可以領回全部或一定比例的本金，以強調保本的功能。其操作方式：乃先將大部分的本金投資於固定收益證券，以孳生利息，當投資到期時，讓基金先具有回收本金的保障；然後再期初將少數的本金，投資於衍生性金融商品，以獲取額外的收益。

若當市場行情與投資人預期相同時，投資人可依據事先約定的比率（參與率）分紅；當市場行情與投資人預期相反時，至少可依約定到期時，由投信保證收回本金。此基金通常會設定「參與率」、「保本率」、「投資期限」，在期限到期時，本金擔保才有效；若在未到期之前，提前解約贖回，不但沒保證，且通常會加收懲法性手續費。

4. 雨傘型基金（Umbrella Fund）：乃基金公司爲吸引投資人而設計的商品。基金公司將旗下一組基金（包含數支子基金）納入一個傘型下，包裝成一個組合商品，通常傘型下的子基金種類包括股票、債券及貨幣等各類基金，且投資範圍亦包含全球各市場。投資人只要投資這組傘型基金下的任何一支子基金，可以在一定的期間內享有一定次數，免費在各個子基金內進行轉換的權利，基金公司不再額外收取任何手續費，有些則是付較低的轉換費。此類設計對基金公司而言，提供投資人一定次數的免費轉換條件，誘使投資人將資金留存於公司的旗下基金；對投資人而言，若投資期限較短、轉換次數較多且金額較大，可爲投資人節省一筆可觀的轉換手續費。

5. 基金中的基金（Fund of Fund）：又稱「**組合型基金**」，其投資標的物是直接投資於數種不同類型的基金，所投資的標的可以很分散也可以很集中，其波動幅度及風險性較部分基金爲低。投資人選擇這類型基金的好處是可以同時投資不同類型的基金，分散投資風險；且等於有兩位以上的基金經理人負責操盤，專業性較一般投資人高，但基金中的基金等於投資兩次基金，因此投資人在未獲利前，必須先付出兩次管理費用，資金成本較直接買賣基金高。

6. 道德基金（Ethical Fund）：又名社會責任基金或良心基金，顧名思義，就是在基金投資股票賺錢之際也要兼顧道德。道德基金與一般基金一樣，都是投資各類型股票，但投資範圍有所限制，通常不投資會破壞社會、生態環境的行業。另外，僱用童工在惡劣條件下工作、濫伐樹木開墾牧場、以動物做實驗等企業，也不受歡迎。道德基金近年來快速成長的最主要原因，可能與全球暖化問題有關，因爲許多標榜投資清潔能源與代替能源的綠色基金如雨後春筍般成立。另外，「邪惡基金」（Vice Fund）投資標的則恰好是道德基金不涉入的行業，因爲邪惡基金的報酬率較高。因此，近年來若干「道德基金」開始改變原則，讓投資範圍更具彈性，但也引起批評。

7. 無人基金（Unmanned Fund）：顧名思義就是基金沒有經理人來負責操盤管理，完全交由電腦系統（或稱機器人）來負責風險控管，以決定基金何時進場買賣股票以及買賣何種股票。由於近年來人工智慧的進步，利用機器人來操盤，可避免基金受到人爲情緒性的干擾，而造成不理性的追高殺低現象；而且投資人所支付給基金的管理費，亦可較一般的基金低廉。但此類基金，由電腦設定該選擇何種股票、何時買賣，所以可以避免套牢，但也會失去較大的獲利機會。因此無人基金較不易出現驚人的報酬率，且波動率也較低、獲利也較穩定。

9-3 指數證券型商品

所謂的指數證券型商品是乃是將指數予以「證券化」，並於交易所掛牌交易的商品，也就是「交易所交易商品」（Exchange Traded Product；ETP）。此處本文介紹兩種 ETP 商品，一種是由「投信」所發行的「指數證券型基金」（ETF），另一種爲「證券商」所發行的「指數投資證券」（ETN）。

一 指數證券型基金

指數證券型基金，亦稱爲「交易所交易基金」（Exchange Traded Funds；ETF），其乃是一種將指數予以「證券化」的基金商品。所謂指數證券型基金，乃投信公司在市場上先尋找某一籃子股票組成某種股價指數，當作所要追蹤的依據，然後發行受益憑證，提供投資人間接投資，其投資績效就是追蹤之前所設定的股價指數報酬。

通常此種受益憑證，須在交易所以「封閉型基金」的型態掛牌上市，依據市價進行買賣；且 ETF 提供投資人類似開放型基金，可隨時進行實物或現金申購與贖回的機制，所以規模不固定；且亦提供如同股票交易一般的信用交易制度。所以 ETF 是一種兼具「封閉型基金」、「開放型基金」、「股票」的指數證券化金融商品。以下將介紹 ETF 的種類與特性。

（一）種類

通常 ETF 的發行種類，可以依據是否持有實物現貨、發行人的不同以及所要追蹤的資產種類不同，可區分爲以下幾種類型。

1. 依持有實物與否區分

ETF 其所要追蹤的指數報酬，投信可以利用下列兩種方式去追蹤模擬建構出來，其一爲直接去購買現貨的「現貨型 ETF」；另一爲利用衍生性商品去模擬的「合成型 ETF」。

(1) 現貨型：是將資金直接投資於標的指數之成分股，以完全複製（買所有成分股）或代表性樣本複製（買進部分代表性成分股）兩種方式，來追蹤指數表現。

(2) 合成型：乃資金不直接投資於指數成份股，而是運用各種衍生性金融商品（如：期貨、選擇權等）來複製或模擬指數的報酬，以追蹤指數表現。通常此種 ETF 不能進行實物申購與贖回的機制，僅能進行現金申購與贖回。

2. 依發行人區分

ETF 依發行人區分，可分爲境內型與境外型兩種。

(1) 境內型：ETF 的發行人爲國內的發行機構。通常在國內發行的 ETF，又依發行標的成份來自國內或國外，分爲國內成分證券型與國外成分證券型兩種。

(2) 境外型：ETF 的發行人爲國外的發行機構。通常國外發行機構將已在國外上市的 ETF，經由國內代理人引進，直接跨境在國內上市交易，所以此 ETF 屬於原裝進口，國內爲其第二上市交易地。目前國際上跨境上市多採此種方式。此外，境外第一上市地的每單位 ETF 掛牌價格，不一定能符合國內投資人交易習慣，因此境外型在國內上市，通常不限定每張爲 1,000 的單位。

3. 依資產種類區分

ETF 依資產種類區分，大致可分爲以下四種類型：

(1) 股票型：其資產標的爲全球主要的股票市場，包括：全球跨區域、區域型及單一國家的股票指數 ETF；或以產業類別區分的金融、科技、房地產、航運等各種產業股票指數 ETF。

(2) 債券型：其資產標的爲各類債券，包括：各國政府公債、新興市場債、公司高收益債、資產抵押債、可轉債、通膨指數債等債券指數 ETF。

(3) 匯率型：其資產標的爲全球各國的貨幣，包括：連結「單一貨幣」，如：美元、英鎊、歐元、日圓、紐幣、人民幣等貨幣 ETF；以及連結「一籃子貨幣」。通常匯率型 ETF 大都以外匯期貨持有居多，而非持有眞實貨幣。

(4) 商品型：其資產標的商品原物料市場，包括：原油、黃金、白銀、基本金屬、貴金屬、農產品等原物料商品 ETF。通常商品型 ETF 的標的都是期貨商品，而非現貨商品。

4. 其他型式

(1) 槓桿型：其 ETF 的漲跌幅乃追蹤標的指數的倍數。如：追蹤標的指數 2 倍的 ETF，當追蹤標的指數漲 5% 時，則該 ETF 會漲 10%。

(2) 反向型：其 ETF 的漲跌幅乃與追蹤標的指數呈反向變動。如：追蹤標的指數反向 1 倍的 ETF，當追蹤標的指數漲 2% 時，則該 ETF 會跌 2%。

(3) 智慧型：該 ETF 基金經理人的選股，仍依據要追蹤的指數內的成分股，但其配股並不完全採取權重，而是採取機動調整。例如：現在可選取的成分股中，哪些現在是較具題材性或潛力性，就給予這些成分股較高的權重，採取較機動性的選股策略，所以此類型的 ETF 被稱爲「**智慧型（Smart Beta）ETF**」。因此類型 ETF 的操作模式，結合傳統被動型以及主動投資選股的優勢，所以爲投資人提供更靈活的操作策略。

（二）特色

ETF 乃是一種兼具「封閉型基金」、「開放型基金」、「股票」的指數證券化金融商品，其具以下兩點重要特性：

1. 被動式管理：一般基金的選股是以追求績效最大化爲目標，而 ETF 是以模擬某特定指數的表現爲目的，其主要操作策略在使基金淨值與某特定指數，維持高程度的連動關係。且當模擬指數內的成分股標的股票或權重發生改變時，則 ETF 內的投資組合內容與權重也必須跟著調整，以符合被動式管理之目的。
2. 申購與贖回的機制：ETF 最大特色是具有實物或現金「申購與贖回」的機制，ETF 藉由申購與贖回之特性，讓 ETF 的市價與淨值會很相近。以下本文說明現貨型 ETF 的實物申購與贖回的運作流程，且有關實物申購與贖回架構圖，見圖 9-3。

當 ETF 市價高於淨值時，投資人可以買進一籃子股票，並同時賣出（放空）ETF，並將其所持有之一籃子股票向投信申請「實物申購」ETF，以因應同日賣出 ETF 之交割，藉此賺取價差套利；此「實物申購」的動作，因投資人賣出 ETF，會讓 ETF 的市價跌至與淨值相近。相反的，當 ETF 淨值高於市價時，投資人可以買進 ETF，並同時賣出（放空）一籃子股票，並以買進的 ETF 向投信申請「實物贖回」，以因應賣出一籃子股票的交割，藉此賺取價差套利；此「實物贖回」的動作，因投資人買進 ETF，會讓 ETF 的市價漲至與淨值相近。

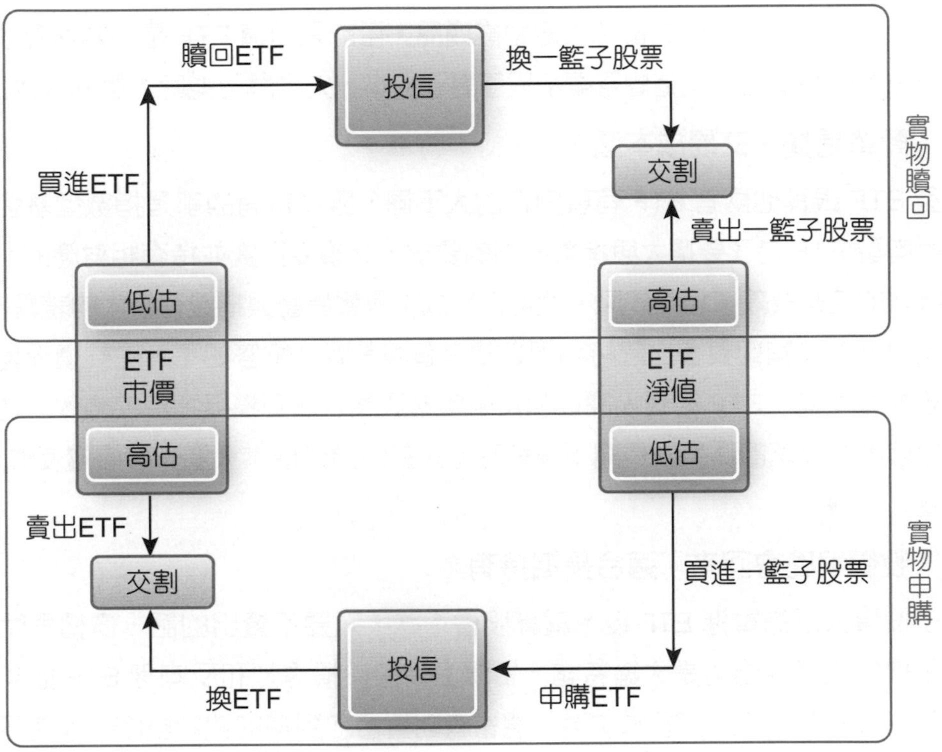

圖 9-3 現貨型 ETF 的實物申購與贖回架構圖

市場焦點

ETF 不是萬能！長期持有、短期避險、波段操作？投資前搞懂「四大迷思」，才不會吃虧！

投資 ETF 對於許多散戶來說，已是個顯學了！但你投資的 ETF 是值得長期持有，還是只適合短期進行避險或波段操作的 ETF 呢？ETF 對於較有財力卻只熟悉投資個股的長輩散戶而言，依舊是個相當陌生的金融商品，可能只知道 ETF 是一個包含了一籃子股票的被動指數型基金，但這個答案卻只答對了一半。先了解可能吃大虧的 4 大迷思。

迷思 1、簡單易懂、交易成本低？

原型 ETF 跟其他兩者 ETF 有著內在的大不同，雖然持有的都是指數型基金，但槓桿型和反向型 ETF 為了要擴大與指數不同的要求，必須要買賣並持有相對應的期貨來達成追蹤指數的倍數績效或相反效果，使得交易成本與報酬會與指數有很大的差異。

究竟為什麼持有期貨會比起持有現貨要有著誤差呢？解答如下，由於槓桿型、反向 ETF 是倍數或反向，ETF 經理人需以期貨來頻繁調整以達到模擬指數的績效。這意味著持有成份會需要頻繁的調整，長期下來會產生大量的額外成本，進一步慢慢侵蝕 ETF 本身的淨值。

迷思 2、股價早晚會回來，適合長期持有？

許多投資人以為買進 ETF 後，就算股價下跌，只要不賣出的話，價格早晚會漲回來，但這樣的投資觀念可是大錯特錯。實際上，由於槓桿型和反向型 ETF 並非持有股票，而是持有期貨，不只交易成本高，還會有期貨合約到期的波動風險，很有可能出現績效偏離的慘況，並不適合長期持有。

迷思 3、風險低，不需停損停利？

面對股市中的各種雜訊，經常屢見漲跌現象，但對於長期投資原型 ETF 的散戶來說，除非出現大型的系統性風險，不然大多時間是不需停損停利，反而可透過定期定額方式分批買進來攤低平均成本與降低風險。相反地，作為短線避險與波段套利的槓桿型、反向型 ETF，卻不能因為套牢而將其轉為長期投資，很有可能會越套越勞，在買入前最好事先設定好停損停利點。

迷思 4、不會歸零，沒有下市風險？

許多散戶有個錯誤認知，以為買進 ETF 就很安全，沒有歸零的問題。但在元大原油正 2 下市後，近期富邦 VIX 也屢次出現下市警訊，這提醒到各位散戶，ETF 並非完全沒有下市風險，是必要多加謹慎操作。

對於投資股市的散戶而言，適當釐清 ETF 的觀念細節，做出長期投資、短期避險、波段操作的差異，設好停損停利點，才能確實避開市場震盪而賠錢的窘境。

資料來源：節錄自經濟日報 2021/03/11

解說

近年來，國內 ETF 市場蓬勃發展，市場上推出各類型的 ETF 以滿足多元投資需求。但投資 ETF 雖簡單卻也有些盲點，其中最需注意的事就是有些 EFT 並不適合長期投資。

因為有些 ETF 的標的物非現貨商品，而是以追蹤期貨標的為主，這些 ETF 必須有換倉的摩擦成本、以及追蹤誤差，因此長期下來，常常會讓淨值無形中被耗損，無法與標的物同步。所以只要 ETF 投資標的物是與期貨或外幣相關，都會有摩擦成本的問題，請投資人注意該類型 ETF 比較不適合長期持有。

例如：本文以「元大臺灣 50 反 1（00632R）」這檔反向型 ETF 進一步說明，從下表得知：在間隔 1 年（2018/10/03 ～ 2019/10/03）的情形下，既使臺灣加權股價指數幾乎無漲跌，但「元大臺灣 50 反 1」ETF 卻跌了 7.685%。由此觀之：這檔反向型 ETF，每年的摩擦成本約為 7% ～ 8% 之間，所以此類型的 ETF，確實較不適合長期持有。

	臺灣加權股價指數		元大臺灣 50 反 1	
日期	指數價位	漲跌幅	價格	漲跌幅
2018/10/03	10,863.94	+0.110%	12.10	-7.685%
2019/10/03	10,875.91		11.17	

二 指數投資證券

所謂的指數投資證券，亦稱爲「交易所交易證券」（Exchange Traded Note；ETN），乃由「證券商」所發行的一種追蹤且連結某些指數報酬，且具到期日的有價證券。基本上，ETN 跟 ETF 兩者有些神似，但 ETF 是基金的形式，ETN 卻不是，兩者仍存在許多差異。

基本上，ETN 與 ETF 具有共同的特點，它們都是在集中市場以市價進行交易，且都以追蹤某些資產的指數報酬績效爲目的，並都具有申贖機制。但兩者仍存在著許多差異，以下將說明 ETN 與 ETF 主要差別的特性。

（一）不持有追蹤資產

一般而言，ETF 的發行單位，須將投資人所交付的資金，買進欲追蹤指數的相關有價證券。但證券商在發行 ETN 時，投資人所交付的資金，並沒有強制規定如同 ETF 必須要去持有指數成分股或相關的有價證券。所以發行 ETN 的證券商，可不必持有 ETN 所追縱連結指數的任何資產。

（二）僅可現金申贖

通常 ETN 與 ETF 都具有隨時申購與贖回的機制，其目的乃希望能夠讓市價與淨值的則溢價幅度縮小。基本上，有些現貨型的 ETF，若要進行申贖機制，必須採取實物申購與贖回；合成型的 ETF，則可利用現金申贖機制。但 ETN 因不必持有任何追蹤資產，所以投資人要進行申贖時，僅提供現金申贖機制。

（三）沒有追蹤誤差

通常 ETN 與 ETF，都以追蹤某些資產的指數報酬績效爲目的。ETF 必須持有追蹤指數相關的有價證券，所以投信在進行換股、換倉的動作時，會有摩擦成本，也會有匯率上買賣的價差成本，因此會出現些許的追蹤誤差。但 ETN 並不持有任何追蹤資產，績效報酬完全取決於證券商發行時，對投資人的承諾，所以證券商只要承諾到期時，給予投資人追蹤指數完全相同的報酬。因此理論上，並不存在追蹤誤差。

（四）到期結算績效

一般而言，ETF 一旦發行後，只要發行單位不進行清算，ETF 會永續的在市場交易，並沒有到期的問題。但 ETN 在發行時，通常會載明到期日，且證券商會承諾 ETN 到期時，將以其追蹤指數的報酬進行結算。例如：某一 ETN 連結臺灣加權股價指數，若發行時，臺灣加權股價指數爲 10,000 點，ETN 發行市價爲每單位 10 元；若 ETN 到期時，臺灣加權股價指數漲 10% 爲 11,000 點，則證券商須以每單位 11 元向投資人買回。

（五）強制提前贖回

由於證券商發行 ETN 是有設定到期日。若 ETN 所連結的指數，在到期日前出現大漲，可能會對發行券商產生利益的壓縮，此時證券商可會設定一個價位（如：發行價的 150%，「天花板價」），將 ETN 提前贖回。若 ETN 所連結的指數，在到期日前出現大跌，讓 ETN 的價格（如：發行價的 10%，「地板價」）已低於下市標準，此時證券商可能將 ETN 提前贖回。至於國內發行的 ETF，則沒有強制提前贖回的限制。

（六）具發行人風險

通常發行 ETF 的投信，會將投資人的資金購買指數成分股、或相關的有價證券，所以投資人的投資損益，主要取決於 ETF 的投資標的。但發行 ETN 的證券商，須承諾投資人在 ETN 到期時，給予追蹤指數的報酬，所以投資人除了承擔追蹤指數漲跌的風險外，仍須承擔發行機構的信用風險，因此投資 ETN 前，應須瞭解發行機構的信用與財務狀況。

表 9-2　ETN 與 ETF 的異同比較

		ETN	ETF
相同處	集中市場交易	是	是
	追蹤指數績效	是	是
	折溢價情形	有	有
	流動性風險	有	有
相異處	持有追蹤指數成分資產	不一定要	需要
	申贖機制	現金	實物 / 現金
	追蹤誤差	無	有
	分配收益	無	部分 ETF 有
	到期期限	有	無
	強制提前贖回	有	無
	發行人信用風險	有（券商發行）	無（投信發行）

9-4 共同基金的投資策略

投資共同基金，首先，須依個人的報酬與風險偏好，選擇適合自己且操作績效良好的基金[7]進行投資；其次，再依現在的市場狀況與個人的資金狀況，擬定投資策略。一般而言，共同基金的投資策略可分爲「定期投資法」與「單筆投資法」這二種方法。但近期國內銀行又推出結合上述兩種方法的「母子投資策略」。以下將分別介紹這三種投資策略。

一 定期投資法

一般而言，定期投資法可分爲「定期定額」與「定期不定額」兩種方式。

（一）定期定額

定時定額投資乃是投資人每隔一段時間，通常是1個月，以固定金額投資於某一開放型基金，以分批買進，以降低時間風險，定時定額投資法亦被稱爲「平均成本法」（Dollar-Cost Averaging），此法適合長期投資人。且優點如下：

1. 分散風險：採定時定額投資法，因買進時點分散而大幅降低投資風險。
2. 儲蓄兼投資：把小錢累積成一筆大錢，由於投資時間愈長，複利效果愈顯著，投資績效有明顯（見表9-3）。
3. 理財便利：由定時定額是採每月固定從您的銀行帳戶扣款，所以申購很方便，且不用費心鑽研股市費時勞力。

7 至於尋找操作績效良好的基金，可以參閱本書4-4所介紹的「夏普指數」、「崔納指數」與「傑森指數」來衡量操作績效的好壞；此外，亦可參考國際知名的基金評等機構－「晨星」（Morningstar）的基金評等結果。以上基金衡量績效指標與基金評等結果，都揭露在「臺灣證券投資信託暨顧問商業同業公會」的網站。網址：http://www.sitca.org.tw/。

表 9-3 每月投入 3,000 元於與基金績效 3%、6 與 12% 的年報酬率比較表

年	投入金額累計	基金績效 3%	基金績效 6%	基金績效 12%
1	36,000	36,499	37,006	38,047
2	72,000	74,108	76,295	80,920
5	180,000	193,940	209,310	245,009
10	360,000	419,224	491,638	690,116
15	540,000	680,918	872,456	1,498,740
20	720,000	984,905	1,386,122	2,967,766
25	900,000	1,338,023	2,078,981	5,636,539
30	1,080,000	1,748,210	3,013,545	10,484,892
40	1,440,000	2,778,178	5,974,472	35,294,317

（二）定期不定額

定期不定額投資法乃是股票指數上漲時，投資金額減少，股票指數下跌時，投資金額增加，希望透過「**逢低加碼；逢高減碼**」之機制。其目的就是要降低買進的平均成本，進而提高投資效率。目前定期不定額的投資方式，通常投信會根據大盤指數或基金淨值高低，設計出不同的扣款金額，以下爲表 9-4 中國信託商業銀行，所推出的定期不定額，依據基金淨值高低所設計出來的扣款案例。

表 9-4　定期不定額依據基金淨值高低所設計出來的扣款案例

加碼			減碼		
投資標的淨值跌幅	扣款金額調整比例	調整後扣款金額	投資標的淨值漲幅	扣款金額調整比例	調整後扣款金額
跌幅 <5%	不變	扣款金額×100%	漲幅 <5%	不變	扣款金額×100%
5% ≦跌幅 <10%	10%	扣款金額×110%	5% ≦漲幅 <10%	–10%	扣款金額×90%
10% ≦跌幅<15%	20%	扣款金額×120%	10% ≦漲幅<15%	–20%	扣款金額×80%
15% ≦跌幅<20%	30%	扣款金額×130%	15% ≦漲幅<20%	–30%	扣款金額×70%
20% ≦跌幅<25%	40%	扣款金額×140%	20% ≦漲幅<25%	–40%	扣款金額×60%
跌幅≧ 25%	50%	扣款金額×150%	漲幅≧ 25%	–50%	扣款金額×50%

資料來源：中國信託商業銀行

二 單筆投資法

以單筆資金一次申購，而以市場行情為依據波段操作，投資人需熟悉股市的投資，在買賣基金時應先研判基本面、技術面、資金面，政策面、政治面及心理面等因素，具備分析研判的能力加上投資專家的建議，投資勝算大，這樣適時進出投資法才容易發揮其優點。

三 母子投資法

基金母子投資法乃結合「單筆」與「定期定額」的投資方式。通常投資人先將一筆資金投資於較穩定類型的「母基金」，然後每月再從母基金所分配到的利息或本金，提撥一固定金額去投資風險係數較高的「子基金」。這樣的投資方式可兼顧穩健與積極。且通常業者會提供自動停利的機制，一旦子基金達獲利目標即可全數贖回、或者再轉入母基金，所以資金操作靈活。

市場焦點

招財樹理財 3 祕訣　母子基金錢滾錢

群益投信投資長表示，「招財樹」策略即利用母子基金錢養錢投資機制，三招就是拿到年終就種樹、自動鎖利養大樹、每年定期種棵樹。

招財樹理財三招母子基金投資機制

投資秘訣	做法	說明
第一招	拿到年終就種樹	運用母子基金投資機制錢滾錢
第二招	自動鎖利養大樹	即停利機制，透過「母子基金」設定停利點，自動鎖利再滾入養大母基金
第三招	每年定期種棵樹	每年定期種棵樹，快累積財富或平常沒空投資

資料來源：群益投信整理，2022/02/09　製表：呂清郎

母子基金投資策略中，選擇活潑的股票型基金為子基金，像是台股、亞股中的印度、大陸、東協，或美股生技基金都是不錯的標的，如此可將原先穩定的投資組合，加入較活潑的獲利因子，優化長期投資報酬。母基金以風險承受度的差異，分成積極型、穩健型、保守型的資產配置。

日盛投信指出，年終獎金和紅包可運用「循環理財」讓投資更升級，透過長期累積、定期投入、抓大趨勢策略循環理財，也就是母子基金投資概念，結合單筆與定時（不）定額優點，加入漲時停利與跌時加 碼機制，透過紀律投資提高效率。

其中，母基金以風險承受度偏低為原則，子基金為資產創造報酬來源，可選擇風險承受度偏高。先將一筆資金放在母基金，布局穩健型跨國組合平衡或貨幣市場基金，再由母基金每月轉出約定金額投資波動度較高的子基金，如積極型台股基金、越南基金，藉由系統設定，不需每個月買進、贖回，只要透過電腦系統自動完成。

積極型配置追求更多報酬，可承擔較大波動者，母基金可選擇收益多重資產基金。以中長期財務規劃，可選擇穩健型配置，兼顧資本利得及收益的海外平衡組合基金。保守型為建立穩定現金流來源，如退休族、資金停泊，可選擇穩定債券收息的債券組合基金做母基金，搭配子基金穩中求勝組合。

資料來源：節錄自工商時報 2022/02/10

解說

在這個動盪頻繁的金融市場裡，利用母子基金的投資機制，可讓投資具穩定收益外，又可參與較積極的操作獲利。因此只要搭配好，母子基金內的資產配置，將可穩中求勝。

投資新視界

首檔主題基金將開募 年化報酬 31.2% 勝全球股市

https://www.youtube.com/watch?v=3n5H2R0JWLk

全臺第一檔聚焦在「全球新供應鏈」主題基金即將募集，回測過去 10 年，基金年化報酬達 31.2%，遠勝過全球股市，值得期待。

集保結算所．基富通共同推動 " 好好退休準備平台 " 上線

https://www.youtube.com/watch?v=fGhrN0kERg0

集保結算所與基富通推出的「好好退休準備平台」，提供約 40 檔基金，更首次將「保險」納入其中，期盼民衆能提早為自己的退休做更完整規劃。

最強 ETF 全攻略！富邦元宇宙 ETF 00903 上市

https://www.youtube.com/watch?v=aFb4uWHi1U4

近期，富邦元宇宙 ETF 上市，追蹤的「Solactive 元宇宙指數」，一網打盡輝達、Meta、Apple、Google、Roblox 等大型科技公司。

包裹式投資單一產業 四檔 "ETN" 竄出頭！弄懂風險不怕踩雷

https://www.youtube.com/watch?v=G65whBPc0xY

臺灣證券市場又有新商品了，近期，推出與 ETF 相似追蹤指數的 ETN。ETN 由券商發行、具到期日、無追蹤誤差，但具發行信用風險。

槓桿 / 反向 ETF.VIX 金管會：不宜長期持有

https://www.youtube.com/watch?v=1QN0bOn7MI4

由於有些 ETF 並不是追蹤實體證券而是期貨商品，有較高的摩擦成本。金管會示警，槓桿 / 反向型證券 ETF 和 VIX 指數都不適合長期持有。

年終獎金打造搖錢樹！母子基金操作法 3 步驟

https://www.youtube.com/watch?v=AIAp6FQicCI

將一筆錢放在銀行準備定期定額，好像很 OK，但不要忘記，現在利率超低，錢放在銀行等於沒在工作！不妨利用母子基金操作法，讓大錢穩穩賺！

本章習題

一、選擇題

證照題

( ) 1. 全球型共同基金相較於單一國家型共同基金的主要優點在於： (A) 較高報酬 (B) 較低稅賦 (C) 較低風險 (D) 較高流動性。 【2010-1 證券商高級業務員】

( ) 2. 有關組合型基金與臺灣 50 指數 ETF 之比較，何者正確？ (A) 均為主動式管理 (B) 均可分散風險 (C) 均為追蹤某一指數 (D) 均直接投資於股票。 【2011-3 證券投資分析人員】

( ) 3. 投資指數型基金之優點是： (A) 可規避市場風險 (B) 可獲取額外高報酬 (C) 可分散非系統風險 (D) 選項 (A)、(B)、(C) 皆是。 【2012-1 證券商高級業務員】

( ) 4. 投資避險基金之風險包括：甲 . 有大額損失的可能；乙 . 沒有註冊的避險基金無須公開其持股或表現；丙 . 非常倚重基金經理的專業知識 (A) 僅甲、丙 (B) 僅乙、丙 (C) 僅甲、乙 (D) 甲、乙、丙皆是。【2012-4 證券商高級業務員】

( ) 5. 下列有關開放型共同基金的描述，何者有誤？ (A) 發行單位因贖回而減少 (B) 投資人可向投信公司或銀行購買 (C) 投資人購買時，通常須支付銷售費 (D) 市價多半比淨值低。 【2013-1 證券商高級業務員】

( ) 6. 組合型基金與指數股票型基金的比較，下列何者敘述正確？ (A) 投資標的相同 (B) 申購買回的方式相同 (C) 皆屬於被動式管理 (D) 皆可長期投資。 【2013-2 證券商業務員】

( ) 7. 國內的共同基金依成立的法源基礎劃分皆為： (A) 契約型 (B) 股份型 (C) 公司型 (D) 合夥型。 【2013-2 證券商高級業務員】

( ) 8. 所謂平衡型基金是指： (A) 基金之贖回與出售維持平衡，以確保基金規模保持一定 (B) 基金投資組合中僅包含股票 (C) 基金投資組合中僅包含各年期債券 (D) 基金投資組合中包含股票與債券。 【2013-4 證券商高級業務員】

( ) 9. 以下有關 ETF 敘述何者正確？ I.ETF 商品可信用交易；II. 對一般小額投資者而言，ETF 類似開放式股票基金；III. 投資者可要求轉換為標的指數之成份股票；IV.ETF 的管理費相較於成長型基金管理費低 (A) I、IV (B) II、III、IV (C) I、III、IV (D) I、II、III、IV。 【2013-4 證券投資分析人員】

( ) 10. 下列哪一項關於封閉型基金的敘述是最正確的？ (A) 基金的價格高於淨資產價值 (B) 基金的價格等於淨資產價值 (C) 流通在外的基金受益憑證數隨著持有人的申購及贖回而改變 (D) 流通在外的基金受益憑證數在一開始發行就固定。【2015-3 證券投資分析人員】

( ) 11. 國內證券投資信託事業發行之證券投資信託基金受益憑證在集中交易市場上市交易者，以多少單位爲一交易單位？ (A) 五百 (B) 一千 (C) 五千 (D) 一萬。【2016-3 證券商高級業務員】

( ) 12. 避險基金（Hedge Fund）爲規避風險並增加收益，通常會：甲 . 買賣衍生性金融商品；乙 . 使用槓桿；丙 . 運用買進和放空之投資策略 (A) 僅甲、丙 (B) 僅乙、丙 (C) 僅甲、乙 (D) 甲、乙、丙。【2018-4 證券商高級業務員】

( ) 13. 下列何者爲 ETF 之商品特色？ I. 投資標的透明；II. 主動式管理，追求指數報酬率；III. 實物申購 / 買回機制，使其市價得以貼近淨值；IV. 具有風險分散之效果 (A) 僅 I、II、III 對 (B) 僅 I、III、IV 對 (C) 僅 II、III、IV 對 (D) I、II、III、IV 均對。【2018-4 證券投資分析人員】

( ) 14. 假設滬深 300 指數單日大跌 8.7%，則有關其反向型 ETF 的表現，下列何者正確？ (A) 漲幅限制爲 10% (B) 漲幅可能高於 8.7%，但不會超過 10% (C) 漲幅可能低於 8.7% (D) 無漲跌幅限制。【2019-1 證券商高級業務員】

( ) 15. ETF 可否進行零股交易？ (A) 可以 (B) 不可以 (C) 僅國內成分證券指數股票型基金可以 (D) 僅加掛外幣之 ETF 可以。【2021-2 證券商業務員】

( ) 16. 下列有關指數投資證券（ETN）之敘述，何者爲非？ (A) 在證券市場交易 (B) 無到期日 (C) 由證券商支付與追蹤標的指數連結之報酬 (D) 申購 / 賣回均採現金交付。【2021-3 證券商高級業務員】

( ) 17. 下列何者非槓桿型及反向型 ETF 之特性？ (A) 具備每日調整機制 (B) 追求單日達成正向 / 反向倍數之投資目標 (C) 長期報酬率相對穩定不受複利效果影響 (D) 複利效果將導致長期報酬率大幅偏離標的指數報酬率。【2021-3 證券商高級業務員】

( ) 18. 採定期定額投資共同基金時，下列敘述何者「正確」？ 甲 . 當股價愈高時，可購得之基金單 位數愈多；乙 . 當股價愈高時，可購得之基金單位數愈少；丙 . 當股價下跌時，可購得之基金單 位數愈多；丁 . 當股價下跌時，可購得之基金單位數愈少 (A) 僅甲、丙 (B) 僅乙、丙 (C) 僅甲、丁 (D) 僅乙、丁。【2022-1 證券商高級業務員】

二、簡答題

基礎題

1. 何謂共同基金？
2. 請問投信發行基金後，通常會委託何者保管受益憑證？
3. 下列基金何者風險最高？最低？ A. 債券型基金 B. 股票型基金 C. 認股權證基金 D. 能源型基金
4. 請說明避險型基金的操作方式？
5. 請說明保本型基金的操作方式？

進階題

6. 請說明封閉型基金與開放型基金的差異？
7. 請說明指數股票型基金的實物申購與贖回運作？
8. 若現在股市呈現上漲、下跌與盤整三種情形，請問若利用定期定額、定期不定額與單筆投資基金何者適宜，請說明之？

NOTE

chapter 10

固定收益證券

本章大綱

本章內容為固定收益證券，主要介紹債券的基本特性、種類、收益率的衡量、價格評估與投資風險衡量，其內容詳見下表。

節次	節名	主要內容
10-1	債券的基本特性	債券意義、特性與發行條件。
10-2	債券的種類	各式各樣發行條件不同的債券。
10-3	債券收益率的衡量	三種債券收益率與其之間的關係。
10-4	債券價格評估	債券的價格評估模式。
10-5	債券的投資風險衡量	債券的價格風險衡量、債券風險以及債券評等。

10-1 債券的基本特性

固定收益證券通常是指公司所發行的債務證券，公司發行的債務證券可分爲短期與長期，短期是以貨幣市場的「票券」爲主，長期是以資本市場的「債券」爲主。本書此處所介紹的固定收益證券是以長期的債權爲主，也就是債券。

債權是公司兩大資本來源之一，對於一家公司而言，利用舉債來籌資是很常見的事。一家公司缺錢時通常最容易的籌資方式就是向銀行借錢，但若要發行債券，就並非每家公司都有辦法，除非該公司爲「公開發行公司」，且公司規模、財務狀況與市場知名度都須具一定水準以上，這樣公司發行債券，才有投資人願意投資。通常債券的交易金額都很大，因此債券的交易，比較是屬於法人的市場，一般自然人除非是資金大戶，很少會直接參與買賣。但一般投資人仍可藉由買賣債券型基金，小金額的間接投資債券。因此對於債券的投資知識，除了公司法人須瞭解外，對具投資觀念的現代人而言亦顯重要。

一 意義

債券（Bonds）是由發行主體（政府、公司及金融機構）在資本市場爲了籌措中、長期資金，所發行之可轉讓（買賣）的債務憑證（Debt Certificate）。通常債券投資人可定期的從債券發行人獲取利息，並在債券到期時取回本金及當期利息。債券是一種直接債務關係，債券持有者是「**債權人**」（Creditors），發行者爲「**債務人**」（Debtors）。

二 特性

（一）發行主體

一般債券的發行單位可分政府、公司與金融機構。其所發行的債券分別爲「政府公債」、「金融債券」與「公司債」。

1. 政府公債（Government Bonds）：乃指政府爲了籌措建設經費而發行的中、長期債券，其中包括「中央政府公債」及「地方政府建設公債」兩種。中央政府公債是由財政部國庫署編列發行額度，委託中央銀行國庫局標售發行；地方政府公債則爲國內直轄市委託銀行經理發行。

2. 金融債券（Bank Debentures）：乃根據銀行法規定所發行的債券，在 2001 年以前規定，僅有儲蓄銀行與專業銀行為供給中長期資金放款用途可發行此類型債券。但 2001 年後財政部已開放商業銀行亦可發行金融債券，而所發行的都是以次順位債券為主。

3. 公司債（Corporate Bonds）：公開發行公司為籌措中長期資金，而發行的可轉讓債務憑證。募集公司債時，允許公開發行公司向特定人銷售，並未限制須透過承銷商承銷，此稱為**私募**（Private Placement）。若募集須對外公開發行的公司債時，發行公司「可委託」或「未委託」承銷商對外公開銷售，此稱為**公開發行**（Public Offering）。

（二）期限

債券在發行時，須載明發行日（Issue Date）、到期日（Maturity Date）與到期年限（Term to Maturity）。一般到期年限以年為單位，通常到期年限在 1 ～ 5 年屬於短期債券（Short-Term Notes or Bills），5 ～ 12 年屬於中期債券（Medium-Term Notes），12 年以上屬於長期債券（Long-Term Bonds）。另外，有一種無到期年限的債券稱為永續債券（Perpetual Bonds）。

（三）票面利率

票面利率（Coupon Rate）是指有價證券在發行條件上所記載，由發行機構支付給持有人的年利率。一般可分為固定利率、浮動利率或零息等。通常票面利率不是投資人購買債券的報酬率，眞正的報酬率為**殖利率**（Yield To Maturity）（或稱到期收益率），是指有價證券持有人從買入有價證券後一直持有至到期日為止，這段期間的實質投資報酬率。

（四）還本付息

債券發行人償還債權人本金的方式，一般可分為「一次還本」及「分次還本」兩種，通常「分次還本」對公司的財務壓力較小。此外，債券發行人償還債權人利息的方式，一般可分「半年付息一次」、「一年付息一次」、「半年複利，一年付息一次」及「零息」等方式。

（五）其他條件

實務上發行債券時經常會附加條件，例如，加入轉換條款（可轉換公司債；Convertible Bonds）、交換條款（可交換公司債；Exchangeable Bonds）、贖回條款（可贖回公司債；Callable Bonds）、賣回條件（可賣回公司債；Putable Bonds）等條款。這些特殊條件，可以根據公司內部財務需求而附加在債券上。

三 債券發行

當公司欲發行公司債時，通常會比發行公債有較多的發行條件規定，以下我們將說明之。

（一）公司債受託人

根據公司法規定，公司債募集前，債券發行公司必須事先洽妥受託人，並與受託人訂定信託契約，受託人對公司債的投資人負起債權保障義務。受託人依規定，僅有金融機構或信託公司可以擔任，若公司債發行時，有擔保品必須設定抵押權或質權給受託人，一旦發行公司發生無法償還本息時，受託人便可優先處分設定其抵押品，以保障投資人的權益。

（二）公司債保證人

根據公司法規定，公司債募集時，若欲提供債權人本金與利息的全額保證，須尋求保證機構出具承諾，予以債券投資人保本保息之保證。通常公司須支付保證費用給保證機構，在國內要擔任公司債保證機構，須經過信用評等機構的評等。

（三）公司債簽證人

依證券交易法規定，發行公司債時應經簽證程序，而簽證即是表彰證券的價值，未經簽證的公司債不具任何價值。一般簽證業務是由金融機構的信託部核准辦理，公司債簽證就是在公司債上面必須戳蓋被核可簽證機構的鋼印，投資人可藉公司債簽證對發行公司表彰其債權。

10-2 債券的種類

實務上在發行債券時，經常會依據公司本身的需求，而附加許多其他條件或條款，使得債券的種類不勝枚舉。其所附加之條件或條款，大致上以擔保程度的差異、票面利率的變動或附加選擇權等這幾項常見的條款。

一 具擔保差異之債券

（一）有擔保債券（**Guaranteed Bonds**）

有擔保債券乃公司提供資產作爲抵押，經由金融機構所保證；或沒有提供擔保品，但銀行願意保證之公司債券。債權人具有相當的保障，安全性較高。若發行公司發生債務危機，無法履行還本付息的義務時，則保證機構必須負起還本付息的責任，當然保證機構需向發行公司收取保證費（國內爲了確保保證機構的債信能力，已強迫金融機構須接受由中華信用評等公司的債信評等）。

（二）無擔保債券（**Non-Guaranteed Bonds**）

無擔保債券又稱爲「**信用債券**」（Debenture），公司債發行公司未提供任何不動產或有價證券等作爲擔保抵押的擔保品，或無第三人保證所發行之公司債。對投資人而言，因無任何擔保債權的保障，投資風險性相對提高，因而無法保護投資大眾，故公司法對發行無擔保公司債有較嚴格的限制（國內於 1999 年起，公司若欲發行無擔保公司債者，必須接受中華信用評等公司的債信評等）。

（三）抵押債券（**Mortgage Bonds**）

以公司資產作爲抵押品所發行之債券，此類公司債係以受託人爲抵押債權人，並監督債務人履行借款契約，以保障公司債持有人的權益。若發行公司破產而遭清算（Liquidation）時，抵押債券債權人具有優先處分資產的權利，但不完全保證一定可以拿回全部的本息，這是與有擔保公司債的不同點。一般投資人對於土地及不動產擔保品較具信心。

二 票面利率非固定之債券

（一）浮動利率債券（Floating-Rate Bonds）

債券的票面利率採浮動利息支付，通常債券契約上訂定票面利率的方式是以某種**指標利率**（Benchmark）作爲基準後，再依發行公司的條件不同，而有不同的加、減碼額度（Spread）。國外常用的指標利率爲美國國庫券（Treasury Bills）殖利率或英國倫敦銀行同業拆款利率（London Inter Bank Offer Rate；LIBOR）；而臺灣常以 90 天期的商業本票（CP）、銀行承兌匯票利率（BA）、一年期金融業隔夜拆款平均利率或銀行一年期定儲利率爲指標利率。

（二）指數債券（Indexed Bonds）

指數債券爲浮動利率債券的一種，此種債券之票面利率會依生活物價指數（例如：消費者物價指數）或股價指數等，以指數變動作爲調整基準的相關債券。此種債券藉由指數來調整債息，可以維持債權人的實質購買力。

三 附選擇權之債券

（一）可贖回債券（Callable Bonds）

此種債券爲純債券附加贖回選擇權。可贖回債券發行公司於債券發行一段時間後（通常必須超過其保護期間（Protect Period），發行公司有權利在到期日前，依發行時所約定價格，提前贖回公司債，通常贖回價格必須高於面值，其超出的部分稱爲**贖回貼水**（Call Premium）。

（二）可賣回債券（Putable Bonds）

此種債券爲純債券附加賣回選擇權。可賣回債券持有人有權在債券發行一段時間之後，要求以發行時約定的價格，將債券賣回給發行公司。注意前述的可贖回債券的贖回權利在於「**發行公司**」，而可賣回債券的賣回權利在於「**投資人**」。

（三）可轉換債券（Convertible Bonds）

此種債券爲純債券附加轉換選擇權。可轉換債券允許公司債持有人在發行一段期間後，依期初所訂定的轉換價格，將公司債轉換爲該公司的普通股股票。在實務上，當可轉換公司債要轉換成股票時，有時會先向發行公司取得債券換股權利證書，再轉換成普通股。可轉換公司債因具有轉換權，故其所支付的票面利率較一般純債券爲低。對於投資人而言，如果該公司股票上漲（市價大於轉換價格），投資人可依轉換價格將可轉換公司債轉換爲股票，以賺取資本利得；但若公司股價不漲反跌或漲幅不大，致使投資人一直無法轉換，投資人也可以持有至贖回期限，要求公司以當初約定的**到期贖回利率**（Yield To Put；YTP）買回，故此債券是一種進可攻退可守的投資工具。

（四）可交換債券（Exchangeable Bonds）

此種債券爲純債券附加轉換選擇權。可交換債券是由可轉換債券衍生而來。可轉換債券是投資人可在未來的特定期間內轉換成「該公司的股票」，而可交換債券其轉換的標的並非該發行公司的股票，而是發行公司所持有的「其他公司股票」（國內通常轉換的標的以發行公司的關係企業爲主）。例如：「統一企業」發行可交換債券，可將轉換標的股票設定爲「統一實業」。

（五）附認股權證債券（Bonds with Warrants）

附認股權證債券指純普通公司債附加一個認股權證的設計。持有此種債券之投資人除可領取固定的利息外，且在某一特定期間之後，有權利以某一特定價格，購買該公司一定數量的股票，其票面利率一般比普通公司債低。附認股權證債券所附加的認股權證有分離式及非分離式（Detachable and Non-Detachable）二種，即投資人執行此一認股權證時，是否必須同時持有公司債，若必須兩者兼備即爲非分離式。一般發行公司爲了增加認股權證的流動性，大部分都設計爲分離式的。

四 其他類型之債券

（一）零息債券（Zero Coupon Bonds）

零息債券是債券面額不載票面利率，發行機構從發行到還本期間不發放利息，到期依面額償還本金，以「**貼現**」方式發行。由於零息債券發行期間不支付利息，所以面臨的利率風險較一般債券高，且對利率波動較敏感，因此通常發行期限不會太長。

（二）次順位債券（Subordinated Debenture）

次順位債券為長期信用債券，若發行公司因破產而遭清算時，其求償順位次於發行公司的一般債權人，對資產的請求權較一般債權人低，但仍高於特別股、普通股股東。

（三）巨災債券（Catastrophe Bonds）

巨災債券指為了因應重大災害所發行的債券，通常保險公司在發生重大災害，因必須付出高額的保險金而無力償還時，會發生倒閉危機，此時可透過發行巨災債券來募集資金，以支應高額的保險金。

（四）垃圾債券（Junk Bonds）

垃圾債券指信用評等較差或資本結構不夠健全的公司，所發行的高收益、高風險債券。投資此債券的風險在於發行公司其經營不佳，可能無法準時付息甚至無法還本付息而導致投資人的損失，所以發行公司必須以比一般公司債為高的利率來吸引投資人。

（五）永續發展債券

企業為了因應 2015 年聯合國所發布的「永續發展目標」（SDGs），透過發行債券方式籌資，將資金投入與環境、社會責任以及公司治理等有關的計畫。永續發展債券包括：「綠色債券」（Green Bonds）、「社會債券」（Social Bonds）及「可持續發展債券」（Sustainability Bonds）等三類債券。

「綠色債券」乃將募集資金投入綠色投資計畫，如：環保、節能、減碳等，希望能對環境帶來正面的效益。「社會債券」乃將募集資金投入有關落實企業經營所應擔負的社會責任，如：維持公司永續發展、增進社會公益與維護自然環境等，希望能對社會責任具正面幫助。「可持續發展債券」乃將募集資金投入環境、社會以及公司治理等層面，希望能對 ESG 具正面幫助。

市場焦點

永續發展債　兩大趨勢成形

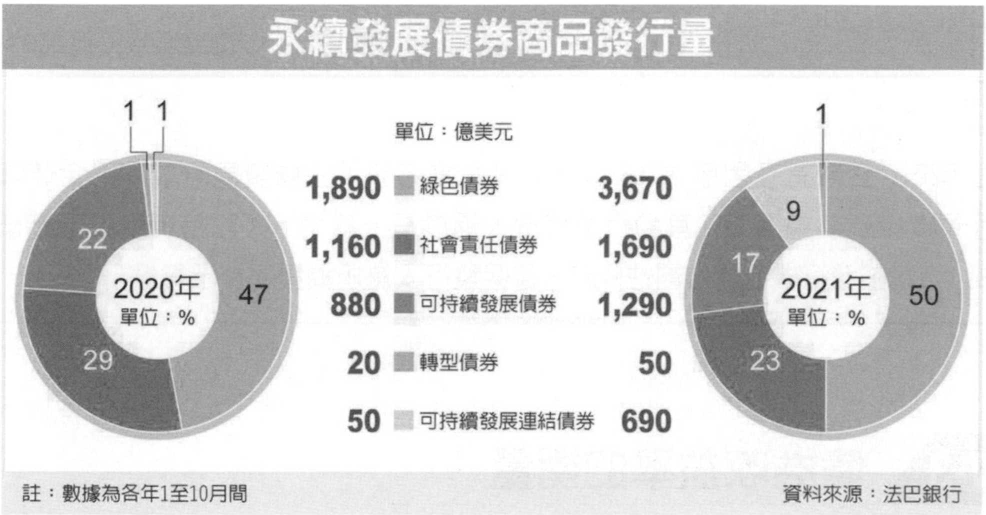

為因應全球暖化可能對環境、經濟、社會與人類生存帶來災難性影響，近年永續發展倡議成為世界各國矚目的焦點，而為協助實體經濟活動轉型，龐大的資金需求促使金融市場相關投融資商品百花齊放。

自 2016 年以來，全球永續發展債券市場持續大幅成長，依據法國巴黎銀行及彭博公司之資料統計，2021 年截至 10 月全球永續發展債券總發行量已達 7,390 億美元，遠超過去年同期發行量 4,000 億美元。

國際金融市場之永續發展債券係由綠色債券開始萌芽，2016 年綠色債券之發行量占整體永續發展債券市場總發行量約 90%，但 2021 年綠色債券之發行量占比已降至 50%，一改過去綠色債券獨占鰲頭的情況，顯示企業在轉型的過程中，已能擁有更多元的籌資選擇。

目前國際永續發展債券市場主要商品，包括：綠色債券、社會責任債券、可持續發展債券、轉型債券，以及可持續發展連結債券（Sustainability-Link Bonds；SLB）。其中，SLB 有別於綠色、社會責任、可持續發展及轉型債券等，資金並非專用於具綠色或社會效益之投資計畫的融資或再融資之債務工具。

SLB 並未對發行人所募集之資金訂定用途限制，而是透過債券條款結構設計、訂定可持續發展績效目標（Sustainability Performance Targets；SPT）等機制，以確保發行人將可持續發展目標納入其經營策略與決策中。SLB 之主要特點係其債券條款結構將依 SPT 是否達成而有所改變。

一般而言，最常見的方式是針對票面利率進行增減，若發行人無法達成 SPT，將額外支付懲罰性利息直至到期，藉以督促發行人為永續發展作出貢獻。

資料來源：節錄自經濟日報 2021/11/29

解說

近年來，企業為了因應 2015 年聯合國所發布的「永續發展目標」。全球興起一股發行永續發展債券浪潮，其發行量持續大幅成長。其中，「可持續發展連結債券」（SLB）可藉由發行機制的懲罰性條款，督促發行人為永續發展作出貢獻。

10-3 債券收益率的衡量

之前我們常提到購買債券的收益率，不見得是它所載之票面利率。要衡量它真正的報酬率，還須取決於一開始所買的價格來決定。若知道債券一開始所買價格，我們便可求算出「當期收益率」與「到期收益率」兩種報酬率。這兩種報酬率與票面利率都是衡量債券的報酬率。詳述如下。

一 票面利率（Coupon Rate）

票面利率係指有價證券在發行條件上，所記載有價證券發行機構支付給債券持有人的利率。票面利率只是投資人每期能收到的利息，並不代表投資此債券之實質報酬率。

二 當期收益率（Current Yield）

當期收益率係指買入債券當期所得到的報酬率。當期收益率並沒有考慮債券投資所產生的資本利得（損失），只在衡量債券某一期間所獲得的現金收入相較於債券價格的比率。其計算式如（10-1）式：

$$當期收益率=\frac{C\times B}{P_0} \quad (10\text{-}1)$$

C：每期收到的票面利率

B：債券的面額

P_0：債券的實際價格

三 到期收益率（Yield To Maturity；YTM）

到期收益率俗稱**殖利率**，係指債券持有人從買入債券後一直持有至到期日爲止，這段期間的實質報酬率。其報酬率包括投資債券的資本利得（損失）與全部利息。到期收益率的計算公式如下：

$$P_0=\sum_{t=1}^{n}\frac{C_t}{(1+r)^t}+\frac{B}{(1+r)^n} \quad (10\text{-}2)$$

P_0：購買時債券的價格

C_t：第 t 年票面利率所產生的現金流量

r：殖利率（折現率）

B：債券的面額

n：期數

四 票面利率、當期收益率與到期收益率之關係

若將當期收益率與到期收益率作一比較，前者只考慮當期的利息收入，但後者除了考慮利息收入外，尚包括持有債券至到期日止所實現的資本利得（或損失）。以下爲票面利率、當期收益率與到期收益率的關係，詳見表 10-1。

1. 若債券採「折價發行」，則市價小於債券面額，因此當期收益率大於票面利率，且債券到期時有資本利得，則到期收益率大於當期收益率。

2. 若債券採「平價發行」，則市價等於債券面額，因此當期收益率等於票面利率，且債券到期時無資本利得或損失，則到期收益率等於當期收益率。

3. 若債券採「溢價發行」，則市價大於債券面額，因此當期收益率小於票面利率，且債券到期時有資本損失，則到期收益率小於當期收益率。

表 10-1　票面利率、當期收益收益率與到期收益率的關係

債　券	關　係
折價債券	票面利率 < 當期收益率 < 到期收益率
平價債券	票面利率 = 當期收益率 = 到期收益率
溢價債券	票面利率 > 當期收益率 > 到期收益率

例題 10-1 【收益率衡量】

某一債券票面面額 10,000 元，票面利率 10%，期限 3 年，

(1) 若當時債券市價為 9,000 元，則請問此債券為折價、平價或溢價債券？當期收益率為何？到期收益率為何？

(2) 若當時債券市價為 10,000 元，則請問此債券為折價、平價或溢價債券？當期收益率為何？到期收益率為何？

(3) 若當時債券市價為 11,000 元，則請問此債券為折價、平價或溢價債券？當期收益率為何？到期收益率為何？

解

【解法 1】利用計算機解答

(1) 債券市價為 9,000 元，小於債券面額 10,000 元，故為折價債券

票面利率＝ 10%，債券每年利息為 10,000×10% ＝ 1,000（元）

當期收益率$=\dfrac{1,000}{9,000}=11.11\%$

到期收益率 $9,000=\dfrac{1,000}{(1+r)}+\dfrac{1,000}{(1+r)^2}+\dfrac{1,000}{(1+r)^3}+\dfrac{10,000}{(1+r)^3}$

$\Rightarrow r=14.33\%$

(2) 債券市價爲 10,000 元，等於債券面額 10,000 元，故爲平價債券

票面利率＝ 10%，債券每年利息爲 10,000×10% ＝ 1,000（元）

$$當期收益率=\frac{1,000}{10,000}=10\%$$

$$到期收益率\ 10,000=\frac{1,000}{(1+r)}+\frac{1,000}{(1+r)^2}+\frac{1,000}{(1+r)^3}+\frac{10,000}{(1+r)^3}$$

$$\Rightarrow r=10\%$$

(3) 債券市價爲 11,000 元，大於債券面額 10,000 元，故爲溢價債券

票面利率＝ 10%，債券每年利息爲 10,000×10% ＝ 1,000（元）

$$當期收益率=\frac{1,000}{11,000}=9.09\%$$

$$到期收益率\ 11,000=\frac{1,000}{(1+r)}+\frac{1,000}{(1+r)^2}+\frac{1,000}{(1+r)^3}+\frac{10,000}{(1+r)^3}$$

$$\Rightarrow r=6.24\%$$

【解法 2】利用 Excel 解答，步驟如下：

(1) 選擇「公式」

(2) 選擇類別「財務」

(3) 選取函數「Rate」

(4) 「Rate」、「Nper」、「Pmt」、「Fv」、「Type」依「折價、平價與溢價」不同，填入以下各數據：

	折價債券	平價債券	溢價債券
Nper	3	3	3
Pmt	1,000	1,000	1,000
Pv	–9,000	–10,000	–11,000
Fv	10,000	10,000	10,000
Type	0	0	0
計算結果	14.33%	10.0%	6.24%

[折價債券]

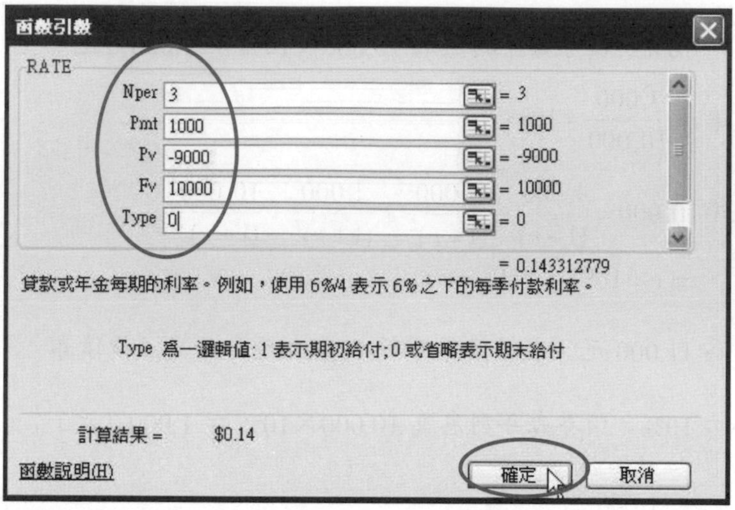
函數引數
RATE
Nper 3 = 3
Pmt 1000 = 1000
Pv -9000 = -9000
Fv 10000 = 10000
Type 0 = 0
= 0.143312779
貸款或年金每期的利率。例如，使用 6%/4 表示 6% 之下的每季付款利率。
Type 爲一邏輯值: 1 表示期初給付; 0 或省略表示期末給付
計算結果 = $0.14
函數說明(H)
確定
取消

[平價債券]

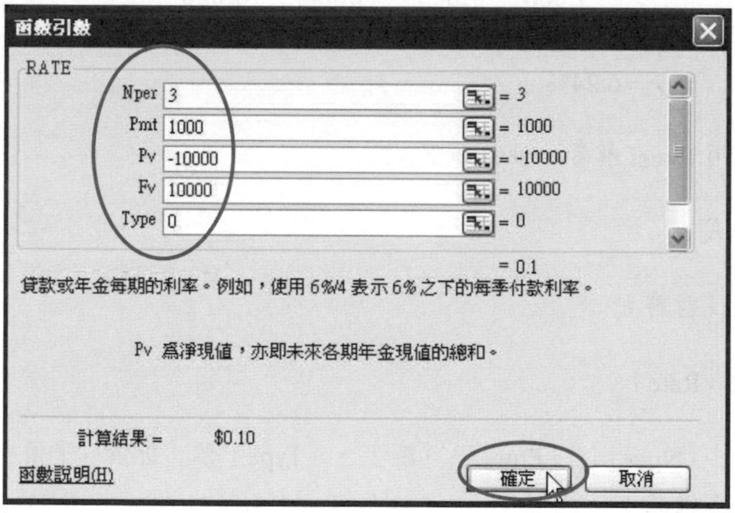
函數引數
RATE
Nper 3 = 3
Pmt 1000 = 1000
Pv -10000 = -10000
Fv 10000 = 10000
Type 0 = 0
= 0.1
貸款或年金每期的利率。例如，使用 6%/4 表示 6% 之下的每季付款利率。
Pv 爲淨現值，亦即未來各期年金現值的總和。
計算結果 = $0.10
函數說明(H)
確定
取消

[溢價債券]

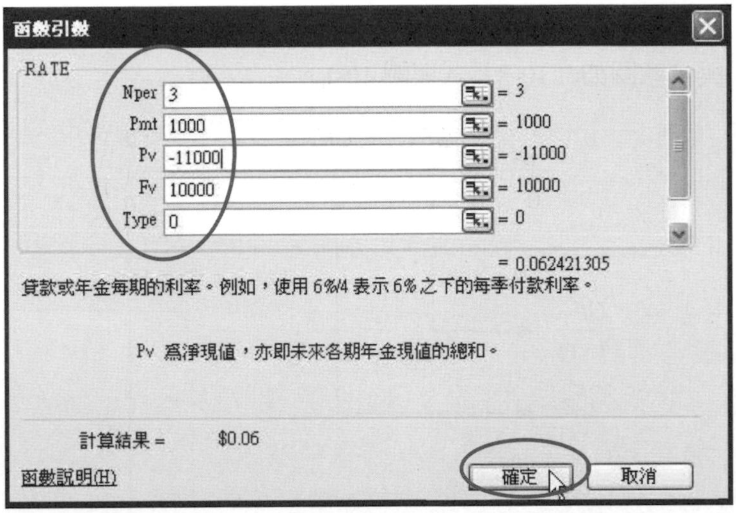

10-4 債券價格評估

債券價格的計算乃將每一期所領的利息與到期所領的本金，全部折現到現在的價值。通常定期所領的利息大都以固定利率爲主，故本節以此爲介紹重點。另外，期間不付利息，到期償還本金的零息債券；與期間付利息，但無到期日的永續債券，亦是本節將介紹的重點。

一 固定利率債券價格評估

一般採固定計息的債券，付息方式大致依「一年付息一次」、「半年複利，一年付息一次」及「半年付息一次」這三種方式最常見，以下將分別討論之。

（一）一年付息一次

一年付息一次爲一般債券基本的評價模式，其一年計息一次，且一年提領利息一次。其價格計算公式與示意圖如（10-3）式與圖 10-1。

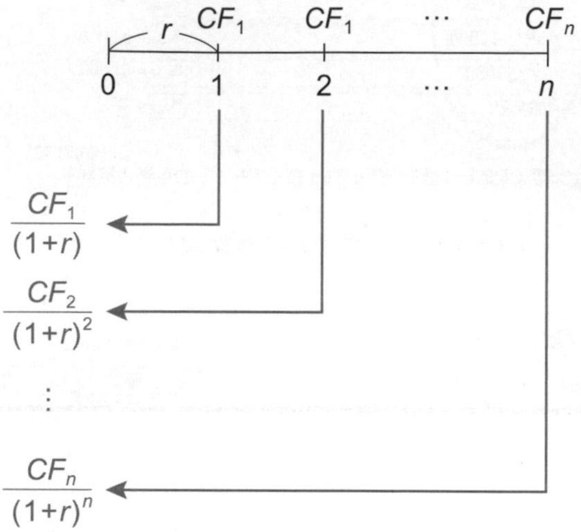

圖 10-1　債券價格示意圖（一年付息一次）

$$P=\frac{CF_1}{(1+r)}+\frac{CF_2}{(1+r)^2}+\cdots+\frac{CF_n}{(1+r)^n}=\sum_{t=1}^{n}\frac{CF_t}{(1+r)^t} \tag{10-3}$$

CF_t：第 t 年的現金流量

r：殖利率

n：年爲計的期數

P：債券價格

（二）半年複利，一年付息一次

半年複利，一年付息一次的債券，乃半年就計息一次，但必須一年才能領出利息。其價格計算公式與示意圖如（10-4）式與圖 10-2。

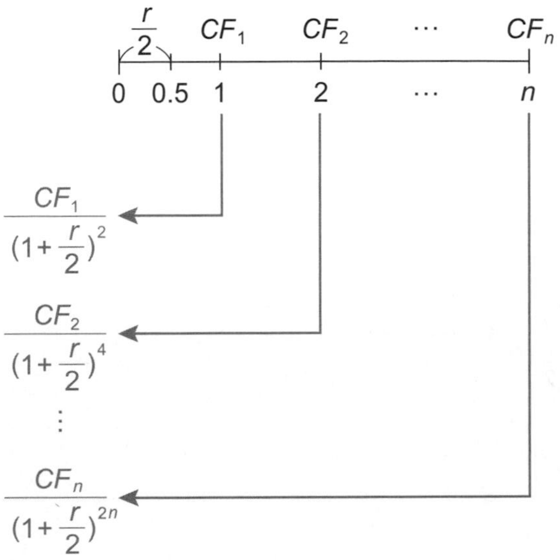

圖 10-2　債券價格示意圖（半年複利，一年付息一次）

$$P=\frac{CF_1}{(1+\frac{r}{2})^2}+\frac{CF_2}{(1+\frac{r}{2})^4}+\cdots+\frac{CF_n}{(1+\frac{r}{2})^{2n}}=\sum_{t=1}^{n}\frac{CF_t}{(1+\frac{r}{2})^{2t}} \qquad (10\text{-}4)$$

CF_t：第 t 年的現金流量

r：殖利率

n：年爲計的期數

P：債券價格

（三）半年付息一次

半年付息一次債券，乃半年計息一次，且半年就可提領利息一次。其價格計算公式與示意圖如（10-5）式與圖 10-3。

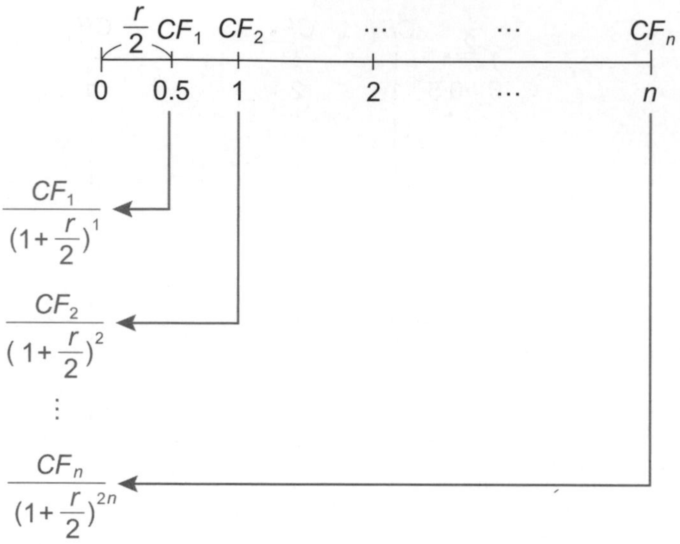

圖 10-3　債券價格示意圖（半年付息一次）

$$P=\frac{CF_1}{(1+\frac{r}{2})}+\frac{CF_2}{(1+\frac{r}{2})^2}+\cdots+\frac{CF_n}{(1+\frac{r}{2})^{2n}}=\sum_{t=1}^{2n}\frac{CF_t}{(1+\frac{r}{2})^t} \tag{10-5}$$

CF_t：第 t 個半年的現金流量

r：殖利率

n：年爲計的期數

P：債券價格

例題 10-2【付息方式不同的債券】

某一債券票面面額 100,000 元，票面利率 6%，期限 5 年，若殖利率爲 8%

(1)若債券採每一年付息一次，請問債券價格爲何？

(2)若債券採半年複利，一年付息一次，請問債券價格爲何？

(3)若債券採半年付息一次，請問債券價格爲何？

解

【解法 1】利用計算機解答

(1) 面額 100,000 元，票面利率 6%，每年付息一次，每年利息

100,000×6% = 6,000（元），則債券價格爲

$$P=\frac{6,000}{(1+8\%)}+\frac{6,000}{(1+8\%)^2}+\frac{6,000}{(1+8\%)^3}+\frac{6,000}{(1+8\%)^4}+\frac{6,000}{(1+8\%)^5}+\frac{100,000}{(1+8\%)^5}$$
$$=6,000\times PVIFA_{(8\%,5)}+100,000\times PVIF_{(8\%,5)}$$
$$=92,014.58\text{（元）}$$

(2) 若每半年複利，一年付息一次，每年利息爲 $100,000\times[(1+\frac{6\%}{2})^2-1]=6,090$（元），則債券價格爲

$$P=\frac{6,090}{(1+\frac{8\%}{2})^2}+\frac{6,090}{(1+\frac{8\%}{2})^4}+\frac{6,090}{(1+\frac{8\%}{2})^6}+\frac{6,090}{(1+\frac{8\%}{2})^8}+\frac{6,090}{(1+\frac{8\%}{2})^{10}}+\frac{100,000}{(1+\frac{8\%}{2})^{10}}$$
$$=91,763.83\text{（元）}$$

(3) 若每半付息一次，則付息期數變爲 10 次，每半年利息爲 100,000×3% = 3,000（元），則債券價格爲

$$P=\frac{3,000}{(1+\frac{8\%}{2})^1}+\frac{3,000}{(1+\frac{8\%}{2})^2}+\frac{3,000}{(1+\frac{8\%}{2})^3}+\cdots+\frac{3,000}{(1+\frac{8\%}{2})^9}+\frac{3,000}{(1+\frac{8\%}{2})^{10}}+\frac{100,000}{(1+\frac{8\%}{2})^{10}}$$
$$=3,000\times PVIFA_{(4\%,10)}+100,000\times PVIF_{(4\%,10)}$$
$$=91,889.10\text{（元）}$$

【解法 2】利用 Excel 解答，步驟如下：

(1) 選擇「公式」

(2) 選擇類別「財務」

(3) 選取函數「PV」

(4) 「Rate」、「Nper」、「Pmt」、「Fv」、「Type」依「付息」條件不同，填入以下各數據：

	一年付息一次	半年複利，一年付息一次	半付息一次
Rate	8%	8.16%	4%
Nper	5	5	10
Pmt	–6,000	–6,090	–3,000
Fv	–100,000	–100,000	–100,000
Type	0	0	0
計算結果	92,014.58	91,769.83	91,889.10

註：半年複利，一年付息一次 Rate 為 $[(1+\frac{8\%}{2})^2-1]=8.16\%$

[一年付息一次]

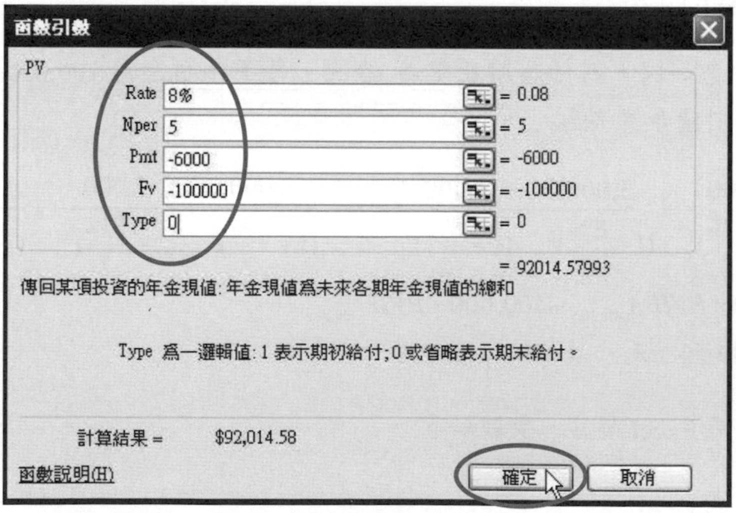

[半年複利，一年付息一次]

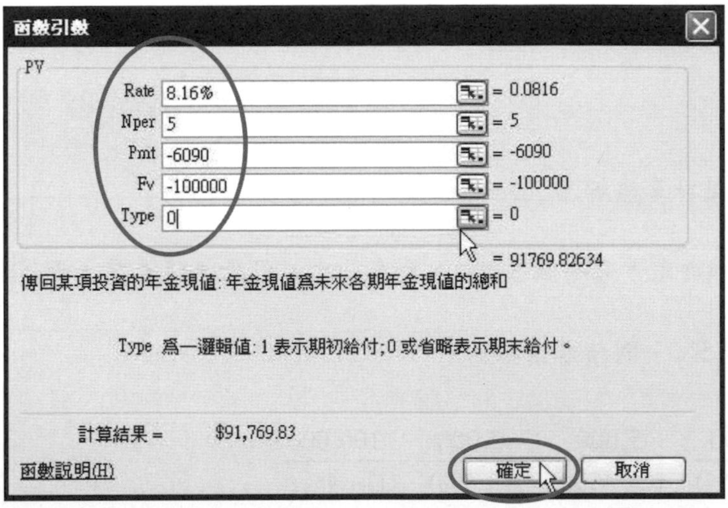

[半年付息一次]

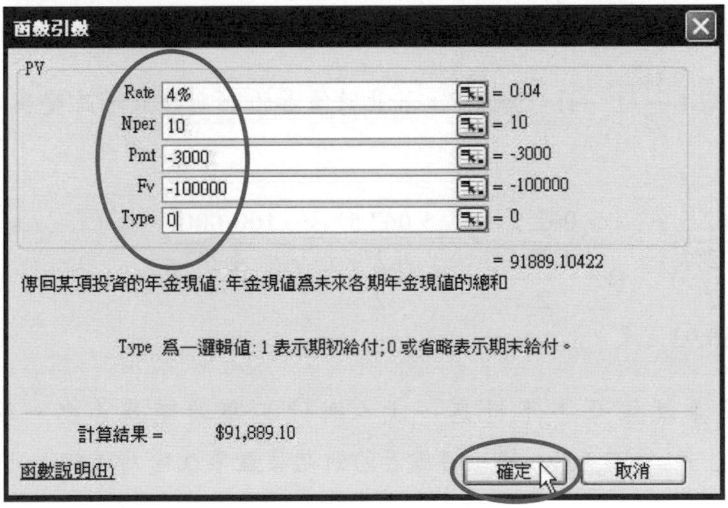

例題 10-3 【付息方式不同的債券】

某公司發行期限 3 年期公司債，該債券一張面額 100,000 元，投資人每年可領 5,000 元利息一次，若現在市場利率（殖利率）爲 4%

(1) 請問此公司債價格爲何？

(2) 若現在債券改採半年複利，一年付息一次，請問投資人每年可領多少利息？此時若債券的到期收益率改變爲 4.2%，請問該債券價格又爲何？

(3)若現在債券改採半年付息一次，請問投資人每半年可領多少利息？此時若債券的到期收益率改變為 4.6%，請問該債券價格又為何？

解

【解法 1】利用計算機解答

(1) 面額 100,000 元，每年領 5,000 元利息一次，因此該債券票 s 面利率為

$\frac{5,000}{100,000}=5\%$，則債券價格為

$$P=\frac{5,000}{(1+4\%)}+\frac{5,000}{(1+4\%)^2}+\frac{5,000}{(1+4\%)^3}+\frac{100,000}{(1+4\%)^3}$$
$$=5,000\times PVIFA_{(4\%,3)}+100,000\times PVIF_{(4\%,3)}$$
=102,775.09（元）

(2) 若現在債券改採每半年複利，一年付息一次，投資人每年可領利息為 $100,000\times[(1+\frac{5\%}{2})^2-1]=5062.5$，若此時債券的到期收益率改變為 4.2%，債券價格為

$$P=\frac{5,062.5}{(1+\frac{4.2\%}{2})^2}+\frac{5,062.5}{(1+\frac{4.2\%}{2})^4}+\frac{5,062.5}{(1+\frac{4.2\%}{2})^6}+\frac{100,000}{(1+\frac{4.2\%}{2})^6}$$
=102,260.93（元）

(3) 若現在債券改採每半年付息一次，則付息期數變為 6 次，每半年利息為 100,000×2.5% ＝ 2,500，若此時債券的到期收益率改變為 4.6%，則債券價格為

$$P=\frac{2,500}{(1+\frac{4.6\%}{2})^1}+\frac{2,500}{(1+\frac{4.6\%}{2})^2}+\cdots+\frac{2,500}{(1+\frac{4.6\%}{2})^5}+\frac{2,500}{(1+\frac{4.6\%}{2})^6}+\frac{100,000}{(1+\frac{4.6\%}{2})^6}$$
$$=2,500\times PVIFA_{(2.3\%,6)}+100,000\times PVIF_{(2.3\%,6)}$$
$$=2,500\times(\frac{1}{2.3\%}-\frac{1}{2.3\%(1+2.3\%)^6})+100,000\times\frac{1}{(1+2.3\%)^6}$$
=101,109.63（元）

【解法 2】利用 Excel 解答，步驟如下：

(1) 選擇「公式」

(2) 選擇類別「財務」

(3) 選取函數「PV」

(4) 「Rate」、「Nper」、「Pmt」、「Fv」、「Type」依「殖利率」與「付息」條件不同，填入以下各數據：

	「殖利率 4%」，「一年付息一次」	「殖利率 4.2%」，「半年複利，一年付息一次」	「殖利率 4.6%」，「半付息一次」
Rate	4%	4.244%	2.3%
Nper	3	3	6
Pmt	–5,000	–5,062.5	–2,500
Fv	–100,000	–100,000	–100,000
Type	0	0	0
計算結果	102,775.09	102,260.93	101,109.03

註：半年複利，一年付息一次 Rate 為 $[(1+\frac{4.2\%}{2})^2-1]=4.244\%$

[「殖利率 4%」，「一年付息一次」]

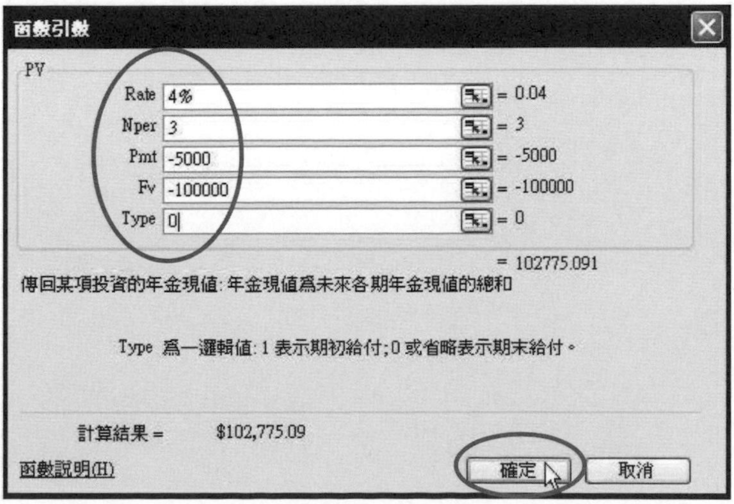

[「殖利率 4.2%」，「半年複利，一年付息一次」]

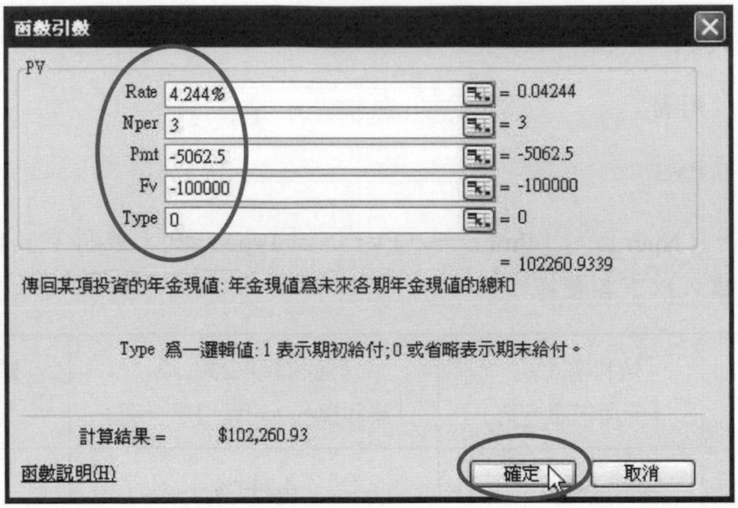

[「殖利率 4.6%」，「半年付息一次」]

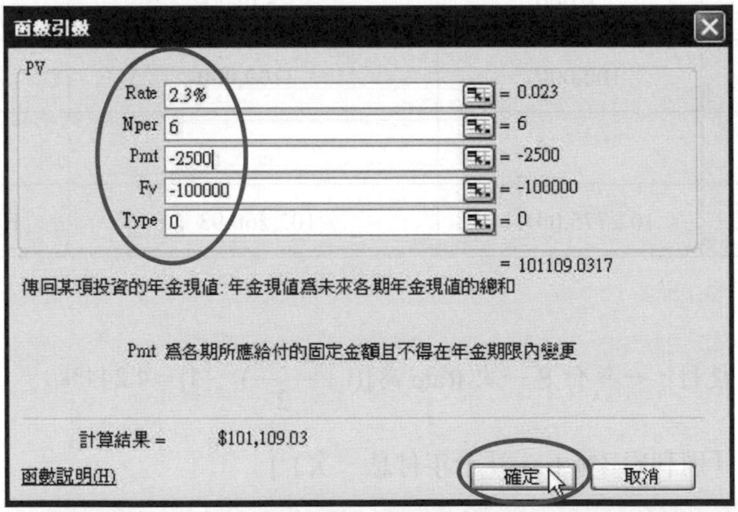

二 零息債券價格評估

零息債券爲期間不支付利息，到期一次償還本金。其價格計算公式與示意圖，如（10-6）式與圖 10-4。

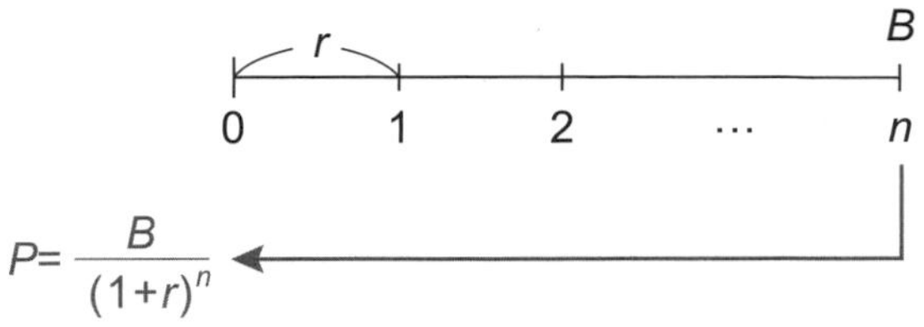

圖 10-4　零息債券價格示意圖

$$P=\frac{B}{(1+r)^{t}} \tag{10-6}$$

B：債券到期面額

r：殖利率

t：年爲計的期數

例題 10-4【零息債券】

有一 3 年期零息債券面額 100 萬元，票面利率 5%，請問債券價格爲何？

解

$$P=\frac{1{,}000{,}000}{(1+5\%)^{3}}=1{,}000{,}000\times PVIF_{(5\%,3)}=863{,}837.59\ （元）$$

三 永續債券價格評估

永續債券（Perpetual Bond）因無到期日，不償還本金，每年均可領取票面利率之利息 C，若在折利率爲 r 情形下，現在的價格就如同之前永續年金現值（永續債券英國政府在 1815 年就曾經發行過）。永續債券的價格計算式 [1] 與示意圖如（10-7）式與圖 10-5。

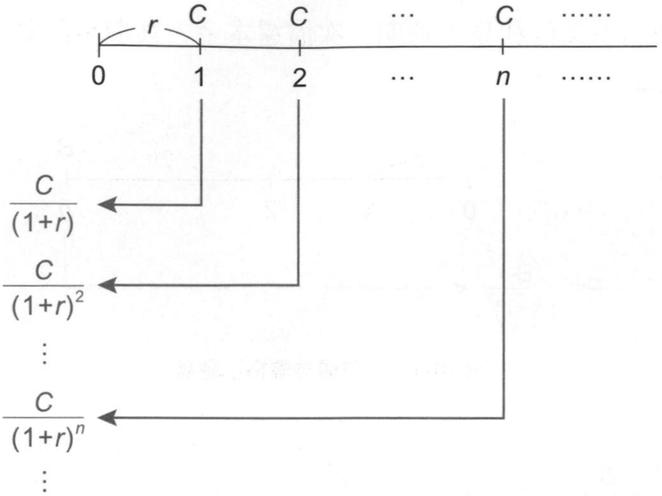

圖 10-5　永續債券價格示意圖

$$P=\frac{C}{(1+r)}+\frac{C}{(1+r)^2}+\frac{C}{(1+r)^3}+\cdots\cdots+\frac{C}{(1+r)^{n-1}}+\frac{C}{(1+r)^n}+\cdots\cdots\cdots$$
$$=\frac{C}{(1+r)}[1+\frac{1}{(1+r)}+\frac{1}{(1+r)^2}+\cdots\cdots+\frac{1}{(1+r)^{n-1}}+\cdots\cdots\cdots]$$
$$=\frac{C}{(1+r)}\times\frac{1}{1-\left(\frac{1}{1+r}\right)} \quad (10\text{-}7)$$
$$=\frac{C}{r}$$

例題 10-5　【永續債券】

假設有一政府發行永續債券，每張面額 100 萬，票面利率爲 8%，若在折現率爲 8% 的情形下，

(1)請問現在永續債券的價格爲何？

(2)如果在折現率 4% 的情形下，請問現在永續債券的價格爲何？

1　此處在推導永續年金現值，須運用到無窮等比級數 $1+x+x^2+\cdots+x^n+\cdots=\frac{1}{1-x}$

解

(1) 一張面額 100 萬的永續債券，每年可領利息爲 1,000,000×8% = 80,000（元）

折現率爲 8%

$$
\begin{aligned}
P &= \frac{80,000}{(1+8\%)} + \frac{80,000}{(1+8\%)^2} + \cdots\cdots \\
&= \frac{80,000}{8\%} \\
&= 1,000,000（元）
\end{aligned}
$$

(2) 折現率爲 4%

$$
\begin{aligned}
P &= \frac{80,000}{(1+4\%)} + \frac{80,000}{(1+4\%)^2} + \cdots\cdots \\
&= \frac{80,000}{4\%} \\
&= 2,000,000（元）
\end{aligned}
$$

10-5 債券的投資風險衡量

一般人認爲債券是一種收益穩定的投資工具，雖然與股票相比，其波動風險不算大，但仍具一些投資風險不算大，投資人不得不知。債券的投資風險有許多種，其中所面臨到最大的風險，應該是由利率所造成的。所以本節首先，介紹衡量債券價格對利率變動的敏感度 - 存續期間（Duration）；其次，介紹債券所有的投資風險。此外，債券本身品質的好壞，一般投資人很難評估，通常會藉由專業的評等機構代爲評鑑後，再供投資人參考，所以本節最後接續介紹債券的信用評等。

一 債券價格風險的衡量

一般而言，在其他的條件相同下，票面利率愈高的債券，其價格會較票面利率較低的來得貴；到期年限愈長的債券，其價格會較到期年限較短的來得貴；殖利率愈高的債券，其價格會較殖利率較低的來得貴。所以債券價格的變動，基本上是受債券的「票面利率」、「到期年限」與「殖利率」這三大因素的綜合影響。

通常「票面利率」與「到期年限」這兩因素，在債券發行時，就都被固定了，所以只有「殖利率」這個因素，會隨著時間變化而改變，因此債券價格會隨著利率的波動而變動。通常在衡量債券價格對利率變動的敏感度指標，稱之爲「**存續期間**」（Duration）。

（一）存續期間

存續期間主要用以衡量債券價格對利率變動的敏感度，也可作爲債券價格對利率風險的衡量指標。實務界亦有解釋爲持有債券的平均回收其本金及利息的實際期限，但要注意存續期間是一種「敏感度」，並沒有單位。一般常利用存續期間的觀念，使債券投資組合達到「免疫策略」（Immunization Strategy），也就是說利率的波動，並不影響債券投資組合的價格變動[2]。

以下我們介紹存續期間計算公式與理論推導：

1. 計算公式

根據馬卡雷（Macaulay）對存續期間（D）的定義如下（10-8）式：

$$D=\sum_{t=1}^{n} t\times\frac{\frac{CF_t}{(1+r)^t}}{P}=\frac{1\times\frac{CF_1}{(1+r)}+2\times\frac{CF_2}{(1+r)^2}+\cdots+n\times\frac{CF_n}{(1+r)^n}}{P} \qquad (10\text{-}8)$$

CF_t：第 t 年的現金流量

r：殖利率

P：債券價格

n：距到期日的期數

2. 理論的推導

通常存續期間的推導，乃根據一般的債券評價模式而來，根據 10-3 式展開如下式：

---

2 免疫策略（Immunization Strategy）：當利率上升，債券價格下跌，但票息之再投資收入會增加。反之，當利率下降，債券價格上漲，但票息之再投資收入會減少。免疫策略就是使得利率的任何波動，皆不影響原有債券投資組合的價值變動，亦即利率波動之損益影響全部相抵，使投資人在特定投資時間內獲得固定之報酬。

$$P=\sum_{t=1}^{n}\frac{CF_t}{(1+r)^t}=\frac{CF_1}{(1+r)}+\frac{CF_2}{(1+r)^2}+\cdots+\frac{CF_n}{(1+r)^n} \qquad (10\text{-}9)$$

現在欲知殖利率（r）的單位變動量對債券價格（P）的影響，現在我們將上式（10-9）對 r 偏微分，可得（10-10）式：

$$\frac{\partial P}{\partial r}=\frac{-1}{1+r}\left[\frac{CF_1}{(1+r)}+\frac{2\times CF_2}{(1+r)^2}+\cdots+\frac{n\times CF_n}{(1+r)^2}\right] \qquad (10\text{-}10)$$

又根據存續期間的定義 10-8 式，將上式（10-10）整理可得下式：

$$\frac{\partial P}{\partial r}=\frac{-1}{1+r}\left[\frac{CF_1}{(1+r)}+\frac{2\times CF_2}{(1+r)^2}+\cdots+\frac{n\times CF_n}{(1+r)^n}\right]=\frac{-1}{1+r}(P\times D) \qquad (10\text{-}11)$$

將（10-11）式，左右移項，整理可得（10-12）式：

$$\frac{\dfrac{\partial P}{P}}{\dfrac{\partial r}{(1+r)}}=-D \qquad (10\text{-}12)$$

由（10-12）式觀察得知，存續期間即是債券價格的利率彈性（Interest Elasticity），當利率變動 $\frac{\partial r}{1+r}$ 幅度時，債券價格波動的幅度 $\left(\frac{\partial P}{P}\right)$。而存續期間前面的「負號」，表示利率與債券價格成反比的關係。

（二）修正的存續期間

因債券存續期間的公式中的殖利率 (r)，乃針對「一年付息一次」的債券進行定義，但在實務上，有些債券並非一年付息一次，有可能是「半年付息一次」或「每季付息一次」。所以利用原始的存續期間，來評估非一年付息一次的債券價格對利率的敏感度，會產生誤差，因此必須利用每年「付息次數」來修正原始的存續期間。通常「**修正的存續期間**」（Modified Duration；MD）比一般的存續期間更為常用，其推導如下：

由（10-12）式，經移項整理可得下式（10-13）：

$$\frac{\partial P}{P}=-\frac{D}{1+r}\times\partial r \tag{10-13}$$

再將（10-13）式，利用每年「付息次數」（m）來修正成（10-14）式，則修正的存續期間公式整理如（10-15）式：

$$\frac{\partial P}{P}=-\frac{D}{1+\frac{r}{m}}\times\partial r\Rightarrow\frac{\partial P}{P}=-MD\times\partial r \tag{10-14}$$

$$MD=-\frac{D}{1+\frac{r}{m}} \tag{10-15}$$

在實務上，常利用修正的存續期間，去求算當殖利率每變動一單位（Δr）時，債券價格的變動幅度（ΔP）。其計算式由（10-14）式整理爲（10-16）式：

$$\partial P=-MD\times\partial r\times P\Rightarrow\Delta P=MD\times\Delta r\times P \tag{10-16}$$

例題 10-6 【概算債券價格】

假設有一面額 100 萬元的債券價格爲 105 萬元，其修正存續期間爲 4.45，現在殖利率變動 0.02%，則債券價格變動多少元？

解

$\Delta P=MD\times\Delta r\times P=4.45\times0.0002\times1{,}050{,}000=934.5$（元）

例題 10-7 【存續期間計算】

假設有一 5 年期債券，票面利率 8.5%，半年付息一次，若評價日爲發行日，假設此時殖利率爲 6.47%，則其 (1) 該債券的存續期間爲何？ (2) 修正的存續期間爲何？ (3) 若殖利率下滑 2bp（0.02%），殖利率變爲 6.45%，則利用修正的存續期間計算，面額 5,000 萬的債券價格變動金額多少？

解

若債券面額 100 萬元，票面利率 8.5%，所以每半年付息一次的現金流量（CF）爲 $1{,}000{,}000\times\dfrac{8.5\%}{2}=42{,}500$，下表爲每期現金流量與其現值。

t	CF_t	PV（CF_t）	t×PV（CF_t）
1	42,500	41,168	41,168
2	42,500	39,878	79,756
3	42,500	38,629	115,887
4	42,500	37,418	149,672
5	42,500	36,246	181,230
6	42,500	35,110	210,660
7	42,500	34,010	238,070
8	42,500	32,944	263,552
9	42,500	31,911	287,199
10	1,042,500	758,240	7,582,400
		P = 1,085,554	9,179,594

P：債券的價格；t：債券的付息期數；CF_t：債券的每期的現金流量

$PV(CF_t)$：債券的每期現金流量的現值

(1) 存續期間：$D=\dfrac{\sum_{t=1}^{10} t\times\dfrac{CF_t}{(1+r)^t}}{P}=\dfrac{9{,}149{,}594}{1{,}085{,}554}=8.428$

因存續期間 8.428 爲以半年爲一期，若是以一年計，則存續期間須除以 2 來進行調整，所以年計的存續期間爲 $D=\dfrac{8.428}{2}=4.214$

(2) 修正存續期間：$MD=\dfrac{D}{1+\dfrac{r}{m}}=\dfrac{4.214}{(1+\dfrac{6.47\%}{2})}=4.082$

(3) 因面額 100 萬元的價格爲 1,085,554 元，所以面額 5,000 萬的價格爲 54,277,700 元（$1,085,554\times 50$）

所以當殖利率下跌 0.02%，則價格上漲 ΔP

$\Delta P=MD\times\Delta r\times P=4.082\times 0.0002\times 54,277,700=44,312.3$（元）

（三）存續期間的特性

債券的存續期間，具有以下幾項特性：

1. 零息債券的存續期間等於到期年限：因零息債券期間不支付利息，故只有在到期日時才有現金流量，所以存續期間等於到期年限；通常一般的債券，存續期間一定小於等於到期年限。
2. 債券到期年限愈長，存續期間愈大：在其他條件不變下，期限愈長的債券，暴露在利率風險的時間愈長，所以存續期間愈大。
3. 債券殖利率愈低，存續期間愈大：在其他條件不變下，債券的到期收益率愈低，其持有債券至到期的報酬率愈低，因此面臨較大的利率風險，所以存續期間愈大。
4. 債券票面利率愈低，存續期間愈大：若到期年限固定，則票面利率愈低的債券，其現金回收速度較慢，因此利率變動的風險較高，所以存續期間愈大。
5. 債券付息次數愈多，存續期間愈小：若到期年限固定，則債券付息次數愈多，債券愈早回收，因此相對風險較小，所以存續期間愈小。
6. 通常浮動利率債券，存續期間爲距下一個付息重設的時間長度：但若採用連續付息的債券，其存續期間爲零。

二 投資風險

債券的投資風險，有以下幾項：

（一）利率風險（Interest Risk）

利率風險是指債券價格受到市場利率變動的影響。當利率下降時，債券價格會上升，此時會有資本利得；若利率上升，債券價格會下跌，將造成債券投資的資本損失。

（二）違約風險（Default Risk）

違約風險又稱信用風險（Credit Risk），是指發行公司無法按時支付債券契約中所規定的利息或本金。違約風險代表一家公司的信用程度，若信用程度低，違約風險則越高，有關發行公司的信用程度，可參考信用評等機構的評等結果。

（三）通貨膨脹風險（Inflation Risk）

通貨膨脹風險是指債券的固定收益，當通貨膨脹上升時會導致實質購買力降低之風險。因此對發行公司而言，未來實質支出會降低，但對債券投資人而言，實質收入亦將會減少。

（四）流動性風險（Liquidity Risk）

流動性風險是指債券依目前價格，在市場變現的程度。若市場交易活絡，變現速度愈快，代表流動性愈高，流動性風險就愈低；反之，若市場交易冷淡，流動性風險就愈高。通常債券是較大金額的買賣交易，因此流動性高低是決定此債券價格的一項重要因素。

（五）再投資風險（Reinvestment Risk）

再投資風險是指債券投資人將定期收到的利息再進行投資，所面臨到當時投資報酬率高低的風險。通常再投資收益率受到市場利率的影響，當利率愈高，債券再投資收益率愈高，再投資風險就愈低；反之，當利率愈低，再投資風險就愈高。通常債券所面臨的再投資風險與利率風險，對債券價格的影響剛好是反向。因為市場利率下降，再投資風險增加，使債券價格下跌；但利率風險減少，又使債券價格上漲，如此一來一往，將使債券價格不因利率變動而改變，就形成**利率風險免疫**。

三 債券評等

評鑑債券品質好壞，必須透過專業的信用評等機構進行評估。信用評等機構，除了對債券進行評等外，對國家、銀行、證券公司與基金也進行評等。全世界最著名的信用評等機構爲「慕迪（Moody's）」、「標準普爾（Standard & Poor's）」與「惠譽國際（Fitch Rating）」。國內的信用評等公司，爲 1997 年與標準普爾合作成立的「中華信用評等公司」。信用評等機構通常會依據公司信用的優劣，給予不同等級的代號。

以下我們利用標準普爾的評等符號（詳見表 10-2）進行說明，字母 A 愈多表示信用評等分數愈高，發行人發生信用危機風險愈低，債券的殖利率愈低。評等等級 A 級依序大於 B 級、C 級與 D 級，有些等級又會以「＋」與「－」進一步細分。例如，「A ＋」＞「A」＞「A －」。

表 10-2　信用評等符號與其意義說明

投資等級	AAA	信譽極好，償債能力最強，幾乎無風險。
投資等級	AA	信譽優良，償債能力甚強，基本無風險。
投資等級	A	信譽較好，償債能力強，具備支付能力，風險較小。
投資等級	BBB	信譽一般，足夠償債能力，具備基本支付能力，稍有風險。
投機等級	BB	信譽欠佳，短期有足夠償債能力，支付能力不穩定，有一定的風險。
投機等級	B	信譽較差，短期仍有足夠償債能力，近期支付能力不穩定，有很大風險。
投機等級	CCC	信譽很差，償債能力不可靠，有可能違約。
投機等級	CC	信譽太差，償還能力差，有很大可能違約。
投機等級	C	信譽極差，幾乎完全喪失償債能力、完全喪失支付能力，極可能違約。
投機等級	D	違約。

投資新視界

新興市場 ESG 債券夯！發債量已超越去年全年

https://www.youtube.com/watch?v=gARA9j1--qg

面對氣候議題、減碳概念盛行，ESG 投資浪潮持續成為熱門，且永續主題債券在疫情期間相對抗跌。投信業者順勢推出「ESG 永續主題債券基金」。

壽險對俄曝險 1382 億 壽險公會：占比極低．風險可控

https://www.youtube.com/watch?v=Ttigasz-rq4

烏俄兩國開戰，導致俄債價格大跌！投資俄債高達 1,382 億的壽險業成為重災戶，對此壽險公會出面承諾會追蹤俄羅斯償付能力，妥善控管投資風險。

烏克蘭發戰爭債！年利率達 11% 散戶搶洽購 ... 想買不容易？

https://www.youtube.com/watch?v=LY9qUUsce5Q

為了對抗俄羅斯軍隊，烏克蘭政府發行「戰爭債券」籌資，年利率高達 11%，比美國抗通膨債券（TIPS）7.12% 利率還要高，引發散戶熱烈詢問。

本章習題

一、選擇題

證照題

( ) 1. 下列敘述，何者有誤？ (A) 永續債券的到期日是無窮大，但其存續期間仍然可以求算 (B) 零息債券之存續期間大於到期期間 (C) 浮動利率債券存續期間等於每期的期間 (D) 所有付息債券的存續期間皆會小於其到期期間。

【2011-3 證券商高級業務員】

( ) 2. 債券發行單位無力償還債券本金或債息的風險是屬投資債券的： (A) 贖回風險 (B) 流動性風險 (C) 利率風險 (D) 違約風險。

【2011-3 證券商高級業務員】

( ) 3. 在債券評等中，下列何者在 Moody's 債券評等等級中不屬於垃圾債券（Junk Bond）？ (A) Baa (B) Ba (C) B (D) Caa。 【2011-4 證券商高級業務員】

( ) 4. 下列那些公司債條款的權利在投資人身上？甲 . 可轉換公司債；乙 . 可贖回公司債；丙 . 可賣回公司債；丁 . 附認股權公司債 (A) 僅甲及乙 (B) 僅丙 (C) 僅甲、丙及丁 (D) 甲、乙、丙及丁。 【2012-1 證券商業務員】

( ) 5. 一般情況下零息債券（Zero-coupon Bond）： (A) 其面額及利息均為 0 (B) 其到期日為無限久 (C) 總是以溢價發行 (D) 總是以折價發行。

【2012-1 證券商高級業務員】

( ) 6. 下列何種債券可提供投資人對利率上漲風險的保護？ (A) 浮動利率債券 (B) 固定利率債券 (C) 可提前償還公司債 (D) 股權連動債券。

【2012-4 證券商業務員】

( ) 7. 下列關於債券的關係，何者不呈反向？ (A) 存續期間與到期日 (B) 存續期間與到期收益率 (C) 收益率與債券價格 (D) 通貨膨脹率與債券價格。

【2012-4 證券投資分析人員】

( ) 8. 在其他條件相同情況下，下列何種發行條件組合的債券，其存續期間最長： (A) 5%、10 年期 (B) 5%、20 年期 (C) 8%、10 年期 (D) 8%、20 年期。

【2013-1 證券投資分析人員】

( ) 9. 零息債券的存續期間： (A) 少於到期日 (B) 大於到期日 (C) 等於到期日 (D) 大於贖回日。 【2013-3 證券投資分析人員】

( ) 10. 可轉讓公司債之債權人於執行轉換權利時，必須：甲、給付轉換股款予公司；乙、交付可轉換公司債給公司 (A) 僅甲對 (B) 僅乙對 (C) 甲、乙均對 (D) 甲、乙均不對。【2013-4 證券商高級業務員】

( ) 11. 債券票面利率高於期望殖利率，則債券價格： (A) 高於面額 (B) 低於面額 (C) 等於面額 (D) 選項 (A)、(B)、(C) 皆非。【2013-4 證券商高級業務員】

( ) 12. 有關存續期間（Duration）之特性，下列敘述何者錯誤的？ (A) 零息債券的存續期間等於到期期限 (B) 存續期間愈長，債券利率風險愈小 (C) 票面利率愈高，存續期間愈短 (D) 存續期間是債券未來現金流量的平均到期期間。

【2013-4 證券投資分析人員】

( ) 13. 下列何者爲投資本國政府債券所會面臨的主要風險？ (A) 利率風險 (B) 違約風險 (C) 到期風險 (D) 匯率風險。【2014-1 證券商業務員】

( ) 14. 當預期利率上漲時，投資人的公債操作策略爲： (A) 將短期公債換成長期公債 (B) 將票面利率低的公債換成票面利率較高的公債 (C) 將面額大的公債換成面額小的公債 (D) 持有原來的公債不變。【2015-1 證券業務員】

( ) 15. 在其他條件不變下，下列何債券相對上可能有較高之利率風險？ (A) 票面利率 8%，20 年期 (B) 票面利率 9%，15 年期 (C) 票面利率 12%，8 年期 (D) 票面利率 10%，10 年期。【2015-1 證券高級業務員】

( ) 16. 當利率下跌時，對債券價格與再投資報酬率之影響爲何？ (A) 債券價格與再投資報酬率皆上升 (B) 債券價格上升但再投資報酬率下跌 (C) 債券價格與再投資報酬率皆下跌 (D) 債券價格下跌但再投資報酬率上升。

【2015-3 證券高級業務員】

( ) 17. 債券的免疫（Immunization）主要原理爲何？ (A) 利用殖利率變化導致利息再投資報酬波動與債券價格波動剛好相互抵消 (B) 利用債券到期期間與投資目標期間之相互配合 (C) 利用債券價格波動來避開股票系統風險 (D) 利用債券的凸性來避開殖利率波動風險。【2015-3 證券投資分析人員】

( ) 18. 相同公司發行的債券，其他條件完全相同下，就普通公司債、可轉換公司債與可贖回公司債給投資人的利率令爲 RA、RB、RC，在合理情況下其利率高低順序應爲？

(A) RA < RB < RC (B) RB < RC < RA

(C) RB < RA < RC (D) RC < RB < RA。【2015-3 證券投資分析人員】

( ) 19. 債券組合管理中的免疫策略（Immunization Strategies）是規避： (A) 利率風險 (B) 流動性風險 (C) 信用風險 (D) 個別公司風險。 【2016-3 證券業務員】

( ) 20. 若存續期間（Duration）相同，則公債之殖利率將較公司債爲： (A) 高 (B) 低 (C) 相同 (D) 不一定。 【2016-4 證券業務員】

( ) 21. 假設有一債券的存續期間爲 10，當時的殖利率（YTM）爲 5%，請問當其 YTM 變動 1bp 時，該債券價格變動的百分比爲何？ (A) 10% (B) 200% (C) 0.072468% (D) 0.095238%。 【2018-2 證券商高級業務員】

( ) 22. 可轉換公司債的票面利率通常會比一般公司債低，其原因爲何？ (A) 到期期間通常較短 (B) 違約風險較小 (C) 投資人有賣回給發行公司的權利 (D) 投資人具有轉換普通股的權利。 【2018-4 證券商業務員】

( ) 23. 下列有關債券利率之敘述，何者有誤？ (A) 債券價格與利率間成反比 (B) 短期債券的利率風險高於長期債券 (C) 永續債券沒有固定到期日 (D) 債券距到期日愈遠，其價格隨市場利率變動的敏感性愈大。

【2019-1 證券投資分析人員】

( ) 24. 在其他條件相同下，以下何者的票面利率會「最高」？ (A) 可轉換公司債 (B) 可贖回公司債 (C) 可賣回公司債 (D) 附認股權證公司債。

【2021-2 證券商高級業務員】

( ) 25. 假設到期年數與殖利率不變，下列何種債券之存續期間「最短」？ (A) 溢價債券 (B) 折價債券 (C) 平價債券 (D) 零息債券。

【2021-3 證券商高級業務員】

二、簡答與計算題

基礎題

1. 請問債券依發行主體可區分爲哪幾種？
2. 請問有擔保債券與抵押債券有何差異？
3. 請問通常國外最常用的浮動指標利率爲何？
4. 請寫出五種附帶選擇權之債券？
5. 請問普通債券、次順位債券、普通股與特別股，對公司的剩餘資產求償權順序爲何？
6. 若有一溢價債券，請問其票面利率、當期收益率與到期收益率之關係？

7. 某一債券票面面額 10,000 元，票面利率 6%，期限 3 年，
   (1) 若當時債券市價爲 9,000 元，則請問此債券爲折價、平價或溢價債券？當期收益率爲何？到期收益率爲何？
   (2) 若當時債券市價爲 10,000 元，則請問此債券爲折價、平價或溢價債券？當期收益率爲何？到期收益率爲何？
   (3) 若當時債券市價爲 11,000 元，則請問此債券爲折價、平價或溢價債券？當期收益率爲何？到期收益率爲何？
8. 某一債券票面面額 100,000 元，票面利率 6%，期限 3 年，殖利率爲 4%，
   (1) 若債券每一年付息一次，請問債券價格爲何？
   (2) 若債券半年複利，一年付息一次，請問債券價格爲何？
   (3) 若債券半年付息一次，請問債券價格爲何？
9. 有一 2 年期零息債券面額 100 萬元，殖利率 6%，請問債券價格爲何？
10. 假設有一銀行發行永續債券，每張面額 100 萬，票面利率爲 6%，若在折現率爲 8% 的情形下，
   (1) 請問現在永續債券的價格爲何？
   (2) 如果在折現率 4% 的情形下，請問現在永續債券的價格爲何？
11. 何謂債券的存續期間？
12. 請問修正的債券存續期間與存續期間差異爲何？
13. 請問在推導存續期間時，存續期間爲負值的意義爲何，
14. 請問投資債券會面臨哪幾種風險？
15. 債券的風險中，請問哪兩種風險會因利率變動而相互抵消，使債券形成利率風險免疫？

進階題

16. 若銀行發行 5 年期到期之金融債券，一張面額 10 萬元，票面利率 8%，債券殖利率爲 6%，投資人買進之後經過一年後，債券殖利率變爲 7%，請問此時投資人損益爲何？
17. 若 3 年期公司債原本採半年付息一次，一張面額 10 萬元債券，每半年可領 3,000 元利息，則此債券以 94,756 元出售。若在相同殖利率下，公司債改採半年複利一年付息一次，請問債券此時應以多少價格出售？

18. 某人現在有 75 萬元，欲投資面額皆爲 100 萬元的兩種不同類型債券，甲券每年可領 9 萬元利息，但無到期日；乙券 3 年後可領回，面額爲 100 萬元。請問投資人應買甲或乙債券？
19. 若有一公司債券的存續期間爲 6.8，該債券的殖利率爲 4.96%，且採半年付息一次，(1) 請問該債券的修正存續期間爲何？ (2) 若殖利率下滑 5bp（0.05%），殖利率變爲 4.89%，則利用修正的存續期間計算，面額 5,000 萬的債券價格變動金額多少？
20. 下列債券皆爲 5 年期，請問各種不同情形下存續期間會各有差異，請依存續期間高低排序：A. 一年付息一次的固定利率債、B. 半年付息一次的固定利率債、C. 零息債券、D 浮動利率債券

chapter 11

債券市場

本章大綱

本章內容為債券市場，主要介紹債券市場的簡介與交易實務。其內容詳見下表。

節次	節名	主要內容
11-1	債券市場簡介	債券的發行與流通、債券市場的主要參與者。
11-2	債券交易實務	債券附條件交易與買賣斷交易。

11-1 債券市場簡介

國內近十幾年來，資本市場隨著經濟的成長而蓬勃發展，資本市場的交易工具中，股票一直是國人耳熟能詳的理財工具，但國內自從 1992 年度起債券市場的成交量已大於股票市場的成交量，使得一向投資收益較穩定的債券市場也逐漸受到重視。

隨著債券電子交易的發展，提高債市的流動性，使得交易更加的活絡，根據政府統計 2006 年臺灣債市交易量已位居亞洲第二位，僅次於日本，債市的發展已不可同日而語。政府爲實現讓臺灣成爲亞太籌資中心，將積極發展債市、股市的境外交易平台，初期交易將以美元計價，以吸引國際中、長期資金進駐，減少資本市場動盪。這個被稱爲是「國際板」的境外交易平台，也於 2006 年 11 月由第一檔美元債券掛牌正式的揭幕，也引領國內債券市場進入一個新的里程碑；2014 年底國際債的規模已超越公債的規模，成爲國內最大的發債市場。此外，2013 年金管會進一步開放大陸企業來臺發行以人民幣計價的「寶島債」，亦掀起國內債市發行人民幣之熱潮。因此國內的債券市場的已逐爲資本市場之要角。以下將介紹臺灣債券市場的發行、流通與交易實務。

一 債券的發行與流通

債券市場是債券發行及買賣的場所，主要是由「賣方」（發行機構）、「買方」（投資人）及「證券商」（證券承銷商或交易商）等三者所構成。債券市場依交易層次可分爲發行與流通的市場，以下將介紹債券市場的初級與次級市場。

（一）初級市場（發行市場）

發行主體爲了籌措中、長期的資金，以辦理新債券發行之市場，通常此市場是無固定的發行時間與地點，屬於無形的市場，而依發行主體的不同，其發行方式亦有所不同。以下分別說明之：

1. 政府公債：政府公債通常採「標售」方式發行，分爲競標和非競標兩種，競標是依照投標之價格超過底價，或投標之利率低於底價最多者優先成交，並依價格高低順次得標；而非競標係採競標得標之加權平均價格發售。中央銀行代表財政部經理政府債券發行，目前政府債券於初級市場標售，最小的競標單位爲 5,000 萬新臺幣，之後的最小增額單位爲 1,000 萬新臺幣，且所有的競標價格皆以殖利率表示。

2. 金融債券：通常由專業與商業銀行所發行的金融債券，主要用於中長期放款或改善銀行的資本適足率。金融債券由發行銀行「自行銷售」，債券之發行是採取核准發行制，發行程序通常須先經發行銀行董事會審議通過，再送財政部核准。

3. 公司債（Corporate Bonds）：公開發行公司爲籌措中長期資金，所發行的可轉讓債務憑證。募集公司債時，若採「私下募集」方式，允許公開發行公司向特定人銷售，並未限制須透過承銷商承銷；且此公司債不能上櫃。若採「公開發行」方式，發行公司「可委託」、亦可「未委託」承銷商對外公開銷售；且此公司債可上櫃買賣。國內現行公開發行的公司債，大都採「未委託」的方式對外公開銷售。

4. 國際債券：國外的企業、金融機構與政府單位、以及國內的公司與金融機構都可在國內發行「非臺幣」的國際債券。通常發行國際債券時，可以公開募集亦可私募，投資人可直接找主辦或協辦承銷商認購即可。爲了協助國際債券在臺發行與交易，國內櫃檯買賣中心於 2006 年 11 月推出「國際債券板」，提供掛牌上市。由於國際板債券主要買盤爲國內保險業，經過這幾年的大舉購債，都也已達投資海外資產的上限。因此金管會，自 2019 年起轉向鼓勵業者發行新臺幣的國際債券，以取代美元爲主的國際板債券。

市場焦點

新政策　8 成可轉債將改採競價拍賣

金管會宣布可轉換公司債承銷新政策，中信金旗下中信證券預估，未來市場上近 8 成可轉換公司債案件將改採競價拍賣方式，若以 2020 年市場總承銷金額約新臺幣 700 億元計算，競拍市場規模將達新臺幣 560 億元。

金管會已宣布，除無擔保轉換公司之承銷金額達新臺幣 20 億元或發行時轉換溢價率超過 105% 者之外，其他可轉債須採競價拍賣方式辦理，讓承銷制度更趨公平，保障投資人權益。未來各家券商配合主管機關政策，市場將有更多優質的可轉債案件採用競拍方式承銷，讓投資人可公平參與，促進資本市場健全發展。

資料來源：節錄自工商時報 2021/05/10

解說

由於可轉債屬於「進可攻、退可守」的商品，常受資金大戶的青睞。國內以往可轉債初級市場的申購都採取詢價圈購，常是券商與資金大戶進行「黑箱作業」的一環。現在承銷制度改變，讓小額投資人能在可轉債發行階段，就參與公開競標，將使可轉債的發行市場更為透明。

（二）次級市場（流通市場）

目前國內債券的流通交易，大部分都是在「**證券商營業處所內**」以議價方式交易而成。但臺灣的兩大現貨交易所—「證券交易所」與「櫃檯買賣中心」，爲了提高債券的交易效率，亦有提供債券的電腦撮合的交易系統。以下將分別介紹這兩交易所的債券交易制度。

1. 證券交易所：臺灣證券交易所主要提供政府債券、公司債（含可轉換公司債）、金融債券與外國債券等之「買賣斷」競價交易系統，交易採「價格報價」方式進行撮合，申報買賣數量必須以面額十萬元爲一交易單位，每一升降單位爲 0.01 元。實際上，現行在證券交易所交易的債券，以「可轉換公司債」爲主，其餘大都皆在證券商或櫃檯買賣中心進行交易。

2. 證券櫃檯買賣中心：證券櫃檯買賣中心主要提供政府債券、地方債券、公司債、金融債券、受益證券與外國債券等之「買賣斷」與「附條件交易」交易。因債券交易，通常單筆交易面額大，成交的筆數不像股票市場那樣頻繁，所以國內的債券交易還是習慣於「證券商營業處所內」以議價方式交易；但櫃檯買賣中心，亦提供幾項債券的電腦搓合交易系統，希望提升交易速度，以促進流動性。

此外，國內的債券交易價格，均採「除息報價」[1] 交易；且爲了使債券交易更具流動性，現行法令中不管買賣公債、公司債、金融債券與國際債券等，都無須課徵證券交易稅。以下表 11-1 將進一步說明證券商營業處所議價交易、與櫃檯買賣中心的各項債券交易系統的交易制度。

1 除息報價乃債券買賣交易時，價格的報價方式，並不包含債券現在與具上一次領息，這段期間的應計利息。

表 11-1 各種債券交易系統比較[2]

系統	債券種類	交易方式	報價與升降單位	最低成交單位
證券商營業處所議價	所有種類債券	・買賣斷 ・附條件	・殖利率報價（0.0001 %） ・價格報價（0.0001 元）	・新臺幣債券：面額 1 萬元 ・美元或歐元債券：面額 1,000 元 ・人民幣或南非幣債券：面額 1 萬元 ・日圓債券：面額 10 萬元
債券等殖成交系統	中央政府登錄公債、公司債、金融債、地方政府公債、受益證券、臺幣計價外國債及分割債	・買賣斷 ・附條件	・殖利率報價（0.0001 %） ・價格報價（0.01 元）	・公債電腦議價：面額 5,000 萬元 ・公債比對系統：面額 10 萬元 ・非公債類的債券：面額 10 萬元
國際債券交易系統[2]	外幣計價國際債券	・買賣斷 ・附條件	・殖利率報價（0.0001 %） ・價格報價（0.01 元）	・美元或歐元債券：面額 10 萬元 ・人民幣債券：面額 100 萬 ・日圓債券：面額 1,000 萬元
等價成交系統	轉換公司債、交換公司債及附認股權公司債	・買賣斷	・價格報價（0～150 元：5 分 150～1,000 元：1 元 1,000 元以上：5 元）	・面額 10 萬元

資料來源：整理於證券櫃檯買賣中心

二 債券市場的參與者

1989 年以前，政府公債交易不活絡，但交易量有逐漸放大的趨勢，到 1992 年，國內的債市成交量超過股市的成交量，使債市逐漸受到重視。近年來隨著債券電子交易的發展，提高債市的流動性，使得交易更加的活絡，根據政府統計 2006 年臺灣債市交易量已位居亞洲第二位。雖然臺灣的債市成交量在這十幾年來的發展，已有相當程度的成長，但臺灣債券市場由於買賣斷最小交易單位爲 5,000 萬元，因金額過於龐大，非個人所能負擔，且國人對債券投資並不熟悉，故參與債券投資的散戶比例較少，法人機構仍是市場的主要參與者。以下我們逐一介紹債市的主要參與者。

2 政府爲活絡國內公司債交易，並整合公債與公司債交易平台，已於 2014 年底將原先已交易公司債爲主的「固定收益證券交易系統」，納入「債券等殖成交系統」。

（一）金融機構

金融機構（銀行、信託公司、信用合作社與農漁會等）是債券市場最主要的資金供給者及投資者，金融機構大部分購買公債的目的是用以充當銀行的流動準備金，甚少在次級市場交易。近年來，已有部分銀行積極參與次級市場的報價，由於他們的參與使公債的交易市場更加活絡。

（二）郵匯局

依規定郵匯局對個人吸收的存款不得從事放款用，所以郵匯局的龐大資金只能轉存央行、其他行庫或用以投資。近年來，由於郵儲金大量的投入公債市場，透過初級市場的競標，次級市場的買賣斷、附條件交易及資產交換方式，使郵儲金能直接挹注整個債券市場。同時，郵匯局亦提供小額公債（面額 100 萬以下）給予投資人認購，建立一般投資人購買公債及參與國家建設的管道。

（三）保險公司

保險公司擁有大量長期穩定的保險費收入，債券投資一直是保險公司的主要投資項目之一，因交易量大，在債券市場的影響力日趨增長。2001 年政府開放保險業，可申請受託爲公債交易商，參與中央公債投標，使得保險公司在債券市場的影響力日趨增長。

（四）證券自營商

大部分的綜合證券商都擁有公債交易商的執照，由於證券商資金規模相對較銀行業者小，經營方式多半採取買斷方式購入債券，再與投資人承作附買回交易換取資金，以供證券商養券，由於操作手法活靈活，且積極地提供買賣斷的雙向報價，可說是我國債券市場的「**市場創造者**」（Market Marker），對債市的發展有著舉足輕重的地位。

（五）票券金融公司

票券金融公司之前由於受到法令的限制，只能投資到期日在一年以下的債券，使得經營空間受到擠壓，自 1995 年 8 月起財政部允許票券金融公司取得公債交易商執照，使角色的扮演與證券自營商相似。財政部爲擴大票券商的資金來源，避免僅能依靠附買回交易、拆款取得短期性質的資金，容易產生資金調度上的困難，於 2001 年 10 月同意票券商可在全部資產減去全部負債的餘額範圍內，發行公司債，因此票券金融公司能同時兼營票券與債券的業務，將使貨幣市場與債券市場的資金流動性更加的顯著，對債券市場的發展極具重要性。

（六）債券型基金

國內的債券型基金主要的投資標的物是以公債、公司債與金融債券的買斷、以及債券附條件交易爲主。近年來，債券型基金挾持著法人及個人投資者皆免稅的利基下，基金規模日益龐大，國內整體債券型基金的規模至 2021 年 12 月接近 6,000 億元，另外在加上貨幣型基金（可投資短期債券）後約有 1.45 兆的資金，是債券市場的主力買盤之一。所以目前臺灣單一債券型基金的規模動輒上百億，儼然成爲債券市場的左右行情投資大戶。

（七）一般企業法人

一般企業的營運資金首重安全性及流動性，因此可將資金投資公債附買回（RP）及債券型基金（法人投資公債附買回利息收入需課徵營利事業所得稅，但投資債券型基金則稅負免稅，故大部分法人機構，以投資債券型基金爲主）。部分的營建商爲了參與工程及土地的競標所需繳押標金，通常營建商會購買公債充當之。

（八）一般自然人

一般個人投資戶主要以承作公債附買回（RP）交易爲主，因利息收入僅需分離課稅 10%，成爲高所得的節稅利器。此外，一般自然人亦可在郵匯局認購 100 萬元的小額公債。

11-2 債券交易實務

國內的債券交易方式主要可分「債券附條件交易」、「債券買賣斷交易」及「債券保證金交易」三種，以下我們僅針對現在市場上，尚有在交易的「附條件」與「買賣斷」這兩種交易方式介紹之。

一 債券附條件交易

投資債券通常需要金額大、時間長，並不是一般小額投資人容易承作的金融工具，所以爲使債券交易可以更活絡，於是債券交易商將身旁的債券，短暫的賣給投資人；或投資人（通常爲法人）將身旁的債券，短暫的質押給債券交易商，以債券爲憑藉，互通資金。雙方債券交易不採買賣斷方式，而是投資人與債券交易商事先簽定附條件交易約定書，交易時依合約簽定方式交易，通常投資人只承作短期性的合約，合約日期爲 2 ～ 364 天內。通常附條件交易的交割期限依一般市場實務爲成交日當日，即 T 日交割。

債券附條件交易主要可分爲兩種：附買回交易（RP）與附賣回交易（RS），通常附條件交易的買賣立場，是以「**債券交易商**」爲出發，其交易示意圖如圖 11-1，以下將分別介紹這兩種交易。

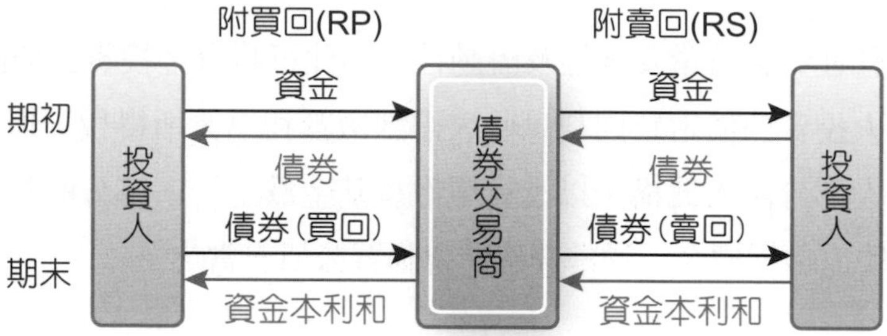

圖 11-1　債券附買回（RP）與附賣回（RS）示意圖

（一）債券附買回交易（**Repurchase Agreement；RP**）

投資人購買債券不採買斷方式，而是事先與債券交易商簽定附條件約定，交易時雙方約定承作金額、利率與天期，到期時交易商以期初約定的利率及所產生的本利和向客戶買回債券，稱爲「債券附買回交易」。通常債券附買回的標的物是以公債爲主，亦可承作普通公司債與可轉換公司債的附買回交易，因標的物債信不同，所以公司債與可轉換公司債的 RP 利率會高於公債 RP 利率。

通常投資人投資附買回交易所產生的利息收入，依據現行稅法須採「10% 的分離課稅」，稅後收益有時甚至比 1 ～ 3 個月定期存款高。投資人可依自己資金狀況，選擇合適的天期承作，並可靈活運用資金投資股票與債券相互搭配操作，尚可中途解約，利息不打折，操作方便靈活。

例題 11-1

假設某甲有閒置資金 500 萬欲向某交易商承作公債 RP，雙方約定承作天期 10 天，利率 2.5%，則

(1) 到期時，交易商須以多少金額向客戶買回債券？

(2) 若某甲於 7 天後，欲急需動用 200 萬資金，須提前解約部分本金，則原到期日交易商需以多少金額向客戶買回債券？

解

(1) 某甲到期的本息收益（交易商買回金額）為

$$=5,000,000\times\left[1+2.5\%\times(1-10\%)\times\frac{10}{365}\right]=5,003,082$$

(2) 某甲 7 天後的本息收益（交易商買回金額）為

$$=5,000,000\times\left[1+2.5\%\times(1-10\%)\times\frac{7}{365}\right]=5,002,157$$

7 天後的續作金額為 5,002,157 － 2,000,000 ＝ 3,002,157

某甲在原到期日的本息收益（交易商買回金額）為

$$=3,002,157\times\left[1+2.5\%\times(1-10\%)\times\frac{3}{365}\right]=3,002,712$$

（二）債券附賣回交易（Reverse Sell Agreement；RS）

債券附賣回是一種具有融資效果的債券交易，與 RP 為反向操作的交易方式，即債券持有人將債券暫時賣給交易商，雙方約定承作價格、利率與天期，到期時再由交易商以事先約定的價格，再賣回債券給債券持有人，稱為債券附賣回交易。通常在同一天之中，交易商對同天期的 RP 與 RS 的利率報價，會 RS 高於 RP，且兩者均採 10% 的分離課稅。

通常承作 RS 的利率行情是跟著貨幣市場的利率波動，其利率比個人或工商企業向銀行貸款利率來得低，也比定存單質借的利息（定存單的利率加 1% ～ 1.5%）來的低廉，所以以 RS 取得的資金成本較低廉。且持有債券的投資人可以藉由領取長期債券的收益，再將債券承作 RS，只需付短期的利息支出，這樣可以達到養券套利的利益。例如：若投

資人以殖利率 2.9% 買入債券，再將債券與交易商承作 RS，若 RS 利率為 1.3%，則有養券套利的利差 1.6%（2.9% ～ 1.3%）。

例題 11-2

假設於甲銀行需短期資金調度 5,000 萬，以面額 5,000 萬之公債向交易商承作 RS 雙方議定利率 3.2%，承作 30 天期，到期時交易商需支付多少本息給甲銀行？

解

交易商賣還給甲銀行的本息支出為

$$=50,000,000\times\left[1+3.2\%\times(1-10\%)\times\frac{30}{365}\right]=50,118,356$$

市場焦點

櫃買擴大券商參與債券 ETF 得從事附條件交易

櫃買中心表示，為完善債券 ETF 市場機制，櫃買中心自 2016 年 1 月起開放證券商承作債券 ETF 附條件交易，這項措施將可大幅提升證券商持有及參與買賣債券 ETF 的誘因，奠定我國債券 ETF 市場未來發展的重要基礎。

櫃買中心表示，為擴大一般投資人參與投資債券市場，今年將積極推動寶島債券 ETF 問世，同時，為提高證券商持有債券 ETF 的誘因，未來證券商持有之寶島債券經申購轉換為寶島債券 ETF 之後，仍然可以用債券 ETF 與客戶進行附條件交易，以提升債券 ETF 的流動性。

因此，新制不僅有利於擴大寶島債券 ETF 之發行規模，也有利於活絡寶島債券 ETF 次級市場。因此未來寶島債券 ETF 的發行，除可讓一般投資人能夠以參與股票市場的方式，輕鬆投資寶島債券市場外，也可讓小額投資人參與寶島債券市場的發展成果。

資料來源：摘錄自工商時報 2017/02/01

解說

政府為了活絡債券 ETF 市場的流動性，開放券商可以買進債券 ETF 之後，仿效一般的債券與小額投資人承作附條件交易。此舉將有助於讓小額投資人，參與債券市場，藉以提升債券 ETF 的流動性。

二 債券買賣斷交易（OP/OS）

債券買斷與賣斷交易不同於附條件交易，是一種涉及所有權移轉的買賣。通常債券買賣斷交易的買賣立場跟附條件交易一樣，都是以「**債券交易商**」的觀點出發。債券買方向賣方支付價款後，以換取該債券的所有權及本息的兌領權利，稱爲「買斷」（Outright Purchase；OP），反之則稱爲「賣斷」（Outright Sell；OS）。

通常市場上，交易買賣斷都是以法人爲主，投資人買斷債券後，不但可享有購入債券之長期固定利息收入外，且當需要短期資金週轉時，亦可拿此債券與債券交易商承作附賣回交易，借款利息比照貨幣市場的短期利率，比債券長期收益低，因此具有養券套利的空間。通常投資買賣斷債券所產生的債息收入，個人亦採 **10% 分離課稅**，法人則課徵**營利事業所得稅**。此外，至證券商營業處所交易買賣斷，其交割期限是成交日（T 日）的次二營業日前，即 T 日、T ＋ 1 日或 T ＋ 2 日交割，由交易雙方自行約定。

在債券市場中最常見的買賣斷交易是以「公債」爲主，通常交易一筆基本金額爲 5,000 萬，且大部份透過債券交易商之間以議價方式進行、或透過櫃檯買賣中心所提供的「債券等殖成交系統」進行議價[3]。交易報價以「殖利率報價」居多，其報價的基本升降單位爲 0.01 個基準點[4]（Basis Point；BP）；意即 0.0001%。交易雙方以針對某一期債券掛出願意買進（Bid）或賣出（Ask）的殖利率報價。在買價與賣價中間的價差（Spread）也就是雙向報價交易商的利潤所在，通常買價（賣價）是指交易商願意購買（賣出）的價格。例如：若某交易商針對「央債 103-1」報價買價 2.1425%，賣價 2.1375%，而實務上爲簡化報價以增加交易速度，交易員通常以 1425/1375 表示，省略前面整數位 2.0%。

此外，國內櫃檯買賣中心於 2002 年 12 月起宣佈開始實施「**公債發行前交易**」（When-issued Trading），是指公債在發行前，即可在市場上先進行買賣交易。此制度其

3 「債券等殖成交系統」是以交易指標公債爲主。
4 1 個基準點（BP）＝ 0.01%。

實於 1993 年已開始，只是缺乏明確規範，現在政府將現存的地下交易合法化，有助債市的健全發展。至於將來公債發行前交易時間，爲財政部發布公債標售公告後，自發行前 15 個營業日起，至前 1 個營業日止。此制度實施後，可減輕交易商的投資風險與提高標購的意願，且具有價格發現的功能，使整個債券市場交易機制更完備。

例題 11-3

假設 A 銀行買斷某期公債，面額 5,000 萬，買進殖利率 2.05%，存續期間爲 5.3，成交價格爲 53,140,856 元，若 A 銀行於隔日出售債券，賣出殖利率 2.0%，成交價格爲 53,278,614 元，請問 A 銀行的資本利得爲何？

解

【解法一】

資本利得＝ 53,278,614 － 53,140,856=137,758

【解法二】

利用存續期間的概算結果

$$\Delta P = MD \times \Delta r \times P = \frac{5.3}{1+2.05\%} \times 0.0005 \times 53,140,856 = 137,994$$

通常利用存續期間，求債券價格變動，只適用在殖利率微小變動，若殖利率變動較大，則會產生誤差，需進一步利用債券的凸性[5]來解決。

例題 11-4

假設某自然人於 7 月 1 日，買斷今年 1 月 1 日發行的 5 年期公債，票面利率 1.375%，一年付息一次，面額 500 萬成交價格爲 4,985,500，請問此自然人須支付多少金額買入債券？

5 債券的凸性係數是將債券價格對利率偏微兩次所得的數值，同時利用債券的凸性係數與存續期間，可以更準確概算出債券價格的變動。

解

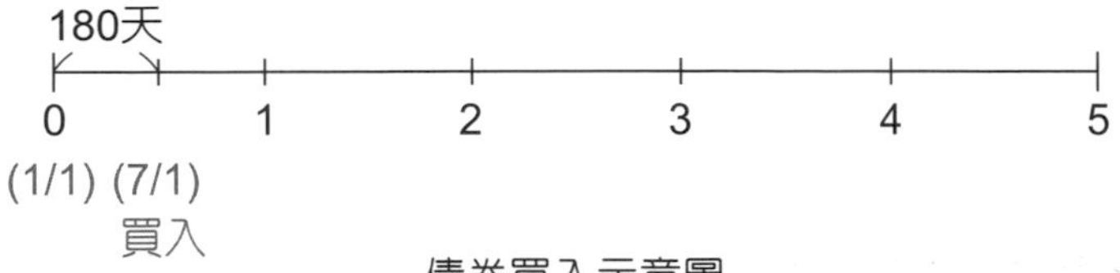

債券買入示意圖

因債券的付息日為1月1日，此債券在7月1日買進，已有利息產生，但還沒有領取，其應計利息 $=5,000,000\times 1.375\%\times\frac{181}{365}=34,092$

此應計利息需繳的稅款為 $=34,092\times 10\%=3,409$

因為投資人於7月1日買進後，所須支付的交割價款，除了當時債券的價格（除息價格）外，還須支付上一位投資人持有期間尚未付息的部分再扣除稅款。

所以交割價款（含息價格）＝成交價格（除息價格）＋應計利息－稅款

$=4,985,500+34,092-3,409=5,016,183$

投資新視界

貪婪華爾街？投行利用俄債券套利　大發戰爭財

https://www.youtube.com/watch?v=CKj9Y4a2pho

美對俄進行經濟制裁，但高盛和摩根大通一方面宣布撤出，卻向客戶推銷低價俄債資產，利用次級市場交易，替客戶套利，讓經濟制裁出現大漏洞。

債券 ETF 投資具優勢免繳證交稅補充保費

https://www.youtube.com/watch?v=wCuI83fXcHU

全球 ETF 市場不斷增長，臺灣自發行以來，規模已突破 5,000 億元！債券 ETF 交易成本與稅制成本，都比一般基金低，具有優勢，現已成為投資新顯學。

本章習題

一、選擇題

證照題

( ) 1. 投資人參與債券初級市場時，不願冒落標的風險，宜採用何種申購方式？ (A) 競標方式（Competitive Bids） (B) 部份競標方式 (C) 部份非競標方式 (D) 非競標方式（Non-competitive Bids）。 【2011-3 證券商高級業務員】

( ) 2. 以附買回方式操作債券時，雙方需約定：甲 . 利率；乙 . 到期日；丙 . 金額 (A) 僅乙、丙對 (B) 僅甲、丙對 (C) 僅甲、乙對 (D) 甲、乙、丙皆對。 【2012-4 證券商高級業務員】

( ) 3. 證券商以自營方式承作買賣債券之附買回或附賣回條件之交易，其約定買回或賣回之期間，最長不得超過多久？ (A) 一年 (B) 九個月 (C) 三個月 (D) 六個月。 【2013-4 證券商業務員】

( ) 4. 以下有關附條件交易的敘述，何者錯誤？ (A) 公司債附買回交易的利率會低於公債附賣回的利率 (B) 附賣回利率會大於附買回利率 (C) 屬於貨幣市場工具 (D) 以政府公債爲主要標的。 【2013-4 證券商業務員】

( ) 5. 假設目前公債 899 期的利率爲 5.25%，甲券商交易員的報價爲 25-24，請問若你要賣出 899 期公債予甲券商，在沒有議價的情況下，其成交利率應爲： (A) 5.25% (B) 5.245% (C) 5.24% (D) 5.23%。 【2013-4 證券商高級業務員】

( ) 6. 櫃檯買賣債券均採何種交易？ (A) 加息交易 (B) 含息交易 (C) 無息交易 (D) 除息交易。 【2015-2 證券業務員】

( ) 7. 於我國外幣計價國際債券市場架構中，何種計價幣別之債券可另稱爲寶島債券？ (A) 美元 (B) 日圓 (C) 人民幣 (D) 澳幣。 【2015-4 證券業務員】

( ) 8. 現行買賣公司債及金融債券之證券交易稅率爲： (A) 千分之一 (B) 千分之二 (C) 千分之三 (D) 免稅。 【2015-4 證券業務員】

( ) 9. 目前臺灣公債交易的報價基礎爲： (A) 價格報價 (B) 殖利率報價 (C) 期限報價 (D) 市價報價。 【2016-2 證券業務員】

( ) 10. 透過櫃檯買賣中心之國際債券交易系統之美金計價國際債券之交易單位爲： (A) 美金一萬元 (B) 美金十萬元 (C) 新臺幣一百萬元 (D) 新臺幣十萬元。 【2016-4 證券高級業務員】

( ) 11. 以下有關附條件交易的敘述，何者正確？ I、附條件交易依據自然人及法人身分差異而有不同的課稅制度；II、附賣回利率大於附買回利率；III、屬於貨幣市場工具；IV、以政府公債爲主的標的 (A) I、II、III、IV (B) 僅 II、III、IV (C) 僅 I、II、III (D) 僅 II、III。 【2018-2 證券投資分析人員】

( ) 12. 下述對基點（Basis Point）的描述何者爲眞？ (A) 基點是 0.0 (B) 基點是 0.00 (C) 基點是 0.000 (D) 選項 (A)(B)(C) 皆非。 【2021-3 證券投資分析人員】

二、問答與計算題

基礎題

1. 請問現行臺灣承做債券附條件交易的稅負爲何？
2. 請問臺灣現行從事債券買賣斷交易基本的金額爲何？
3. 假設某人有閒置資金 1,000 萬欲向某交易商承作公債 RP，雙方約定承作天期 20 天，利率 2.2%，則到期時，交易商須以多少金額向客戶買回債券？
4. 假設於 A 銀行需短期資金調度 2,000 萬，以面額 2,000 萬之公債向交易商承作 RS 雙方議定利率 2.8%，承作 30 天期，到期時交易商需支付多少本息給 A 銀行？
5. 假設 B 銀行買斷某期公債，面額 5,000 萬，買進殖利率 1.85%，存續期間 6.58，若 B 銀行於隔日出售債券，賣出殖利率 1.83%，則 B 銀行資本利得約爲何？

進階題

6. 請描述投資人利用 RS 的養券過程？
7. 請描述若一債券交易商手中並無任何債券，如何利用 RP 與 RS 交易去創造套利空間？
8. 假設某甲自然人買入某債券，此債券距上次付息日爲 120 天，該債券票面利率 1.25%，一年付息一次，面額 5,000 萬成交價格爲 48,856,430，請問甲自然人須支付多少金額買入？

NOTE

04

第四篇

證券分析篇

股票一直是投資人最熱衷的投資工具，投資人若想在股海中獲取不錯的利潤，是必須付出時間與精神去研究分析的。在這研究分析工具中，基本面與技術面分析是最廣為被使用的分析工具。通常投資人會使用基本面分析，尋找合適標的，再藉由技術面分析尋找最佳的買賣時點，兩者相輔相成，才能創造良好的績效。本篇內容包含 3 大章，分別闡述基本面與技術面分析的應用性，其內容對投資人的投資理財活動，尤具重要性。

- **CH 12** 基本面分析——市場面與產業面
- **CH 13** 基本面分析——公司面
- **CH 14** 技術面分析

chapter 12

基本面分析——市場面與產業面

本章大綱

本章內容為基本面分析，主要介紹基本面分析中的市場面與產業面分析等，其內容詳見下表。

節次	節名	主要內容
12-1	基本面分析	由上而下與由下而上兩種分析方法。
12-2	市場面分析	非經濟因素與總體經濟面因素。
12-3	產業面分析	產業分類、生命週期、特性與結構分析。

12-1 基本面分析

股票投資必須付出許多時間與精神進行研究分析，才能獲取不錯的利潤。在研究股票的分析工具中，基本面與技術面分析是最常被使用的分析工具，通常投資人會使用基本面分析（Fundamental Analysis）尋找合適標的，再藉由技術面分析（Technical Analysis）尋找最佳買賣時點，兩者相輔相成，才能創造良好的績效。

通常股票的基本面分析中，是去尋找影響股價變動的因素。一般而言，影響股價變動的因素有二種。其一是由市場本身所造成的，也就是市場風險；另一是由公司的營運與財務狀況所造成的，也就是公司特有風險。所以影響股價變動的因素，基本上是由市場面與公司面這兩大因素所造成。此外，夾雜於市場面與公司面之間尚有產業面的因素，亦會對公司的股價造成影響。因此在探討影響股價變動的因素，必須考慮「**市場面**」、「**產業面**」與「**公司面**」這三大因素。

在基本面分析的模式中，市場面、產業面與公司面這三大因素，若依不同的分析角度可以分成兩種模式，分別爲「由上而下」與「由下而上」兩種分析模式，以下將分別介紹之：

一 由上而下（Top Down）

由上而下的分析方式是由從整體市場分析爲始，再縮小至產業面分析，最後再進行公司面分析。此分析方式通常首先針對整體市場的政經情勢進行分析，若決定此時可以進行投資，再進一步針對產業面進行分析，並選擇一個具有成長潛力的產業後，最後再從該產業中篩選出具有成長潛力的公司進行投資。其分析模式見圖 12-1。

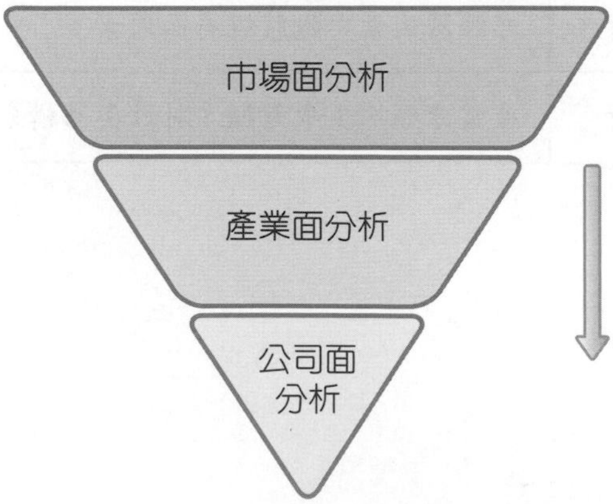

圖 12-1　由上而下的分析方式

二 由下而上（Bottom Up）

由下而上的分析方式剛好與由上而下相反，是由公司面分析爲始，再逐漸擴大比較分析產業，最後再進行整體市場的評估。此分析方式通常先鎖定一家具有成長潛力的公司進行分析，然後再與該產業的相似公司進行比較，評量該公司在該產業的競爭優勢與股價的相對性比較後，再來評估此時整體市場的大環境，是否值得投資該公司的股票。其分析模式見圖 12-2。

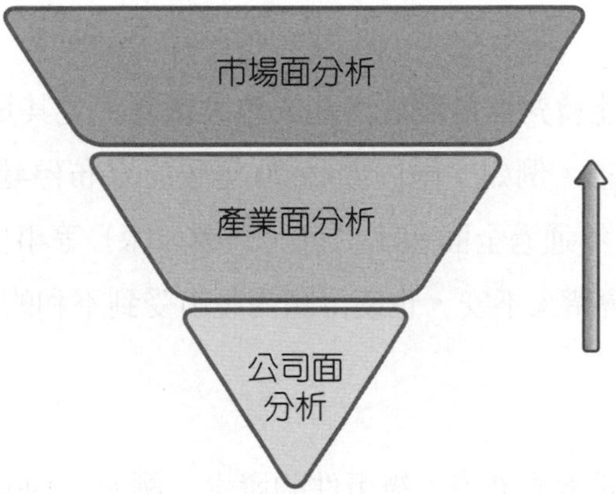

圖 12-2 由下而上的分析方式

12-2 市場面分析

在市場面分析中，大致上有二種因素會影響股價變動，分別爲「非經濟因素」（例如：政治、戰爭、天災與謠言等因素）與「總體經濟面因素」（例如：景氣、利率、匯率、物價等因素）。

一 非經濟因素

市場上會影響股票市場波動的非經濟因素，大概包括：「國內外政治情勢」、「政策法令限制」、「戰爭恐怖攻擊」、「地震海嘯天災」以及「不實傳言謠言」等因素。這些非經濟因素，通常會對經濟產生影響，進而影響股票市場的變動。以下將介紹之：

（一）國內外政治情勢

國內外的政治情勢轉變，常會伴隨著經濟、社會與貿易等政策的改變。例如：以往臺灣與美國每當四年一次的總統大選後，可能因不同政黨當選，所引起的統獨爭議或發生政黨惡鬥情勢，都會讓國內外的股市出現巨大波動。2019年與2020年香港分別發生「反送中」與「港版國安法」的政治紛擾，讓香港人民感受到人權自由被嚴重威脅，造成街民暴動事件，也引起當地股市的震盪。

（二）政策法令限制

政策法令的修訂可能會對社會與經濟造成重大影響，尤其是政府朝令夕改的政策轉彎，更會引起大眾的爭議。例如：國內於 2000 年政府宣布停建核四政策、2013 年恢復課徵證交所得稅及 2016 年通過全面週休二日（一例一休）等事件，這些政策法令的實施與轉變都對當時經濟社會帶來不安，也使得國內股市受到不利的波及。

（三）戰爭恐怖攻擊

戰爭、恐怖攻擊與病毒傳染等人禍事件的發生。例如：1996 年中共對台飛彈演習、2000 年美國與伊拉克戰爭、2001 年美國 911 恐怖攻擊、2016 年歐洲各國連續遭到恐怖攻擊、2020 年中國發生新型冠狀病毒（COVID-19）蔓延至全球事件、以及 2022 年俄羅斯與烏克蘭戰爭等，都造成當地或全球民眾的極度恐慌，也對當地或全球股市帶來巨大危機。

（四）地震海嘯天災

全球每年都會發生地震、海嘯與風災等天災事件，尤其以地震所產生的損害最大，且無法預期。例如：1995 年日本阪神大地震、1999 年臺灣的 921 大地震及 2011 年日本東北大地震並引發海嘯等事件。若發生嚴重地震時，除了會造成嚴重的人員傷亡外，也會造成當地經濟重大損失，甚至波及全球，並使金融市場嚴重受到影響。

（五）不實傳言謠言

市場不實傳言與謠言都是突來的干擾因素，企圖引起投資人恐慌，並造成金融市場的異常波動。例如：1997 年與 2020 年分別謠傳中共、北韓領導人鄧小平、金正恩去世謠言事件。此外，近年來手機通訊軟體發達，市場常有不肖份子利用它來發佈不實謠言，例如：台積電或鴻海老闆身體微恙等，造成被謠傳公司的股價異常變動。

市場焦點

黑天鵝、灰犀牛是什麼？差異在哪？當危機降臨，靠這 3 招化險為夷

黑天鵝（Black Swan）原本是指一種從未被發現的天鵝，但後來因為它的寓意：過往重複千百遍的真理（天鵝都是白色的），只要一個反例出現就會被顛覆，而被拿來形容「從未發生過，影響卻非常劇烈的事件」，像是金融海嘯、川普當選、新冠肺炎。

黑天鵝不是風險，影響極大卻無法預測

黑天鵝效應有 3 項特性：

1. 稀少性：這種事件不是不存在，只是從未發生。為什麼沒發生過？因為發生的機率太小，可能只有 0.0001%，所以非常稀少。
2. 極度衝擊：一旦發生，影響極大，像是次貸危機一爆發，股市蕭條持續十幾年。
3. 事後諸葛：因為稀少，所以不只你沒遇過，可能連你的爸爸和爺爺也沒遇過，所以它沒辦法變成經驗。缺乏經驗，決策時就沒有資訊，因此不可能預測，不存在先見之名。想發現黑天鵝，只有在它出現後才有可能，所以是事後諸葛。

黑天鵝重要但不急迫，你更該擔心灰犀牛

諷刺的是，許多人辯稱黑天鵝是可以預測的，像是次級房貸發生之後，分析師紛紛表示，金融商品連業內人士都看不懂，怎麼可能不出問題？或是前美國總統唐納．川普當選，名嘴才說他的數據分析團隊很強，是致勝關鍵。但當「真的」可以預測的風險發生時，卻沒人想要阻止。這種現象被稱為「灰犀牛（Gray Rhino）」。

灰犀牛跟黑天鵝很像，都會產生劇烈的影響，但兩者相反之處在於，前者機率大、可預期，後者機率小、不可預期。然而，灰犀牛雖然機率大，可預期，但就像是人在看見一隻犀牛往你衝過來，會嚇在原地無法動彈，許多領導者雖然能看見灰犀牛，卻因為種種原因推遲決策，最終失敗。

黑天鵝會傷害所有人，比的是誰恢復更快

應對黑天鵝的 3 種方法：

1. 快速恢復：面對黑天鵝，許多人第一時間會想把自己變得非常強硬，讓黑天鵝傷害不到你。然而，黑天鵝由於無法預測，所以傷害常常會比你想像的還要大，因此再強壯，還是會受傷。所以與其讓自己變強，不如培養恢復力，就像黏土不怕被摔碎、砸爛，因為它可以再黏回原本的樣子。
2. 減輕傷害：在日常生活中保有餘裕，不要追求最佳、最適化。這次新冠肺炎使許多企業的供應鏈出現狀況，就是典型的例子。由於專業經理人會避免一切無效率、浪費的行為，所以不會囤積過多的存貨，生產流程也要緊密相連。但這種「完美」其實很脆弱，一旦面臨突發狀況，因為沒有多餘的時間和資源，全部行程都得往後移。如果突發狀況是黑天鵝這種擴及整個產業的事件，由於別人也沒時間和資源，就會發生大缺貨或斷鏈的現象。
3. 小賭怡情：黑天鵝帶來的衝擊極大，但這個影響可以是壞的，也可以是好的，就像有人就從金融風暴中獲利數億美金。這裡的冒險不是把薪水全部拿去投資，而是把一小部份薪水拿去投資在黑天鵝事件上。如此一來，就算黑天鵝沒發生（賭 100 次可能不會發生 1 次），因為賭金小，所以不影響生活，但一旦黑天鵝出現，因為影響極大，所以投資再小，也會發生驚人增長。

資料來源：節錄自數位時代 2021/07/24

解說

金融市場中，常受到各種重大事件而發生劇烈波動。其中，以不常見的「黑天鵝」事件對市場衝擊最大；但顯而易見的「灰犀牛」事件，也常被人們誤判或疏於防範，而釀成災難。報導中，介紹三種應對黑天鵝的方法，當危機降臨，可靠這 3 招化險為夷。

二 總體經濟因素

影響股票市場的總體經濟因素包括：國際經濟、景氣、利率、匯率、物價與貨幣供給額等因素。以下將分別介紹之：

（一）國際經濟

臺灣爲出口導向的經濟體，隨著金融自由化、國際化，國內的經濟金融脈動難免受到國際影響，國際經濟大國，如：美國、日本、中國與歐盟等國的經濟成長狀況、物價水準、國際貿易收支及利率水準的變化，往往也會牽動國內金融市場的情勢變化。

當然，美國是全球經濟的龍頭老大，又是臺灣最大出口國家，所以有人說「美國打噴嚏，臺灣就得重感冒」，反應出我國景氣受到美國很大影響。所以美國的任何經濟數據的公布，都會左右著國內經濟表現，進而影響國內金融市場的走勢。例如：美國於2000年發生網路股泡沫、2008年發生金融海嘯危機，都禍及全球，當然臺灣也不能倖免於難。

此外，近年來臺灣對中國的貿易依存度大增，所以只要中國市場的消費力道下降、或者中國的匯率大幅變動，都會使得臺灣的出口受到很大的影響。因此中國的經濟情勢，現在已深深的影響國內金融市場的走勢。例如：中國於2015年爲了貿易出口需求，讓人民幣大幅貶值，釀成全球股災，當然臺灣的金融市場也就首當其衝。

（二）景氣

經濟景氣循環包括四個階段，分別是「谷底」、「擴張」、「高峰」和「收縮」。通常景氣從谷底翻升後，往往會隨著景氣復甦而後擴張，直至達到高峰後，再收縮回到谷底，此種循環的過程，稱爲「**景氣循環**」（Business Cycles）（如圖12-3）。

一般而言，「股市是景氣的先行指標」，當股市開始轉差時，也代表將來景氣可能由高峰將要進入收縮期；或說股市開始轉好時，也代表將來景氣可能由谷底將要進入擴張期。

因此，要在剛步入谷底階段就應該買進，不宜等到擴張階段才買進；或剛要進入高峰階段就應該賣出，不宜等到進入收縮階段才賣出。所以股票市場的走勢與景氣循環具有密切的關係。

通常在衡量景氣好壞的指標最常見的是由國家發展委員會每月公佈的「**景氣對策燈號**[1]」，分別爲「紅燈」、「黃紅燈」、「綠燈」、「黃藍燈」與「藍燈」五種燈號，其各代表景氣由繁榮至衰退的信號。紅燈表示景氣過熱，黃紅燈表示景氣趨向熱絡，綠燈表示景氣穩定，黃藍燈表示景氣趨向衰退，藍燈表示景氣衰退。通常實務上景氣對策燈號算是落後指標，較不能預測股市未來的走勢，但兩者具密切之關係。

此外，在國家發展委員會每月公佈的「**領先指標**[2]」（Leading Indicators）和「**同時指標**[3]」（Coincident Indicators）這兩指標皆是預測未來景氣趨勢的方法。

一般而言，領先指標有領先同時景氣指標 3 ～ 5 個月，所以若領先指標連續 3 個月上揚，表示景氣有復甦的跡象，我們可以藉由這兩者指標的變化，預測未來景氣趨勢，間接預期未來股市的走勢。以下圖 12-4 領先指標與股價指數走勢圖。

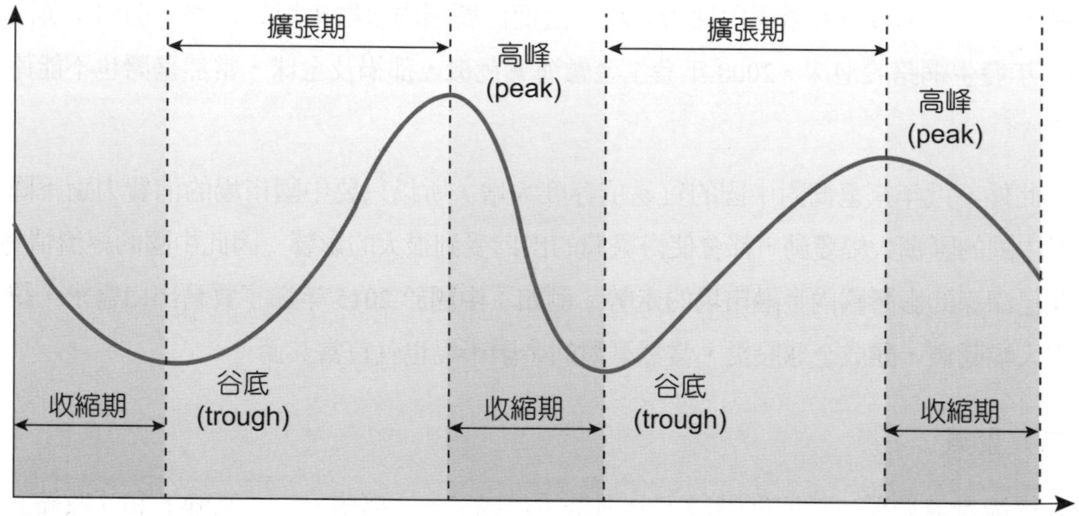

圖 12-3　景氣循環圖

1　「景氣對策信號」包含這 9 個項目分別爲「貨幣供給額 M_{1B} 變動率」、「股價指數」、「工業生產指數、「製造業銷售量指數」、「製造業營業氣候測驗點」、「非農業部門就業人數」、「海關出口值」、「機械及電機設備進口值」及「商業營業額」。

2　「領先指標」構成項目包含這 6 個項目分別爲「外銷訂單指數」、「貨幣總計數 M_{1B}」、「股價指數」、「工業及服務業受僱員工淨進入率」、「核發建照面積（住宅類住宅、商業辦公、工業倉儲）」與「SEMI 半導體接單出貨比」。

3　「同時指標」構成項目包含這 7 個項目分別爲「工業生產指數」、「電力（企業）總用電量」、「製造業銷售量指數」、「商業營業額」、「非農業部門就業人數」、「海關出口值」與「機械及電機設備進口值」。

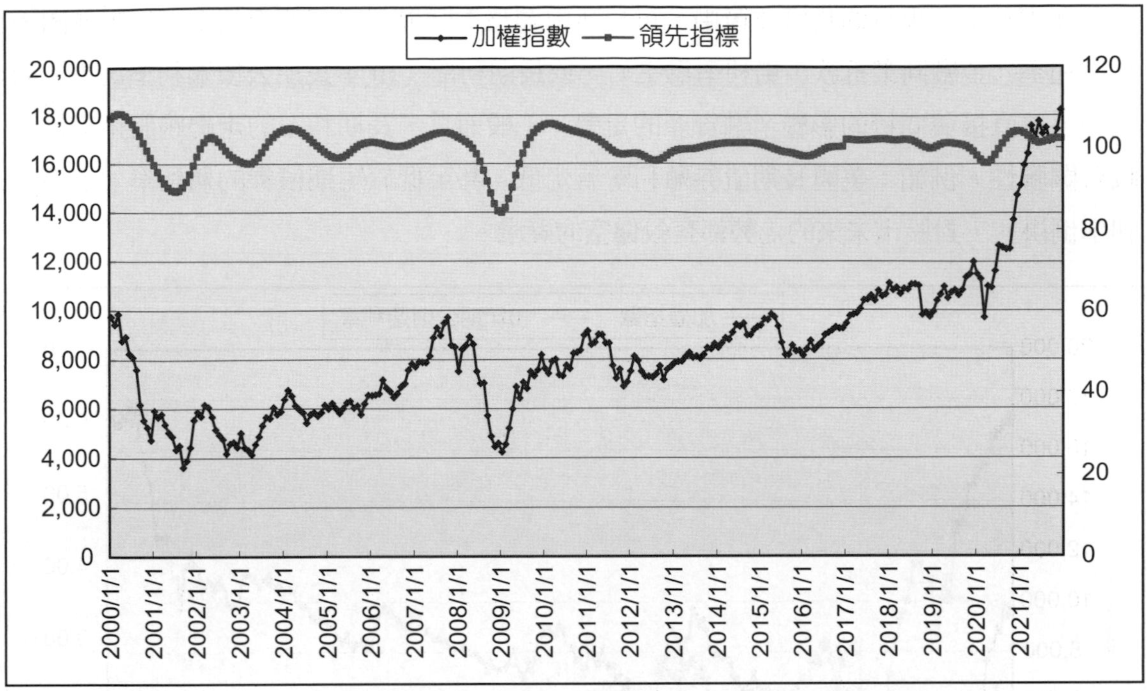

說明：此圖為 2000 年～ 2021 年，臺灣每個月的領先指標與股價指數之變動情形。由圖觀之：這兩者基本上的變動情形，大致上具有同步的現象。所以顯示：領先指標與股價指數的關係還算密切。

圖 12-4　領先指標與股價指數走勢圖

（三）利率

一般而言，利率的走勢攸關眾多金融商品的價格變化、甚至影響不動產業的榮枯。通常利率的走勢與景氣的循環呈正比，當景氣成長時，利率也會隨之調高，以抑制過熱的投機活動；當景氣衰退時，利率也會隨之調降，以刺激投資行爲。

若以股市投資爲例：通常利率的走勢是與股價走勢大致上呈反比的，當利率上升，會造成股票價格較容易下跌；當利率下降，則股票價格反而容易呈上漲趨勢。以投資人的觀點，當利率上升時，表示要借錢買股票的資金成本增加、或此時將錢放進定存利息會增加，這將導致投資人不願投入資金買股票，將使得股價下跌；反之亦然。

在實務上，央行的貨幣政策中，可以藉由調整重貼現率與存款準備率，以影響國內短期利率（金融同業拆款市場利率爲主）、或長期利率（10 年長期公債殖利率爲主）的走勢，並直接與間接的影響金融資產的走勢。一般而言，長期利率的走勢跟股市榮枯，較有關聯性。例如：美國長期債券殖利率若走低，甚至低於短期債券的殖利率（俗稱：利率倒掛），對股市未來的走勢都有較偏空的疑慮。

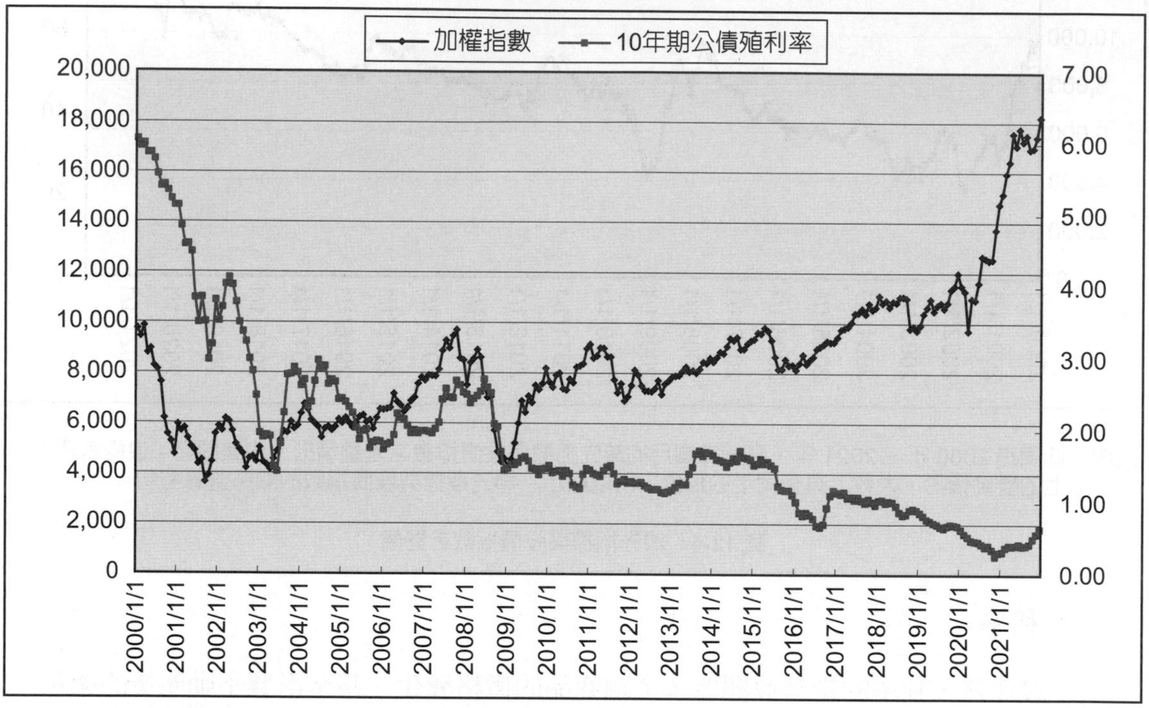

說明：此圖為 2000 年～ 2021 年，臺灣每個月的 10 年公債殖利率與股價指數之變動情形。由圖觀之：這兩者基本上的變動情形，在 2008 年全球金融風暴前，大致具有同步的現象；也就是，當景氣趨緩（復甦）時，公債殖利率會下跌（上漲），股價指數也大致往下（上）調整。但在 2008 年之後，由於全球主要央行實施「量化寬鬆政策」（QE），使得全球資金錢滿為患，讓公債殖利率呈現下跌，股價卻也同步上漲的反向走勢。

圖 12-5　10 年公債殖利率與股價指數走勢圖

（四）匯率

匯率變動對股市的影響可以從「產業面」與「金融面」來進行分析，以下爲這兩方面的分析：

1. 產業面：由於臺灣是一個以出口爲導向的海島型國家，匯率是國內外資產價格聯繫的橋樑，匯率的變動會對經濟產生相當大的影響，進而影響股票價格。當新臺幣升值時，對國內出口業而言，外銷產品的價格相對提高，國際競爭力下降，使得外銷量減少，對出口產業的股價具有負面影響。反之，當新臺幣貶值時，外銷產品的價格相對降低，有助銷售業績，對出口產業的股價具有正面影響。

2. 金融面：通常國際資金是流動的，若一國貨幣將升值或貶值，將使國際資金流進或流出，以進行匯差的套利，也會間接影響股票價格。當新臺幣升值時，外國資金為了套利將資金匯入國內換取新臺幣，讓新臺幣的流通量增加，若部分資金流入股票市場，將對股價具有正面的影響。反之，當新臺幣貶值時，原本換成新臺幣的外國資金會換回外幣，造成新臺幣的流通量減少，此時在股市的資金若被抽離，對股價具有負面的影響。

所以由上述兩方面分析，匯率升貶值會對股市造成正面或反面影響，須端視那兩方面的影響力孰大來決定。以下圖 12-6 為新臺幣匯率與股價指數走勢圖。

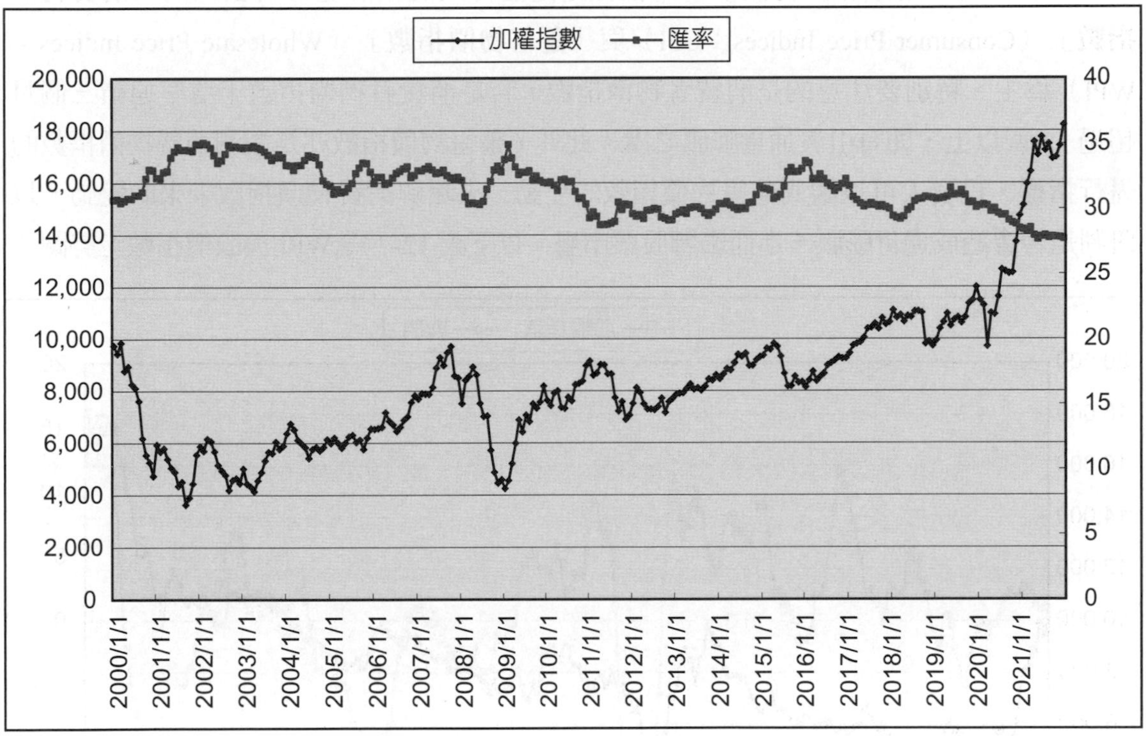

說明：此圖為 2000 年～ 2021 年，臺灣每個月的新臺幣匯率與股價指數之變動情形。由圖觀之：這兩者基本上的變動情形，比較沒有一定的關係存在。所以顯示：匯率的升貶值對產業面與金融面的影響是不一致的，因此造成匯率與股價指數之間的走勢較無關。

圖 12-6　新臺幣匯率與股價指數走勢圖

（五）物價

穩定物價控制通貨膨脹，一直是中央銀行在擬定調整貨幣政策中最優先考量的。當物價不穩定，導致通貨膨脹或通貨緊縮，將造成金融面與經濟面的震盪，使得股票市場也受到影響。當物價不斷上揚時，將使生產成本增加，可能迫使企業轉嫁成本給消費者，導致銷售量可能降低，廠商的利潤下滑，因而使得經濟景氣衰退，整體股票價格下跌。通常所有的物價以「**油價**」對經濟影響最大，當油價上揚，則大多數產業的經營或生產成本會提高，如：運輸航空、汽車業、石化業、塑膠業或其他依賴石油的類股，可能因成本增加，導致利潤下跌，股票價格因而下跌。

一般而言，用來衡量物價水準的指標是是由行政院主計處每月公佈的「**消費物價指數**」（Consumer Price Indices；CPI）與「**躉售物價指數**」（Wholesale Price Indices；WPI）爲主。特別要注意的是消費者物價指數，若是消費者物價指數年增率連續三個月超過 3.0% 以上，即有引發通貨膨脹之虞。此外，躉售物價指數亦是觀測消費物價指數的先行指標，投資人可以觀測躉售物價指數的變動，來瞭解消費物價指數未來的變動，以研判是否會造成通貨膨脹，進而影響股票市場。以下圖 12-7 爲 WPI 與股價指數走勢圖。

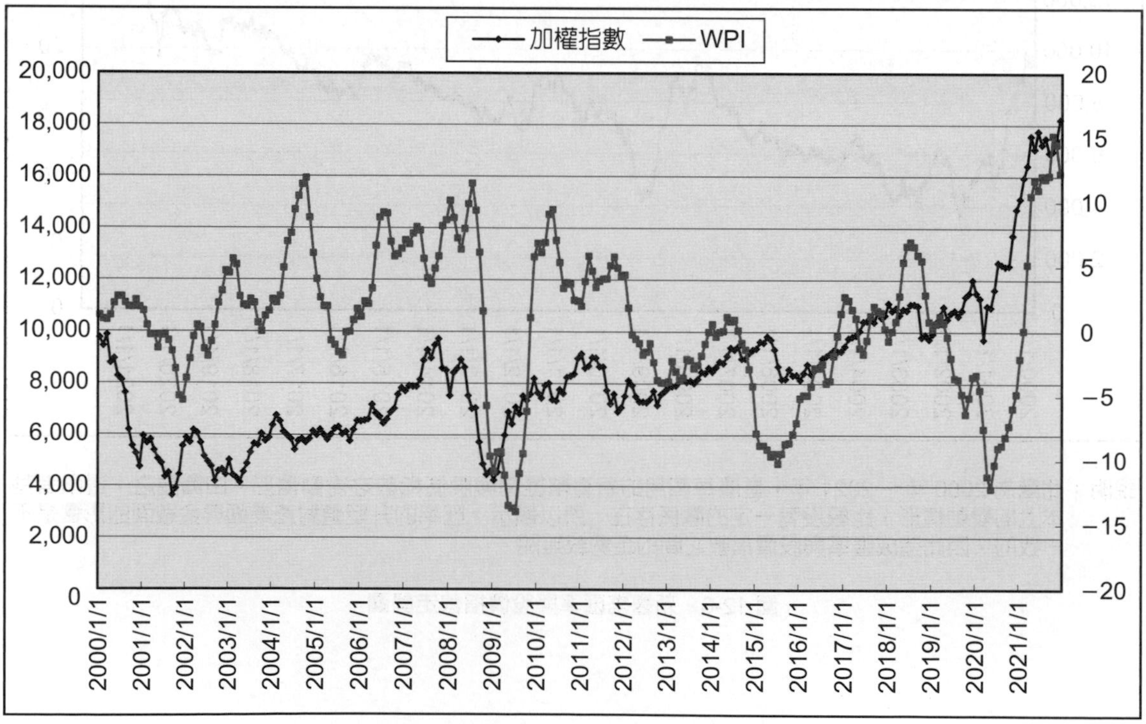

說明：此圖為 2000 年～ 2021 年，臺灣每個月的 WPI 與股價指數之變動情形。由圖觀之：這兩者基本上的變動情形，在大部分的期間，具有同步的現象。所以顯示：WPI 與股價指數之間的走勢具有較高的關聯性。

圖 12-7　WPI 與股價指數走勢圖

（六）貨幣供給額

股票價格要上漲最直接原因就是來自於資金的動能，貨幣供給量可作爲資金動能的指標。當貨幣供給量增加時，使得可投入股票市場的資金增加，會造成股價上漲；反之，當貨幣供給量減少時，可投入股票市場的資金減少，股票市場資金不足，有可能導致下跌。目前國內衡量貨幣供給額指標分爲三種，即 M_{1A}、M_{1B} 及 M_2，三者的差別在於統計的範圍大小不一。以下爲這三者的定義：

M_{1A} = 通貨淨額 + 支票存款 + 活期存款

M_{1B} = M_{1A} + 活期儲蓄存款

M_2 = M_{1B} + 準貨幣（定期存款 + 定期儲蓄存款 + 外幣存款 + 郵政儲金 + 外國人持有新臺幣存款 + 附買回交易餘額 + 貨幣市場共同基金）。

一般而言，M_{1B} 爲短期流動性較高的資金，當股市活絡時，資金會從定存（儲）會轉入活存（儲）；反之，當股市氣衰時，資金會從活存（儲）會轉入定存（儲），所以 M_{1B} 年增率的變動會較大些。M_2 爲所有的貨幣總額，所以不管股市榮枯，其定存（儲）與活存（儲）資金相互流動，並不太會影響整體貨幣的總量，所以 M_2 年增率的變動較平穩些。因此在實務上，會對 M_{1B} 與 M_2 年增率的變動情形進行觀察[4]，以瞭解資金的流向，進而研判對股市的影響。

通常當 M_{1B} 由低處往上突破 M_2，亦稱**「黃金交叉」**，表示短期資金活絡，股市資金充沛，可能會帶動股市有資金行情；反之當 M_{1B} 由高處往下突破 M_2，亦稱**「死亡交叉」**，表示短期資金退縮，股市資金動能不足，股市可能會有下跌情形。以下圖 12-8 爲 M_{1B}、M_2 與股價指數走勢圖。

---

4 通常利用 M_{1B} 與 M_2 年增率的兩者變動，所形成的「黃金交叉」與「死亡交叉」，根據作者經驗須當時市場活期存款利率與定期存款利率兩者有相當的差距，「黃金交叉」與「死亡交叉」才具參考價值。

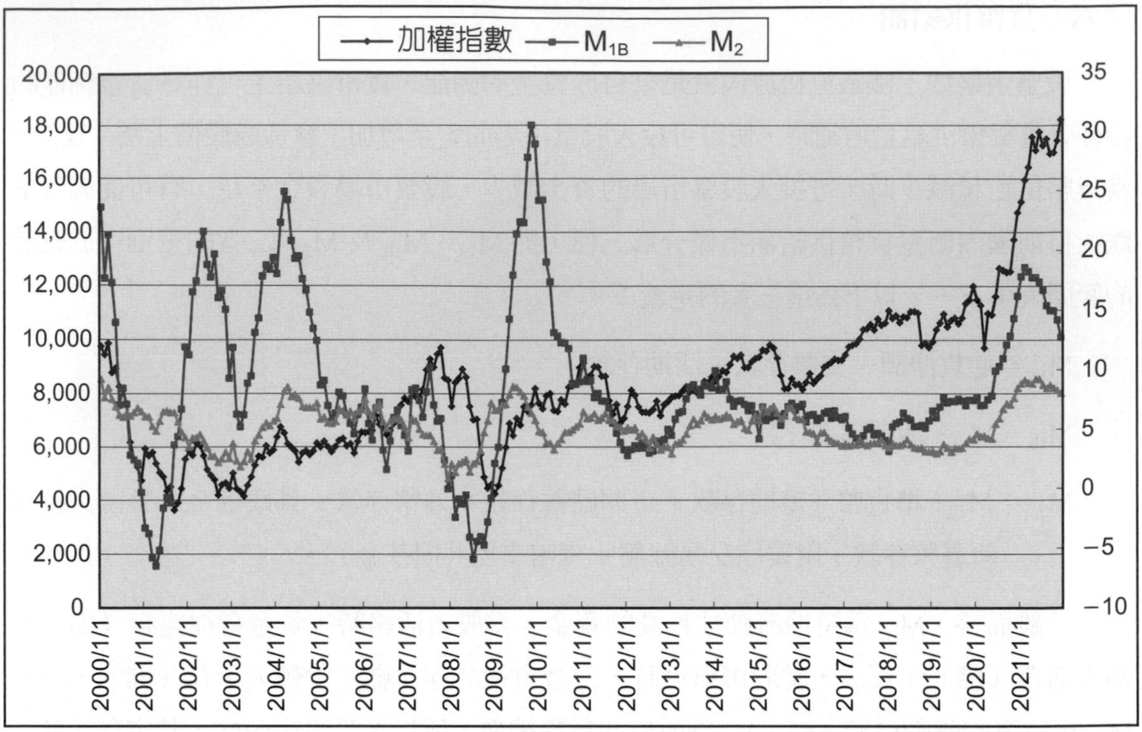

說明：此圖為 2000 年～ 2021 年，臺灣每個月的 M_{1B}、M_2 與股價指數之變動情形。由圖觀之：基本上的 M_{1B} 的變動情形，在大部分的期間與股價指數的走勢，具有同步的現象。所以顯示：M_{1B} 年增率增加（減少）時，表示流動性高的資金注入（離開）市場，此時比較容易造成股市往上漲（下跌）。

圖 12-8　M_{1B}、M_2 與股價指數走勢圖

市場焦點

近 11 年 M_{1B} 增幅 1.1 倍　推升景氣推高房價

根據統計，過去近 11 年來 M_{1B} 貨幣供給額增幅約 1.1 倍，若對比內政部住宅價格指數有統計以來的 2012 年第 3 季到 2021 年第 3 季期間指數上漲逾 45%；被視為可代表民間資金活動力，作為景氣活絡衡量指標之一的 M_{1B} 大增，不僅可帶動景氣、也能推升房價。

M_{1B} 是貨幣供給額衡量數據之一，等於 M_{1A}（通貨淨額＋支票存款＋活期存款）加上活期儲蓄存款。根據內政部不動產資訊平台資訊，M_{1B} 貨幣供給額在 2009 年 10 月首度突破 10 兆元大關，自此如洪流一路氾濫；M_{1B} 從 2021 年 1 月的 11.69 兆元一路成長到 2021 年 11 的近 24.49 兆元，同期間也是房價、地價雙飆漲。

瑞普萊坊市場研究部總監指出，近兩年金融機構增加的企業及個人活期存款金額超過 5 兆元，是過去的 3 ～ 4 倍，這代表民間在消費、投資之餘還有極大資金量閒置在銀行戶頭，也代表超額儲蓄非常嚴重；他強調，超過 300 萬元銀行大額存款、利息恐不到 0.2%，存款回報超低、資金浪潮超強，台股都創新高了，房價實在是欲小不易。

資料來源：節錄自自由時報 2022/02/01

解說

一般而言，貨幣供給額 M_{1B} 是代表金融市場中，流動性較高的資金，通常被拿來研判股市動能的指標之一。近 11 年來，國內 M_{1B} 增幅 1.1 倍，正是推升股價與房價的重要因素之一。

12-3 產業面分析

產業是由一群生產或服務相似的廠商所組合而成，例如：塑膠、鋼鐵、電子、金融與觀光業等。每一產業內有可能存在上中下游廠商，廠商相互之間的依存所形成產業結構。在這產業結構內，須了解上中下游廠商之間的競爭與互補，才能知道公司的經營優劣勢。且各產業之間的互動與受景氣的影響，都會牽扯公司的經營表現。因此一個產業興衰，有時會影響一家公司的營運獲利，進而影響其股價表現。以下將介紹產業的分類、生命週期、特性與結構分析。

一 產業的分類

臺灣上市上櫃的產業類別自 2007 年 7 月 1 日起分別修改爲 29 類，以下表爲分類的情形以及證券的代號：

表 12-1　臺灣上市上櫃產業分類表

水泥類（M1100）	玻璃陶瓷類（M1800）	通信網路類（M2327）	金融保險類（M2800）
食品類（M1200）	造紙類（M1900）	電子零組件類（M2328）	百貨貿易類（M2900）
塑膠類（M1300）	鋼鐵類（M2000）	電子通路類（M2329）	油電燃氣類（M9700）
紡織纖維類（M1400）	橡膠類（M2100）	資訊服務類（M2330）	其他類股（M9900）
電機機械類（M1500）	汽車類（M2200）	其他電子類（M2331）	綜合類股
電器電纜類（M1600）	半導體類（M2324）	營造建材類（M2500）	
化學工業（M1721）	電腦及週邊設備類（M2325）	航運類（M2600）	
生技醫療類（M1722）	光電類（M2326）	觀光類（M2700）	

資料來源：臺灣證券交易所

二 產業的生命週期

一般而言，產業生命週期可分爲四個時期，分別爲「草創期」、「成長期」、「成熟期」與「衰退期」（如圖 12-9）。以下藉由觀察產業的營收變化，可分析產業處於生命週期之何種階段，以下將說明產業各生命週期階段之主要特性。

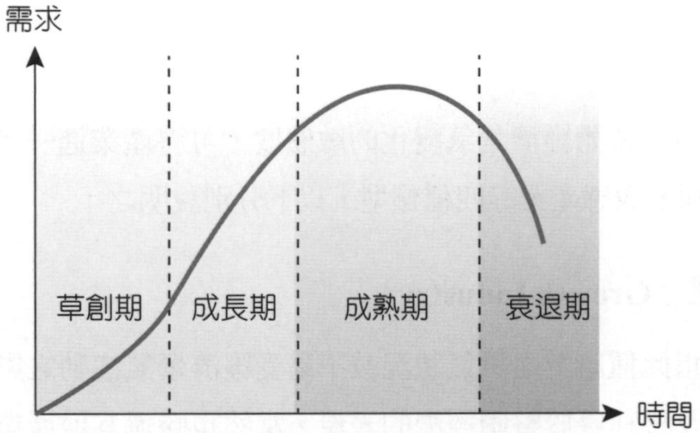

圖 12-9 產業生命週期圖

（一）草創期（Pioneering Stage）

若產業處於草創期時，大都需要大量資金去擴展、開發與實驗，所以未來獲利具有高度的不確定性，風險較高。所以此時投資人去投資剛創立的公司，將來有可能獲取高額暴利，也有可能血本無歸。

（二）成長期（Expansion Stage）

若產業處於成長期，通常已經順利經過草創時期的不確定風險，此時業績快速成長，營收利潤增加。所以此時投資人去投資處於成長期的公司，將來可以獲取不錯利潤的機會很大。

（三）成熟期（Maturing Stage）

若產業處於成熟期時，通常歷經前兩個時期後，成長終將趨緩，營收與利潤增加幅度有限。所以此時投資人去投資處於成熟期的公司，會享有較高的股利收益爲主，資本利得爲輔。

（四）衰退期（Declining Stage）

若產業處於衰退期時，可能因產業結構改變、替代產品出現、新技術興起或社會需求改變，使得產業成長受阻，利潤下降。所以此時投資人去投資處於衰退期的公司，可能股利收益與資本利得都不盡人意，甚至可能血本無歸。

三 產業的特性

根據不同產業對於總體經濟景氣變化的敏感度，可將產業進一步區分爲：成長型、防禦型、循環型與利率敏感產業等四種類型，以下分別說明之：

（一）成長型產業（Growth Industry）

成長型產業是指此種產業之景氣狀況較不易受經濟景氣波動之影響，市場上的需求大於供給，其營收及獲利優於整體經濟的表現，當然也勝過其他產業。例如：臺灣的電子產業，即使國內經濟景氣處於衰退階段，但國際訂單源源不斷，電子產業的銷售依然暢旺，所以電子業爲臺灣成長型產業之代表。

（二）防禦型產業（Defensive Industry）

防禦型產業是指此種產業較不易受經濟景氣波動的影響，獲利相當穩定，也沒有很高的成長率。通常防禦型產業多半是屬於成熟時期之民生必需品產業，即使在經濟蕭條時，產業營收及獲利都能維持穩定水準。例如：食品業、油電燃氣業等就是典型之防禦型產業。

（三）循環型產業（Cyclical Industry）

循環型產業與經濟景氣榮枯關係密切。當經濟景氣好轉時，該產業營收及獲利數字有良好表現；但當經濟景氣轉壞時，產業的營收及獲利數字亦隨之下降，甚至於虧損。例如：汽車、家電與觀光產業即屬此一類型，當景氣繁榮時，消費者消費意願提高，循環型產業的銷售額會快速成長；反之，當景氣蕭條時，消費者消費意願降低，循環型產業銷售額將隨之下跌。

（四）利率敏感產業（Interest-sensitive Industry）

利率敏感產業是指此種產業會因市場利率走勢改變而波動。當預期市場利率走跌時，該產業會因而受惠，產業的營運表現會變好；但當預期市場利率走高時，產業的營運表現會衰退。例如：銀行業、證券業、票券業等金融服務業以及營建業即屬此一類型，當預期利率上漲或下跌時，這種產業分別會有受害或受惠的影響。

四 產業的結構分析

一個成熟的產業內部會有不少的競爭與上下游廠商，這些廠商會對產業內部企業產生競爭與合作關係，會影響整個產業的整體獲利能力。根據國外知名學者波特（Porter）所提出五個企業在產業中所會面臨到的競爭因素（五力分析），分別為「原有競爭者的威脅」、「供應商的議價能力」、「購買者的議價能力」、「替代性產品的威脅」、「潛在進入者的威脅」等這五種因素。以下將分別說明這五種因素，對產業競爭力的影響。（見圖 12-10）

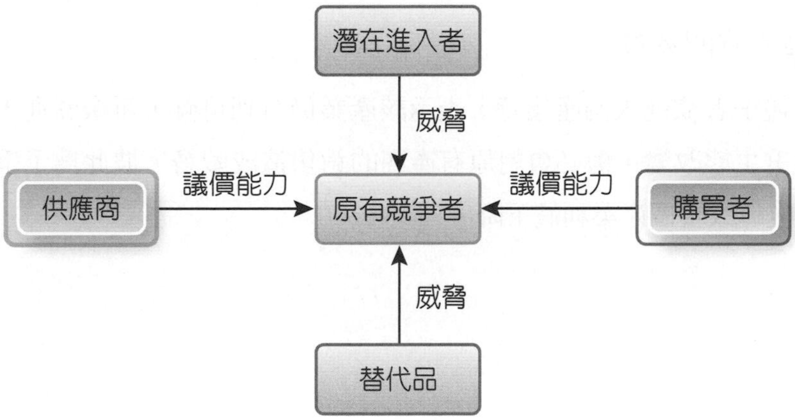

圖 12-10　產業結構五力分析圖

（一）原有競爭者的威脅

當產業存在原有競爭者時，競爭者希望增加市場佔有率，通常會採取價格戰，此時同產業的其他公司也會受威脅，也加入促銷戰，同產業內公司彼此銷價競爭下，這樣將導致整個產業利潤下降。

（二）供應商的議價能力

如果上游供應商掌握產業重要生產因素，例如：原料、零組件等，且對這些生產因素有絕對的議價能力，則公司將受制於供應商，進貨成本就無法有效降低，進而影響公司的利潤，也影響整個產業的利潤。

（三）購買者的議價能力

如果產業內有一購買者可以購買產業大部分的產品，將擁有相當大的議價力量，可以要求廠商在價格和數量的讓步，若公司為順利銷售產品，便會答應買方的條件要求，這樣會造成整個產業的獲利下降。

（四）替代性產品的威脅

若有替代性產品出現，消費者在購買上會有更大的選擇空間，此時也代表廠商生產之產品有可能會被替代品更替，造成產品消費量減少，使得廠商與整個產業的銷售下降，獲利減少。

（五）潛在進入者的威脅

當有潛在競爭者欲進入個產業時，表示該產業仍有利可圖，新廠商進入產業後，將造成產業的競爭生態改變，勢必會對原有產商的銷售造成威脅，彼此為了爭食地盤，利用價格戰，最後導致整個產業利潤下降。

市場焦點

元宇宙概念股　有夢最美！元宇宙概念是什麼？

簡單的解讀，即以現有在虛擬世界的技術予串聯，將 VR/AR、互聯網、電腦技術等全部匯總在一起，就構成了「元宇宙」。再講白一點，元宇宙就是描述未來在網際網路世界的虛擬環境的應用的概念，在這虛擬空間裡，使用者可共享 3D 世界的種種事物，因此，它也是一種可感知的虛擬宇宙。元宇宙的主要目的，係提供連接使用者，能長時間投入和彼此互動。

目前表態將投入或已有實際行動開發元宇宙相關商機的廠商，包括：臉書（改為 Meta）、微軟、輝達、華為、騰訊及字節跳動等全球知名大廠，可望帶起虛擬實境（VR）及擴增實境（AR）等市場後續商機。

據 Meta 評估，元宇宙在未來 10 年內的使用者將達 10 億人，顯示成長潛力十分誘人，這是臺灣科技業者不可缺席的領域，因此相關軟、硬體廠商如 IC、Wi-Fi、雲端、製造或代工等，對卡位元宇宙商機多善者不來，值密切注意。

資料來源：節錄自工商時報 2021/11/05

解說

「元宇宙」（Meta-verse），是「Meta」和「Universe」合併起來的新複合名詞，主要是指存在於網際網路的虛擬空間或 3D 視覺世界。這也是一個新的產業型態，投資人可留意該產業市場的後續商機，布局相關個股將有很大的成長空間。

投資新視界

央行出乎意料升息 1 碼揚金龍 :3 條件全符合貨幣政策朝緊縮

https://www.youtube.com/watch?v=3o8pYYIr7wo

央行 2022 年 Q1 宣布升息，終止利率連 7 凍。臺灣是否和美國般，進入連續升息循環，央行認為不確定因素多，但可確定是貨幣政策將朝緊縮方向。

1 月景氣燈號轉為 " 黃紅燈 " 國發會 : 景氣仍穩健 !

https://www.youtube.com/watch?v=eiwfRiNVch0

國發會公布 2022 年 1 月景氣燈號，燈號由紅燈轉黃紅燈。國發會強調景氣仍穩健成長，但隨烏俄局勢緊張，國內金融市場恐怕也將持續震盪。

臺股高處 " 不畏寒 "? 資金行情退潮 " 股市恐修正 "

https://www.youtube.com/watch?v=SDqN4kHt5vs

臺股創歷史新高，回顧過去股市歷經劇烈波動。投顧看好指數上看兩萬點，但也有人提醒，隨資金行情退潮，股市不排除會進入修正。

元宇宙概念股夯！專家：臺股 Q4 市場資金偏好「做夢股」

https://www.youtube.com/watch?v=YjMiVD5sW8E

投資股票都希望公司屬於「成長型的明星產業」。近期，「元宇宙」概念股夯，專家認為通常股市年底資金會偏好「做夢股」。

本章習題

一、選擇題

證照題

( ) 1. 下列何種物價指標的變化，是一般人民購買物品時最能感覺到的？ (A) 躉售物價指數 (B) 消費者物價指數 (C) 進口物價指數 (D) 出口物價指數。

【2010-1 證券商業務員】

( ) 2. 假設目前經濟景氣屬於高峰的階段，並已有些許的衰退的跡象，請問目前的股價水準會如何反映？ (A) 繼續反映目前的景氣榮景 (B) 開始反映即將衰退的經濟情況 (C) 股價會馬上修正至谷底位置 (D) 不會有任何反映。

【2010-1 證券商業務員】

( ) 3. 所謂防禦性產業（Defensive Industry）是指： (A) 國防產業 (B) 不易受景氣影響的產業 (C) 保全產業 (D) 獲利穩定的產業。 【2010-1 證券商業務員】

( ) 4. 有關由上而下投資策略（Top Down Strategy）的敘述，何者正確？甲. 先由國內外總體經濟面著眼，再尋求各產業景氣狀況，最後依照公司因素進行選股；乙. 不論總體環境及產業景氣好壞，若公司體質優良即進行投資；丙. 資產配置受國別不同、產業景氣差異之影響程度較大 (A) 僅甲、乙對 (B) 僅甲、丙對 (C) 僅乙、丙對 (D) 甲、乙、丙均對。 【2010-1 證券投資分析人員】

( ) 5. 當預期未來的整體經濟衰退，投資人應投資於股價對整體景氣： (A) 較敏感產業 (B) 較不敏感產業 (C) 毫不敏感的產業 (D) 負相關的產業。

【2011-4 證券商業務員】

( ) 6. 依據產業生命週期循環，投資處於草創階段產業的公司股票，屬於那類投資？ (A) 高風險高報酬 (B) 高風險低報酬 (C) 低風險高報酬 (D) 低風險低報酬。

【2012-4 證券商業務員】

( ) 7. 我國景氣對策信號之燈號總共有幾種？ (A) 3 種 (B) 4 種 (C) 5 種 (D) 6 種。 【2013-2 證券商高級業務員】

( ) 8. 在其他條件不變下，當通貨膨脹發生，下列何種類股最有利？ (A) 資產股 (B) 中概股 (C) 外銷概念股 (D) 科技股。 【2013-3 證券商高級業務員】

( ) 9. 郵政儲金增加會促使何種貨幣供給額增加？ (A) 僅 M_{1A} (B) 僅 M_{1B} (C) 僅 M_2 (D) M_{1A}、M_{1B} 與 M_2 皆增加。 【2013-4 證券商高級業務員】

( ) 10. 物價與利率通常有何關係？ (A) 物價上漲時，利率會被調降 (B) 物價上漲時，利率會被調升 (C) 利率上升，會促使物價上漲 (D) 沒有關係。

【2015-1 證券高級業務員】

( ) 11. 下列哪項產業，最可能被歸類爲景氣循環產業？ (A) 生化業 (B) 營建業 (C) 公用事業 (D) 食品業。 【2015-4 證券業務員】

( ) 12. 下列何者屬於景氣領先指標？ (A) 工業生產指數 (B) 股價指數 (C) 非農業部門就業人數 (D) 海關出口值。 【2015-4 證券投資分析人員】

( ) 13. 經濟景氣循環的順序是：甲 . 擴張；乙 . 高峰；丙 . 衰退；丁 . 谷底 (A) 甲、乙、丙、丁 (B) 乙、丙、甲、丁 (C) 丙、乙、甲、丁 (D) 丁、甲、丙、乙。

【2016-2 證券業務員】

( ) 14. 以下哪一種產業的產品生命週期比較短？ (A) 紡織業 (B) 石化業 (C) 電子業 (D) 鋼鐵業。 【2016-2 證券高級業務員】

( ) 15. 海島型經濟，長期而言，出口導向產業與進口導向產業何者較具成長性？ (A) 前者 (B) 後者 (C) 兩者相同 (D) 難以確定。 【2016-2 證券高級業務員】

( ) 16. 景氣循環過程中，從蕭條期轉爲復甦期，金融面景氣指標一般都會比實質面（生產面）景氣指標： (A) 領先下降 (B) 領先上升 (C) 同時上升 (D) 同時下降。

【2016-3 證券高級業務員】

( ) 17. 當預期 M_{1B}（貨幣供給）年增率減緩，投資人將預期整體股價： (A) 下跌 (B) 上漲 (C) 不一定上漲或下跌 (D) 先跌後漲。 【2016-4 證券高級業務員】

( ) 18. 當石油價格上揚時，對下列何者物價指數影響最大？ (A) 消費者物價指數 (B) 躉售物價指數 (C) 國內生產毛額平減指數 (D) 營造工程物價指數。

【2016-4 證券投資分析人員】

( ) 19. 就產業生命週期而言，投資人投資下列何類型產業的股票比較容易獲得現金股利？ (A) 草創期產業 (B) 成長期產業 (C) 成熟期產業 (D) 衰退期產業。

【2018-2 證券投資分析人員】

( ) 20. 一般而言，當預期新臺幣對美元升值，投資人將預期按美元計價之出口企業股價： (A) 下跌 (B) 上漲 (C) 不一定上漲或下跌 (D) 先跌後漲。

【2019-1 證券商業務員】

( ) 21. 下列哪種產業較不屬於利率敏感產業？ (A) 銀行業 (B) 營建業 (C) 食品業 (D) 保險業 【2021-3 證券商業務員】

( ) 22. 金融體系的支票存款大幅增加，會促使何種貨幣供給額增加？ (A) 僅 M_{1A} (B) 僅 M_{1B} (C) 僅 M_{1A} 與 M_{1B} (D) M_{1A}、M_{1B} 與 M_2 皆增加。

【2021-3 證券商高級業務員】

二、簡答題

基礎題

1. 請問基本面分析可分爲哪兩種形式？
2. 請寫出基本面分析中，由上而下的分析步驟？
3. 請寫出基本面分析中，由下而上的分析步驟？
4. 請列出四種市場面分析中的非經濟因素？
5. 請問景氣循環可分哪四個階段？
6. 請問 M_{1B} 及 M_2 的組成爲何？
7. 請問產業生命週期可分爲哪四階段？
8. 產業結構分析中，常用五力分析，請問是哪五種因素？

進階題

9. 一般實務上，常利用 M_{1B} 與 M_2 來研判黃金交叉與死亡交叉，請問研判的情形如何？
10. 下列事項哪些對股市具有正面與負面效果？

    A. 政府課徵證所稅、B. 領先指標上揚、C. 央行調升存款準備率、D. 新臺幣升值，外國資金流入、E. 油價電價上漲、F. 央行爲控制通貨膨脹而縮緊銀根、G. 大量資金由定存解約移入活存

NOTE

chapter 13

基本面分析——公司面

本章大綱

本章內容為基本面分析——公司面，主要介紹有關公司的財務比率分析與事件研究分析。其內容詳見下表。

節次	節名	主要內容
13-1	財務比率分析	流動性比率、資產管理比率、負債管理比率、獲利能力比率與市場價值比率。
13-2	事件研究分析	公司的股權變動、營業活動與特殊題材。

13-1 財務比率分析

投資人利用公司的基本面分析，尋找值得投資標的股票時，通常首重公司的財務面，所以公司的財務報表（包含「資產負債表（財務狀況表）[1]」、「現金流量表」、「綜合損益表」與「權益變動表」）所揭露的公司狀況，是投資人應該了解的重要知識。

我們通常將財務報表中的數據，透過不同科目的相互比較，可得到一個較具義意的比率，此種分析稱爲「財務比率分析」。利用財務比率分析，就可以將財務報表中的單純數據轉換成可供比較分析的比率，使財務報表更能有效率的揭露公司營運狀況，以了解公司過去與現在的財務狀況，並可作爲投資之參考。

一般而言，財務比率分析大致可分「**流動性比率**」、「**資產管理比率**」、「**負債管理比率**」、「**獲利能力比率**」與「**市場價値比率**」等五種，以下將進一步詳細說明。

一 流動性比率（Liquidity Ratios）

流動性是指資產轉換成現金的能力。投資人通常會注意公司資產的流動性，關心公司是否有足夠的流動性資產，能夠在短時間內以合理的價格轉換爲現金。一般而言，常用於衡量公司資產流動性的比率有兩種指標，分別爲「流動性比率」與「速動比率」。

1. 流動比率（Current Ratio）：其最主要的用途是衡量公司償還短期債務的能力。若此比率愈高，表示公司償還短期債務的能力愈強。流動比率的計算公式如下：

$$流動比率 = \frac{流動資產}{流動負債}$$

一般而言，流動比率在正常情況下約爲 2.0 左右，但不同產業通常會有不同的平均流動比率。所以觀察流動比率時，應該比較該公司與同業平均水準是否有顯著差異。

2. 速動比率（Quick Ratio）：又稱酸性測驗比率（Acid Test Ratio）。速動比率與流動比率類似，其最主要的用途是衡量公司償還短期債務的能力。唯一差別在於速動比率並沒有考慮流動資產中的存貨，存貨是流動資產之中流動性最差的。因爲存貨不

1 國際會計準則（International Accounting Standards；IAS）規定，爲了更能反映該報表的內涵與功能，主張應該將資產負債表改稱爲「財務狀況表」，惟企業仍可依習慣沿用資產負債表的名稱。

容易輕易出售，即使出售，公司通常也無法立即收到現金，而是會變成應收帳款。因此速動比率在衡量公司償還短期債務的能力較流動比率嚴格。速動比率的計算公式如下：

$$速動比率=\frac{流動資產-預付費用-存貨}{流動負債}$$

一般而言，速動比率大於 1.0 就算是合理的，但不同的產業通常會有不同的標準。所以觀察速動比率時，仍應該與同業一起比較客觀。此外，在觀察一家公司的資產流動性時，若該產業的特性是存貨流動性較低，應該用速動比率來取代流動比率；反之，若該產業的特性是存貨流動性較高，則流動比率是比較好的選擇。因此我們可以端看產業的存貨流動性，權衡到底要選擇速動或流動比率，較能客觀的衡量此公司的資產流動性。

例題 13-1 【流動比率】

假設 A 公司今年流動資產為 5,000 萬元，流動負債為 2,000 萬元，500 萬元的存貨，並無預付費用，請問該公司的 (1) 流動比率？ (2) 速動比率？

解

(1) $流動比率=\frac{流動資產}{流動負債}=\frac{5{,}000}{2{,}000}=2.5$

(2) $速動比率=\frac{流動資產-預付費用-存貨}{流動負債}=\frac{5{,}000-500}{2{,}000}=2.25$

二 資產管理比率（Asset Management Ratios）

資產管理比率是用來衡量公司管理資產的能力。此比率可以檢測出公司的資產是否被充分利用或閒置，以及公司運用資產的能力為何。一般而言，常用於衡量公司資產管理比率有 6 種指標，分別為「存貨週轉率」、「存貨平均銷售天數」、「應收帳款週轉率」、「應收帳款回收天數」、「固定資產週轉率」與「總資產週轉率」，以下將詳細介紹這些指標的用途。

1. 存貨週轉率（Inventory Turnover Ratio）：其最主要的用途是用來衡量一家公司存貨的活動程度及流動性。若此比率愈高，表示公司存貨的出售速率愈快，公司管理存貨的效率也就愈高。存貨週轉率的計算公式如下：

$$存貨週轉率 = \frac{銷貨成本}{平均存貨}$$

此時所計算出的存貨週轉率仍要與同業的其他公司、或與公司過去的歷史數據比較才有意義。因爲每個產業的產品特性不一樣，存貨週轉率也就不會相同。

2. 存貨平均銷售天數（Day's Sales in Inventories）：其最主要的用途是用來衡量存貨週轉一次所須時間。存貨週轉率愈高，存貨平均銷售天數就愈短，公司管理存貨的效率也就愈高。存貨平均銷售天數的計算公式如下：

$$存貨平均銷售天數 = \frac{365\text{ 天}}{存貨週轉率}$$

同樣的，此計算出的存貨平均銷售天數仍要與同業的其他公司、或與公司過去的歷史數據比較才有意義。因爲每個產業的產品特性不一樣，存貨平均銷售天數也就不會相同。

3. 應收帳款週轉率（Accounts Receivable Turnover）：其最主要的用途是用來衡量一家公司應收帳款的收現速度與收帳效率。若此比率愈高，表示公司的應收帳款的進帳或收現的週轉次數愈多，則應收帳款收款效率較佳。應收帳款週轉率計算公式如下：

$$應收帳款週轉率 = \frac{銷貨淨額}{平均應收帳款}$$

應收帳款週轉率的高低與公司是否使用嚴格的信用政策有關，若使用過於嚴格的信用政策來限制顧客的付款條件，有可能會影響銷售額的成長；相對的，若使用過於寬鬆的信用政策，或許可以招攬到信用能力較差的客戶，但日後可能會有較多的呆帳產生。

4. 應收帳款回收天數（Accounts Receivable Average Collection Period）：其最主要的用途是用來衡量應收帳款回收所須時間。應收帳款週轉率愈高，應收帳款回收天數就愈短，則公司應收帳款收現的效率就愈高。應收帳款回收天數計算公式如下：

$$\text{應收帳款回收天數} = \frac{365\text{ 天}}{\text{應收帳款週轉率}}$$

應收帳款回收天數與公司的信用政策有關。若應收帳款回收天數比公司給予顧客的付款期限還要高出許多，如此一來將會剝奪公司有效運用現金的機會，也顯示顧客的財務狀況有困難。

5. 固定資產週轉率（Fix Asset Turnover）：其最主要的用途是用來衡量公司利用固定資產創造收入的能力。若此比率較高，表示公司廠房、設備與土地皆被充分利用，營運效率較佳。固定資產週轉率計算公式如下：

$$\text{固定資產週轉率} = \frac{\text{銷貨淨額}}{\text{平均淨固定資產}}$$

使用此數據來研判公司固定資產創造收入的能力，仍會有盲點。若公司歷史較悠久，可能早期就購入成本較爲低廉的土地與廠房，則固定資產淨額會被低估，使得固定資產週轉率會偏高。因此使用此比率，須加入使用者的經驗判斷，才不會被比率所誤導。

6. 總資產週轉率（Total Asset Turnover Ratio）：其最主要的用途是用來衡量公司利用資產創造銷售的效率。通常總資產週轉率愈高，公司運用資產的效率就愈好。總資產週轉率的計算方式如下：

$$\text{總資產週轉率} = \frac{\text{銷貨淨額}}{\text{平均總資產}}$$

觀察此比率時，與固定資產週轉率同樣必須注意總資產週轉率，是否使用歷史的總資產成本。因爲公司的總資產可能包含了以往較舊的資產，舊的固定資產會低估成本，因此使用此比率仍要考量舊的固定資產項之干擾。

例題 13-2 【資產管理比率】

假設 B 公司今年銷貨成本爲 1,000 萬元，銷貨淨額爲 800 萬元，平均存貨成本爲 400 萬元，平均應收帳款爲 500 萬元，平均固定資產 1,250 萬元，平均總資產爲 2,000 萬元。請問該公司 (1) 存貨週轉率？ (2) 存貨平均銷售天數？ (3) 應收帳款週轉率？ (4) 應收帳款回收天數？ (5) 固定資產週轉率？ (6) 總資產週轉率？

解

(1) 存貨週轉率 $= \dfrac{\text{銷貨成本}}{\text{平均存貨}} = \dfrac{1{,}000}{400} = 250\%$

(2) 存貨平均銷售天數 $= \dfrac{365\text{ 天}}{\text{存貨週轉率}} = \dfrac{365\text{ 天}}{2.5} = 146\text{ 天}$

(3) 應收帳款週轉率 $= \dfrac{\text{銷貨淨額}}{\text{平均應收帳款}} = \dfrac{800}{500} = 160\%$

(4) 應收帳款回收天數 $= \dfrac{365\text{ 天}}{\text{應收帳款週轉率}} = \dfrac{365\text{ 天}}{1.6} = 228.125\text{ 天}$

(5) 固定資產週轉率 $= \dfrac{\text{銷貨淨額}}{\text{平均淨固定資產}} = \dfrac{800}{1{,}250} = 64\%$

(6) 總資產週轉率 $= \dfrac{\text{銷貨淨額}}{\text{平均總資產}} = \dfrac{800}{2{,}000} = 40\%$

三 負債管理比率（**Debt Management Ratios**）

負債管理比率是用來衡量公司償還長期債務的能力。通常公司負債愈多，營運風險愈高。負債及還款能力是公司管理者、股東與債權人都十分關心的項目。一般而言，常用於衡量負債管理比率有二種指標，分別爲「負債比率」與「利息賺得倍數」，以下將詳細介紹這些指標的用途。

1. 負債比率（Total Debt Ratios）：其最主要的用途是用來衡量公司的財務槓桿程度。若此比率若太高，表示公司財務槓桿程度太高，則公司營運風險愈高，對債權人保障愈低。反之，若負債比率過低，可能使企業缺乏「利息支出可以抵稅」的財務槓桿效果，因此公司應有最適負債比率。負債比率的計算方式如下：

$$負債比率 = \frac{總負債}{總資產}$$

一般而言，一家公司的負債比率不宜超過 50%。因爲高負債比率可能侵蝕公司的獲利或甚至使公司因週轉不靈而倒閉。每一產業負債比率的標準並不一致，因此仍須與同業相較才客觀，但基本上不宜過高。

2. 利息賺得倍數（Times Interest Earned Ratio）：又稱爲**利息保障倍數**（Interest Coverage Ratio），其最主要的用途是用來衡量公司所賺盈餘用來支付利息成本的能力。若利息賺得倍數愈高，表示公司償還債務的能力就愈好。利息賺得倍數的計算方式如下：

$$利息賺得倍數 = \frac{稅前息前盈餘（EBIT）}{利息費用}$$

通常利息賺得倍數應大於 1，公司才沒有立即倒閉的風險。如果當一家公司的利息賺得倍數接近或超過 5.0 時，即使公司的稅前息前盈餘大幅縮水，公司仍依舊有能力償還利息支出。當然倍數越高，企業長期償債能力越強，反之，若倍數過低，則企業償債的安全性與穩定性會有較大風險。

例題 13-3【負債管理比率】

假設C公司今年總負債與總資產，分別爲3,000萬元與8,000萬元，利息支出150萬元，稅前息前盈餘（EBIT）爲 2,000 萬元。請問公司的 (1) 負債比率？ (2) 利息賺得倍數？

解

(1) $負債比率 = \frac{總負債}{總資產} = \frac{3,000}{8,000} = 37.5\%$

(2) $利息賺得倍數 = \frac{稅前息前盈餘（EBIT）}{利息費用} = \frac{2,000}{150} = 13.33$

四 獲利能力比率（Profitability Ratios）

獲利能力比率是用來衡量公司獲取盈餘的能力。一般而言，常用於衡量獲利能力比率有五種指標，分別爲「營業毛利率」、「營業利益率」、「營業淨利率」、「總資產報酬率」與「股東權益報酬率」。以下將詳細介紹這些指標的用途。

1. 營業毛利率（Gross Profit Margin）：其最主要的用途是用來衡量公司銷貨收入扣除銷貨成本之後的獲利能力。當毛利率愈高，表示公司的生產成本控制愈佳或與進貨廠商議價能力愈好。營業毛利率的計算方式如下：

$$營業毛利率=\frac{營業（銷貨）淨額-營業成本}{營業（銷貨）淨額}=\frac{營業毛利}{營業（銷貨）淨額}$$

此數據愈高，只能代表公司控制成本的能力很好，並無法完全顯示公司眞正的獲利情形，仍須扣除營業、利息費用與稅額後，才能較精準的呈現公司獲利能力。

2. 營業利益率（Operation Profit Margin）：其最主要的用途是用來衡量營業毛利扣除營業費用之後的獲利能力。因爲此比率沒有計算公司利息及稅率成本，所以營業利益僅能代表公司銷貨淨額中所能賺得的純利益。當然營業利益率愈高，表示公司銷貨後所得的純利益愈好。營業利益率的計算方式如下：

$$營業利益率=\frac{營業毛利-營業費用}{營業（銷貨）淨額}=\frac{稅前息前盈餘（EBIT）}{營業（銷貨）淨額}$$

此數據與營業毛利率相比較，就可得知公司的營業費用到底佔營業額多少比例。可間接控制營業費用的支出，將公司的有關的營業成本控制在一定的水準，才能使公司的獲利能提升。

3. 營業淨利率（Net Profit Margin）：又稱營業純益率或稅後淨利率，其最主要的用途是用來衡量公司營業收入能幫公司股東獲取稅後盈餘的能力。此比率愈高，代表公司每一元的營業收入，最後幫股東所創造的淨利愈高。營業淨利率的計算公式如下：

$$營業淨利率（營業純益率）=\frac{稅後淨利}{銷貨淨額}$$

一家公司的淨利率當然是愈高愈好，但在眞實世界中，一家淨利率很高的公司，不見得會比淨利率較低的公司經營成功。因爲要有高淨利率可能必須採取高價格的銷售策略，最終可能導致銷售量下降，公司淨利反而減少；反之，若公司採取薄利多銷的策略，雖然淨利率不高，但公司也有可能會經營較長久。

4. 總資產報酬率（Return on Total Assets；ROA）：其最主要的用途是用來衡量公司運用資產創造淨利的能力。此比率愈高，代表公司每一元資產，幫股東所賺到的淨利就愈高。總資產報酬率的計算公式如下：

$$\text{總資產報酬率}（ROA）=\frac{\text{稅後淨利}}{\text{總資產}}$$

總資產報酬率高，表示資產利用效率越高，亦可表示公司在增加收入、節約資金等方面取得良好的效果。評價總資產報酬率時，須要與公司前期的比率、或與同行業其他公司一起進行比較，如此才能進一步找出影響該指標的不利因素，以利於企業加強經營管理。

5. 股東權益報酬率（Return on Equity；ROE）：其最主要的用途是用來衡量公司股東的自有資本運用效率，若股東權益報酬率較高，表示股東投資的資金，被較有效率的運用。股東權益報酬率的計算公式如下：

$$\text{股東權益報酬率}（ROE）=\frac{\text{稅後淨利}}{\text{平均股東權益}}$$

此數據爲股東最有興趣的數據，此比率當然是愈高對股東愈有利，但仍須觀察公司的淨利是否有很高的比例來自於業外收入或高負債所產生盈餘，這些因素都有可能在短期成就很高的股東權益報酬率，但長期而言不一定對公司有利。

例題 13-4 【獲利能力比率】

假設 D 公司今年營業毛利爲 4,000 萬元，稅前息前盈餘（EBIT）爲 2,000 萬元，稅後淨利 1,600 萬元，營業淨額爲 9,500 萬元，總資產爲 7,500 萬元，股東權益爲 6,000 萬元。請問公司的 (1) 營業毛利率？ (2) 營業利益率？ (3) 營業淨利率？ (4) 總資產報酬率（ROA）？ (5) 股東權益報酬率（ROE）？

解

(1) $營業毛利率 = \dfrac{營業毛利}{營業（銷貨）淨額} = \dfrac{1,000}{400} = 42.11\%$

(2) $營業利益率 = \dfrac{稅前息前盈餘（EBIT）}{營業（銷貨）淨額} = \dfrac{2,000}{9,500} = 21.05\%$

(3) $營業淨利率 = \dfrac{稅後淨利}{銷貨淨額} = \dfrac{1,600}{9,500} = 16.84\%$

(4) $總資產報酬率（ROA）= \dfrac{稅後淨利}{總資產} = \dfrac{1,600}{7,500} = 21.33\%$

(5) $股東權益報酬率（ROE）= \dfrac{稅後淨利}{平均股東權益} = \dfrac{1,600}{6,000} = 26.67\%$

五 市場價值比率（Market Value Ratios）

市場價值比率是用來衡量公司的眞正價值，由公司的盈餘、帳面金額、股價與現金股利相連結而成。這些比率是一般股票投資人最常用於衡量公司現在價值的重要參考指標。一般而言，常用於衡量市場價值比率有四種指標，分別爲「每股盈餘」、「本益比」、「市價淨值比」、「股利殖利率」。以下將詳細介紹這些指標的用途。

1. 每股盈餘（Earnings Per Share；EPS）：其最主要的用途是用來衡量公司流通在外的每股股票可以賺得多少報酬。當然每股盈餘愈高，公司愈值得投資。每股盈餘的計算方式如下：

$$每股盈餘（EPS）= \frac{稅後淨利－特別股股利}{在外流通普通股股數}$$

每股盈餘常會隨著公司流通在外的股票數增加而被稀釋，所以觀察一家公司的每股盈餘，須拿歷年的資料進行比較，才會知道其獲利趨勢。且亦須跟同業相比較，才會知道經營成果之優劣。

2. 本益比（Price/Earnings Ratio；P/E Ratio）：其最主要的用途是用來衡量公司每賺 1 元的盈餘，投資人願意付多少價格。亦即衡量投資人對於公司未來績效的信心程度。通常較有願景的公司，投資人願意付出價高的本益比去購買此股票。本益比的計算公式如下：

$$本益比 = \frac{每股價格}{每股盈餘}$$

通常本益比偏低的公司有可能是公司股價被嚴重低估，亦有可能公司爲較成熟或沒有前景的公司，投資人不願意出太高的價格去購買。所以利用本益比來選股，須衡量此時這檔股票的價格是暫時被低估或高估，將來會恢復正常股價，還是前景很光明或暗淡。若是暫時性可以買進低估或賣出（放空）高估；若是將來前景不錯的公司，可繼續加碼高本益比之股票；反之將來前景黯淡公司，再低的本益比亦不值得投資。當然投資人給予每一產業的本益比皆不盡相同。

3. 市價淨值比（Price to Book Ratio；P/B Ratio）：其最主要的用途是用來衡量投資人願意付出幾倍的價格去購買公司的帳面金額（淨值）。通常比較有遠景的公司，投資人願意付出價高的市價淨值比去購買此股票。市價淨值比的計算公式如下：

$$市價淨值比 = \frac{每股價格}{每股帳面金額（淨值）}$$

一般而言，股票價格意謂著公司未來的價值，通常一家具有前景的公司股價應高於現在的帳面金額（淨值），因此一家公司的市價淨值比通常應高於 1。若市價淨值比偏低的公司，有可能是公司股價被嚴重低估，亦有可能公司爲較成熟或沒有前景的公司，投資人不願意出太高的價格去購買。所以利用市價淨值比來選股與本益比一樣，須衡量此時這檔股票的價格是暫時被低估或高估，將來會恢復正常股價，還是前景很光明或暗淡。若是暫時性可以買進低估或賣出（放空）高估；若是將來前景不錯公司，可繼續加碼高市價淨值比之股票；反之將來前景黯淡公司，再低的市價淨值比或小於 1 的股票亦不值得投資。

4. 現金股利殖利率（Cash Dividend Yield）：其最主要的用途是用來衡量投資股票每投入 1 元可以得到多少比例的現金。若投資人投資股票若以領現金股利爲主，當然股利殖利率愈高的股票，愈值得去投資。股利殖利率的計算公式如下：

$$現金股利殖利率 = \frac{現金股利}{每股股價}$$

投資股票資金的機會成本就是銀行利息，所以股息殖利率通常會與銀行利息相比，若股利殖利率高於銀行利息，表示該檔股票的持有報酬率至少優於銀行定存。但大部分的投資人投資股票，都是希望賺取較高額的資本利得，若無法如願，至少股利殖利率愈高，防禦性愈強，在空頭市場是一項不錯的選擇。

例題 13-5【市場價值比率】

假設 E 公司現在每股股價爲 100 元，每股淨值爲 40 元，公司稅後淨利 5,000 萬元，公司無發行特別股，但普通股股東股數爲 1,000 萬股，且發放每股 4 元的現金股利。請問公司的 (1) 每股盈餘？ (2) 本益比？ (3) 市價淨值比？ (4) 現金股利殖利率？

解

(1) $每股盈餘（EPS）= \frac{稅後淨利 - 特別股股利}{在外流通普通股股數} = \frac{5,000}{1,000} = 5 元$

(2) $本益比 = \frac{每股價格}{每股盈餘} = \frac{100}{5} = 20$

(3) $市價淨值比 = \frac{每股價格}{每股帳面金額（淨值）} = \frac{100}{40} = 2.5$

(4) $現金股利殖利率 = \frac{每股股利}{每股股價} = \frac{5}{100} = 5\%$

例題 13-6 【兩家公司財務比率比較】

假設下表爲 X 飯店與 Y 旅店，兩家公司某一年的財務情形，請針對兩家公司的 (1) 流動性比率、(2) 資產管理比率、(3) 負債管理比率、(4) 獲利能力比率、(5) 市場價值比率，這五種財務比率進行簡單的分析。

	X 飯店	Y 旅店	比較短評
一、流動性比率			
流動比率	3.20	1.00	X 飯店較優
速動比率	2.98	0.91	X 飯店較優
二、資產管理比率			
存貨週轉率	29.6%	75.56%	Y 旅店較優
存貨平均銷貨天數	12.33 天	4.83 天	Y 旅店較優
應收帳款週轉率	28.78%	33.1%	Y 旅店較優
應收帳款回收天數	12.68	11.03	Y 旅店較優
固定資產週轉率	0.52	2.13	Y 旅店較優
總資產週轉率	0.28	0.6	Y 旅店較優
三、負債管理比率			
負債比率	21.71%	44.3%	X 飯店較優
利息賺得倍數	23.9	50.5	X 飯店較優
四、獲利能力比率			
營業毛利率	42.12%	41.32%	X 飯店較優
營業利益率	12.29%	30.82%	Y 旅店較優
營業淨利率（營業純益率）	12.69%	25.68%	Y 旅店較優
總資產報酬率	6.05%	20.52%	Y 旅店較優
股東權益報酬率	4.52%	30.79%	Y 旅店較優
五、市場價值比率			
每股盈餘	1.12	9.6	Y 旅店較高
本益比	21.22	29.45	X 飯店較低
市價淨值比	1.15	10.84	X 飯店較低

解

(1) 流動性比率

X 飯店的「流動比率」與「速動比率」都高於 Y 旅店，可見 X 飯店短期間內要將流動性資產轉換成現金能力優於 Y 旅店，所以 X 飯店償還短期債務能力優於Y旅店。且Y旅店的「流動比率」與「速動比率」均遠低於正常水準2與1，因此Y旅店面臨較高的短期償債風險。

(2) 資產管理比率

Y旅店的「存貨週轉率」與「存貨平均銷貨天數」分別高於與低於X飯店，所以Y旅店的管理存貨的效率優於X飯店。X飯店的「應收帳款週轉率」與「應收帳款回收天數」分別低於與高於Y旅店，所以Y旅店對於應收帳款的收款效率優於X飯店。Y旅店的「固定資產週轉率」與「總資產週轉率」均高於X飯店，所以Y旅店在固定資產與總資產的使用效率上優於X飯店。總之，Y旅店在資產管理能力上大致優於X飯店。

(3) 負債管理比率

Y旅店的「負債比率」與「利息賺得倍數」均高於X飯店，顯示Y旅店的財務槓桿使用程度較高，但該公司所賺的錢用來支付利息的能力也較高，所以應該說Y旅店很愛借錢，但也很會還錢。

(4) 獲利能力比率

X飯店的「營業毛利率」高於Y旅店，但「營業利益率」卻低於Y旅店，顯示X飯店的經營狀況相較Y旅店是屬於高毛利低淨利的型態。此外，Y旅店的「營業淨利率」、「總資產報酬率」與「股東權益報酬率」均高於X飯店。此顯示Y旅店每一元的營收與資產幫股東所創造的淨利愈高，所以表示Y旅店的股東所投資的資金，相較X飯店能有效率的被運用。因此Y旅店的整體獲利能力是優於X飯店。

(5) 市場價值比率

Y旅店的「每股盈餘」遠高於X飯店，所以表示Y旅店的獲利能力遠高於X飯店，此情形也充分的反映在Y旅店的股價上，因此才會造就兩家公司的「本益比」很相近。但Y旅店的「市價淨值比」遠高於X飯店，此情形說明Y旅店的每股價格相較於公司每股的實際價值被嚴重高估。因此從市場價值比率評斷，X飯店的市場價值相較於Y旅店稍具合理。

市場焦點

存股族注意！避開 3 種「高殖利率」陷阱：穩穩賺股利，讓你提早 10 年退休

最近各公司陸續公告股利，喜歡領配息的投資人這時候就會開始布局，但是千萬不要看到殖利率高就買進，有可能會讓你賺了股息賠了價差。本篇分享 3 種高殖利率的陷阱：

「高股息陷阱」的第一種情況：公司營運太差，導致沒有填息

我以前剛開始進入股市，一定是挑殖利率高的股票，當時很喜歡一檔賣電視螢幕的公司－瑞軒，因為它以往的殖利率都有 8% 以上，最高還有達 12%，相當吸引當時的我，那時候完全不懂「要填息才算是真正賺到股利」這個概念，買股票只在乎配息高，便在 2017 年的時候買進瑞軒，當年發放 1.7 元的股利，除息前股價為 19.1 元，所以殖利率高達 8.9%（1.7 ／ 19.1），殊不知，至今已經超過 1 年半，仍未填息。

因為當時挑選股票，不知道瑞軒已經開始衰退了，營運不佳，近期股價也下滑至 12 元左右，而且隔年度 2018 年也發不出股息，所以選股票不能只看高殖利率，營收太差可能也會導致無法填息。

「高股息陷阱」的第二種情況：吃老本

有些公司配發的股利金額會大於當年度的 EPS，讓投資人以為殖利率相當高，但你有發現奇怪的事情嗎？發出去的配息＞公司賺到的錢。原來，公司會從以前年度賺的收入，拿來今年發放，有吃老本的現象。但股民買高殖利率股票，看的是公司穩定獲利及配息，若是一直吃老本，總會有用完的一天，一般企業發放股利，通常是由前一年度所賺的錢發放，但有些公司可能會由「資本公積」來發，通常有 2 種情況：1. 公司有多餘的閒置資金。2. 本業賺的不多，為了維持高殖利率，所以拿老本來發。

例如：遠傳今年宣布發布股利配發率高達 130%，公司當年度 EPS 只有 2.88 元而已，竟然可以發 3.75 元給你？這就是因為資本公積配息，並不是完全靠當年度收入配發，就是吃老本的狀態，這種情況已經長達 10 年以上，存股族要避免買到這類型的股票。

「高股息陷阱」的第三種情況：靠大筆業外收入配息

好的公司是本業賺錢，然後與股東分享股利，股民若看到公司 EPS 大增，就會期待可以拿到更多配息，這個邏輯通常沒錯，只是你要注意的是，EPS 是本業賺來的，還是營業外收入獲得的呢？

如果是靠賣土地、領保險金而使當年度 EPS 大增，這種收入僅是一次性性質，公司宣布發高額股利，會引發市場追逐炒高股價，但明年不見得還有大筆業外收入可以發股利，若想要買進，要特別注意不要追高！

案例 1：宏達電在 2018.Q1 出售手機部門給 Google

此筆的收入是屬於一次性業外收入，畢竟不是每年都有部門可以出售，因為出售部門大賺約 313 億元，使得宏達電終結連 3 年虧損，2018 全年每股狂賺 14.72 元，雖然還沒公布發多少股利，不過 EPS 暴漲，股利發放狀況應該也會相當不錯，這時股民如果要買進，千萬要小心，不要賺了股息，賠了價差。

案例 2：中連貨賣地 EPS 大增 20 倍

中連貨在 2018 年初賣掉在中和區的土地及地上物，獲利高達 3 億 7,400 萬元，截至 2018.Q3，本業僅賺 247 萬元，可是靠著業外收入大賺，使得 EPS 大漲 20 倍以上。

資料來源：節錄自今週刊 2021/07/22

解說

市場上，常有些股票標榜具高殖利率，並不代表可以在獲取高現金股利報酬率外，就穩賺不賠。若公司除息後，並沒有讓股價漲回原來除息前的價位，投資人仍會損失資本利得。所以投資人須避開投資高殖率股的三種陷阱，其一，避開未來營運太差，最終仍無法填息；另一，避開配息是以過去累積的資本公積為主，最後，避開配息是來自短暫的一次性業外收益，而非本業的穩定收入。

13-2 事件研究分析

在公司的事件研究分析中，大致上有三種情形會引起股價變動，分別為公司的股權變動時、公司的營業活動有重大宣告時、以及公司具有引人注意的特殊題材發酵時。以下將分析這三種情勢對股價的影響。

一 公司的股權變動

（一）新股上市

通常公司發行新股包括：初次上市上櫃（IPO）或已上市上櫃辦理現金增資（SEO）。承銷商為使公司順利上市上櫃，通常會壓低承銷價，使得與市場價格有明顯價差，讓認新股的投資人有套利空間，所以通常 IPO 會有蜜月行情。但公司辦理現金增資，須發行的新股，若新募得資金用於擴大產能或轉投資的資本支出上，通常對公司將來的營運具有正面的效果，所以股價通常會有正面反應；若公司經營不善，將新募資金用於改善公司財務狀況，因基於流通在外股數會增加，將會造成的盈餘稀釋效果，對公司股價具負面效果。

（二）減資

若一家公司經營良好，考慮將來內部不須那麼多現金，公司可將多餘資金去市場買回公司股票，並辦理註銷股份（即減資），將使流通在外股數減少，這樣可以提高每股盈餘，對股價具正面效果。但大多數公司都是經營不善，利用減資來彌補虧損，然後再來辦理增資，通常都是希望股價將來能起死回生。

（三）買回庫藏股

庫藏股票係指公司利用公司資金買回自己發行流通在外的股票，其目的希望維持公司股價之穩定、供股權轉換行使支用或辦理減資調整公司的資本結構。通常實務上當公司實施庫藏股制度，對當時股價有護盤作用，甚至會有上漲的情形出現。

（四）董監事改選行情

依據臺灣的公司法規定，公司董監事每三年須改選一次，所以董監事改選前，若原董監事的持股偏低、或市場派覬覦其經營權時，此時原公司董監事與市場派都會爭相增加持股，而容易引爆董監事改選行情，使公司股價有大幅上揚的機會。

（五）除權行情

公司發放股票股利，使得公司流通在外股數增加，但公司股價因除權後，相較以前便宜，若投資人對公司未來營運具有信心，股價會上漲至原除權前之價位，即爲塡權。通常在股市處於多頭市場時，股票比較有機會上漲，而出現除權行情；若處於空頭市場時，甚至股價會下跌而出現貼權情形。

二 公司的營業活動

（一）盈餘或股利宣告

當公司盈餘或股利宣告時，若是高盈餘或高股利的宣告，通常對股價的表現具有正面的激勵效果，但既使盈餘與股利的宣告並不是很突出，只要比預期來的好，通常也會激勵股價。

（二）併購與投資宣告

當公司宣佈合併或購併，通常主併與被併購的公司股價都會波動，至於是正面或負面，須端視雙方的併購條件而定。此外，公司若進行長期的資本投資，表示公司未來有成長機會，股價通常會有正面反應。

三 公司的特殊題材

（一）特殊類股

某些股票具有某些特殊的議題，較容易吸引投資人的目光，進而使股價具有正向的反應。例如：某些股票被國外投資機構（如：摩根史坦利）列爲指數概念股（摩根概念股），當外資欲購買該國股票時，它們是被建議投資標的，所以這些股票較容易受到外資青睞，進而股票上漲。此外，市場上也有些股票，擁有大量土地資產（如：資產概念股）、投資中國的營收佔整體營收比重很高的股票（如：中國概念股）、或與世界知名大廠業務往來，也有可能知名大廠業績成長，而股價因而受惠（如：美國－蘋果電腦概念股）等等，這些具有某些特性的股票，都能吸引投資人的目光。

（二）特殊時期

某些股票可能在特定時段，會有特定的議題可以炒作，以吸引投資人的注意。例如：某些集團股或被投信認養的股票，爲美化財務帳面或投資績效，在年底會有「作帳行情」；也有些股票在選舉時與某些政黨或候選人有相關，也會因爲政黨或候選人的當選，而有所謂的「選舉慶祝行情」。

市場焦點

董監改選行情　四招找標的

這兩年臺灣上市櫃企業總獲利與股市連創新高，企業併購與入股活動熱度上升，增加董監改選熱鬧程度。法人指出，依過去經驗，基本面不錯、董監持股偏低、董監持股質押比率偏高、市值或股價偏低等，都有機會出現董監改選行情。

依公司法規定，6 月股東常會召開前二個月、即約 4 月為最後過戶日，有意入主的市場派通常在 2 月開始布局，甚至提前在前一年的 12 月進場吃貨，不少主力也會共襄盛舉跟進。為防公司派因每三年例行改選提高警覺，近年不少市場派直接以股東臨時會進行經營權搶奪。

不論市場派是否利用股東臨時會提前改選，畢竟三年一次董監改選仍是上市櫃公司大事，不少董監事仍會意思一下回補手上持股，因此董監改選行情不會局限在特定族群，各種產業與公司都可能有機會。台新投顧副總經理分析，大股東回補通常需要較長時間的緩步布局，到接近最後過戶日才會變得明顯，很可能是在第 1 季到第 2 季間，現在就可密切觀察大股東回補動作。

此外，如果公司獲利不錯或資產不少、董監持股低於 15%、市值低於 400 億元，同時見到法人加碼，是優先掌握董監改選行情的重要標的。

資料來源：節錄自經濟日報 2022/01/09

解說

根據往年經驗，持股比率過低的公司董監事或大股東，當遭逢董監改選年度時，為了鞏固經營權，會在開股東大會前逢低回補股票，此將有利於股價緩步走高。若董監持股比率少於 15%，且公司獲利不錯或資產不少、市值低於 400 億元，同時也見到法人加碼，將是優先掌握董監改選行情的重要標的。

投資新視界

全球股市震盪劇烈！" 台股本益比相對低 "

https://www.youtube.com/watch?v=IIIIcN-yLGo

近期，全球股市震盪，即使市場不穩定，台股本益比相對低，表現依舊亮眼。專家建議，可以分批布局台股 ETF，為投資組合降低風險且提高報酬。

本益比小於 12 倍！達人 3 指標篩選高殖利率績優股

https://www.youtube.com/watch?v=BAIEqVwWeak

美國升息、烏俄緊張情勢，使台股走勢震盪，也讓高殖利率股成為市場避風港。財經專家分析，建議投資人可布局高殖利率股，並搭幾項指標可獲利。

太委屈 ?! 自己股價自己救 公司喊買庫藏股 = 買進訊號？

https://www.youtube.com/watch?v=OLEJE7IYpjk

當公司股價不太理想時，很多公司會實施庫藏股來救股價。但有時公司喊買回公司股票，卻沒確實執行，使得效果並不如預期。

董事會大戲登場 軋空行情鳴槍？董事會行情揭密

https://www.youtube.com/watch?v=8F7TioX3Las

每年 3-4 月董事會登場，會決定何時開股東大會，到時融券的投資人必須趕快回補股票，也將進行軋空行情，投資人可趁機獲利。

永大 100% 由日立收購！ 永大機電 28 日開盤「漲停鎖死」

https://www.youtube.com/watch?v=QK4JWYIm83c

老牌電梯大廠永大震撼宣布，由最大股東日立集團收購，未來將向證交所申請終止上市。但訊息公布後，股價便開盤「漲停鎖死」。

本章習題

一、選擇題

證照題

( ) 1. 在盈餘不斷地創新高時，該公司的股票通常具那些特性？ A. 本益比較高；B. 市價淨值比較高；C. 股息率較高；D. 市價營收額比較高 (A) 僅 A、B (B) 僅 B、D (C) 僅 A、B、D (D) A、B、C、D 皆是。 【2011-3 證券商業務員】

( ) 2. 乙公司在今年會計年度結束時，股東權益總額為 1,000 萬元，流通在外股數為 50 萬股。若目前該公司股價為 60 元，請問該公司之市價淨值比為何？ (A) 20 (B) 10 (C) 2.5 (D) 3。 【2011-4 證券商高級業務員】

( ) 3. 假設其他條件一樣，公司的股利成長率越高，合理本益比倍數：(A) 越低 (B) 不變 (C) 越高 (D) 無法直接判斷。 【2012-1 證券商高級業務員】

( ) 4. 好好公司最近一年每股稅前盈餘為 5 元，公司所得稅率為 25%，目前該公司股價為 80 元，則該公司本益比為何？ (A) 25.33 (B) 21.33 (C) 20 (D) 16。 【2012-1 證券商高級業務員】

( ) 5. 已知一公司之利息費用為 40 萬元，總資產為 1,200 萬元，息前稅前純益（EBIT）為 200 萬元，則利息保障倍數為： (A) 6 (B) 5 (C) 30 (D) 25。 【2012-4 證券商高級業務員】

( ) 6. 某公司股票之本益比原為 20 倍，下列何種原因可能使本益比降為 10 倍？ (A) 股價下跌 (B) 股價上漲 (C) 負債變大 (D) 股本變大。 【2013-2 證券商業務員】

( ) 7. 股票評價可以利用下列哪一種方法？甲 . 本益比倍數還原法；乙 . 股價淨值比還原法；丙 . 股利折現法 (A) 只有甲 (B) 只有甲及乙 (C) 只有甲及丙 (D) 甲、乙及丙皆可。 【2013-2 證券商高級業務員】

( ) 8. 國外大型塑膠廠發生火災，較可能對國內塑膠類股股價的影響為： (A) 下跌 (B) 上漲 (C) 先漲後跌 (D) 先跌後漲。 【2013-2 證券商業務員】

( ) 9. 投資者甲買入某股票，每股成本為 $40，他預期一年後可賣到 $42，且可收到現金股利 $3，則他的預期股利殖利率是： (A) 10.0% (B) 12.5% (C) 7.5% (D) 5.0%。【2013-3 證券商高級業務員】

( ) 10. 下列何者是正確的說法？ (A) 本益比與公司負債比率成正比 (B) 本益比與公司負債比率成反比 (C) 本益比與公司獲利比率成反比 (D) 本益比與利率成反比。【2013-4 證券商高級業務員】

( ) 11. 財務比率分析並未分析下列公司何項財務特質？ (A) 流動能力與變現性 (B) 槓桿係數 (C) 購買力風險 (D) 獲利能力的速度。【2015-1 證券業務員】

( ) 12. 本益比可作下列何種分析？ (A) 獲利能力分析 (B) 投資報酬率分析 (C) 短期償債能力分析 (D) 資金運用效率分析。【2015-1 證券業務員】

( ) 13. 現金股利發放率愈大，預估本益比： (A) 愈大 (B) 愈小 (C) 不一定愈大或愈小 (D) 不變。【2015-2 證券業務員】

( ) 14. 在其他條件相同下，下列哪種事件最可能降低股票的本益比？ (A) 投資人的風險規避傾向降低 (B) 股利發放率增加 (C) 國庫券殖利率增加 (D) 通貨膨脹預期下跌。【2015-2 證券業務員】

( ) 15. 一般而言，企業的流動比率不小於2時，亦即企業的淨營運資金應不少於： (A) 存貨的總額 (B) 長期負債 (C) 權益淨值 (D) 流動負債。

【2015-3 證券業務員】

( ) 16. 某公司銷貨比去年增加，但毛利率卻下降，表示： (A) 資金週轉率下降 (B) 銷貨成本增加 (C) 營業費用過高 (D) 企業可能遭受天然災害。

【2016-2 證券業務員】

( ) 17. 應收帳款收到現金，將會： (A) 增加流動比率 (B) 增加速動比率 (C) 增加應收帳款週轉率 (D) 選項 (A)(B)(C) 皆是。【2016-3 證券業務員】

( ) 18. 下列財務比率何者通常愈高愈佳？ (A) 負債比率 (B) 固定成本比率 (C) 邊際貢獻率 (D) 應收帳款週轉天數。【2018-4 證券高級業務員】

( ) 19. 甲、乙兩公司資本結構、產品相同，則當甲公司每股盈餘大於乙公司每股盈餘，則甲公司的價值與乙公司的價值相比？ (A) 甲大於乙 (B) 甲小於乙 (C) 甲乙相等 (D) 資訊不足，無法比較。【2018-4 證券商業務員】

( ) 20. 假設甲公司之淨利率爲 4%，資產週轉率爲 3.6，自有資金比率爲 60%，請問目前該公司之股東權益報酬率爲何？ (A) 16% (B) 24% (C) 36% (D) 40%。 【2019-1 證券商高級業務員】

( ) 21. 下列何者對公司較可能是不利的情況？ (A) 應收帳款週轉率高 (B) 存貨週轉率高 (C) 負債對資產比率高 (D) 資產週轉率高。 【2021-2 證券商業務員】

( ) 22. 存貨週轉率係測試存貨轉換爲下列何種項目的速度？ (A) 銷貨收入 (B) 銷貨淨額 (C) 製造成本 (D) 銷貨成本。 【2021-3 證券商業務員】

二、問題與計算題

基礎題

1. 請問財務報表分爲哪四種？
2. 請問財務分析比率可分爲哪幾類？
3. 請寫出投資人在常使用的本益比、股價淨值比與股利殖利率的定義？
4. 投資人在在投資分析財務比率指標中，下列何者愈高愈好？
   A. 速動比率 B. 流動比率 C. 存貨週轉天數 D. 應收帳款週轉率 E. 負債比率 F. 利息保障倍數 G. 股東權益報酬率 H. 本益比 I. 股價淨值比 J. 現金股利殖利率
5. 承上題，下列何者愈低愈好？

進階題

6. 若 AB 兩家公司股價分別爲 100 與 60，公司每股淨值分別爲 25 與 20，今年每股盈餘爲 8 元與 3 元，且分別發放現金股利 5 元與 2 元，請問這兩家公司的 (1) 本益比、(2) 股價淨值比與 (3) 現金股利殖利率分別爲何？若依據那三種指標，哪一家公司較値得投資？
7. 下列哪些事件發生後對股價爲較正向反應？
   A. 公司新上市上櫃 B. 公司現金增資用於弭平財務虧損 C. 危機公司辦理減資 D. 公司買回庫藏股 E. 公司董監事改選 F. 空頭市場除權 G. 公司宣佈高股利發放 H. 公司盈餘正，但投資人預期爲大賠 I. 公司宣佈購併 J. 被投信認養的股票的年底作帳 K. 公司董事參與選舉且當選
8. 承上題，哪些事件發生後對股價爲較反向反應？

NOTE

chapter 14

技術面分析

本章大綱

本章內容為技術面分析，主要介紹技術面分析概論，以及線型類、指標類與期權類指標的技術分析，其內容詳見下表。

節次	節名	主要內容
14-1	技術面分析概論	線型類與指標類技術分析。
14-2	線型類技術分析	K 線理論、道氏理論、波浪理論與移動平均線理論。
14-3	指標類技術分析	價與量兩種主要類型、以及其他類型技術分析。
14-4	期權類指標分析	波動率指數與賣買權比值。

14-1 技術面分析概論

剛剛進入股票市場的投資人，一定會覺得技術面分析（Technical Analysis）很有趣也很有學問的樣子。其實技術面分析，嚴格來說是一種落後指標，它是由股票歷史的價量關係所計算而得，所以股票的價量才是「因」，技術指標是「果」，因此利用「果」來預測「因」，其實效果並不理想。如果利用技術指標來預測「大盤」的走勢，可能還有些參考價值，但拿來預測「個股」常常會讓投資人摸不著邊，有時會出現指標在高檔與低檔鈍化的情形，預測效果並不如預期。當然的，雖然預測效果並不顯眼，但實務上仍有許多人在使用，並且依據指標所提供的買賣訊號進行操作，也造成投資人產生了集體的從眾[1]買賣行為。

技術分析自 19 世紀末發展至今，已超過百年了。近年來因電腦的發達，也使得運用技術分析進行預測方便了許多。一般而言，技術分析大概可分成「**線型類**」與「**指標類**」兩種類型，以下分別簡單介紹之：

一 線型類技術分析

此種類型的技術分析是以股價變動所產生的「趨勢線型」，來當作研判買賣的基準。因為此種類型所產生的技術趨勢線型，每個人的看法並不一定相同，所以此分析方法較為主觀。此類型技術分析包括：K 線理論、道氏理論、波浪理論與移動平均線理論等。

二 指標類技術分析

此種類型的技術分析是以股票的價格與成交量所產生的「數值」，來當作研判買賣的基準。此類型的技術指標通常有明確的數值當研判基準，但在運用於個股時，這些指標常常會出現高檔與低檔鈍化的情形，也就是說指標已經顯示應該可以買或賣了，但其實還不到買或賣的時刻，所以投資人若依原標準進行買賣，容易產生損失。此類型技術分析包括：「價」與「量」兩種主要類型，以及其他類型等。

---

1 從眾行為（Herd Behavior）乃指投資人一窩蜂同時在某時點買進或賣出，某些特定股票的交易行為。

14-2 線型類技術分析

此類型技術分析包括：K 線理論、道氏理論、波浪理論與移動平均線理論等。以下將分別介紹之：

一 K 線理論

K 線又稱陰陽線或紅黑線，K 線圖（Candle Chart），就是將股票每日、每週、每月的開盤價、收盤價、最高價、最低價等漲跌變化狀況，用粗線及細線的方式記錄下來，目前已成為股票技術分析中的一種重要方法。從當日、週或月 K 線中，投資人可以看出當日、週或月買賣雙方勢力的消長，且將連續一段期間的 K 線連結在一起，可以研判未來股市的走勢。

以下將介紹 K 線的基本型態、以及 K 線的連續圖形所顯示出的股市趨勢情形。

（一）K 線的基本型態

K 線是由開盤價、收盤價、最高價、最低價這 4 種價格所組成，其主要線型包含紅 K 線、黑 K 線與十字線，以下將介紹之：

1. 紅 K 線：因為收盤價高於開盤價故實體線以紅色表示，表示股價上漲（見圖 14-1）。最高價與收盤價之間的部分稱為上影線，開盤價與收盤價之間用粗線表示，稱為紅實體線，開盤價與最低價之間就稱為下影線。

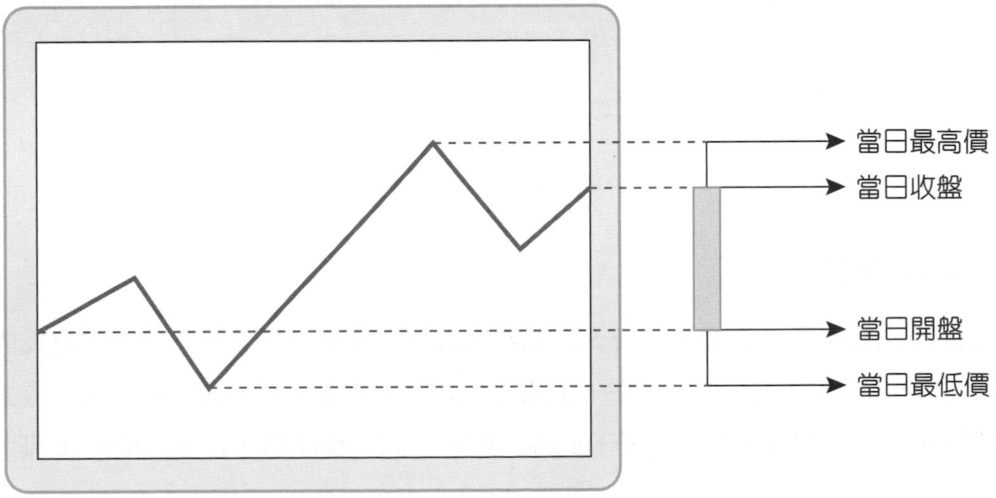

圖 14-1　紅 K 線圖

2. 黑 K 線：因爲收盤價低於開盤價故實體線以黑色表示，表示股價下跌（見圖 14-2）。最高價與開盤價之間的部分稱爲上影線，開盤價與收盤價之間用粗線表示，稱爲黑實體線，收盤價與最低價之間就稱爲下影線。

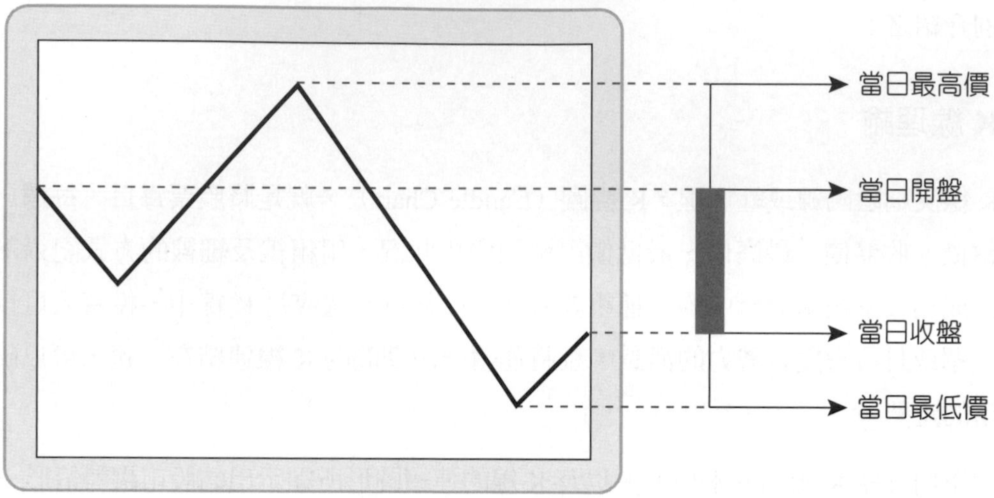

圖 14-2　黑 K 線圖

3. 十字線：當開盤價與收盤價相同時，則實體線消失，若有上影線與下影線就成爲十字型。若有下影線遠長於上影線的，稱爲 T 字型；若有上影線遠長於下影線，稱爲倒 T 字型；若幾乎沒有上下影線，稱爲一字線。（見圖 14-3）

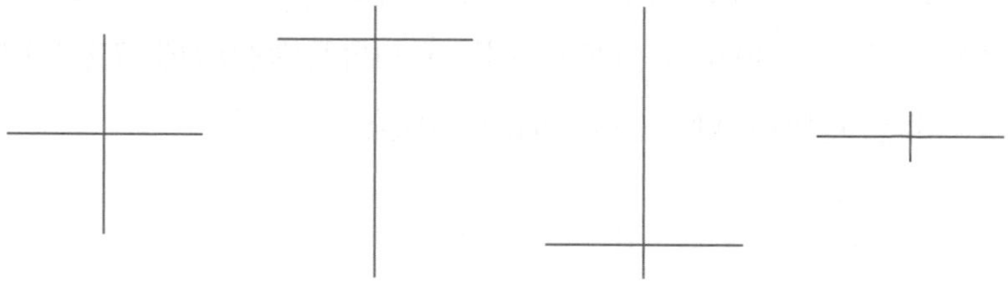

圖 14-3　十字線型

（二）K 線的連續圖形

從當日、週或月 K 線中，投資人只能看出當日、週或月買賣雙方勢力的消長情形。若要研判未來的趨勢，必須將連續一段期間的 K 線連結在一起，從這連續的圖形去尋找出規律性後，再去預測未來的走勢。此外，即使是同一種圖形，每個人的解讀都不同，所以會作出不同的判斷結果。因此，在使用 K 線圖時，一定要同時考慮其他因素和技術指標，進行綜合分析與判斷後，才進行決策。以下圖 14-4 爲由 K 線所產生較常見的連續趨勢圖。

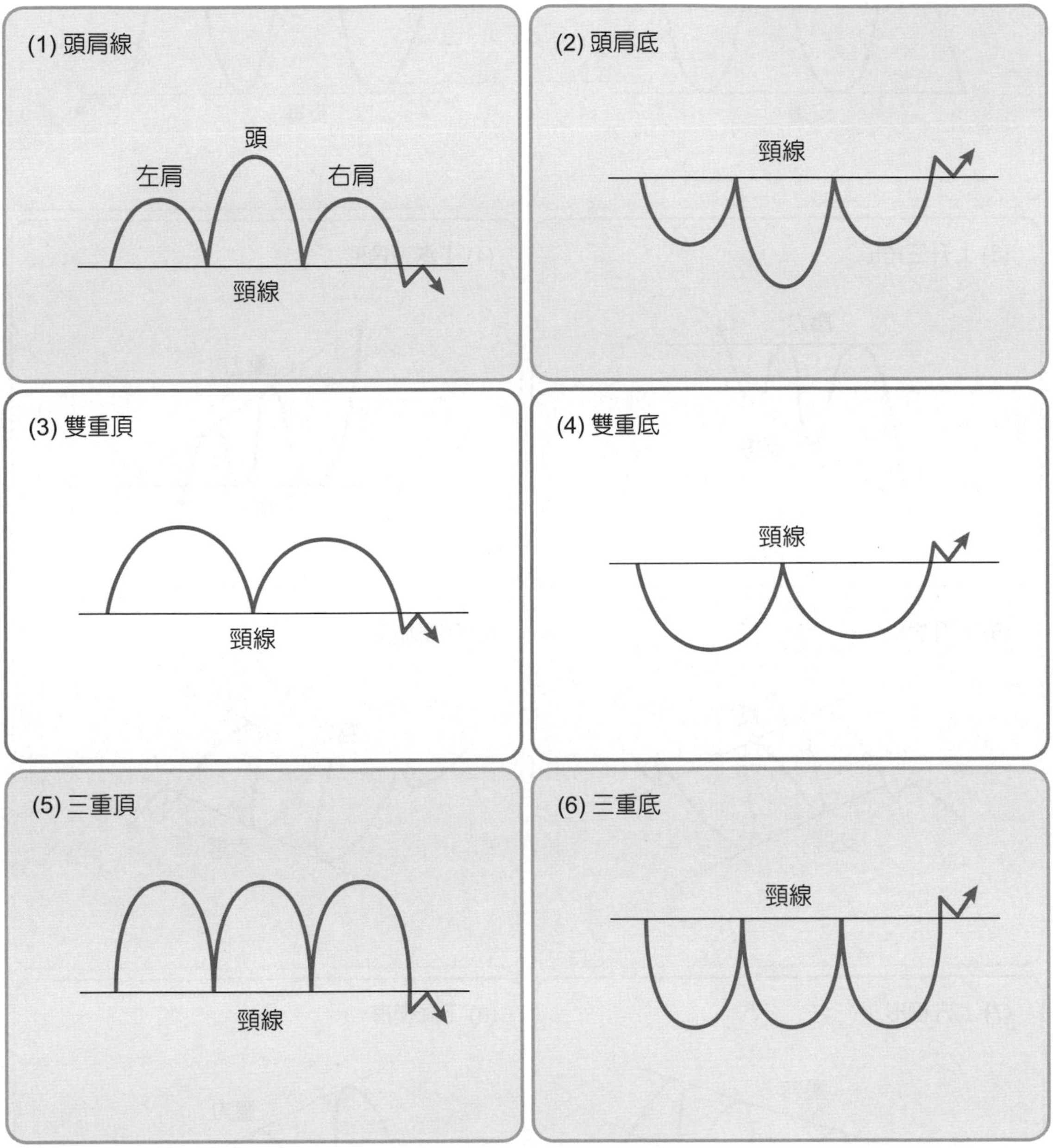

圖 14-4　常見的股市走勢圖

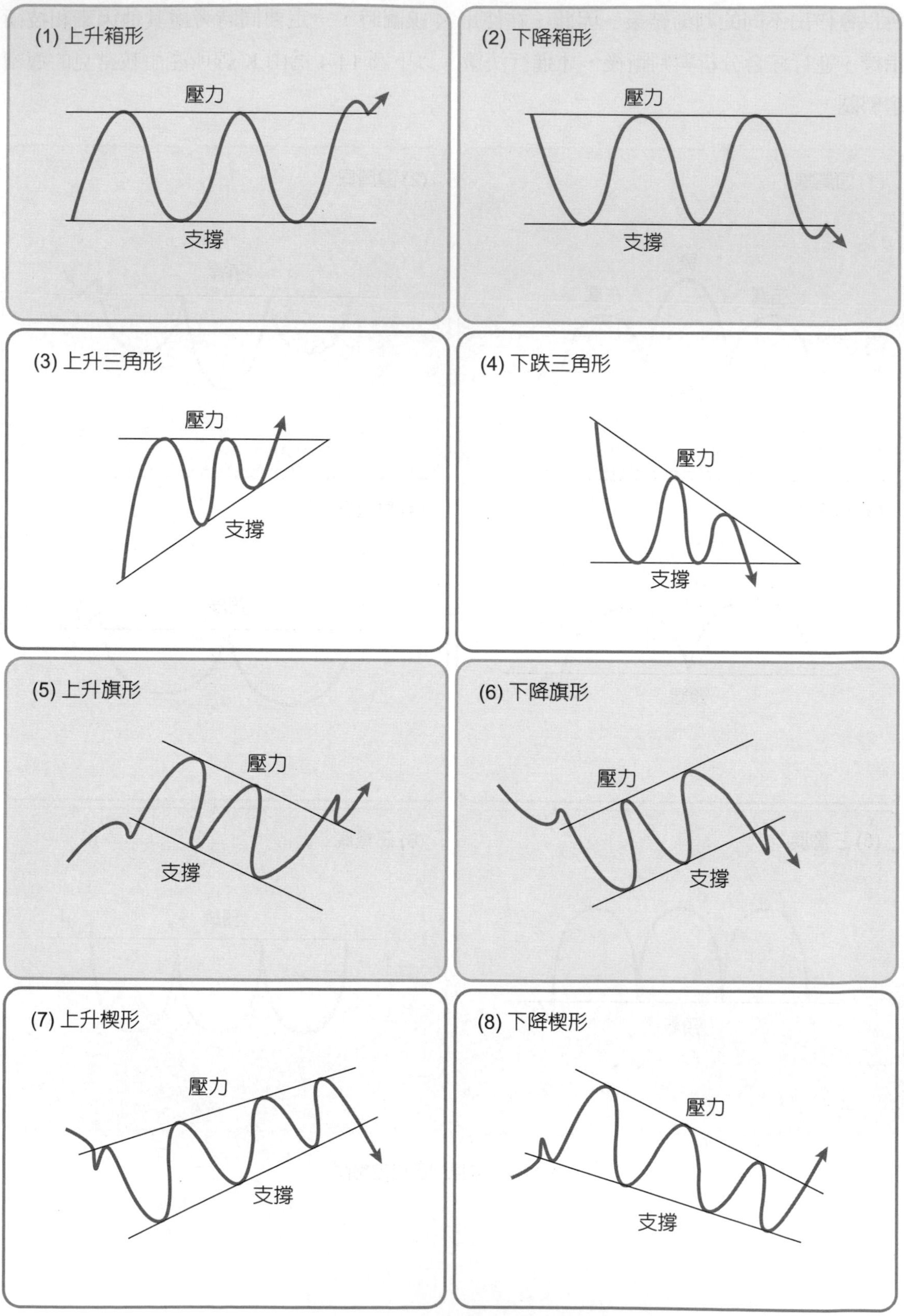

圖 14-4　常見的股市走勢圖（續）

二 道氏理論

道氏理論（The Dow Theory），是多數技術分析的始祖，其目的是在辨認股價變動的長期趨勢。該理論認爲股市有兩種趨勢，分別爲「主要趨勢」與「次要趨勢」，以下分別介紹之，其圖詳見圖 14-5。

（一）主要趨勢

主要趨勢或基本趨勢（Primary Trends）表示股票價格長期變動的主要趨勢，通常觀察期間從幾個月持續到幾年。主要趨勢是整個股票市場走勢的大方向，如果股票價格長期呈持續上漲趨勢，就形成多頭市場；如果股票價格長期呈持續下跌趨勢，就形成空頭市場。

（二）次級趨勢

次級趨勢（Secondary Trends）是指在主要趨勢中，股價短期（通常數日或數週）偏離基本趨勢線所引起的，股價有可能短期內出現超漲或超跌，但經過一陣子修正後，又回歸基本趨勢線內。

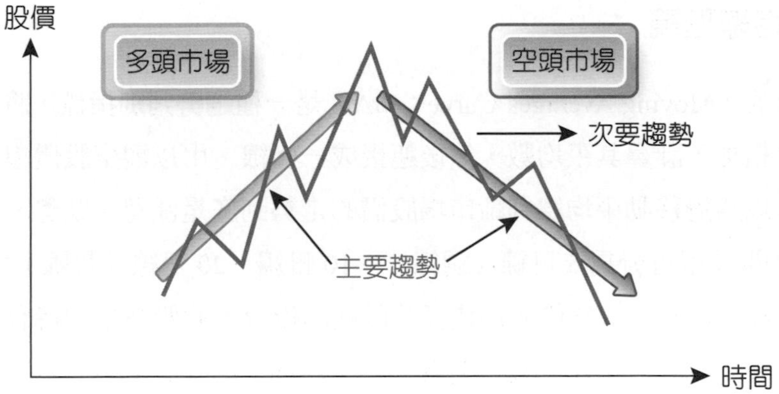

圖 14-5　道氏理論圖

三 波浪理論

波浪理論（The Wave Principle）是艾略特（Elliott）在 1930 年代所提出的股市波動原理。波浪理論是依據歷史資料所發展出來的一套股市波動原理，將市場上的價格趨勢型態，歸納出幾種不斷反覆出現的型態。

波浪理論認為一個完整的股市的價格波動型態，將分成 8 個波浪，其中前 5 個波浪屬於上漲區段（1、3、5 為主升波，2、4 為修正波），後 3 個波浪屬於下跌區段（a、c 為主下波，b 為反彈波）。其波浪理論示意圖如圖 14-6。

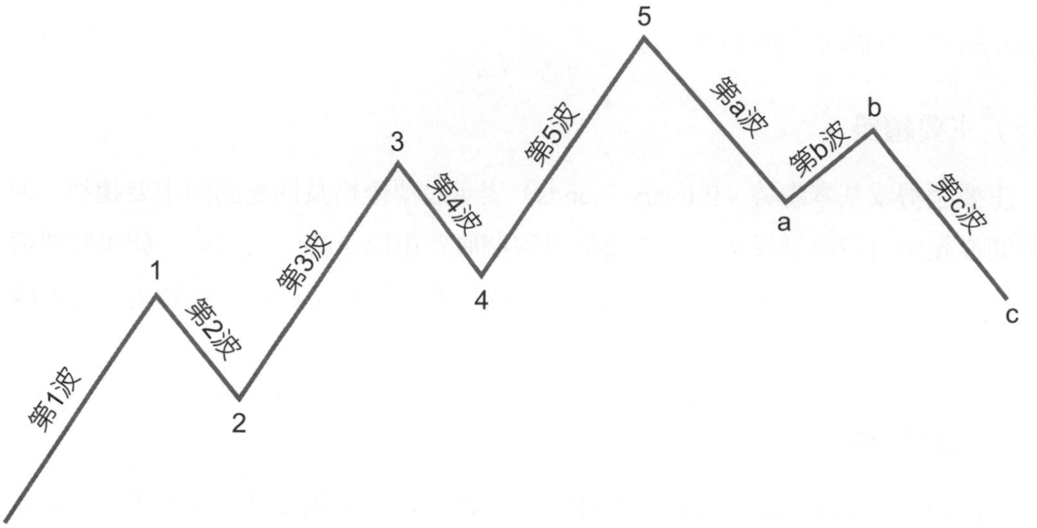

圖 14-6　波浪理論示意圖

四 移動平均線理論

移動平均線（Moving Averages Curve；MA）是一種趨勢判別指標，將一段期間內的股票收盤價格相加，計算其平均數，然後連接成一條線，用以觀察股價趨勢線。一般而言，投資人可以透過移動平均線判斷市場股價的走勢到底是漲勢、跌勢、還是盤整。移動平均線依期間長短可分為 5 日線（週線）、10 日線、20 日線（月線）、60 日線（季線）與 240 日線（年線），它們分別代表某段期間投資人的股票平均持有成本。通常在實務上以 5 日線（週線）或 20 日線（月線）為「短期平均線」；60 日線（季線）為「中期平均線」；240 日線（年線）為「長期平均線」。

投資人利用移動平均線與每日收盤價之間的關係變化，分析某一期間多空的形勢，以研判股價的可能變化，讓投資人判斷壓力與支撐。通常當股價在平均線之上由高點回跌並迫近平均線時，通常都會有一定支撐；同樣地，當股價在平均線之下由低點回升，並接近平均線，通常都會遇到壓力。且當時的股價若一直處在長期移動平均線之上，屬多頭市場；反之，若一直處於長期移動平均線之下，則為空頭市場。

此外，美國投資專家葛蘭碧提出葛蘭碧八大法則（Joseph Granville Rules）乃運用股價與 200 日移動平均線之間的關係，做爲投資人判斷買點與賣點的依據。其買賣時機說明如下：圖見 14-7。

1. **買進時機：**

   A. 平均線從下降逐漸走平（盤整），股價從平均線的下方向上突破，爲買進訊號。

   B. 股價走在平均線之上，股價突然下跌，未破均線，然後又繼續上漲，此時可以進行加碼。

   C. 移動平均線仍在上升，股價跌破平均線，但隨即又回到平均線之上，爲買進訊號。

   D. 股價低於平均線，平均線爲下降趨勢，股價突然連續暴跌，爲買進時機。

2. **賣出時機：**

   E. 股價在平均線之上，股價連續急漲，遠離平均線，而平均線未明顯上升，可能會再跌回平均線，爲賣出時機。

   F. 平均線從上升逐漸走平，股價從平均線的上方往下跌破平均線，爲賣出訊號。

   G. 股價走在平均線之下，股價上升但未達均線又回跌，爲繼續下跌之訊號。

   H. 股價雖然上升突破平均線，但均線仍在下降，不久又回到平均線之下，爲賣出訊號。

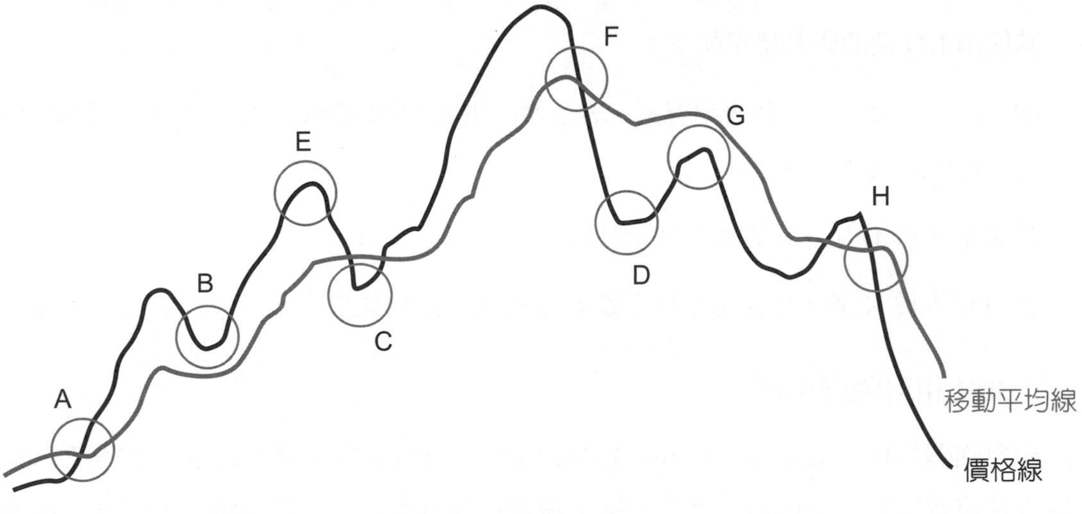

圖 14-7　葛蘭碧八大法則

14-3 指標類技術分析

指標類技術分析指標，包括：「價」、「量」類型與其他類型，以下將分別說明之：

一 價的技術指標

一般常見的價類型技術指標，乃指利用過去股價所計算出的指標，其指標大致包括：KD 值、MACD、RSI、乖離率、威廉指標與趨勢指標（DMI）等。以下將分別介紹之：

（一）KD 值——隨機指標

KD 值——隨機指標可分為兩項指標，其一為 K 值，另一為 D 值。K 值變動的速度較快，可視為短期線，而 D 值則較慢，可視為長期線；且 K 值與 D 值皆介於 0 至 100 之間。通常乃利用 K 值與 D 值的交叉情形與數值變化，來研判買賣時機。其計算公式如下：

$$RSV = \frac{\text{第 } n \text{ 天的收盤價} - \text{最近 } n \text{ 天的最低價}}{\text{最近 } n \text{ 天最高價} - \text{最近 } n \text{ 天最低價}}$$

$$K_t = RSV_t \times \frac{1}{3} + K_{t-1} \times \frac{2}{3}$$

$$D_t = K_t \times \frac{1}{3} + D_{t-1} \times \frac{2}{3}$$

其使用 KD 值的研判標準如下：

1. KD 值高於 80 以上，代表超買區，表示賣出訊號；KD 值低於 20 以下，代表超賣區，表示買進訊號。
2. 若 K 值大於 D 值，K 線由下往上漲破 D 線時（亦稱**黃金交叉**），表示買進訊號。
3. 若 D 值大於 K 值，K 線由上往下跌破 D 線時（亦稱**死亡交叉**），表示賣出訊號。

（二）RSI 相對強弱指標

相對強弱指標（Relative Strength Index；RSI）為衡量買賣雙方的相對強弱度，假設收盤價是買賣雙方力道的最終表現，則上漲視為買方力道，下跌視為賣方力道。而 RSI 式中 RS 即為買方力道與賣方力道的比值，亦即雙方相對強度的概念。RSI 則是把相對強度的數值定義在 0 ～ 100 之間，如此更能方便參考使用。其計算公式如下：

$$RSI = 100 - \frac{100}{1 + RS_t}$$

$$RS_t = \frac{n\text{ 日內上漲總幅度}}{n\text{ 日內下跌總幅度}}$$

其使用 RSI 值的研判標準如下：

1. RSI 大於 85 以上爲超買，表示賣出訊號；RSI 小於 15 以下爲超賣，表示買進訊號。此外，利用此指標來研判「個股」時，可能會出現高、低檔有鈍化情形。
2. 股價創新高，同時 RSI 也創新高時，表示後市仍強；若 RSI 未創新高，表示賣出訊號。
3. 股價創新低，同時 RSI 也創新低時，表示後市仍弱；若 RSI 未創新低，表示買進訊號。

（三）MACD

平滑異同移動平均線（Moving Average Convergence Divergence；MACD）是一種技術分析工具，MACD 的基本原理是利用一快及一慢兩條不同速度的指數平滑移動平均線（EMA）來計算兩者之間的差離狀態（DIF），然後再對 DIF 進行平滑移動後爲 MACD 線。通常 DIF 定義爲快線（或稱短線），MACD 定義爲慢線（或稱長線），再利用 DIF 與 MACD 兩者的關係變化，研判買進與賣出股票的時機與信號。其計算公式如下：

$$MACD = MACD_{t-1} + \alpha(DIF_t - MACD_{t-1})$$

$$DIF = 12\text{ 日 EMA} - 26\text{ 日 } EMA$$

其中，$EMA_t = EMA_{t-1} + \alpha(DI_t - EMA_{t-1})$，

$$\alpha = \frac{2}{(1 + \text{移動平均大數})}$$

$$DI = \frac{\text{最高價} + \text{最低價} + 2 \times \text{收盤價}}{4}$$

其使用 MACD 值的研判標準如下：

1. 若 MACD 值與 DIF 值都大於 0，表股價呈多頭走勢；反之，都小於 0 爲空頭走勢。
2. 若 DIF 值由下往上漲破 MACD 值，表示買進訊號。
3. 若 DIF 值由上往下跌破 MACD 值，表示賣出訊號。

（四）乖離率

乖離率（Bias）主要在衡量目前股價偏離移動平均線的程度，任何遠離移動平均線的股價，最終均可能會修正趨近於移動平均線；若偏離程度越遠，則修正的機率及幅度就越大。此偏離有兩個方向，當收盤價在移動平均線之上則爲「**正乖離**」，股價可能有向下修正的機會；反之，當收盤價小於移動平均線時稱爲「**負乖離**」，股價很可能上漲，以接近移動平均線，其計算公式如下：

$$Bias=\frac{\text{第 } t \text{ 日收盤價}}{n\text{ 日內移動平均收盤價}}\times 100$$

其使用乖離率 BIAS 的研判標準如下：

1. 若 5 日的乖離率在 –3% 以下，則爲買進訊號；若在 +3.5% 以上，則爲賣出訊號。
2. 若 10 日的乖離率在 –4.5% 以下，則爲買進訊號；若在 +5% 以上，則爲賣出訊號。
3. 若 20 日的乖離率在 –7% 以下，則爲買進訊號；若在 +8% 以上，則爲賣出訊號。
4. 若 60 日的乖離率在 –11% 以下，則爲買進訊號；若在 +14% 以上，則爲賣出訊號。

（五）威廉指標（%R）

威廉氏超買超賣指標（Williams Overbought / Oversold Index；WMS）；亦稱爲百分比 R 指標，或者寫爲 %R 指標。WMS 主要衡量市場現在是處於超買或超賣狀態，其研判方式剛好與「KD 值」相反，其計算公式如下：

$$\text{WMS}=\frac{\text{第 } n \text{ 天最高價}-\text{第 } n \text{ 天的收盤}}{\text{價最近 } n \text{ 天最高價}-\text{最近 } n \text{ 大最低價}}$$

其使用 WMS 的研判標準如下：

1. 當 WMS 值低於 50 時，股價是呈現多頭狀態，而當 WMS 值高於 50 時，股價則是呈現空頭狀態。
2. WMS 值低於 20 以上，代表超買區，表示賣出訊號；WMS 值高於 80 以上，代表超賣區，表示買進訊號。

（六）趨向指標（DMI）

趨向指標（Directional Movement Index；DMI），其主要在判斷股價在上漲與下跌過程中，藉創新高價與新低價的動能，研判多空力道，以判斷股價趨勢。相較 MACD 爲中期技術指標，DMI 則比較屬於中長期指標。DMI 指標在線圖的設計上，將呈現出二條的方向線分別爲上升方向線（+DI）、下跌方向線（-DI）與一條趨向平均線（ADX），利用這三者關係來估算出買賣雙方所累積的力量，並且以此來尋求雙方力量的均衡點。其計算公式如下：

$$\text{上升方向線} +DI = \frac{+DM_{14}}{TR_{14}}$$

$$\text{下降方向線} -DI = \frac{-DM_{14}}{TR_{14}}$$

$$\text{趨向平均線 } ADX_{14} = (\text{前 1 日 } ADX_{14} \times \frac{13}{14}) + (\text{當日 } DX \times \frac{1}{14})$$

$$\text{其中：} +DX_{14} = (\text{前 1 日} + DX_{14} \times \frac{13}{14}) + \text{當日} + DX\text{；}$$

$$-DX_{14} = (\text{前 1 日} - DX_{14} \times \frac{13}{14}) + \text{當日} - DX$$

$$TR_{14} = (\text{前 1 日} + DX_{14} \times \frac{13}{14}) + \text{當日 } TR$$

$$TR = MAX\,[(H_t - L_t), (H_t - C_{t-1}), (L_t - C_{t-1})]\text{，}$$

H_t 爲第 t 日最高價，L_t 爲第 t 日最低價，C_{t-1} 第 $t-1$ 日收盤價

其使用 DMI 的研判標準如下：

1. 若 +DI 由下往上漲破 –DI，屬於多頭市場，此為買進訊號。
2. 若 –DI 由上往下跌破 +DI，屬於空頭市場，此為賣出訊號。
3. 若 +DI 與 ADX 都在 –DI 上方，且 ADX 上升，此表示上升趨勢轉強。
4. 若 –DI 與 ADX 都在 +DI 上方，且 ADX 上升，此表示下降趨勢轉強。

二 量的技術指標

一般常見的量類型技術指標，乃指利用過去股票成交量所計算出的技術指標，包括：成交量、OVB 與融資融券等。以下將分別介紹之：

（一）成交量

一般而言，股市成交量與價格的變動具有密切的關係，實務上常說「量」是「價」的先行指標。通常股市會先見量，後見價，成交量是股市的動能，股價只不過是其表徵。多頭市場，投資人看好後市，不斷買進股票或換股操作，新資金不斷湧入，成交量放大。空頭市場，投資人看淡後市，套牢者不願認賠，新介入者進場又再套牢，購買意願降低，在惜售及看淡後市的情況下，成交量萎縮。通常使用成交量與價格關係，研判行情走勢的規律如下：

1. **價漲量增**：股價上漲，成交量遞增，表示買方力量持續不墜，買方換手積極，股價有可能繼續上漲。
2. **價漲量縮**：股價上漲，成交量減少，表示買方接手力道不強，股價上漲行情恐已至強弩之末。
3. **價跌量增**：股價下跌，成交量遞增，表示賣方力量仍未歇手，股價可能繼續往下探底。
4. **價跌量縮**：股價下跌，成交量萎縮，表示賣方力量已緩和，股價下跌行情恐告一段落。

（二）OBV 線

能量潮指標（On Balance Volume；OBV）又稱成交量平衡指數，以成交量的方式來推測股價的趨勢。透過上漲日與下跌日的成交量差異變化，去評估資金的流向，其主要在衡量買賣盤力道的強度，其計算公式如下：

$OBV = n$ 日內指數上漲日的成交量總和 $-n$ 日內指數下跌日的成交量總和

其使用 OBV 的研判標準如下：

1. 若 OBV 線下降，股價上漲，為賣出訊號。
2. 若 OBV 線上升，股價下跌，為買進訊號。
3. 若 OBV 線由正轉為負，為下跌趨勢，為賣出訊號。
4. 若 OBV 線由負轉為正，為上漲趨勢，為買進訊號。

（三）融資融券

融資融券是投資人欲擴大信用所進行的交易行為，投資人可利用融資、融券的變化去研判市場投機的多空力道強弱。通常投資人看好未來股市，融資額度會增加；相反的，看壞未來股市，融券額度會增加，所以單獨利用融資或融券的變化、以及相對的變化（**券資比**），可以以進一步判斷大盤的未來的多空走勢。有關融資比率、融券比率與券資比的計算公式如下：

$$融資比率 = \frac{目前融資總金額}{可融資總金額}$$

$$融券比率 = \frac{目前融券金額}{平均每日成交金額}$$

$$券資比 = \frac{目前融券金額}{目前融資金額}$$

其使用融資、融券與券資比的研判標準如下：

1. 融資上升，表示投資人看好後市，股價上漲；但若融資比率太高，表示市場可供融資的張數減少，融資動能減少，可能續漲的機會減少。
2. 融券上升，表示投資人看壞後市，股價下跌；但若融券比率太高，表示市場可供融券的張數減少，融券動能減少，可能續跌的機會減少。
3. 券資比越高，代表軋空[2]的可能性越大。不過，券資比每達到一定的比率，放空就會有所收斂，使軋空行情達到瓶頸。

---

2 「軋空」乃指融券者見股市反彈力道強勁，於是急於回補股票，便造就一股回補買進的力道，使得股市繼續往上漲。

三 其他的技術指標

（一）騰落指數（ADL）

騰落指標（Advance Decline Line；ADL）係以每天股票上漲與下跌家數的差值，來判斷大盤指數的強弱。通常多頭市場，漲多跌少；反之，空頭市場，漲少跌多。其計算公式如下：

$$n\text{日 ADL} = \text{當日上漲家數} - \text{當日下跌家數} + \text{前一日的 ADL}$$

其使用 ADL 的研判標準如下：

1. 若大盤指數持續上漲，ADL 上漲，表示大盤繼續上漲的機率很高。
2 若大盤指數持續上漲，ADL 下跌，表示大盤反轉的機率很高，此為賣出訊號。
3. 若大盤指數持續下跌，ADL 下跌，表示大盤繼續下跌的機率很高。
4. 若大盤指數持續下跌，ADL 上漲，表示大盤反轉的機率很高，此為買進訊號。

（二）漲跌比率（ADR）

漲跌比率（Advance Decline Ratio；ADR）係以每天股票上漲與下跌家數的比率，來判斷大盤指數漲升力道的強弱變化，通常 ADR 的常態分佈範圍值在 0.5 到 2.5 左右。其計算公式如下：

$$n\text{日 ADR} = \frac{n\text{日內股票上漲累積家數}}{n\text{日內股票下跌累積家數}}$$

其使用 ADR 的研判標準如下：

1. 若 ADR 低於 0.5 時，表示市場行情超跌，是買進的時機。若 ADR 值高於 2.5 以上時，表示市場行情超漲，賣出的時機。
2. 若大盤指數持續上漲，ADR 上漲，表示大盤繼續上漲的機率很高。
3. 若大盤指數持續上漲，ADR 下跌，表示大盤反轉的機率很高，此爲賣出訊號。
4. 若大盤指數持續下跌，ADR 下跌，表示大盤繼續下跌的機率很高。
5. 若大盤指數持續下跌，ADR 上漲，表示大盤反轉的機率很高，此爲買進訊號。

（三）心理線（PSY）

心理線（Psychology Line；PSY）爲一建立在研究投資人心理趨向基礎上的技術指標，是指一段期間內股票上漲日數和總日數之比，其將投資者傾向爲買方或賣方的心理轉化爲數值，以作爲判斷股價變動的方向。其計算公式如下：

$$n\text{ 日 PSY} = \frac{n\text{ 日內的上漲天數}}{n}$$

其使用 PSY 的研判標準如下：

1. 當 PSY 落於 25% 至 75% 爲正常範圍。
2. 若 12 日 PSY 高於 91.67%（11/12），表示股市連漲 11 天，顯示有超買情形，爲賣出訊號。
3. 若 12 日 PSY 低於 8.33%（1/12），表示股市連跌 11 天，顯示有超賣情形，爲買進訊號。

市場焦點

擅用 5 大技術指標買賣原則，讓你掌握高報酬勝率

技術分析是以統計學為工具，發展出一些幫助投資人利用更客觀與科學化的市場資訊，以及明確的數値及機械化的買賣訊號來研判買賣時機，也就是尋找能預測股市買賣點及超買超賣現象的指標，因此技術分析的目的在於決定買賣時機，換句話說，是利用交易資料偵測市場供需變化，掌握套利機會，並藉此獲取超額報酬。

買賣研判原則：

1. 選擇適當的技術指標：因投資策略短、中、長期的不同，短線操作強調歷史會一再重演是因受貪婪與害怕的兩大情緒所影響敏感度，中長期投資求穩定性，要選擇不同基期參數的技術指標。
2. 建立各種技術指標買賣紀錄：選擇個人偏好的技術指標，採用兩項以上的技術指標，再配合圖形分析，並累積過去各種技術指標所出現的買賣訊號，以便長期追蹤使用效果。
3. 時常檢視各種技術指標使用結果：須了解各項技術指標的優點、缺點及限制狀況，並彙總實際買賣結果，以掌握不同狀況，才能靈活選用合適的技術指標。
4. 擬定投資策略及資金管理模式：依所擬定的投資策略，妥當分配資金，按比例投入股市。
5. 定期評估投資績效：定期審核資金成本及投資報酬率，以評估投資績效的優劣。

資料來源：節錄自今週刊 2021/07/06

解說

長久以來，技術性指標都是投資人用於買賣股票的重要分析工具之一。若利用技術指標進行投資分析，專家建議與注意五項原則：選擇適當指標、詳實紀錄買賣、時常檢視指標的使用結果、利用指標擬定投資策略與定期評估績效。

14-4 期權類指標分析

傳統上，技術面分析指標都是由股票的歷史資料所計算而得。這些技術指標，基本上，都跟股票本身的價量有關，對於股價的預測比較有直接的關連性。但市場上，自從有股價類的期貨與選擇權交易後，其實這些「期權類」的交易資訊，也是跟股價具有間接的關聯性，因此這些資訊對於股價走勢的預測應具有參考性。

況且，通常期貨價格對股價具有價格發現的功能，也讓這些期權的交易資訊對股價的預測，或許具有領先的作用。所以期權的交易資訊，也愈廣被拿來當作預測股價走勢的技術指標。以下本節將介紹兩種在市場上，常用於預測股價趨勢的期權指標。

一 波動率指數（VIX）

所謂的波動率指數（Volatility Index； VIX）乃由美國 S & P500 股價指數選擇權的價格，反推回來的隱含波動率指數，該指數爲衡量預期未來 30 天 S & P500 股價指數的波動度指標。通常 VIX 指數又稱爲「投資人恐慌指數」，主要用於市場發生重大事件時，投資人對未來股市波動的心理恐慌程度。

其使用 VIX 值的研判標準如下：

1. 若 VIX 指標急速上升至 30 以上，表示恐慌指數增加，投資人對市場預期較悲觀。
2. 若 VIX 指標維持於 15 以下，表示恐慌指數降低，投資人對市場預期較樂觀。

二 賣買權比值（P/C Ratio）

在選擇權交易中，投資股價指數買（賣）權表示做多（空），因此買賣權的交易資訊，可用來觀察股市未來漲跌趨勢的重要參考指標之一。以下介紹兩種常見的選擇權交易指標：

（一）賣權／買權成交量比值

在選擇權交易資訊中，賣權／買權成交量比值（Put/Call Volume Ratio），若該比值大於（小於）1 時，乃賣權的成交口數大於（小於）買權的成交口數，其該指標的計算公式如下：

$$賣權／買權成交量比值 = \frac{賣權成交總量}{買權成交總量}$$

其使用賣權／買權成交量比值時，值的研判標準如下：

1. 若該比值持續升高，表示投資人交易賣權的意願相較買權高。以法人傾向當賣方的觀點來看，法人將之前「賣出賣權」的部位，持續的增加平倉數量；表示法人之前認為：在賣權所設定的履約價格附近的支撐，將會被跌破，所以後市行情較傾向「易跌難漲」。
2. 若該比值持續降低，表示投資人交易買權的意願相較賣權高。以法人傾向當賣方的觀點來看，法人將之前「賣出買權」的部位，持續的增加平倉數量；表示法人之前認為：在賣權所設定的履約價格附近的壓力，將會被突破，所以後市行情較傾向「易漲難跌」。

（二）賣權／買權未平倉比值

在選擇權交易資訊中，賣權／買權未平倉比值（Put/Call Open Interest Ratio），若該比值大於（小於）1時，乃賣權的未平倉口數大於（小於）買權的未平倉口數。其該指標的計算公式如下：

$$賣權／買權未平倉比值 = \frac{賣權未平倉總量}{買權未平倉總量}$$

其使用賣權／買權未平倉比值時，值的研判標準如下：

1. 若該比值持續升高，表示投資人對賣權的留倉意願相較買權高。以法人傾向當賣方的觀點來看，法人持有「賣出賣權」的部位；未平倉數量持續的增加，表示法人認為：在賣權所設定的履約價格的附近有支撐，不容易被跌破，所以後市行情較傾向「易漲難跌」。
2. 若該比值持續降低，表示投資人對買權的留倉意願相較賣權高。以法人傾向當賣方的觀點來看，法人持有「賣出買權」的部位；未平倉數量持續的增加，表示法人認為：在買權所設定的履約價格的附近有壓力，不容易被突破，所以後市行情較傾向「易跌難漲」。

市場焦點

恐慌指數飆高　臺股基金加碼好時機（俄烏戰爭）

投資人憂心俄烏戰爭恐一觸即發，全球股市近期劇烈動盪。市場預期，若俄羅斯與烏克蘭爆發戰爭，恐引發能源及糧食飆漲，讓目前高漲的通膨更加惡化，市場避險情緒急劇升溫下，反應市場恐慌情緒的 VIX 指數同步飆高。

近期受到俄烏邊境衝突愈演愈烈，地緣政治風險陡增，導致 VIX 恐慌指數短線驟揚，近期飆高至 28.11，高於過去一年平均的 20，不過從歷史數據來看，VIX 指數在 30 以上，臺股加權股價指數通常也會來到相對低點，因此，反而可以將近期的臺股短波段修正，視為逢低分批布局，或是定期定額進場臺股基金的絕佳時點。

資料來源：節錄自經濟時報 2022/02/23

解說

投資人恐慌指數乃由選擇權價格反推的波動率指數（VIX），近年來，已廣被投資人拿來預測股市漲跌的重要參考指標之一。前陣子，市場因憂心俄烏戰爭，造成恐慌指數飆高，股市重挫，但也是逢低布局的好機會。

投資新視界

K 線搭配 KD 指標 , 日 . 週 . 月衝突的判斷法

https://www.youtube.com/watch?v=r_-8L1dkf3I

我們常用 KD 技術指標來研判股價指數的走勢，該指標可分為日、週、月三種。當彼此發生衝突時，則投資人自行判斷要進行短中長期，哪一種策略。

"KD+RSI 共振法 " 進階版 精準抓買賣點 !

https://www.youtube.com/watch?v=dShe35-Uk2g

股票技術分析中，KD 與 RSI 是投資人最常用的兩項指標。如果投資人同時善用兩項指標所透露的資訊，可精準抓住買賣點。

" 費氏數列 " 解碼宇宙 ? 波浪理論問世逾 80 年

https://www.youtube.com/watch?v=ya4_44oWcUI

國內有一資深股市名家，長期研究「費氏數列」與股市的「波浪理論」，並預期 2021 年，美股將會有百年一遇的重大轉折。

什麼是恐慌指數

https://www.youtube.com/watch?v=lUlTRwKgyxM

VIX 恐慌指數來自美國，但跟我們臺灣人做股市投資有什麼關聯 ? 隔著遙遠的太平洋，看著這項指數就可以了解現在市場投資者的想法嗎 ?

本章習題

一、選擇題

證照題

( ) 1. 在技術分析中，較常用的股價移動平均線（Moving Average），係：(A) 算術移動平均數 (B) 加權移動平均數 (C) 指數平滑移動平均數 (D) 幾何移動平均數。【2010-1 證券商業務員】

( ) 2. 一般所謂的「盤整」是屬道氏理論中哪一種波動？ (A) 基本波動 (B) 次級波動 (C) 日常波動 (D) 選項 (A)、(B)、(C) 皆非。【2010-1 證券商高級業務員】

( ) 3. 在 ADR 中，下列描述何者錯誤？ (A) 其下限 0 (B) 其上限則無限制 (C) ADR 值越小呈現超賣現象 (D) ADR 值最多為 100。【2011-3 證券商高級業務員】

( ) 4. 就技術分析而言，壓力水準（Resistance Level）的位置通常表示：(A) 買氣大於賣壓 (B) 賣壓大於買氣 (C) 買賣雙方勢均力敵 (D) 不可能被突破。【2011-4 證券商業務員】

( ) 5. 下列何者，為 MACD 的買進訊號？ (A) K 線由下往上突破 D 線 (B) 6 日 RSI 值為 20 以下 (C) DIF 線由下往上突破 DEM 線 (D) ＋DI 線由下往上突破－DI 線。【2011-4 證券商高級業務員】

( ) 6. 對於 RSI 的描述，下列何者正確？ (A) RSI 須考慮到最高價 (B) RSI 須考慮到最低價 (C) RSI 須有成交量才能算出 (D) RSI 只要有收盤價即可算出。【2012-1 證券商高級業務員】

( ) 7. 下列何種技術分析指標同時適用於大盤和個股？ (A) 趨向指標（DMI） (B) 漲跌比率（ADR） (C) 騰落指標（ADL） (D) 心理線（PSY）。【2012-1 證券投資分析人員】

( ) 8. KD 指標中，何者代表賣出訊號？ (A) K 值＞D 值 (B) K 值＜D 值 (C) K 值＝D 值 (D) K 值小於 20。【2013-2 證券商高級業務員】

( ) 9. 短期移動平均線向下突破長期移動平均線，且兩條平均線皆為下滑，稱為：(A) 黃金交叉 (B) 死亡交叉 (C) 整理交叉 (D) 換檔交叉。【2013-3 證券商高級業務員】

( ) 10. 一支個股，當天最高價 67 元，最低價 55 元，收盤價 58 元，開盤價 60 元，其下影線爲多少？ (A) 3 元 (B) 5 元 (C) 7 元 (D) 9 元。

【2013-3 證券商高級業務員】

( ) 11. 國內股市通常以何者爲中期平均線： (A) 24 日平均線 (B) 13 週平均線 (C) 52 週平均線 (D) 24 月平均線。 【2013-4 證券商業務員】

( ) 12. 13 日 PSY 中，下列何值屬於超買區？ (A) 107.69% (B) 92.5% (C) 46.13% (D) −7.69%。 【2013-4 證券商高級業務員】

( ) 13. 技術指標在 0 至 100 之間，會有死角（或鈍化）現象產生，但下列何者沒有此現象？ (A) KD (B) RSI (C) WMS%R (D) BIAS。

【2014-1 證券商高級業務員】

( ) 14. 根據技術指標，下列何者是賣點？ (A) 股價由下往上穿過 5 日線，且 5 日線開始上揚 (B) 黃金交叉 (C) MACD 之柱線在 0 軸以下，且有越來越短之趨勢 (D) 5 日乖離率在 5% 以上。 【2015-1 證券投資分析人員】

( ) 15. 技術分析中 ADL 指標是指： (A) 成交量之平均 (B) 成交價之平均 (C) 上漲家數與下跌家數之差 (D) 上漲家數與下跌家數之比。 【2015-2 證券業務員】

( ) 16. 下列何者屬於應買進的型態？ (A) 頭肩頂 (B) 雙重頂 (C) 菱形 (D) W 底。

【2015-4 證券業務員】

( ) 17. K 線之下影線之長度表示： (A) 壓力區 (B) 支撐程度 (C) 反制程度 (D) 驟跌程度。 【2016-2 證券業務員】

( ) 18. 下列何者不是艾略特（Elliott）波浪理論的專有基本原理？ (A) 波浪的結構型態 (B) 完成一個波浪的時間 (C) 回檔或上漲的比率分析 (D) 股價反映所有的訊息。 【2016-2 證券高級業務員】

( ) 19. 所謂量價背離，指下列何項？ (A) 量增價漲 (B) 量減價跌 (C) 量平價平 (D) 量增價跌。 【2016-2 證券高級業務員】

( ) 20. 請問在技術分析中出現 M 頭代表什麼訊號？ (A) 買進訊號 (B) 賣出訊號 (C) 盤整訊號 (D) 無法判斷。 【2016-4 證券業務員】

( ) 21. 有關趨向指標 DMI 的敘述，何者不正確？ (A) 由＋DI 線及－DI 線所形成 (B) 可形成交叉買賣訊號之用 (C) 適用於中長期分析 (D) 只考慮到收盤價。

【2018-2 證券商高級業務員】

( ) 22. 道氏理論（Dow Theory）認爲： (A) 股價變動無法預測 (B) 分散買進多種股票可以打敗市場 (C) 股價平均指數反應一切 (D) 個股走勢與指數漲跌應分別考量。 【2018-4 證券商業務員】

( ) 23. 何者爲 DMI 的賣出訊號？ (A) ＋ DI 線由上往下跌破－ DI 線 (B) K 線由上往下跌破 D 線 (C) ＋ DI 線由下向上突破－ DI 線 (D) DIF 線由下向上突破 DEM 線。 【2019-1 證券商高級業務員】

( ) 24. KD 線的理論基礎，在股價上漲時，當日收盤價會朝何方向接近？ (A) 最低價 (B) 最高價 (C) 前一日收盤價 (D) 開盤價。 【2021-3 證券商高級業務員】

( ) 25. 當股價突破五日均線時，要成爲好的買點不應該出現下列哪項特徵？ (A) 股價呈現實體長紅 K 線 (B) 五日均線往上揚 (C) 成交量放大 (D) 股價 K 線有長長上影線。 【2021-3 證券商高級業務員】

二、簡答題

基礎題

1. 請列舉四種線型類技術分析？
2. 請問道氏理論認爲股市有哪兩種趨勢？
3. 波浪理論中上漲波與下跌波，各有幾波？

進階題

4. 下列哪些指標與價有關？哪些與量有關？哪些與漲跌家數有關？

   (1) KD 值、(2) 威廉指標、(3) RSI、(4) 心理線、(5) 成交量、(6) 能量潮指標（OBV）、(7) 騰落指標（ADL）、(8) 券資比、(9) 漲跌比率（ADR）、(10) 乖離率、(11) MACD、(12) DMI
5. 承上題，上列哪些指標有快慢線之分？哪些指標研判方式相似？

NOTE

05

第五篇

衍生性金融商品篇

衍生性金融商品是指依附於某些實體標的資產，所對應衍生發展出來的金融商品。這些金融商品大都以無實體的合約方式呈現，其最原始的功能就是提供避險的需要，但因合約設計上的方便，也亦常常提供投資或投機的功能。本篇內容包含 3 大章，內容將介紹國內幾種被標準化的衍生性金融商品，其內容兼顧理論與實務。

chapter 15

期貨市場

本章大綱

本章內容為期貨市場，主要介紹期貨的概論、市場參與者、價格探討以及簡介臺灣期貨市場，其內容詳見下表。

節次	節名	主要內容
15-1	期貨概論	期貨的源起、種類、特性與功能。
15-2	期貨市場的參與者	期貨市場各參與者，所扮演的角色與功能。
15-3	期貨的價格探討	期貨與現貨價格的關係、以及期貨的持有成本。
15-4	臺灣期貨市場	國內所上市的期貨合約、交易案例說明。

15-1 期貨概論

1990 年諾貝爾經濟獎得主米勒（Miller）曾說：「期貨是人類二十世紀最偉大的金融創新」。期貨對現貨交易具有避險功能，亦提供以小博大的投機功能，也提供現貨未來價格參考的依據。所以期貨的成立對現貨交易具有很大的助益，因此期貨是現代金融市場裡不可或缺的金融商品。以下本節將介紹期貨的源起、種類、特性與功能。

一 期貨的源起

在一般的日常生活當中，人們買賣商品最常使用的交易方式為「**現貨交易**」（Cash Trading）。所謂現貨交易就是買賣雙方於商品成交當時，一手交錢一手交貨的交易方式，如日常生活中，我們去超級市場買日常用品或食物等商品均屬此種交易方式。

在自由的經濟制度下，現貨商品的價格常隨著市場供需的變化而產生漲跌，當商品生產過剩時，造成供給過多，使商品價格下跌，甚至會發生價格暴跌或賣不掉的情況，這樣對供給者會造成相當大的損失；反之，若商品供給不足，造成商品價格上揚，甚至會發生價格暴漲或買不到的情況，這樣對需求者會產生不利的影響。所以現貨交易的方式，常因商品價格暴漲、暴跌及買不到或賣不掉的情形，而對現貨商品供給者或需求者造成價格波動的風險。於是聰明的人類就想出在商品買賣前，事先約定交易價格及數量的「**遠期交易**」（Forward Trading）方式，來克服現貨交易所產生的問題，因而有「遠期契約」（Forward Contract）的產生。

所謂「遠期交易」即買賣雙方約定在未來的某一特定時間，以期初約定的價格，來買賣一定數量及規格的商品，當約定期限一到雙方即依期初所簽定的合約來履行交割。此種交易方式因為價格及數量已事先約定好了，可以避免價格暴漲、暴跌、或者商品賣不出去或買不到的風險。例如：種植小麥的農夫，從播種後到收成，需歷時幾個月，待收成時的市況常常已經與播種當時完全不同，可能因為小麥大豐收，造成供給過剩，小麥的價格大跌，使農夫收入不敷成本而蒙受很大的損失；或者對小麥有需求的麵粉製造商，因為氣候不佳，使小麥歉收，造成供給不足，小麥的價格大漲，使麵粉製造商的小麥進貨成本大增而獲利減少。若農夫及麵粉製造商若能從事小麥的遠期交易，在事前就約定好買賣小麥的價格及數量，就可以避免小麥價格波動的風險。

雖然遠期交易可以解決現貨交易商品的價格的波動風險，但是遠期交易的契約內容是由交易雙方私下依個別需求而訂定。所以有遠期交易需求的人，必須自己尋找有意願的交易對手，雙方還必須同時對商品的價格、數量及規格談妥後，才可能訂下契約。所以交易期間雙方所耗費尋找對方的資訊成本、及議定合約內容的時間成本的費用頗高，均屬於遠期契約的「**交易成本**」。

遠期契約是由交易雙方以議定的方式產生，屬於**店頭市場**（Over The Counter Market）交易方式，不同的遠期契約，其約定的價格、數量、品質均不相同。若在合約未到期前，有一方擬中止合約，則須付出違約金，因爲遠期契約通常是不可移轉的，而即使可以移轉給他人，因爲合約內容的獨特性或個別性，要尋找願意接受當初所議定的價格、數量及品質的承接人亦不容易，因此遠期交易亦有潛在的契約「**流動性風險**」。

此外，遠期交易尚須面對交易雙方的信用風險。在遠期交易中，合約到期前，若標的物價格的變化，對某一方不利時，則可能將不執行履約的義務，而發生「**違約風險**」的問題。

爲了解決上述遠期交易的「交易成本」、「流動性風險」與「違約風險」等問題，聰明的人類就成立專門爲遠期合約交易的「集中交易所」，就可同時解決交易成本與違約風險之問題，並將遠期合約的簽訂內容「標準化」，就可使合約流動性增加，於是將這種新合約更名爲期貨合約，那交易所就是期貨交易所，於是「**期貨交易**」（Future Trading）方式便孕育而生。

期貨（Futures）是指交易雙方在期貨交易所，以集中競價的交易方式，約定在將來的某一時日內，以市場成交的價格交割某特定數量及品質規格的金融資產合約之交易。但上述的定義是以實物交割爲主，但通常期貨交易大都是以現金交割爲主，也就是指針對合約買賣的價差進行現金結算。期貨合約乃將遠期合約標準化，所以在避險效率上較遠期合約高，但因採保證金制度且可現金交割，所以也提供了以小博大的投機功能。因此期貨合約同時提供給企業避險與投機的需要。且期貨價格提供商品價格未來走勢的參考，因此對商品價格具有預測功能。

二 期貨的種類

一般而言，期貨商品可分為「商品期貨」（Commodity Futures）及「金融期貨」（Financial Futures）兩大類，「商品期貨」又可分農畜產品、金屬、能源及軟性商品期貨等；「金融期貨」又可分外匯、利率及股價指數期貨等種類。實務上，除了上述商品與金融期貨兩大類型外，近年來期貨市場還發展出「新興期貨」商品，以提供多元的避險需求。以下本單元將分別介紹之。

（一）商品期貨

1. 農畜產品期貨（Agricultural Futures）：農產品包括穀物（如：小麥、黃豆、玉米、黃豆油與黃豆粉等）以及家畜產品（如：活牛、幼牛、豬腩及活豬等）。
2. 金屬期貨（Metallic Futures）：金屬包括貴金屬期貨（如：黃金、白銀等）以及基本金屬期貨（如：銅、鋁、錫、鎳及鋅等）。
3. 能源期貨（Energy Futures）：能源包括原油（及其附屬產品的燃油、汽油等）以及其他能源（如：丙烷、天然氣等）。
4. 軟性商品期貨（Soft Futures）：軟性商品包括咖啡、可可、蔗糖、棉花及柳橙汁等商品。

（二）金融期貨

1. 外匯期貨（Foreign Currency Futures）：外匯期貨就是以各國貨幣相互交換的匯率為標的所衍生出來的商品，而國際金融市場的外匯期貨交易以歐元（Euro）、日圓（JPY）、瑞士法郎（SF）、加幣（CD）、澳幣（AD）、英鎊（BP）及人民幣（CNY）等七種與美元相互交叉的貨幣為主。
2. 利率期貨（Interest Rate Futures）：利率期貨可分為「短期利率期貨」及「長期利率期貨」兩種。
   (1) 「短期利率期貨」的標的物主要有二大類，其一為「政府短期票券」，例如：美國國庫券（T-Bills）；另一為「定期存單」（CD），例如：三個月期的歐洲美元（3-Month ED）。
   (2) 「長期利率期貨」的標的物主要以「美國政府長期公債」（T-Bonds）、「美國政府中期公債」（T-Notes）等為主。

3. 股價指數期貨（Stock Index Futures）：股價指數是由一組被特別挑選出的股票價格所組合而成；專爲期貨交易之目的而開發出來之股票市場指數有很多種，主要有史坦普 500 指數（S&P 500）、價值線綜合指數（Value Line Composite Index）、紐約股票交易所綜合指數（NYSE Composite Index）與主要市場指數（Major Market Index；MMI）。美國市場以外，其他國家中較著名的股價指數期貨有日經 225 指數（Nikkei 225 Index）、英國金融時報 100 種指數（FTSE 100 Index）、法國巴黎證商公會 40 種股價指數（CAC 40 Index）、香港恆生指數（Hang Seng Index）與中國上海證券指數（SSE Composite Index）等。

（三）新興期貨商品

我們日常生活中，除了上述的實體與金融現貨商品的波動，會影響人們的生計外，尚有一些有形或無形的物質指數波動，也會影響著我們的生活，所以也可設計相關的「新興期貨」合約，提供避險所需。這些新興期貨合約，大致上有以下幾種型式：

1. 氣候期貨（Weather Futures）：包括雨量、溫度、雪量等氣候期貨商品。
2. 特殊指數期貨：包括運費費率指數、波動率指數（VIX）等商品。
3. 其他類型期貨：包括電力、排碳權與比特幣（Bitcion）期貨等商品。

三 期貨的特性

期貨合約與遠期合約，都是由某些實體的現貨商品所對應衍生出來的金融商品。雖然它們兩者的執行日期都是在未來，但此兩種合約在特性上仍有許多不同點，以下我們將針對期貨交易的某些重要特性加以說明。

（一）集中市場交易

期貨合約是採集中市場交易制度，因設置期貨交易所，使期貨交易人在合約未到期前若想中止合約，只要去期貨市場將原來的部位反向沖銷即可。因爲其爲標準化合約，所以合約內容具有一般性及普遍性，很容易便可將合約移轉給他人，因此期貨交易解決了遠期交易中合約流動性不足的問題。

（二）合約標準化

爲了有效解決遠期合約所產生的流動性風險等問題，期貨交易將每種交易商品的合約都予以標準化的制度規範，以利於合約的流通，此乃與遠期合約最大的不同點。合約中對商品交易的交貨時間、數量品質、地點、交易最低價格變動及漲、跌幅限制等均予以標準化，並建立一套審查商品等級及倉儲之標準，以確保期貨合約履行交割的品質，對合約買賣雙方均提供保障。

（三）保證金制度

一般而言，現貨與遠期交易，大多是採總額的交易方式，即商品交割時依合約規定的總價值進行買賣。期貨交易則採「**保證金**」的交易方式，即期貨交易人在買賣合約時，不須付出合約總價值的金額，僅需投入合約總值 3% ～ 10% 的交易保證金，一般稱爲「**原始保證金**」（Initial Margin），以作爲將來合約到期時，履行買賣交割義務的保證。由於財務槓桿倍數高於 10 倍以上，使得期貨保證金交易比一般金融商品交易，具有更高的財務槓桿，讓期貨交易人更能靈活地運用資金以求最大效用，所以期貨交易一直被視爲高報酬、高風險的一項金融投資工具。

（四）結算制度

遠期交易的買賣雙方必須承擔對方的信用風險。但期貨交易因有「**結算所**」（Clearing House）的設置，使期貨交易人在交易所從事任何交易時，結算所會對每筆交易進行風險控管，且控管方式是採取逐日結算，並要求合約每日的保證金餘額必須高於「**維持保證金**」（Maintenance Margin）之上，以維持交易人對合約履約的誠意。

此外，若保證金餘額低於維持保證金，須補足至原始保證金的水準，其補足的差額，稱爲「差異保證金」（Variation Margin）。由於透過結算所的仲介，使得期貨合約的買方或賣方不必直接接觸，其合約的信用風險及履約的交割義務均由結算所擔負。所以結算所的成立，不僅可確保期貨合約的確實履行，亦提供買賣雙方信用的保障，使期貨市場更能有效地穩定發展。

四 期貨的功能

期貨交易之主要功能如下：

（一）避險功能（Hedge）

期貨交易的最原始的動機就是爲了解決現貨價格波動的風險。投資人可在期貨市場買進或賣出期貨，預先鎖住現貨商品未來買賣的價格，以規避現貨價格的波動風險。此舉使避險者不必擔心商品未來價格的變動，讓避險者可專心的從事本業的生產活動，提升經營效率。

（二）投機功能（Speculation）

期貨市場的最主要的功能就是提供投機的交易方式。因期貨合約採取保證金交易，所以期貨交易人只要提供些許的保證金，就可以從事以小搏大的財務槓桿操作。也因爲有投機者的存在，將避險者不願承擔的價格波動風險移轉給投機者，且使得交易合約的流動更爲頻繁，避險活動才能順利進行，對期貨市場具有正面的經濟效益。

（三）價格發現功能（Price Discovery）

因爲期貨合約的實際交割行爲在未來，因此期貨的交易價格，通常隱含著現貨價格未來的走勢。且期貨市場的交易方式，是由客戶透過經紀商下單至交易所集中競價後，成交價格迅速傳輸至全球世界各地，因此能夠隨時反應最新期貨商品的價格，以作爲現貨商品買賣的參考。因此期貨交易價格可作爲現貨價格的參考指標，由於期貨價格資訊充分的揭露，對整個經濟資源配置會更有效率。

15-2 期貨市場的參與者

期貨市場的參與者，是由各種不同的法人機構與交易人所共同組合而成。由於臺灣的期貨市場因起步較歐美國家晚，所以許多的交易制度與法令都是學習美國而來；且在國內期貨市場也較股票市場成立得慢，且期貨市場的交易量不夠大，所以國內的本土期貨商品都是藉由「證券經紀商」來進行交易，除非投資人要下單去買賣國外的期貨商品，才會藉由眞正的「期貨經紀商」來媒介交易。所以以下要介紹的期貨市場參與者所扮演的角色與功能，是以美國的期貨市場架構爲主體，並輔以與臺灣期貨市場差異之說明。（圖 15-1 爲期貨市場組織架構圖）。

一 主管機關

期貨主管機關主要負責維護整個期貨市場的秩序與健全市場的發展。以美國爲例，其主管機關爲「**商品期貨管理委員會**」（Commodity Futures Trading Commission；CFTC），由美國政府於 1975 年成立，共有 5 位委員，由總統提名，參議院任命之。我國的期貨交易主管機關爲「**行政院金融監督管理委員會**」。其主要功能健全發展期貨市場，維護期貨交易秩序。

二 期貨的自律機構

除了政府主管機構外，期貨市場有所謂的業者自律組織，其設立目的在發揮自律的功能及配合期貨市場之發展。在美國稱爲「**美國期貨自律組織**」（National Futures Association；NFA），該組織亦有政府機關充分授權，以達到監督市場的目的，並負責登錄美國期貨從業人員。我國的期貨自律組織爲「**全國期貨商業同業公會聯合會**」，目前爲「臺灣期貨業商業同業公會」。

三 期貨交易所

期貨交易所（Future Exchange）本身不從事期貨買賣，其主要的功能在提供交易場所及設備、訂定交易規則及擬訂期貨商品合約等事項；並期使期貨契約能夠公開有效率的交易，且監督期貨交易過程與執行法規。通常期貨交易所的組織可分爲「會員制」及「公司制」兩種。

通常採會員制的期交所，是以非營利爲目的，當期交所發生財務危機，各會員彼此之間需負起連帶無限清償責任；採公司制的期交所，以營利爲目的，當期交所發生財務危機，股東無須負起連帶無限清償責任。以往美國許多的期貨交易所是由眾多會員所組成的非營利性組織，屬於會員制[1]；但現在大部分均改成公司制居多。通常採會員制的交易所會發給會員會員證，亦稱爲「席位」（Seats），只能以個人名義持有，交易所只接受擁有席位的會員下單。

---

1 近年來，由於資訊產業發達與網際網路的普及，期貨交易所在環境競爭的趨使下，爲了保有在期貨市場的一席之地，已經有部分的交易所開始將會員制改爲公司制，以追求更高的績效。如：成立於 1848 年全球最早的芝加哥期貨交易所（CBOT），已與芝加哥商品交易所（CME）合併，並於 2000 年改爲公司制。

臺灣的期貨交易所為「臺灣期貨交易所股份有限公司」（Taiwan International Mercantile Exchange；TAIMAX）於 1996 年 12 月成立，並於 1998 年首次推出股價指數期貨。該交易所是採公司制，該公司的股東是由期貨業、證券業、銀行業及期貨暨證券等相關機構共同出資所組成的，且限股東才可下單至交易所，所以是具「會員制精神之公司制」的期貨交易所。

交易所本身不從事期貨買賣，其主要的功能在提供交易場所及設備、訂定交易規則及擬訂期貨商品合約等事項。使期貨契約能夠公開地交易，並監督期貨交易過程與執行法規。此外，國外交易所會另設三個委員會，以處理期貨交易所產生的爭端與違規。分述如下：

1. 商業行為委員會：此委員會乃處理交易所會員「炒作」（Churning）客戶委託單以賺取超額手續費、並不法操控價格以違反營業倫理。
2. 交易廳委員會：此委員會負責調查會員私下交易、假交易、客戶不滿意執行價格之委託與強制保證金追繳等。
3. 仲裁委員會：此委員會負責會員之間或會員與客戶之間的爭端，如無法撮合或錯帳（Out Trade）等之爭端。

四 期貨結算所

期貨結算所（Clearing House）和交易所一樣是非營利性機構，主要的功能為負責期貨交易契約的結算、訂定與調整保證金金額、訂定結算與交割程序、辦理結算與到期交割作業、管理結算保證金與交割結算基金、結算會員風險管理、確保期貨交易契約之履行、監督管理結算會員及對市場整體之財務完整性提供保障。有的結算所是隸屬於交易所，有的則是獨立的組織。我國的期貨結算所目前由臺灣期貨交易所兼營，其營業、財務與會計依法獨立。

五 期貨經紀商

期貨經紀商（Futures Commission Merchant；FCM）是接受客戶委託買賣期貨契約並可接受客戶開設交易帳戶的個人或公司，而此種經紀商又可分為「**結算會員**」（FCM Clearing Member）及「非結算會員」（FCM Non-Clearing Member），其中結算會員需在交易所擁有席位，可直接接受客戶保證金並自行進行期貨交易之結算，而非結算會員不可直接接受客戶保證金需透過結算會員進行期貨交易之結算。我國只要是期交所的股東，即為會員經紀商。

期貨營業員（Associate Person；AP）就是期貨經紀商的業務代表，AP 的主要功能在招攬客戶，並提供客戶一切期貨交易相關資料及開戶手續的服務，使客戶對期貨交易的相關法規及程序有所了解，提供客戶所需要的市場價格資訊，並接受客戶的下單買賣、並負責期貨交易之內部稽核、全權委託、風險管理、法令遵循及結算交割等手續。

六 期貨自營商

期貨自營商（Futures Trader）係自行在期貨市場內買賣期貨契約，以賺取差價的個人或機構，並不接受客戶下單。在美國亦稱「場內自營商」（Floor Trader），俗稱「搶帽客」（Scalper）或「場內代表」（Local）。

七 仲介經紀商

仲介經紀商（Introducing Broker；IB）或稱期貨交易輔助人，主要功能在招攬期貨投資人從事期貨交易、代理會員期貨商接受期貨交易人開戶及接受期貨投資人交易之委託單，並把交易轉給期貨經紀商來執行，因為仲介經紀並非期貨交易所的會員，不能收受客戶的保證金。在臺灣只要是非臺灣期貨交易所的股東所成立的經紀商，通常是此處所稱的仲介經紀商。

八 期貨投資信託公司

期貨投資信託公司成立期貨基金後，向普羅大眾吸收投資資金，交由期貨基金經理人（Commodity Pool Operator；CPO）代客戶下單買賣期貨，並定期向委託人報告基金營運狀況。

九 期貨投資顧問公司

期貨投資顧問（Commodity Trading Advisor；CTA）公司乃提供投資人進行期貨投資時，相關的投資建議與交易諮詢服務，並向投資人收取佣金。有時可以承做代客操作的業務。

十 期貨交易人

期貨交易人可約分為三類：

1. **投機者**（Speculator）：投機者買賣期貨的動機不在於規避現貨的價格風險，投機者對未來市場動向加以預測，希望藉由價格變動獲取投機的利潤。
2. **避險者**（Hedger）：避險者買賣期貨的動機是為了規避現貨的價格風險，避險者經由期貨交易，將未來現貨價格波動的不確定風險移轉給願意承擔風險者，且藉由期貨買賣價差來對沖現貨的盈虧。
3. **套利者**（Arbitrageur）：套利者通常在市場上，尋找期貨價格與現貨價格失衡的契機，套利交易人會立刻進行買低賣高的套利行為，而由於套利的存在，市場的價格可以透過其套利的行為獲得均衡。通常套利者也是屬於投機交易。一般而言，投機者、套利者與避險者在期貨市場是相輔相成互相依賴。

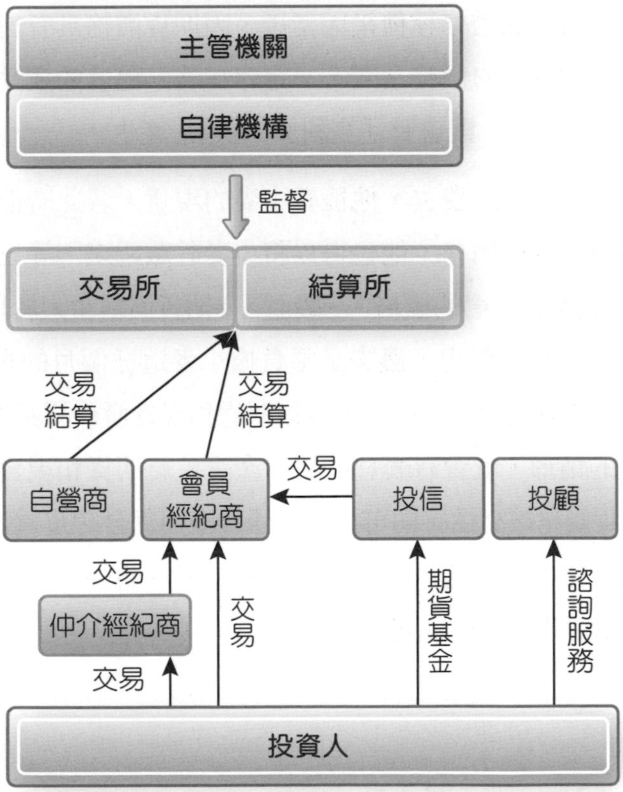

圖 15-1 期貨市場組織架構組織圖

15-3 期貨的價格探討

通常期貨交易具有對未來的現貨價格，具有預測的功能，所以期貨和現貨價格之間的關係是密不可分。期貨和現貨價格的差異，主要是兩者之間存有持有成本之差異。因此本節首先介紹期貨和現貨價格的關係，其次再介紹持有成本的理論與應用。

一 期貨與現貨價格的關係

每一種商品都有其現貨的價格，即表示市場上立即買賣（交割）的價格。由於地區不同、市場供需不同，使同一種現貨商品的價格卻不止一個。例如：原油價格在不同的國家，因考量原油的運輸成本，就有不同的價格。此外，同一種現貨價格也因品質不同而有所不同的價格，品質愈好，價格越高。所以影響現貨商品價格的因素，除了供需情形外，尚有商品交割的地點、時間與品質等因素。

在考慮上述影響現貨商品價格種種後因素後，因期貨價格具有對現貨未來的價格作預測的功能，所以期貨與現貨的價格之間，一定存在著某程度的連動關係。若期貨與現貨的價格出現不合理的價差時，則會有「套利」[2] 的情形產生。

例如：有一位已收成小麥的農夫，他擁有小麥的現貨，若此時他將小麥賣掉，每單位可賣 S 元，即為現貨市場的價格；他也可以將小麥貯藏起來，等三個月後才售出，預期每單位可賣F元，即為期貨市場的價格。一般而言，期貨價格須大於現貨的價格（$F \geq S$）才合理，因為小麥三個月後才售出，農夫必須負擔小麥這三個月的倉儲成本、及損失 3 個月前賣掉 S 元後，所得資金的利息收入，所以期貨和現貨價格間必然存在合理的價差。若此價差出現不合理的情形，就會有套利的情形產生。若期貨和現貨價格的差價遠大於合理的價差，表示期貨價格被高估，則可以同時「賣出期貨合約及買進現貨」進行套利；反之，若期貨和現貨價格的差價遠小於合理的價差，表示期貨價格被低估，則可以同時「買進期貨合約及賣出現貨」進行套利。

---

2 套利即沒有承擔風險，同時買入及賣出不同資產，來賺取期間的價差，係利用兩者之間存在不合理的價格關係，來進行操作。套利最基本的原理即「買低賣高」或「賣高買低」。

二 期貨的持有成本

上述中，我們得知期貨價格和現貨價格之間之所以會有差價，是因爲現貨商品在持有期間，必須多負擔一些「**持有成本**」（Carrying Cost）。所謂的持有成本就是某一商品從買入並持有到賣出日止，這段期間內所產生的成本，通常包括倉儲成本（Storage Cost）、保險成本（Insurance Cost）、資金成本（Financing Cost）等。

依據上述的持有成本觀念，我們可以將期貨價格，以現貨價格加上持有成本的方式表示如下式：

$$F_{t,T} = S_t + C \qquad (15\text{-}1)$$

$F_{t,T}$：時間 t 時，預計於 T 時交割的期貨價格。

S_t：時間 t 時的現貨價格。

C：從 t 時持有現貨到 T 時的持有成本。

由（15-1）式得知，當期貨和現貨市場價格出現不均衡時，使得 $F_{t,T} \neq S_t + C$ 時，將有套利機會產生，此時投資大眾將迅速介入市場進行買低賣高的行爲，使得套利機會消失，市場終又恢復均衡使 $F_{t,T} = S_t + C$。

現在我們將（15-1）式的持有成本（C）用現貨價格（S_t）的比來表示爲 c，則 $c = \dfrac{C}{S_t}$，持有成本的理論公式將修改如下式[3]：

$$F_{t,T} = S_t\left(1 + \frac{C}{S_t}\right) = S_t(1 + c) \qquad (15\text{-}2)$$

3 若 F = 105，S = 100，C = 5，c = 5%；則 F = S + C ⇒ 105 = 100 + 5，現在修改成百分比型式即爲，F = S(1 + c) ⇒ 105 = 100×(1 + 5%)

投資者持有現貨雖須負擔持有成本，但在現貨市場突然面臨缺貨時，手中持有的現貨商品就會帶給持有者好處，稱爲「**便利收益**」（Convenience Yield）[4]，須從持有成本中扣除，所以（15-2）式修正爲下式：

$$F_{t,T}=S_t(1+c-y) \tag{15-3}$$

y：爲從 t 期持有現貨到 T 期，產生的便利收益（y 以現貨價格的百分比表示）

一般各種期貨商品的持有成本及便利收益均不相同，金融商品的持有成本會較一般的實體商品少，因爲金融商品不會有倉儲成本、保險成本的費用，且持有金融商品所產生的便利收益（如：利息收益、股利收益）較一般實體商品明顯且明確。

例題 15-1 【持有成本】

假設某種商品現在可以賣 1,000 元，若考慮將來才出售，價格會比較好，所以將商品多保留半年，期間須付倉儲費 50 元，保險費 20 元，以及資金利息的機會成本 30 元，但此商品持有期間會產生其他收益 60 元，請問此商品六個月後應至少賣多少錢才合理？

解

F = S + C–Y = 1,000 + (50 + 20 + 30)–60 = 1,040（元）

例題 15-2 【持有成本】

若現在 6 月份黃金之現貨價格爲 1,500 美元，假設年利率爲 12%（資金成本），如果黃金每月的儲藏保險成本爲 5 美元，請問 12 月份黃金期貨合約的理論價應爲何？

解

期貨價格（F）＝現貨價格（S）＋持有成本（C）

$$F=1{,}500\times(1+12\%\times\frac{6}{12})+5\times6=1{,}620\text{ 元}$$

4 例如：持有小麥原料的麵粉商，當小麥缺貨時，其所儲存的小麥還能維持正常生產運轉的功能，此時小麥現貨對麵粉商產生額外的好處，故稱爲便利收益。

例題 15-3 【持有成本】

若 6 月 S&P 500 期貨合約價格爲 500 美元，假設股利率爲 3%（便利收益），年利率爲 6%（資金成本），若期貨持有成本模型成立，請問 9 月 S&P 500 期貨合約價格應爲多少？

解

期貨價格（F）＝現貨價格（S）＋持有成本（C）－便利收益（Y）

$$F_{t,T} = S_t(1+c-y) = 500 \times [1+(6\%-3\%) \times \frac{3}{12}] = 503.75 \text{（美元）}$$

15-4 臺灣期貨市場

臺灣的期貨市場於 1998 年推出臺灣加權股價指數合約後，陸續推出了其他類型的股價指數，以及黃金、匯率、原油與個股期貨，提供國人從事投機與避險的需求。整個期貨市場中，以股價指數期貨合約爲市場的重心，匯率期貨也逐漸嶄露頭角。近期，臺灣期交所爲了更擴展各種商品的交易量，亦開放許多期貨合約可以從事盤後交易[5]，也讓國內的期貨市場可以和世界接軌。

以下本節將首先介紹臺灣期交所，所推出的各類型期貨合約的規格；其次，再簡單說明幾個交易案例。

一 國內所上市的期貨合約

以下將介紹臺灣期交所，所推出的股價指數、利率、黃金、匯率以及原油等期貨合約。

5 國內股價指數類商品、境外股價指數類商品的盤後交易時間爲 15：00 ～次日 5：00，匯率類商品的盤後交易時間爲 17：25 ～次日 5：00。

（一）股價指數期貨

臺灣的期貨市場的發展，較全球其他國家的期貨市場起步來的較晚些。國內於 1998 年 7 月，由臺灣期貨交易所（TAIMEX）推出臺灣加權股價指數期貨（俗稱：大臺指），此爲我國的第一檔期貨商品。該商品自從推出後，廣受國內外投資人的青睞，交易量逐年上升。爾後，臺灣期交所又陸續推出「電子」、「金融」、「小型臺指」、「小型電子」、「小型金融」、「臺灣 50」、「櫃買」、「非金電」、「富櫃 200」、「臺灣永續」與「臺灣生技」等各種股價指數期貨，提供投資人多元的投機與避險管道。

近年來，臺灣期交所亦積極推展境外指數來臺交易，亦陸續推出日本「東京證券」、美國「道瓊工業」、「標普 500」與「那斯達克 100」、以及英國「富時 100」等多種股價指數期貨合約，以提供投資人參與歐美與亞洲股市的投資管道。

以下表 15-1 將介紹臺灣期貨交易所，所推出的臺灣加權股價指數期貨合約之內容。其餘，臺灣期交所推出的各類股價指數期貨，其交易方式與契約規格皆與「臺股加權股價指數期貨」大致雷同，尚有若干不同點，如表 15-2 所示。另外，表 15-3 爲臺灣期交所推出其他國外指數期貨規格表之簡介。

表 15-1　臺股指數期貨合約規格比較表

標的指數	臺灣證券交易所發行量加權指數
合約月份	連續三個近月及最近三個季月，共六種合約
契約價值	指數乘上新臺幣 200 元
升降單位	1 點＝臺幣 200 元
漲跌限制	前一日結算價上下 10%
最後交易日	合約月份第三個星期三

資料來源：臺灣期貨交易所。

表 15-2　各種國內指數期貨合約規格比較表

期貨商品	契約價值	升降單位
電子期貨	指數乘上新臺幣 4,000 元	0.05 點＝新臺幣 200 元
金融期貨	指數乘上新臺幣 1,000 元	0.2 點＝新臺幣 200 元
小型臺指期貨	指數乘上新臺幣 50 元	1 點＝新臺幣 50 元
小型電子期貨	指數乘上新臺幣 500 元	0.05 點＝新臺幣 25 元
小型金融期貨	指數乘上新臺幣 250 元	0.2 點＝新臺幣 50 元
臺灣 50 期貨	指數乘上新臺幣 100 元	1 點＝新臺幣 100 元
櫃買期貨	指數乘上新臺幣 4,000 元	0.05 點＝新臺幣 200 元
非金電期貨	指數乘上新臺幣 100 元	1 點＝新臺幣 100 元
富櫃 200 期貨	指數乘上新臺幣 50 元	1 點＝新臺幣 50 元
臺灣永續期貨	指數乘上新臺幣 100 元	1 點＝新臺幣 100 元
臺灣生技期貨	指數乘上新臺幣 50 元	1 點＝新臺幣 50 元

資料來源：臺灣期貨交易所。

表 15-3　臺灣期交所推出國外股價指數期貨合約規格表

股價指數	日本東京證券	美國道瓊工業	美國標普 500	美國那斯達克 100	英國富時 100
契約價值	指數乘上新臺幣 200 元	指數乘上新臺幣 20 元	指數乘上新臺幣 50 元	指數乘上新臺幣 50 元	指數乘上新臺幣 50 元
到期月份	連續 2 個月，另加三個接續季月	四個接續季月	五個接續季月	五個接續季月	四個接續季月
每日漲跌幅	前一交易日結算價 ±8%、12%、16%	前一交易日結算價 ±7%、13%、±20%	前一交易日結算價 ±7%、13%、±20%	前一交易日結算價 ±7%、13%、±20%	前一交易日結算價 ±7%、13%、±20%
最小升降單位	指數 0.25 點（新臺幣 50 元）	指數 1 點（新臺幣 20 元）	指數 0.25 點（新臺幣 50 元）	指數 1 點（新臺幣 50 元）	指數 1 點（新臺幣 50 元）
最後交易日	到期月份第二個星期五之前一日	到期月份第三個星期五	到期月份第三個星期五	到期月份第三個星期五	到期月份第三個星期五

資料來源：臺灣期貨交易所。

（二）匯率期貨

由於近年來，臺灣與中國經貿往來逐漸密切，且國內積極發行人民幣的寶島債市場，使得投資人對人民幣的避險與理財需求日益增加，因此臺灣期交所首先，推出 2 檔以美元兌人民幣匯率爲交易標的之「人民幣匯率期貨」。此外，期交所爲了讓國內的外匯商品更加齊全，以提供更便利的外幣投機、避險管道，又陸續上市歐元、日圓、英鎊與澳幣等匯率期貨。有關這些匯率期貨的合約規格，詳見表 15-4 之說明。

表 15-4 國內上市的匯率期貨合約規格

商品	小型美元兌人民幣	美元兌人民幣	歐元兌美元	美元兌日圓	英鎊兌美元	澳幣兌美元
契約規模	20,000 美元	100,000 美元	20,000 歐元	20,000 美元	20,000 英鎊	25,000 澳幣
契約到期交割月份	交易當月連續 2 個月份，另加上 4 個接續季月，共 6 個月份	交易當月連續 2 個月份，另加上 4 個接續季月，共 6 個月份	交易當月起接續之 4 個季月	交易當月起接續之 4 個季月	交易當月起接續之 4 個季月	交易當月起接續之 4 個季月
每日漲跌幅	前一交易日結算價 ±3%、±5%、±7% 三階段	前一交易日結算價 ±3%、±5%、±7% 三階段	前一交易日結算價 ±3%、±5%、±7% 三階段	前一交易日結算價 ±3%、±5%、±7% 三階段	前一交易日結算價 ±3%、±5%、±7% 三階段	前一交易日結算價 ±3%、±5%、±7% 三階段
最小升降單位	人民幣 0.0001 元 / 美元（人民幣 2 元）	人民幣 0.0001 元 / 美元（人民幣 10 元）	0.0001 美元 / 歐元（2 美元）	0.01 日圓 / 美元（200 日圓）	0.0001 美元 / 英鎊（2 美元）	0.0001 美元 / 澳幣（2.5 美元）
最後交易日	各交割月份第三個星期三	各交割月份第三個星期三	各交割月份第三個星期三	各交割月份第三個星期三	各交割月份第三個星期三	各交割月份第三個星期三

資料來源：臺灣期貨交易所

（三）黃金期貨

黃金長久以來一直是國人熱衷的投資工具，近年來，國際黃金價格波動幅動頗大。臺灣期交所基於此，於 2006 年 3 月 27 日推出「美元版黃金期貨」合約，該合約採國際規格以「美元」與「盎司」計價，此商品提供國內外投資人，對黃金進行投機與避險的新管道。由於國人對於黃金買賣的計價習性與計價標準和國際的基準不一樣，所以臺灣期交所又於 2008 年 1 月推出以「新臺幣」與「臺兩」計價的「臺幣版黃金期貨」商品，以滿足國內投資人的交易習慣。有關表美元版與臺幣版的黃金期貨契約規格詳見表 15-5。

表 15-5　黃金期貨契約規格表

中文簡稱	美元版黃金期貨	臺幣版黃金期貨
交易標的	成色千分之九九五之黃金	成色千分之九九九點九之黃金
契約規模	10 金衡制盎司	10 臺兩（100 臺錢、375 公克）
契約到期交割月份	自交易當月起連續 6 個偶數月份	自交易當月起連續 6 個偶數月份
每日漲跌幅	前一交易日結算價上下 ±5%、±10%、±15% 三階段	前一交易日結算價上下 ±5%、±10%、±15% 三階段
最小升降單位	US$0.1/ 金衡制盎司（1 美元）	新臺幣 0.5 元 / 臺錢（新臺幣 50 元）
最後交易日	到期月份最後一個營業日前之第 2 個營業日	到期月份最後一個營業日前之第 2 個營業日

資料來源：臺灣期貨交易所

（四）原油期貨

由於原油價格與民生議題息息相關，且近年來國際原油價格波動頗大，國內投資人從事複委託交易原油期貨日益增多，於是臺灣期交所於 2018 年 7 月順勢推出國內的首宗能源期貨商品－「布蘭特原油期貨」，以提供國人對原油進行投機與避險的新管道。以下表 15-6 爲布蘭特原油期貨的合約規格。

表 15-6　布蘭特原油期貨契約規格表

項目	布蘭特原油期貨
契約規模	200 桶
交割月份	自交易當月起連續三個月份，另加上接續的一個六月份及一個十二月份
每日漲跌幅	採前一交易結算價 ±5%、±10%、±20% 三階段
最小升降單位	新臺幣 0.5 元 / 桶（新臺幣 100 元）
最後交易日	洲際歐洲期貨交易所布蘭特原油期貨同一到期交割月份契約最後交易日

（五）個股期貨

國內自 2010 年 1 月推出 35 檔「股票期貨」，原本僅以大型權值股爲標的，爾後，又將 ETF 納入其中，現今符合「股票期貨」的標地已超過 200 種以上。由於股票期貨比個股的融資融券更方便靈活，且費用也較低，所以對資金有限的年輕族群非常具有吸引力，因此現今每日成交量也大幅成長至每日超過 10 萬口。以下簡單介紹股票期貨合約的規格說明。

表 15-7　股票期貨合約規格表

交易標的	上市上櫃的普通股與 ETF
合約月份	連續 2 個近月及最近 3 個季月，共 5 種合約
最後交易日	合約月份第三個星期三
契約價值	◎股票爲每口 2,000 股，但加掛每口 100 股之契約 ◎ ETF 爲每口 10,000 受益權單位
每日漲跌幅	◎國內股票與國內指數 ETF 爲前一日結算價上下 10% ◎國外指數或境外 ETF 爲前一日結算價上下 15%

資料來源：臺灣期貨交易所

二 交易案例說明

本節將以國內期貨市場中，交易量較大的三種期貨合約的交易情形，來當作說明的案例。

（一）股價指數期貨

此處以臺灣期交所上市的臺股指數期貨合約，當作交易案例之說明（詳見例 15-4）。

例題 15-4 【臺股指數期貨合約】

假設於 9 月 1 日，投資人買入 1 口 9 月份的臺股指數期貨合約，價格爲 9,135 點時。臺股指數期貨每點價值 200 元，原始保證金每口爲 8.3 萬，維持保證金爲 6.4 萬，投資人只繳交原始保證金 8.3 萬。

(1) 請問買賣一口臺股指數期貨合約價值爲何？

(2) 請問投資人買賣一口期貨合約的槓桿倍數爲何？

(3) 若 9 月 1 日臺股指數收盤爲 9,208 點，依每日結算原則，投資人當日保證金戶頭的餘額爲多少錢？

(4) 若 9 月 2 日臺股行情急轉直下，跌到 9,100 點，依每日結算原則，投資人當日保證金戶頭的餘額爲多少錢？

(5) 若 9 月 3 日，臺股指數續跌到 8,982 點，則投資人保證金戶頭的餘額爲何？

解

(1) 一口臺股指數期貨合約價值爲＝ 9,135×200 = 1,827,000 元

(2) 槓桿倍數爲 1,827,000/83,000 = 20.01 倍

(3) 9 月 1 日

多頭部位，指數上漲，投資人獲利。

獲利金額＝ (9,208 − 9,135)×200 =＋ 14,600

保證金餘額＝ 83,000 + 14,600 = 97,600

超過原始保證金的 14,600 元，可以提領出去

(4) 9 月 2 日

多頭部位，指數下跌，投資人損失。

損失金額＝ (9,100 − 9,208)×200 =− 21,600

保證金餘額＝ 97,600 − 21,600 = 76,000

(5) 9 月 3 日

多頭部位，損失金額＝ (8,982 − 9,100)×200 =− 23,600

保證金餘額＝ 76,000 − 23,600 =− 52,400

低於維持保證金，投資人面臨追繳，將保證金餘額補足至原始保證金

補繳金額＝ 83,000 − 52,400 = 30,600

彙整如下表：

日期	結算價格	每日結算損益	保證金餘額
購買時	9,135	－	83,000
9/1	9,208	＋14,600	97,600
9/2	9,100	21,600	76,000
9/3	8,982	＝－23,600	52,400
補繳保證金			30,600

（二）匯率期貨

此處以臺灣期交所上市的小型美元兌人民幣匯率期貨合約，當作交易案例之說明（詳見例 15-5）。

例題 15-5【小型人民幣匯率期貨】

假設投資人買入 1 口 3 月份的小型美元兌人民幣期貨合約，價格爲 6.9135。該合約規模爲每口 20,000 美元，原始保證金每口爲 2,840 人民幣，維持保證金爲 2,180 人民幣，投資人只繳交原始保證金 2,840 人民幣。

(1) 請問買賣一口小型人民幣匯率期貨價值爲何？

(2) 請問投資人買賣一口期貨合約的槓桿倍數爲何？

(3) 若現在美元兌人民幣期貨合約，價格爲 6.9228，請問投資人獲利爲何？

(4) 請問美元兌人民幣期貨價格爲何時，投資人須補繳保證金？

解

(1) 一口小型美元兑人民幣期貨合約價值爲＝ $6.9135 \times 20{,}000 = 138{,}270$ 人民幣

(2) 槓桿倍數爲 $138{,}270/2{,}840 = 48.69$ 倍

(3) 獲利金額＝ $(6.9228 - 6.9135) \times 20{,}000 = 186$ 人民幣

(4) 當人民幣匯率爲 X 時，須補繳保證金

$(6.9135 - X) \times 20{,}000 = 2{,}180 - 2{,}840$，當 $X = 6.8805$

（三）股票期貨

本節以臺灣期交所上市的股票期貨合約中，交易量較大的台積電期貨，當作交易案例之說明（詳見例 15-6）。

例題 15-6 【股票期貨】

假設投資人買入 1 口 3 月份的台積電期貨，台積電期貨價格爲 620 元。該合約規模爲每口 2,000 股，原始保證金爲合約價值的 13.50%，維持保證金爲合約價值的 10.35%。

(1) 請問買一口台積電期貨的原始保證金要繳多少元？

(2) 當台積電期貨價格爲 630 元時，請問投資人獲利爲何？此時報酬率爲何？

(3) 請問台積電期貨價格爲何時？投資人須補繳保證金。

解

(1) 買一口台積電期貨的原始保證金 $= 620 \times 2{,}000 \times 13.5\% = 167{,}400$

(2) 當台積電股價爲 630 元時，投資人獲利 $= (630 - 620) \times 2{,}000 = 20{,}000$，此時報酬率爲 11.94%(20,000/167,400)。

(3) 當台積電股價爲 X 時，須補繳保證金

$(620 - X) \times 2{,}000 = 620 \times 2{,}000 \times (13.5\% - 10.35\%)$，當 $X = 600.47$ 元。

市場焦點

個股期貨魅力為何？一張圖搞懂個股期暴賺 10 倍的巧門！

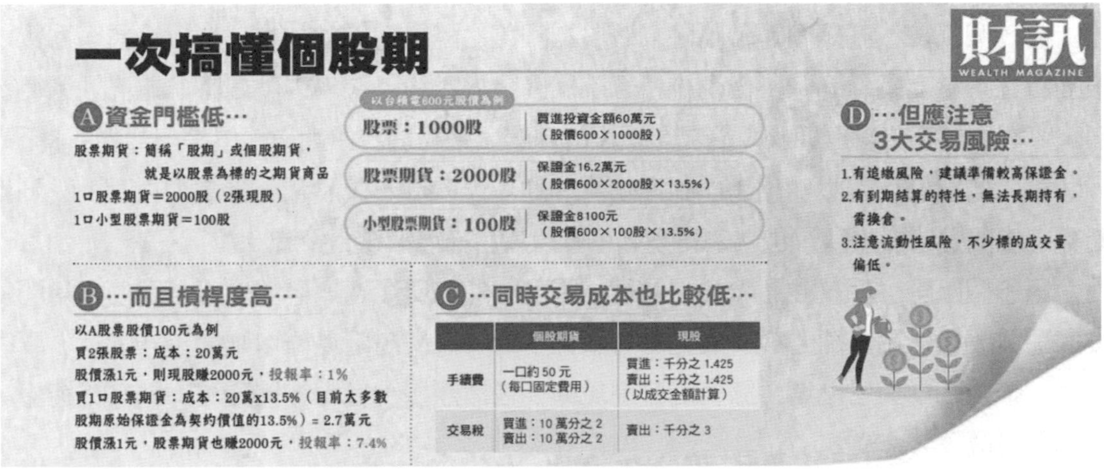

一次搞懂個股期

財訊 WEALTH MAGAZINE

A 資金門檻低…

股票期貨：簡稱「股期」或個股期貨，就是以股票為標的之期貨商品

1口股票期貨=2000股（2張現股）

1口小型股票期貨=100股

以台積電600元股價為例

股票：1000股　買進投資金額60萬元（股價600×1000股）

股票期貨：2000股　保證金16.2萬元（股價600×2000股×13.5%）

小型股票期貨：100股　保證金8100元（股價600×100股×13.5%）

B …而且槓桿度高…

以A股票股價100元為例

買2張股票：成本：20萬元

股價漲1元，則現股賺2000元，投報率：1%

買1口股票期貨：成本：20萬x13.5%（目前大多數股期原始保證金為契約價值的13.5%）= 2.7萬元

股價漲1元，股票期貨也賺2000元，投報率：7.4%

C …同時交易成本也比較低…

	個股期貨	現股
手續費	一口約 50 元（每口固定費用）	買進：千分之 1.425 賣出：千分之 1.425 （以成交金額計算）
交易稅	買進：10 萬分之 2 賣出：10 萬分之 2	賣出：千分之 3

D …但應注意 3大交易風險…

1. 有追繳風險，建議準備較高保證金。
2. 有到期結算的特性，無法長期持有，需換倉。
3. 注意流動性風險，不少標的成交量偏低。

由於缺乏資金，但操作相對靈活，因此對於衍生性金融商品著墨許多，個股期貨也成為市場上愈來愈受到重視的投資工具。即使是有大資金部位的投資人，當看好一檔個股、把握度高時，也會運用個股期貨工具來加大槓桿。個股期貨的魅力為何？

4 大亮點 3 風險　盱衡利弊

第一亮點：個當然就是資金門檻低、槓桿度高。目前一口個股期等於兩張現股，一般個股期原始保證金為契約價值的 13.5%，假設 A 股票每股 1 百元，買兩張股票要花 20 萬元，買一口 A 股期，需要的金額只要兩萬 7 千元。若股價漲 1 元，現股就賺 1%，但個股期則是賺 7.4%，相較於融資買上市股票槓桿 2.5 倍、融券賣出股票槓桿 1.1 倍，個股期槓桿為 7.4 倍，在資金運用上更靈活。

第二亮點：則是交易成本優勢。股票交易買進與賣出均須繳交千分之 1.425 手續費，賣出需額外繳交千分之 3 證交稅。而個股期一口手續費約 50 元，交易稅雖然買賣雙邊均需收取，但僅有契約金額的十萬分之 2，整體交易成本不到股票的十分之 1。而且股票期貨的手續費是每口固定費用，而股票則是以成交金額計算。

第三亮點：則是多空不受限制，雖然現在許多股票可使用信用交易，但仍有許多限制，例如因為券源不足、遭到警示，或是平盤以下不得放空等原因無法融券賣出。尤其是除權息旺季時，已經放空的個股必須強制回補，不少放空股票的投資人就會把放空部位轉到個股期上，沒有融券強制回補的問題就是股票期貨一大優勢。

第四亮點：則是個股期一樣能參與除權息，對投資人的權益沒有影響。

當然，水能載舟，亦能覆舟，槓桿是雙面刃，獲利放大的同時也代表風險升高了。個股期有幾個重要的注意事項。

第一個風險：就是有追繳風險。個股期本質上就是期貨的一種，所以也具有期貨所有的特性，當方向看錯時，會有維持率不足面臨追繳的風險，也就是本金賠光了還得要補錢。專家建議，可以準備 3 倍甚至更高的保證金來交易一口期貨，槓桿自然就下降了。

第二個風險：個股期也有「到期結算」的特性，無法像股票一樣長期持有，在到期結算之後就必須要換倉，也就是轉換到下個月的合約繼續進行交易。

第三個風險：就是注意流動性風險，不少標的成交量較為偏低，或是即使是熱門的股票期貨，在遠月合約上成交量也會有較大下滑，在交易時最好以限價委託進行。專家表示，不能把期貨當賭博，該有的交易紀律，包括停損、進出場邏輯，一樣都不能少，必須嚴格遵守。

圖文資料來源：摘錄自財訊 2021/03/05

解說

投資個股期貨較買進現貨與融資券，有更高的槓桿效果，並可多空操作、交易成本低廉，且個股除權息時，並不影響投資人權益等好處，因此受許多小資族的喜愛。但交易時，仍須要注意三風險乃被追繳保證金、具到期日與流動性風險。

投資新視界

期貨交易量創新高！去年成長近 15% 達 3.9 億口

https://www.youtube.com/watch?v=TwtVY0Vgt80

國內期貨市場 2021 年交易量達 3.9 億口，成長了近 15%，由於臺股表現優於其他亞洲市場，加上全球疫情與國際政經動盪，市場避險交易需求不減。

糧食供應鏈危機燒 黃小玉驚驚漲 ... 小麥期貨飆逾 13 年新高

https://www.youtube.com/watch?v=eoz9YMk8dyI

俄羅斯是全球最大的小麥出口國，烏克蘭的玉米出口佔全球 10% ！但烏俄戰爭推升小麥期貨價格創下 2013 年以來新高；黃豆與玉米的報價也衝高。

本章習題

一、選擇題

證照題

( ) 1. 所謂期貨的「價格發現」功能，意味著期貨價格是現貨價格的： (A) 落後指標 (B) 同時指標 (C) 領先指標 (D) 選項 (A)、(B)、(C) 皆非。
【2010-1 證券商高級業務員】

( ) 2. 理論上，現貨與期貨之價格差距會隨到期日之接近而： (A) 擴大 (B) 縮小 (C) 不變 (D) 不一定。 【2011-3 證券商高級業務員】

( ) 3. 我國第一個本土期貨商品股價指數期貨之契約規格中，其交割方式為： (A) 股票交割 (B) 現金交割 (C) 指數交割 (D) 選項 (A)、(B)、(C) 均可。
【2011-4 證券商高級業務員】

( ) 4. 期貨交易中，當保證金低於何種水準時即需補繳？ (A) 原始保證金 (B) 維持保證金 (C) 一般保證金 (D) 選項 (A)、(B)、(C) 皆非。
【2013-1 證券商高級業務員】

( ) 5. 下列何者不是執行期貨「避險功能」？ (A) 種植黃豆的農夫在收割期三個月前，怕黃豆價格下跌，賣出黃豆期貨 (B) 玉米進口商在買進現貨同時，賣出玉米期貨 (C) 投資外國房地產前，因怕本國貨幣貶值，賣出本國貨幣期貨 (D) 預期股市下跌，賣出股價指數期貨。 【2013-1 證券投資分析人員】

( ) 6. 一般而言，期貨交易對散戶（自然人）所提供的功能是： (A) 避險功能大於投機功能 (B) 投機功能大於避險功能 (C) 投機與避險二者約略相當 (D) 難以論定。 【2013-3 證券商高級業務員】

( ) 7. 請問下列何種理論闡述期貨價格與現貨價格之關係？ (A) 預期理論 (B) 正常交割延遲理論 (C) 正常交易延遲理論 (D) 持有成本理論。
【2015-2 證券投資分析人員】

( ) 8. 買賣期貨，何者須付權利金？ (A) 僅買方 (B) 僅賣方 (C) 買賣雙方均要 (D) 買賣雙方均不要。 【2018-2 證券商高級業務員】

( ) 9. 臺灣證券交易所股價指數期貨（臺股期貨）原始保證金爲 $90,000，維持保證金 $69,000。投資者存入保證金 $90,000，賣出 1 口臺股期貨，價位爲 8,000。請問台指期貨漲至 8,200 時，則投資人應補繳多少保證金？（不考慮手續費與稅） (A) $40,000 (B) $19,000 (C) $10,000 (D) 不必補繳保證金。

【2018-4 證券投資分析人員】

( ) 10. 期貨價格和現貨價格的差異會反映在什麼原因？ (A) 預期未來價格和現貨價格不同 (B) 持有現貨的成本大小 (C) 持有現貨的收益大小 (D) 以上皆是。

【2021-2 證券投資分析人員】

( ) 11. 若預期未來的市場利率將上升，則投資者很有可能採取下列哪一種決策？ (A) 出售國庫債券期貨 (B) 持有小麥期貨之長部位（Long Position） (C) 購買標準普爾 500 指數期貨（S&P 500 Index Futures） (D) 持有國庫債券期貨之長部位。

【2021-3 證券商高級業務員】

( ) 12. 假設美國與英國的無風險利率分別爲 5% 及 4%，美元與英鎊間之即期匯率爲 $1.80 / BP。若不考慮交易成本，爲防止套利機會，則一年期契約之英鎊期貨價格應該爲多少？ (A) $1.65/BP (B) $1.78/BP (C) $1.82/BP (D) $1.97/BP。

【2021-3 證券投資分析人員】

二、簡答與計算題

基礎題

1. 請問何種衍生性金融商品是將遠期合約標準化而成？
2. 請問期貨商品可分爲哪兩大類？
3. 請問商品期貨包含哪些？
4. 請問金融期貨包含哪些？
5. 請問期貨的特性爲何？
6. 請問期貨的功能爲何？
7. 請問臺灣期貨市場的主管機關爲何？
8. 請問期貨與現貨價格的關係爲何？
9. 請問臺灣期貨交易所，所上市的股價指數期貨之最後交易日爲哪天？
10. 請問臺幣版黃金期貨的一口單位契約爲何？

進階題

11.若現在 9 月份黃金之現貨價格爲 1,600 美元，假設年利率爲 6%（資金成本），如果黃金每月的儲藏保險成本爲 3 美元，請問 12 月份黃金期貨合約的理論價應爲何？

12.若 3 月 S & P500 期貨合約價格爲 550 美元，假設每月股利率爲 0.5%（便利收益），年利率爲 12%（資金成本），若持有成本模型成立，求 9 月 S & P500 期貨合約價格應爲多少？

NOTE

chapter 16

選擇權市場

本章大綱

本章內容為選擇權，主要介紹選擇權概論、價值評估以及簡介臺灣選擇權市場，其內容詳見下表。

節次	節名	主要內容
16-1	選擇權概論	選擇權的種類、特性與合約規格。
16-2	選擇權的價值評估	選擇權的評價、價值組合與影響價值之因素。
16-3	臺灣選擇權市場	國內上市選擇權合約、選擇權的交易案例。

16-1 選擇權概論

選擇權（Options）是一種在未來可以用特定價格買賣商品的一種憑證，是賦予買方具有是否執行權利，而賣方需相對盡義務的一種合約。選擇權合約的買方在支付賣方一筆權利金後，享有在選擇權合約期間內，以約定的履約價格買賣某特定數量標的物的一項權利；而賣方需被動的接受買方履約後的買賣標的物義務。

選擇權主要可分爲「買權」（Call Option）和「賣權」（Put Option）兩種。不管是買權或賣權的「買方」，因享有合約到期前，以特定價格買賣某標的物的權利，故須先付出權利金，以享有權利;但若合約到期時，標的物的價格未達特定價格，則可放棄權利，頂多損失權利金。

反之，買權或賣權的「賣方」，因必須負起以特定價格買賣某標的物的義務，故先收取權利金，但須盡履約義務；所以當買方要進行履約時，賣方必須按照之前所約定的價格，買賣標的物，所以有時承受的風險較高。

一 種類

選擇權分爲買權與賣權兩種形式。投資人可以買進或賣出此兩種選擇權，因此選擇權的基本交易形態共有「買進買權」（Long a Call）、「賣出買權」（Short a Call）、「買進賣權」（Long a Put）、「賣出賣權」（Short a Put）等四種。以下我們將分別介紹之，其四種形式的比較見表 16-1。

表 16-1　選擇權型式比較表

	買進買權	賣出買權	買進賣權	賣出賣權
權利金	支付	收取	支付	收取
最大獲利	無上限	權利金收入	履約價格 減權利金價格	權利金收入
最大損失	權利金支出	無下限	權利金支出	履約價格 減權利金價格
損益平衡點	履約價格 加權利金價格	履約價格 加權利金價格	履約價格 減權利金價格	履約價格 減權利金價格

（一）買進買權

買權的買方在支付權利金後，享有在選擇權合約期間內，以約定的履約價格，買入某特定數量標的物的一項權利。在此種型式下，當標的物上漲，價格超過損益平衡點（Break Even Point）時，漲幅愈大，則獲利愈多，所以最大獲利空間無限；若當標的物下跌時，其最大損失僅爲權利金的支出部分，而其損益平衡點爲履約價格加上權利金價格。投資人若預期標的物將來會「**大幅上漲**」，可進行此類型式的操作，圖 16-1 即其示意圖。

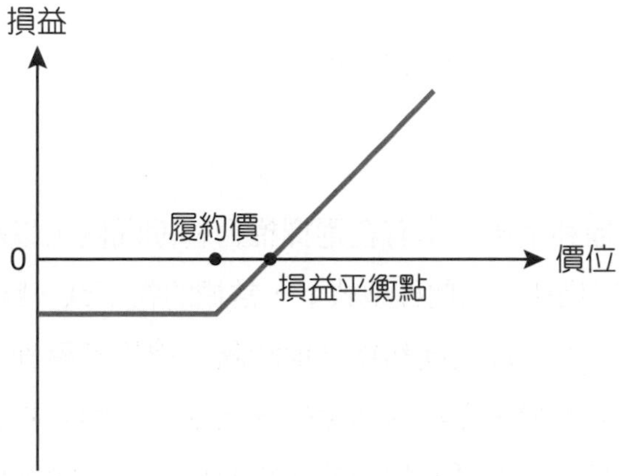

圖 16-1　買進買權示意圖

（二）賣出買權

買權的賣方，在收取買方所支付的權利金之後，即處於被動的地位，必須在合約期限內，以約定的履約價格，賣出某特定數量標的物的一項義務。在此種型式下，當標的物不上漲或下跌時，其最大獲利僅爲權利金的收入部分；當標的物上漲時，價格超過損益平衡點時，漲幅愈大，則虧損愈多，所以其最大損失空間無限，而其損益平衡點爲履約價格加上權利金價格。投資人若預期標的物將來價格會「**小幅下跌**」或「**持平**」，可進行此類型式的操作，圖 16-2 即其示意圖。

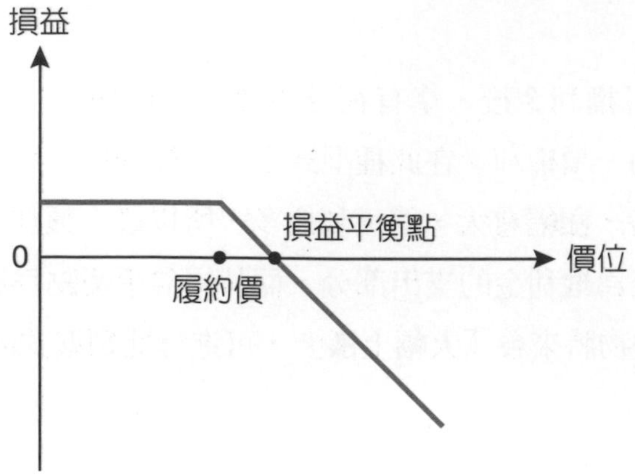

圖 16-2　賣出買權示意圖

（三）買進賣權

賣權的買方在支付權利金後，享有在選擇權合約期間內，以約定的履約價格，賣出某特定數量標的物的一項權利。在此種型式下，當標的物下跌，跌幅超過損益平衡點時，跌幅愈大，則獲利愈多，但其最大獲利爲到期時履約價格減權利金價格之差距；當標的物沒有下跌或上漲時，最大損失僅爲權利金的支出部分，而其損益平衡點爲標的物履約價格減權利金價格。故投資人對標的物預期將來價格會「**大幅下跌**」時，可進行此類型式的操作。圖 16-3 即其示意圖。

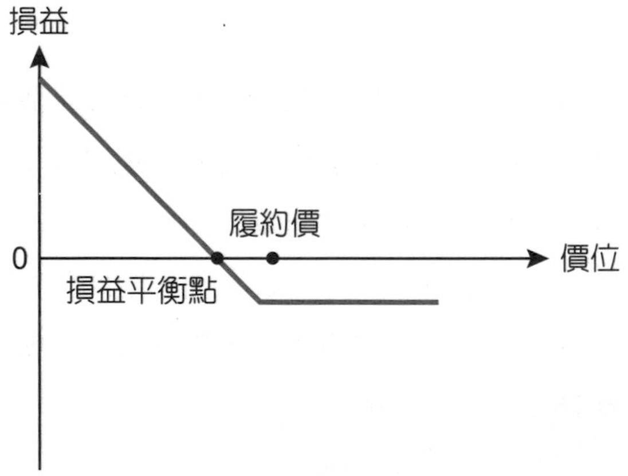

圖 16-3　買進賣權示意圖

（四）賣出賣權

賣權的賣方，在收取買方所支付的權利金之後，即處於被動的地位，必須在合約期限內，以特定的履約價格，買入某特定數量標的物的一項義務。在此種型式下，若當標的物價格沒有下跌或上漲時，其最大獲利僅爲權利金的收入部分，若標的物下跌時，下跌幅度超過損益平衡點時，跌幅愈大，則虧損愈多，但其最大損失爲標的物履約價格減權利金價格之差距，而損益平衡點爲履約價格減權利金價格。故投資人若預期標的物將來價格會「**小幅上漲**」或「**持平**」，可進行此類型式的操作。圖 16-4 即其示意圖。

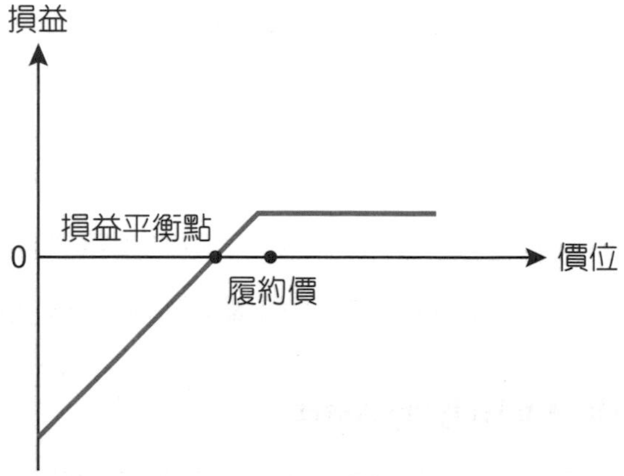

圖 16-4 賣出賣權示意圖

二 特性

選擇權是一種依附於現貨或其他金融商品的衍生性合約，選擇權交易其合約內容與期貨一樣。大都會被標準化的，且大部分在集中市場交易，與期貨合約性質相近，但兩者的特性仍有幾項不同，說明如下。

（一）權利與義務表徵的不同

期貨的買賣雙方對合約中所規定的條件，具有履約的義務與權利；選擇權的買方對合約中所規定的條件，只有履約的權利而無義務，賣方對合約中所規定的條件，只有履約的義務，而無要求對方的權利。

（二）交易價格決定方式不同

期貨合約對未來交易的價格並不事先決定，而是由買賣雙方在期貨市場以公開喊價的方式決定，所以期貨價格會隨時改變。選擇權的履約價格則是由買賣雙方事先決定，在合約期間內通常不會改變，至於市場的交易價格，則是權利金的價格，並不是合約標的物的履約價格。

（三）保證金繳交的要求不同

由於期貨的買賣雙方對合約中所規定的條件，具有履約的義務與權利，故雙方都必須繳交「**保證金**」。選擇權的買方對合約中所規定的條件，只有履約的權利，而無義務，故不須繳交保證金，但須繳「**權利金**」；選擇權的賣方對合約中所規定的條件，只有履約的義務，而無要求對方的權利，故須繳交「**保證金**」，以保障其未來會履約。

三 合約規格

大部分的選擇權合約都是在集中市場交易，所以必須將選擇權契約標準化，以利於市場流通轉讓，以下我們將說明交易所，對選擇權契約須標準化的項目：

（一）交易標的物（The Underlying Asset）

選擇權的標的物種類繁多，只要現貨或期貨商品需要避險的，皆可成爲標的物。因此選擇權又可分爲現貨選擇權（Cash Options）與期貨選擇權（Futures Options）兩種。至於標的物包括：商品與金融現貨（或期貨）等各種種類。

（二）單位契約數量（Contract Size）

選擇權每單位契約數量的規定，隨著交易所及交易商品種類不同而有所不同。例如：臺灣的「股價指數選擇權合約」爲加權股價指數乘以 50 元；臺灣的「黃金選擇權」合約爲一口 10 台兩。

（三）履約日期（Expiration Date）

一般而言，選擇權的履約日期（Expiration Date）依商品的不同而有所不同，通常每個月份都有一個契約推出。而選擇權依履約日期的不同又可分爲「**歐式選擇權**」（European Option）與「**美式選擇權**」（American Option），如果選擇權的買方只能在履約日期到期時才能行使履約的權利，此種選擇權稱爲歐式選擇權。若選擇權的買方可在履約日期前的任何一天行使履約的權利，稱爲美式選擇權。以行使權利時機而言，美式選擇權較歐式選擇權較具有彈性，故美式選擇權的權利金較歐式選擇權貴。一般而言，大多數的選擇權交易都採用美式選擇權。

（四）履約價格（**Exercise or Strike Price**）

以臺股指數選擇權為例：指數未達 3,000 點：近月契約為 50 點，季月契約為 100 點；指數在 3,000 ～ 10,000 點之間：近月契約為 100 點，季月契約為 200 點；指數在 10,000 點以上：近月契約為 200 點，季月契約為 400 點。

發行時依履約價格與市價比較，可能為「價內」（In the Money）、「價平」（At the Money）或「價外」（Out of the Money）情況下發行。對買進買權而言，在不考慮權利金的情況下，若市價大於履約價格則稱為價內，投資人有利可圖；若市價等於履約價格，則稱為價平；若市價小於履約價格，則稱價外，投資人無利可圖。同理，對買進賣權而言，同樣在不考慮權利金的情況下，若市價小於履約價格，則稱價內；若市價等於履約價格，則稱價平；若市價大於履約價格，則稱為價外。買賣權的價內、價平及價外情形如表 16-2。

表 16-2 選擇權價內、價平及價外情形

	買進買權	買進賣權
價內	市價＞履約價格	市價＜履約價格
價平	市價＝履約價格	市價＝履約價格
價外	市價＜履約價格	市價＞履約價格

16-2 選擇權的價值評估

選擇權具有時間價值，這是它跟一般金融商品比較不一樣的地方，對於它的價值探討，學術界長久以來一直著墨許多。直到 1973 年由美國兩位學者，提出較明確的評價模式後，讓選擇權這商品，更被廣泛的運用在各種商業行為。因此選擇權的評價模式，對於實務界與學術界均有重大的貢獻。以下將簡單介紹選擇權的評價模式，以及說明其價值的組成和影響價值的因素。

一 選擇權的評價

1973 年美國兩位學者一布雷克（Black）和休斯（Scholes），共同發展出 Black-Scholes 選擇權訂價模式，其主要用來計算**「歐式」**選擇權的**「買權」**價格。以下爲其幾個基本假設以及簡易的推導介紹：

Black-Scholes 評價模式基本假設：

1. 股票市場是完美市場，意即不考慮交易成本及稅率。
2. 股價的瞬間（Instantaneous）變動符合對數常態分配（Log-normal Distribution）。
3. 股價的瞬間波動服從隨機漫步（Random Walk）。
4. 市場交易是連續進行（Continuous-Time Trading）。
5. 股票可無限分割（Perfectly Divisible）買賣。
6. 市場存在一無風險利率，投資者可無限制的借貸。
7. 股票不限制放空（Short Selling）。
8. 股票不發放股利。
9. 選擇權爲歐式選擇權。

根據以上假設，假設股價瞬間報酬遵從下述的隨機過程（Stochastic Process）

$$ds = \mu s dt + \sigma s dw \qquad (16\text{-}1)$$

此處：

ds 爲股票瞬間變動量。

μ 爲股價瞬間平均報酬率，爲一常數。

σ 爲股價報酬率瞬間標準差，爲一常數。

dt 爲單位時間變量。

dw 爲 Gauss-Wiener Process。

根據以上假設，我們建構一個投資組合，讓其淨投資額等於零。再利用「隨機微分方程式」（Stochastic Differential Equations）推導出歐式買權的評價模式，公式如下：

$$C = S \times N(d_1) - Ee\text{–rt}N(d_2) \qquad (16\text{-}2)$$

此處

$$d_1 = \frac{\ln\left(\frac{S}{E}\right) + rt}{\sigma\sqrt{t}} + \frac{1}{2}\sigma\sqrt{t}$$

$$d_2 = d_1 - \sigma\sqrt{t}$$

S ：股票市價。

E ：履約價格。

r ：瞬間無風險利率。

t ：距到期日時間。

σ ：股價報酬率的瞬間標準差。

ln ：自然對數。

$N(d_1)$, $N(d_2)$ ：代表累積標準常態分配函數（Cumulative Normal Distribution Function）。

至於歐式賣權的評價，我們可利用 16-2 式與「歐式買賣均衡公式」（Put-Call Parity Theorem）求得。歐式賣權的評價公式如下：

$$P = C - S + Ee\text{–rt} = -SN(-d_1) + Ee\text{–rt}N(-d_2) \qquad (16\text{-}3)$$

二 選擇權價值的組合

選擇權與其他金融商品最大的差異點，在於選擇權合約具有「**時間價值**」。這好比食品中的保存期限一般，同樣一個食品在新鮮時與快到賞味期限時，廠商會用不同的價格出售。選擇權也是有同樣的情形，不同時間點，其時間價值不同。因此選擇權的價值

（權利金）是由「**履約價值**」（Exercise Value）或稱內在價值（Intrinsic Value）加上「**時間價值**」（Time Value）這兩部分所組合而成。以下將分別說明之：

（一）履約價值

所謂的履約價值就是選擇權的買方，若立即執行履約的權利，其所能實現的利得。以買權的買方而言，如果標的物價格大於履約價格，則該買權即具有履約價值，其履約價值爲標的物價格減去履約價格的差額；反之，如果標的物價格小於或等於履約價格，其履約價值爲零，則該買權的持有者不會有執行履約的誘因。以賣權的買方而言，如果標的物價格小於履約價格，則該賣權具有履約價值，其履約價值爲履約價格減去標的物價的差額；反之，如果標的物價格大於或等於履約價格，其履約價值爲零，則該賣權的持有者不會執行履約的權利。

（二）時間價值

所謂的時間價值就是選擇權的存續時間，所帶給持有者多少獲利機會的價值。一般而言，不管買權或賣權，距到期日時間愈長，買權與賣權雙方有更多的機會等待獲利，所以時間價值愈大；反之，距到期日時間愈短，選擇權的執行獲利時機減少，時間價值也跟著減少，於到期時，即降爲零。

一般而言，選擇權的時間價值與距到期日時間的關係是成正比的，距到期日時間愈長，時間價值愈大，但隨著時間的流逝，時間價值會愈來愈小，合約剛開始時，時間價值下降幅度較小，但愈接近合約到期日時，時間價值下降幅度變大。如圖 16-5 所示。

選擇權因有時間價值的存在，所以除了在到期日時，選擇權價值會等於履約價值外，其餘在任一存續時間內，選擇權價值應大於履約價值，兩者之間的差額即爲時間價值。如圖 16-6 與圖 16-7 所示。

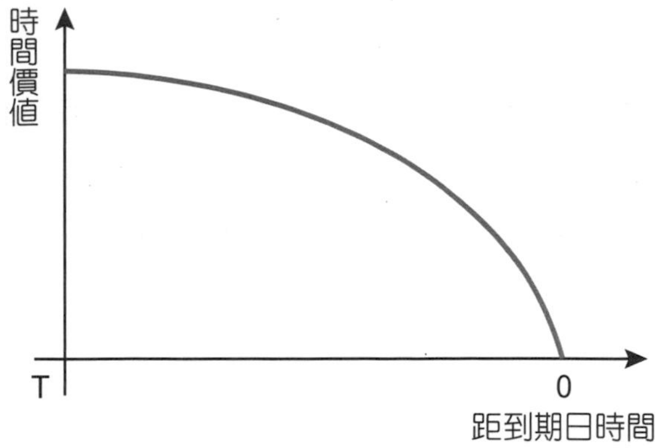

圖 16-5　時間價值與距到期日時間的關係

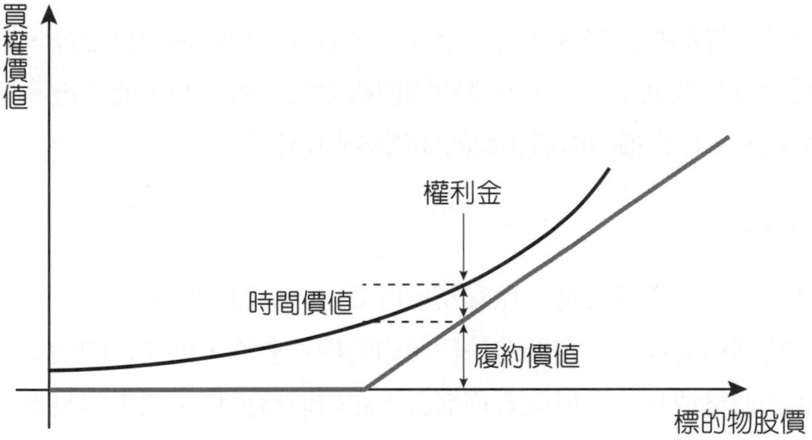

圖 16-6　買權的履約價值與時間價值

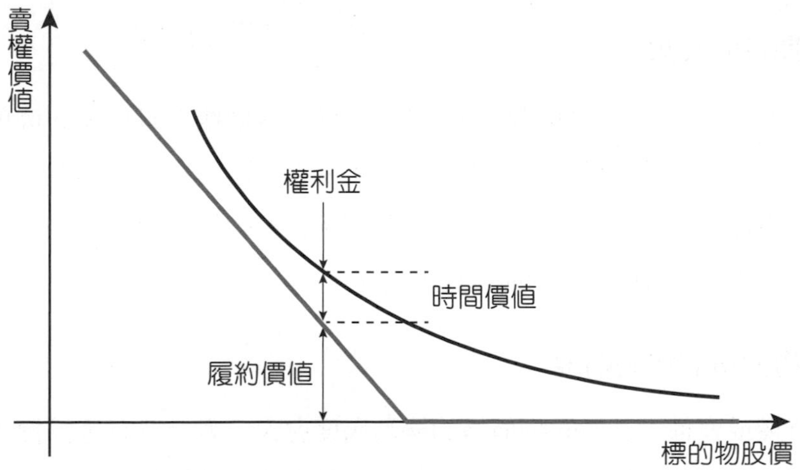

圖 16-7　賣權的履約價值與時間價值

三 影響選擇權價值的因素

根據 Black-Scholes 模型的延伸，假設標的物有發放現金股利的情況下，所以影響選擇權價值的因素有「標的物價格」、「履約價格」、「距到期日的長短」、「標的物的價格變動幅度」、「標的物的股利發放」及「無風險利率」等六大因素。以下我們分別說明之。

（一）標的物的價格

就買權而言，標的物的價格愈高，則履約的可能性愈高，則買權價值相對亦隨之提高；反之，若標的物的價格愈低，買權愈無履約的機會，則買權價值相對亦隨之降低，所以買權的價值與標的物價格成正比。但就賣權而言，標的物價格愈高，履約的可能性愈低，賣權價值自然就低；反之，若標的物價格愈低，履約的可能性愈高，則賣權價值相對亦隨之提高，所以賣權的價值與標的物價格成反比。

（二）履約價格

就買權而言，履約價格愈低，愈容易形成價內，而履約價值自然高，買權價值亦隨之提高；若履約價格愈高，在到期前執行履約的機會愈低，則買權的價值就低，所以買權的價植與履約價格成反比。但就賣權而言，履約價格愈低，愈不容易形成價內，履約價值自然低，賣權的價值亦隨之降低；若履約價格愈高，在到期前執行履約的機會愈高，則賣權價值相對亦隨之提高，故賣權的價值與履約價格成正比。

（三）距到期日的長短

不管是買權或賣權，距到期日時間愈長，買權與賣權雙方有更多的機會等待獲利，也就是時間價值愈大，選擇權的價值也就愈高；反之，距到期日時間愈短，選擇權的執行時機減少，選擇權價值也就愈低，故不管買權與賣權的價值均與到期日長短成正比。但賣權的價值在特殊的情形下與到期日長短成反比。

（四）標的物價格的變動幅度

不管是買權或賣權，其標的物價格的變動幅度愈大，表示持有選擇權者愈有機會執行他們的權利，所以選擇權的價值愈高；反之，若標的物價格變動幅度愈小，則執行履約的時機會變少，自然選擇權價值就低，所以不管買權或賣權的價值與標的物價格的變動幅度成正比。

（五）標的物的股利發放

就買權而言，標的物的現金股利發放愈多，則使標的物的價格下跌幅度愈大，對買權愈不利，則買權的價值相對亦會降低；反之，現金股利發放愈少，則使標的物的價格下跌幅度愈小，則買權的價值會較高，故買權的價值與標的物股利發放成反比。若以賣權而言，標的物的現金股利發放愈多，則使標的物價格下跌幅度愈大，對賣權愈有利，而賣權的價值相對亦增加；反之，現金股利發放愈少，則使標的物的價格下跌幅度愈小，而賣權的價值亦會降低，故賣權的價值與標的物股利發放成正比。

（六）無風險利率

就買權而言，買權的具有遞延購買標的物的功能，買權持有者將延遲購買標的物的資金，一直到履約時才付出，所以在市場利率較高時，遲付的資金能產生較高的利息收入，使買權的價值相對提高；反之，利率較低時，利息收入較少，買權的價值相對降低，故買權的價值與無風險利率成正比。就賣權而言，賣權具有遞延賣出標的物的功能，賣權持有者，必須等到執行權利後才能收到資金，而當市場利率較高時，遲收到的資金所孳生的利息損失較大，故賣權的價值相對亦較低；反之，在市場利率較低時，遲收資金所孳生的利息損失較少，故賣權的價值相對亦較高，故賣權的價值與無風險利率成反比。

表 16-3 影響權利金價格的主要因素

	買權的價值	賣權的價值
標的物價格	正比	反比
履約價格	反比	正比
距到期日時間長短	正比	正比
標的物價格的變動幅度	正比	正比
標的物的股利發放率	反比	正比
無風險利率	正比	反比

16-3 臺灣選擇權市場

國內最早的選擇權合約，爲 2001 年所推出的「臺灣加權股價指數選擇權合約」，現在該商品仍是市場最大的交易重心。這幾年期交所推出的商品，大都以「股價指數」類型的選擇權爲主（包含 ETF）；僅有唯一種商品選擇權的交易－「黃金」選擇權。但近年來，由於國人大量的持有人民幣的資產，於是對該貨幣匯率的變動，具有避險的需求，所以臺灣期交所將於 2016 年 6 月推出人民幣的「匯率選擇權」，以提供人民幣匯率方面的投機與避險之所需，也將使國內的選擇權市場商品種類更加多元化。以下本節將簡單介紹這三種選擇權合約的規格、以及選擇權的交易案例說明：

一 國內上市的選擇權合約規格

以下本處將簡單介紹臺灣期交所所上市的股價指數、黃金與匯率選擇權的合約規格內容。

（一）股價指數選擇權

臺灣期貨交易所於 2001 年推出「臺股加權股價指數選擇權」，爲我國的第一檔選擇權商品，隨後陸續推出「電子類」、「金融保險類」、「非金電類」與「櫃買」股價指數選擇權[1]，使國內的選擇權商品更具完備，並提供國人更多元的投資管道。表 16-4 爲臺灣選擇權市場中，交易量最大的合約—「加權股價指數選擇權合約」規格表：另外，國內各種股價指數合約規格與加權股價指數選擇權合約的差異說明，如表 16-5 所示：

1 國內的「非金電類」與「櫃買中心」股價指數選擇權，已於 2019 年 9 月下市。

表 16-4　臺灣加權股價指數選擇權合約規格表

交易標的	臺灣證券交易所發行量加權股價指數
履約型態	歐式（僅能於到期日行使權利）。
契約乘數	指數每點新臺幣 50 元。
到期月份	• 自交易當月起連續三個月份，另加上 3、6、9、12 月中 2 個接續的季月，總共有 5 個月份的契約在市場交易。 • 交易當月除了第二個週，其餘每週三加掛下一周三到期的週合約。
每日漲跌幅	權利金每日最大漲跌點數以前一營業日臺灣證券交易所發行量加權股價指數收盤價之百分之十爲限。
最後交易日	各該契約交割月份第三個星期三。

資料來源：臺灣期貨交易所

表 16-5　各類指數選擇權規格表

交易標的	契約乘數
電子類發行量加權股價指數	指數每點新臺幣 1,000 元
金融保險類發行量加權股價指數	指數每點新臺幣 250 元

（二）黃金選擇權

臺灣期交所考慮，國內買賣黃金的習性與計價標準和國際黃金的計價基準不一樣，於 2009 年 1 月推出「新臺幣計價的黃金選擇權」，提供黃金投資人一個新的投資與避險管道。以下表 16-6 爲新臺幣黃金選擇權規格表。

表 16-6　新臺幣黃金選擇權規格表

交易標的	成色千分之九九九點九之黃金
履約型態	歐式（僅能於到期日行使權利）
契約規模	5 臺兩（50 臺錢、187.5 公克）
到期月份	連續 3 個偶數月份
報價方式及最小升降單位	契約以 1 臺錢（3.75 公克）爲報價單位 最小升降單位爲新臺幣 0.5 元 / 臺錢（新臺幣 25 元）
每日漲跌幅	前一交易日結算價上下 ± 5%、± 10%、± 15% 三階段
最後交易日	到期月份最後一個營業日前之第 2 個營業日

資料來源：臺灣期貨交易所

（三）匯率選擇權

臺灣期交所已於 2015 年，推出兩種人民幣匯率的期貨合約，由於市場反應頗佳，所已期交所於 2016 年 6 月再順勢推出兩種人民幣匯率的選擇權合約，以讓匯率類的商品種類更爲齊全，更能符合不同交易需求的投資人之所需。以下表 16-7 爲兩檔人民幣匯率選擇權契約規格說明。

表 16-7 人民幣匯率選擇權契約規格表

項目	小型人民幣匯率選擇權（RTO）	人民幣匯率選擇權（RHO）
交易標的	美元兌人民幣匯率	美元兌人民幣匯率
履約型態	歐式（僅能於到期日行使權利）	歐式（僅能於到期日行使權利）
契約規模	20,000 美元	100,000 美元
到期月份	自交易當月起連續 2 個月份，另加上 3、6、9、12 月中 4 個接續季月，總共 6 個月份的契約	自交易當月起連續 2 個月份，另加上 3、6、9、12 月中 4 個接續季月，總共 6 個月份的契約
報價方式及最小升降單位	0.0001 點（人民幣 2 元）	0.0001 點（人民幣 10 元）
每日漲跌幅	以前一營業日結算價之 7% 爲限	以前一營業日結算價之 7% 爲限
最後交易日	交易月份的第三個星期三	交易月份的第三個星期三

資料來源：臺灣期貨交易所

二 選擇權的交易案例

本處以選擇權最常見的四種交易方式 「買進買權」、「賣出買權」、「買進賣權」、「賣出賣權」，進行說明之：

（一）買進買權

例題 16-1 【買進買權】

假設甲投資人預期臺股指數會上漲，於是買進 1 口 9 月份履約價格爲 9,000 點的買權，支付權利金 180 點後，請問下列三種情形下，投資人的損益各爲何？

(1) 若選擇權到期前，假設臺股指數上漲至 9,300 點

(2) 若選擇權到期時，假設臺股指數上漲至 9,400 點

(3) 若選擇權到期時，假設臺股指數結算價爲 8,800 點

解

(1) 若選擇權到期前，假設臺股指數上漲至 9,300 點，買權權利金亦上漲至 220 點，若此時投資人將部位平倉，可獲利 2,000 元 [(220 − 180)×50 = 2,000]。

(2) 若選擇權到期時，假設臺股指數上漲至 9,400 點，此時投資人將部位履約，則履約價值有 20,000 元 [(9,400 − 9,000)×50 = 20,000]，但扣除期初權利金的支付 9,000 元（180×50 = 9,000），可獲利 11,000 元（20,000 − 9,000 = 11,000）。

(3) 若選擇權到期時，假設臺股指數結算價爲 8,800 點，此時投資人將放棄履約，則有權利金 9,000 元的損失。

（二）賣出買權

例題 16-2 【賣出買權】

假設乙投資人預期臺股指數會微幅下跌，於是賣出 1 口 9 月份履約價格爲 9,000 點的買權，權利金爲 180 點，並支付 22,000 元的保證金後，請問下列三種情形下，投資人的損益各爲何？

(1) 若選擇權到期前，假設臺股指數上漲至 9,300 點

(2) 若選擇權到期時，假設臺股指數上漲至 9,400 點

(3) 若選擇權到期時，假設臺股指數結算價爲 8,800 點

解

(1) 若選擇權到期前，假設臺股指數上漲至 9,300 點，買權權利金上漲至 220 點，若此時投資人將部位平倉，將損失 2,000 元 [(180 − 220)×50 = − 2,000]。所以投資人此時可回收 20,000 元（22,000 − 2,000）的保證金。

(2) 若選擇權到期時，假設臺股指數上漲至 9,400 點，此時買方將部位履約，則賣方則損失 20,000 元 [(9,000 − 9,400)×50 = − 20,000]，但收取期初權利金的收入 9,000 元（180×50 = 9,000），共損失 11,000 元的價差（9,000 − 20,000 = − 11,000）。所以投資人此時可回收 11,000 元（22,000 − 11,000）的保證金。

(3) 若選擇權到期時，假設臺股指數結算價爲 8,800 點，此時買方將放棄履約，則有賣方有權利金 9,000 元的收入。所以投資人此時可回收 31,000 元（22,000 + 9,000）的保證金。

（三）買進賣權

例題 16-3 【買進賣權】

假設丙投資人預期臺股指數會下跌，於是買進 1 口 9 月份履約價格爲 9,000 點的賣權，支付權利金 170 點後，請問下列三種情形下，投資人的損益各爲何？

(1) 若選擇權到期前，假設臺股指數下跌至 8,800 點

(2) 若選擇權到期時，假設臺股指數下跌至 8,900 點

(3) 若選擇權到期時，假設臺股指數結算價爲 9,100 點

解

(1) 若選擇權到期前，假設臺股指數下跌至 8,800 點，賣權權利金亦上漲至 215 點，若此時投資人將部位平倉，可獲利 2,250 元 [(215 − 170)×50 = 2,250]。

(2) 若選擇權到期時，假設臺股指數下跌至 8,900 點，此時投資人將部位履約，則履約價值有 5,000 元 [(9,000 − 8,900)×50 = 5,000]，但扣除期初權利金的支付 8,500 元（170×50 = 8,500），則損失 3,500 元（5,000 − 8,500 =− 3,500）。

(3) 若選擇權到期時，假設臺股指數結算價爲 9,100 點，此時投資人將放棄履約，則有權利金 8,500 元的損失。

（四）賣出賣權

例題 16-4 【賣出賣權】

假設丁投資人預期臺股指數會微幅上漲，於是賣出 1 口 9 月份履約價格爲 9,000 點的賣權，權利金 170 點後，並支付 22,000 元的保證金後，請問下列三種情形下，投資人的損益各爲何？

(1) 若選擇權到期前，假設臺股指數下跌至 8,800 點

(2) 若選擇權到期時，假設臺股指數下跌至 8,900 點

(3) 若選擇權到期時，假設臺股指數結算價爲 9,100 點

解

(1) 若選擇權到期前，假設臺股指數下跌至 8,800 點，賣權權利金上漲至 215 點，若此時投資人將部位平倉，將損失 2,250 元 [(170 − 215)×50 = 2,250]。所以投資人此時可回收 19,750 元（22,000 − 2,250）的保證金。

(2) 若選擇權到期時，假設臺股指數下跌至 8,900 點，此時買方投資人將部位履約，則賣方則損失 5,000 元 [(8,900 − 9,000)×50 =− 5,000]，但收取期初權利金的收入 9,000 元（170×50 = 8,500），共獲利 3,500 元的價差（8,500 − 5,000 = 3,500）。所以投資人此時可回收 25,500 元（22,000 + 3,500）的保證金。

(3) 若選擇權到期時，假設臺股指數結算價爲 9,100 點，此時買方將放棄履約，則有賣方有權利金 8,500 元的收入。所以投資人此時可回收 30,500 元（22,000 + 8,500）的保證金。

市場焦點

本金少、門檻低…5 大優勢，讓選擇權為小資族小兵立大功

投資市場裡，買 1 檔股票最便宜多少錢？就算是零股也要幾百元吧。而操作選擇權，你相信嗎？買進 1 口深度價外的履約價，可能只需 100 元還有找…。而這 100 元有找的投資，甚至有機會為你賺進數百倍的獲利喔。其實，說起選擇權的特性，大家可能不知道，它之所以吸引人，就是因為它具備以下幾種迷人的特質，讓人對於「小兵立大功」這句話有了更深一層的體悟：

1. 小筆資金也能進場操作

選擇權最大特性，就是小資金也能進行操作。在期權市場裡，選擇權在策略運用上，保證金的機制，對於投資人算是相對友善，以期貨來說，臺指期大台的保證金，最少要 11 萬元，就算是小台也要將近 3 萬元，以一個小資上班族來說，投入這筆金額，是不是比較困難？然而選擇權因為不同的投資策略，會有不同的保證金與成本，可多可少，非常靈活。簡單來說，資金充足，有其操作策略方式，小資金也能在選擇權上賺錢，非常的人性化。

2. 只需研究大盤方向

因為臺指選擇權的標的為大盤，就是加權指數，在臺灣操作加權指數交易工具就是臺指期貨，所以，你要專心研究的對手就是大盤及台指期貨。簡單來說，選擇權及台指期是加權指數所衍生出來的金融商品，而台指期又具有加權指數的先行指標，所以，想要操作選擇權，所要做的功課就是研究大盤的方向。

3. 策略靈活，盤勢多空都能操作

選擇權因為有買、賣方，看漲看跌都能投資，讓投資人相對在操作上倍感靈活而只要善用這些工具，有時甚至看錯方向也能賺錢，神奇吧？這就是選擇權的魅力。

4. 無需時時盯盤

選擇權的操作工具有週選及月選兩種，就是每週結算與月結算；更有日盤、夜盤之分，上班族可待下班後再進行研究及下單。下單後，只要大盤沒有過度波動，甚至還可留待下班後再看盤，非常有彈性。也正因選擇權不用盯盤的特性，眼下已成為不少上班小資族，工作之餘幫自己加薪的謀財工具。

5. 交易稅比股票更便宜

操作投資工具，賺的就是金融商品的價差，愈多獲利愈好，當然，我們會希望要付出的成本愈少愈好。以股票來說，賣出時的交易稅，是千分之 3，手續費則是千分之 1.425，所以，隨著股票上漲，稅金與手續費也愈多。選擇權的交易稅，為千分之 2，至於手續費是固定的，不會因為此筆交易獲利大讓手續費變高，有時券商還會因為交易口數大而調降手續費，讓你的獲利更加可觀。

資料來源：節錄自 Smart 自學網 2021/03/29

解說

投資選擇權所需資金，相對於股票與期貨來得少，具有以小搏大的槓桿效果，且投資標的物單純、投資策略靈活且多元、交易稅也較低，適合小資族用它來小兵立大功。

投資新視界

2 月 6 日選擇權大跌損失慘重 自救會：救救我們！

https://www.youtube.com/watch?v=gew9LbRke98

2018 年 2 月 6 日臺股大跌，讓選擇權交易失序，無論是否看對或看錯趨勢的投資人，都慘賠出場。受害投資人，找上金融消費評議中心幫忙調處。

控管風險促健全期貨 . 選擇權保證金上調

https://www.youtube.com/watch?v=Ag2OYWV0I6Q&t=104s

期交所為了避免期貨交易，不受到非理性因素干擾出現震盪。近期，針對交易制度實施新規範，並調高期貨與選擇權保證金，以控管風險。

本章習題

一、選擇題

證照題

( ) 1. 下列何者須繳保證金？甲.買期貨；乙.賣期貨；丙.買選擇權；丁.賣選擇權 (A) 僅甲、乙、丙對 (B) 僅乙、丙、丁對 (C) 僅甲、乙、丁對 (D) 甲、乙、丙、丁均對。【2010-1 證券商高級業務員】

( ) 2. 對歐式選擇權而言，下列敘述何者為非？ (A) 無風險名目利率與買權價格呈正比 (B) 無風險名目利率與賣權價格呈正比 (C) 標的物價格的變動率與買權價格呈正比 (D) 標的物價格的變動率與賣權價格呈正比。

【2010-1 證券投資分析人員】

( ) 3. 下列何項變數的變化不會使買權的價值隨之增加？ (A) 到期期間短 (B) 無風險利率高 (C) 標的物價格波動性高 (D) 標的物價格高。

【2011-3 證券商高級業務員】

( ) 4. 某一標的物市價 30 元，執行價格 22 元之歐式買權，請問理論上此買權之價格最高應不超過： (A) 30 元 (B) 22 元 (C) 52 元 (D) 8 元。

【2011-3 證券投資分析人員】

( ) 5. 根據賣權 - 買權平價說（put-call parity） (A) 股票價格+買權價格=賣權價格+無風險債券價格 (B) 股票價格+賣權價格=買權價格+無風險債券價格 (C) 賣權價格+買權價格=股票價格+無風險債券價格 (D) 股票價格 - 賣權價格=買權價格+無風險債券價格。【2011-3 證券投資分析人員】

( ) 6. 關於期貨保證金與選擇權保證金制度的比較，何者正確？ (A) 期貨買賣雙方均須支付保證金 (B) 選擇權買賣雙方均須支付保證金 (C) 選擇權買方須支付保證金 (D) 期貨賣方須支付保證金、買方不須支付。【2015-4 證券業務員】

( ) 7. 下列何種投資策略可在標的股票下跌時獲利？ (A) 買進股票 (B) 買進股價指數期貨 (C) 買進賣權 (D) 買進買權。【2019-1 證券商高級業務員】

( ) 8. 在 Black-Scholes 選擇權定價公式中，如果標的股票的變異數增加，則： (A) 買權（call option）的價格增加，賣權（put option）的價格減少 (B) 買權的價格減少，賣權的價格增加 (C) 買權和賣權的價格都增加 (D) 買權和賣權的價格都減少。【2019-1 證券投資分析人員】

( ) 9. 假設一個履約價格爲 $50 的買權，其市場價格等於 $2，而標的股價目前爲 $45，則下列敘述何者正確？ (A) 該買權的內含價值等於 $3 (B) 標的股價至少會上漲到 $52 (C) 買權投資人已經獲利 $5 (D) 該買權的時間價值等於 $2。【2021-2 證券商高級業務員】

( ) 10. 投資人在一指定到期日前有權利以約定執行價買入所持有之資產的金融商品稱爲： (A) 買權 (B) 賣權 (C) 期貨 (D) 遠期契約。【2021-3 證券商業務員】

二、簡答與計算題

基礎題

1. 請問選擇權基本上有哪四種形式？
2. 請問哪一種形式的選擇權可以獲利無上限？
3. 請說明買進賣權，當價平、價外、價內時，股票市價與履約價格關係爲何？
4. 請說明選擇權的價值（權利金）的組成？
5. 請問依台指選擇權契約之相關規定，其最後交易日爲何？

進階題

6. 若交易人預期原油會小漲、大漲、小跌與大跌，則應選擇下列哪些較合適？ (A) 買原油期貨買權 (B) 賣原油期貨買權 (C) 買原油期貨賣權 (D) 賣原油期貨賣權 (E) 買原油期貨 (F) 賣原油期貨
7. 六月 S&P500 指數期貨合約履約價格爲 1,100 之賣權
   (1) 若目前賣權價格爲 20，六月 S&P 500 指數期貨市價爲 1,104，該賣權的履約價值爲多少？時間價值爲多少？
   (2) 若目前賣權價格爲 20，六月 S&P 500 指數期貨市價爲 1,100，該賣權的履約價值爲多少？時間價值爲多少？
   (3) 若目前賣權價格爲 20，六月 S&P 500 指數期貨市價爲 1,004，該賣權的履約價值爲多少？時間價值爲多少？
8. 選擇權評價模式中，影響選擇權價值的因素有哪些？其與買、賣權的價值呈何種關係？

NOTE

chapter 17

認購（售）權證

本章大綱

本章內容為認購（售）權證，主要介紹認購（售）權證的概論、種類、與其價格的評估，其內容詳見下表。

節次	節名	主要內容
17-1	認購（售）權證概論	認購（售）權證的意義與特性。
17-2	認購（售）權證種類	國內權證的發行種類。
17-3	認購（售）權證價格評估	各種評估權證價值的各種工具。

臺灣於 1997 年 9 月首次由大華證證券發行，以「國巨」爲標的股票的「大華 01」認購權證，當時國內掀起一股發行認購權證的熱潮。爾後，隨著市場的變化，且爲了應付投資大眾的需求，認購權證的發行設計上，也出現許多變化。例如：「重設型」與「上（下）限型」權證的發行。由於國內近年來，因投資大眾對指數商品的特定偏好，所以證交所於 2011 年 7 月，推出可以作多與作空的「牛熊證」，以因應投資大眾的特殊需求；且也進一步的發展出延展型牛熊證，以供投資人可利用權證，進行中長期投資的一項新選擇。以下將介紹認購權證的意義、特性、種類與價格評估工具。

17-1 認購（售）權證概論

認購（售）權證（Warrants）是一種權利契約，持有人有權利在未來的一段時間內，以事先約定的價格購買或出售一定數量的標的證券。所以就其意義來說，認購（售）權證是選擇權的一種，只是選擇權的標的物可以是利率、外匯、股票及商品等，但認購（售）權證的標的物以股票爲主，且認購（售）權證的存續期限也較普通選擇權來得長，通常爲一個月至一年，而一般的選擇權則在數月內便到期。買賣認購（售）權證如同時買賣股票一樣，在購買前需要先瞭解標的物公司的狀況，也必須對發行權證公司的信用狀況進行了解，以降低投資風險，獲取最佳的報酬率。

認購（售）權證的發展源起於**附認股權證債券**（Bonds With Warrant）。當企業欲發行公司債時，爲鼓勵投資人購買其公司債，乃在普通債券上附加一個認購該發行公司股票的選擇權，投資人除了可定期領取普通債券的利息外，還多了一項可以在未來的一段時間內，以事先約定的價格，向公司認購一定數量股票的權利。對投資人而言，若該公司未來經營得善，將成果反應在股價上，則購買此附認股權證債券的投資人，亦可與普通股東共享公司成長的利益。另外，對發行公司而言，發行附認股權利債券的票面利率比普通債券低，對公司的利息成本支出較低，且公司若急需資金時發行此債券籌措資金也較容易，整體而言是有利於公司的財務結構。

附認股權證債券所附加的認股權證，一般可有分離式及非分離式，即投資人執行此一認股權證時是否必須同時持有公司債，若必須兩者兼備即爲非分離式。一般發行公司爲了增加認股權證的流動性，大部分都設計爲分離式的，因此可分離式的附認股權證債券日後便衍生爲證券商或投資銀行所發行的認購權證。有關認購（售）權證的特性有下列幾項：

一 具有槓桿功能

通常投資人購買權證，乃利用它的槓桿效果，讓資金可以以小搏大。因爲購買權證的價格只是付出權利金，權利金只佔標的股價的一部分，所以買權證的資金成本比買股票低，槓桿倍數較信用交易倍數高，因此投資人可利用較低的資金成本從事高槓桿財務操作，所以報酬率及風險性也相對較高。

二 損失有限，獲利無限

通常投資權證最大的損失乃付出的權利金，所以投資損失有限，但獲利無限。以認購權證爲例：當標的物股價下跌時，認購權證的持有人最大的損失就是權證的權利金；若標的物股價上漲時，認購權證可要求履約，標的物股價漲愈多，獲利愈多。所以權證是一種下檔風險有限，上檔獲利無限的投資工具。

三 提供避險功能

一般擁有現貨或期貨多空部位的投資人，可利用認購（售）權證規避持有部位的風險。例如：投資人持有股票現貨部位，但因害怕股市下跌，遭受損失；故此時投資人可以買進認售權證，以進行避險。

四 不能享有普通股的權益

通常投資人持有權證，只能表彰在未來一段期間內，有認購或認售股票的權利，並無法享有普通股的正常權益。以認購權證而言，權證所有人只擁有認購標的股票的權利，並無實質擁有股票的實體，所以不能享有股票股利及現金股利，也不能參與公司的經營管理權。

五 權證價值將隨時間減少

權證與選擇權一樣都有到期日的限制，權證在到期後，投資人擁有的權利立即消失，所以權證的價值，將隨時間的消逝而減少，故較不適宜長期持有，宜短線操作。

市場焦點

權證抱過年怕時間價值減損？還有這種「抗老化權證」可選

金猴年封關倒數，依據台新投顧統計過去10年資料，封關日和開紅盤日臺股上漲機率至少70%，台新證券提醒，除了封關和開紅盤行情，年節期間也有多家高科技股公布財報，若投資人以台新「抗老化權證」留倉抱過年，時間價值僅1天減損、且全面不降隱波率，雙重保障接軌國際股市行情。

由於權證投資人往往會擔心權證抱過年會減損數日的時間價值，反而導致錯失國際股市行情，台新證券對此提出解決之道，發行權證的時間價值皆以交易日計算，因此年假期間只會減損1天的時間價值，同時也推出「抗老化權證」，亦即全面不降隱含波動率，開紅盤當日即可充分反應標的走勢，透過這2大雙重保障，讓投資人安心過年。

資料來源：摘錄自聚亨網 2017/01/18

解說

由於權證具有時間價值，所以投資人最怕購入後，既使標地物不漲跌，權證價值仍雖著時間遞減。尤其，長達1個星期以上的年假，更是對權證的時間價值造成大傷。所以有券商推出以「交易日」為計算標準的「抗老化權證」，而非以「到期日」為計算標準。因此年假期間只會減損1天的時間價值，對投資者而言，可以減輕時間價值的傷害。

17-2 認購（售）權證種類

一般而言，國內證券商所發行的認購（售）權證種類，大致可分下列幾種：

一 依權利不同

（一）認購權證（Call Warrant）

通常投資人買方，擁有在爲未來履約期間內，以事先約定的價格購買一定數量的標的證券的權利，此即爲「**買進買權**」的型式。

（二）認售權證（Put Warrant）

通常投資人買方，擁有在未來履約期間內，以事先約定的價格售出一定數量的標的證券的權利，此即爲「**買進賣權**」的型式。

二 依發行人不同

（一）公司型認購權證（Company Warrant）

通常公開發行公司，以公司本身的股票爲標的物所發行的權證，主要用途爲分配紅利給現有股東、或與債券組合成爲附認股權證債券來吸引投資者的認購。一旦公司型認股權證的持有人履行其權利時，投資人將支付現金換取股票，新的資金便會挹入該公司，相對的公司股權會增加，亦造成股權稀釋的效果。

（二）掩護型認購權證（Covered Warrant）

一般而言，由金融機構或證券商，依主管機關核准的股票爲標的物所發行的權證，主要作用是滿足投資人交易流通需求，增加投資及避險管道。因權證發行者需在市場上買進避險部位，所以此種權證不會增加標的股票公司的股本，也不會爲該標的股票公司籌措資金，所以當權證的權利被履行時，不會造成股權被稀釋。目前臺灣所發行的認購權證即爲此種型式。

三 依履約期間分類

（一）美式權證（American Style Warrant）

通常權證持有人，可以在權證的存續期限內的任何時點執行權利。臺灣目前所發行的均爲美式權證。

（二）歐式權證（European Style Warrant）

通常權證持有人，必須在權證到期日時，才可執行權利。此權證的履約機會少於美式權證，故權證的權利金應小於美式權證的權利金。

四 依標的證券分類

（一）單一型權證（Single Warrant）

通常發行人以單一支股票爲標的物，所發行的權證。

（二）組合型權證（Basket Warrant）

通常發行人以數支股票組合爲標的物，所發行的權證，俗稱「一籃子」認購權證。通常發行的券商會將具有相同題材的幾支股票，組合成某一概念的組合型權證。

（三）指數型權證（Index Warrant）

通常發行人以各種股價指數爲標的物，所發行的權證，因無實體標的物存在，故權證必須採現金交割。目前臺灣所發行的「牛熊權證」，多數爲指數型權證。

五 依發行時履約價格與標的物市價高低分類

（一）價平發行權證（At The Money）

一般而言，認購（售）權證發行時，標的股票的股價等於權證的履約價格。通常國內所發行的權證以此類型居多。

（二）價內發行權證（In The Money）

以認購權證而言，權證發行時，標的股票的股價大於權證的履約價格；以認售權證而言，權證發行時，標的股票的股價小於權證的履約價格。此類型權證，因發行時就對買者有利，故付出的權利金比價平型權證多，所以實務上較少發行。但實務上，國內的牛熊證都是採價內發行，其用意乃希望權證的漲跌幅和標的股票能同步。

（三）價外發行權證（Out The Money）

以認購權證而言，權證發行時，標的股票的股價小於權證的履約價格；以認售權證而言，權證發行時，標的股票的股價大於權證的履約價格。此類型權證，因發行時就對買者不利，故付出的權利金比價平型權證少。一般實務上，投資人購買此類型權證因付出的權利金較少，使得權證的槓桿倍數更大，投機的效果更好。

六 其他型式

（一）重設型權證（Reset Warrant）

通常重設型權證是指權證在發行一段特定時間內，可以重新調整其「**履約價格**」。就認購權證而言，在發行一段特定期間內，若標的股下跌至某一水準，權證的履約價格將可「往下」重新設定，使投資人具有下檔風險的保護；就認售權證而言，在發行一段特定期間內，若標的股上漲至某一水準，權證的履約價格將可「往上」重新設定，使投資人具有上檔風險的保護。此種權證商品設計之目的是爲了提高投資人認購意願與降低認購風險，並降低權證發行人的承銷風險。由於具有履約價格可以調整的保護條款，故其權利金亦會較一般型權證高。

重設型權證依可重設時點及可重設價格的調整方式不同而分類如下：

1. 單一重設時點、單一重設價格：是指權證在存續期間內的某一特定時點，可依標的股價是否已經達到預先設定的某一特定價格，而決定重新調整原履約價格。
2. 單一重設時點、多重重設價格：是指權證在存續期間內之某一特定時點，可依標的股價是否已經達到預先設定的某一組特定價格，而決定重新調整原履約價格。
3. 多重重設時點、單一重設價格：是指權證在存續期間內之某一組特定時點，可依標的股價是否已經達到預先設定的某一特定價格，而決定重新調整原履約價格。

4. 多重重設時點、多重重設價格：是指權證在存續期間內之某一組特定時點，可依標的股價是否已經達到預先設定的某一組特定價格，而決定重新調整原履約價格。

（二）上（下）限型權證（Caps /Floor Warrant）

當權證發行時設定兩個價格，一個是正常的「履約價格」，另一個是特定的「**障礙價**」（上限或下限價），當標的證券觸到或穿越此障礙價時，權證即開始生效或失效。國內所發行上（下）限型權證，其實就是障礙式選擇權（Barrier Option）的應用，說明如下：

1. 上限型認購權證：是指認購權證發行時設定一上限價，當標的證券收盤價觸到或穿越所設定的上限價時，即視該權證到期或自動履約，自動以當日標的證券收盤價辦理現金結算。其損益如圖 17-1 所示。
2. 下限型認售權證：是指認售權證發行時設定一下限價，當標的證券收盤價觸到或穿越所設定的下限價時，即視該權證到期或自動履約，自動以當日標的證券收盤價辦理現金結算。其損益如圖 17-2 所示。

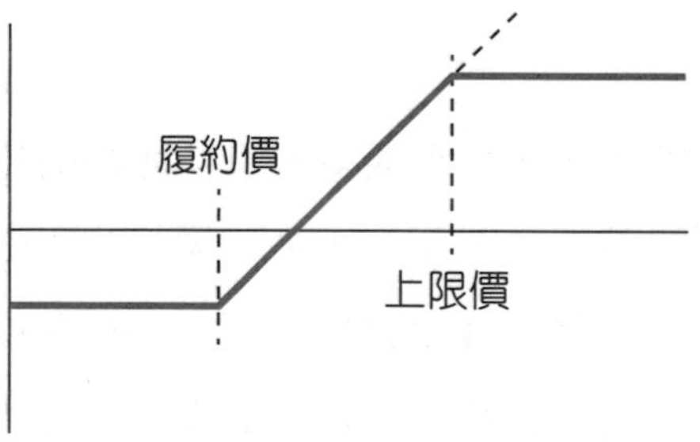

圖 17-1　上限型認購權證損益圖

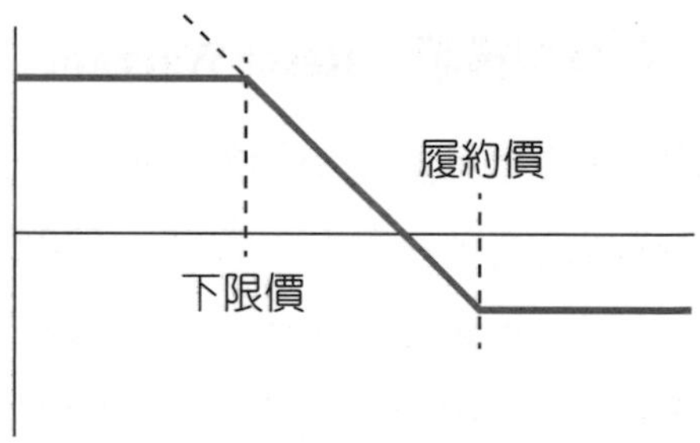

圖 17-2　下限型認售權證損益圖

不管是上限型認購權證或下限型認售權證，因權證設定障礙價（上限或下限價），無疑的有礙於投資人的獲利空間，對投資人較不利（對發行者有利），故權利金較一般型爲低。但因投資人付出的權利金較少，投資人可享有較高的操作槓桿倍數，更有利於投機操作，因此也會增加投資人購買此權證的意願，且有助於發行人降低承銷風險，以及比較能確定未來的最大損失空間。

（三）牛（熊）證（Callable Bull/Bear Contracts）

牛熊證其發行型態，嚴格說來不屬於選擇權的型式，應屬於結構性產品。國內所發行的牛證類似於「**下限型認購權證**」，熊證類似於「**上限型認售權證**」。當投資人對股市後市看好時，應購買牛證；反之，當投資人對股市後市看壞時，應購買熊證。以下將介紹其各種特性：

1. 價內發行：牛熊證的發行者在發行時，必須設定標的物之「履約價格」與「限制價格」，通常牛（熊）證標的物市價均高（低）於限制價格與履約價，且限制價格又需高（低）於履約價。（牛證：標的物市價＞限制價＞履約價；熊證：履約價＞限制價＞標的物市價）。因此牛熊證的發行屬於價內發行。

2. 訂價透明：牛熊證的訂價非一般選擇權以 Black-Scholes 模型訂價，採「**財務費用年率**」計算。計算式如下：

   牛熊證價格=履約價格與標的物市價之差價 × 行使比例+財務費用

   財務費用公式=財務相關費用年率 × 履約價 ×（距到期日天數 /365）× 行使比例。

   因牛熊證在訂價中的財務費用，即已考量選擇權的時間價值之因素，因此牛熊證的價格，無一般選擇權因隨著到期日的逼近，而使時間價值逐漸遞減之情形。

3. 停損機制：牛熊證發行時需設限制價格，在到期日之前，若標的物收盤價觸及限制價，牛熊證將提早到期，必須由發行商收回，其買賣亦會即時終止，投資人會損失全部的財務費用，但仍然可收回現金餘款（剩餘價值）。若到期前標的物收盤價並無觸及限制價[1]，投資人可於到期前在集中交易市場賣出或持有至到期，到期時投資人可獲得之現金結算款項，為履約價與標的證券價格之差價乘上行使比例。通常標的物價格與限制價相差愈大之牛熊證，強制收回的機率愈低，但槓桿倍數相對較小；反之，標的物價格與限制價相差愈小，槓桿倍數較大，但強制收回的機率高。

---

1 此外，若該牛熊證若為「**可延展型**」（或稱**存股證**），投資人可在權證原到期日前20個營業日，向發行人申請展延，就可繼續持有該權證，且展延後的權證本身價格不變。至於延展的費用，投資人無須再支付，通常會用調整履約價的方式，來作為下一期的財務相關費用。例如：假設第一期期末，延展型牛證的履約價格為30元，若投資人欲展延時，乃將下一期的履約價從原先的30元調高為31元，等於從原有履約價值中預扣下一期財務相關費用，因此投資人可長期持有，並不需增加任何交付費用的繁瑣流程。

4. 貼近市價：牛熊證在發行時採價內發行，因此權證價格以已含內含價值。若牛熊證與標的物行使比例為 1：1 時，則權證與標的物的價格變動比率會趨近於相同，所以權證除了能緊貼標的物之走勢，還不須支付購入標的物之全數金額，具有槓桿特性。但實務上，當標的證券物接近限制價時，牛熊證的價格波動較大，可能會與標的物之變動比例產生偏離的情形發生。

   例如：某牛證的標的股票市價為50元時，該牛證限制價設為40元，履約價設為36元；則此時牛證價格已有 14 元（50 － 36）的履約價值，假設發行成本（財務費用率）1 元，所以該牛證價格為 15 元（14 + 1）。若此時標的股價從 50 元漲至 60 元，上漲 10 元，則此時牛證也將上漲 10 元，漲至 25 元。所以投資人等於只用 15 元，就可投資 50 元的股票，具有 3.3 倍（50/15）的槓桿效果。

（四）延展型牛熊證

一般型的牛熊證在到期前，根據規定只要價內程度需達 30% 以上，投資人可以在規定的日期內，申請再延展到期日，此稱為「延展型牛熊證」，實務界又稱為「存股證」。存股證提供在證券市場中，喜好中長線布局的投資人一項新選擇。有關存股證的特性，基本上跟一般型式相同，但仍有一般型牛熊證所沒有的優點與特色，以下將說明之：

1. 無須支付費用：若該牛熊證為「可延展型」，投資人可在權證原到期日前 20 個營業日，向發行人申請展延，就可繼續持有該權證，且展延後的權證本身價格不變。至於延展的費用，投資人無須再支付，通常會用調整「履約價」的方式，來作為下一期的財務相關費用。

   例如：假設第一期期末，延展型牛證的履約價格為 36 元，若投資人欲展延時，此時將下一期的履約價，從原先的 36 元調高為 37 元，那履約價被調高的 1 元，就當作下一期財務相關費用，所以利用調整履約來預付財務費用的方式，可使投資人長期持有，並不需增加任何交付費用的繁瑣流程。

2. 節省稅負支出：投資人可將牛熊證的到期日，延展至該標的股票發放股利之後，此舉可以享有股利免課稅的好處。假設某檔延展型牛證（存股證），其標的股票發放現金股利，雖存股證不會直接領取股利，但存股證可能會被「調降存股證的履約價」或「調高存股證的行使比例」的方式，來對調整除息對存股證的影響；待將來存股證出脫後，所賺取的資本利得中，已內含股利的收益，所以存股證可將現股的股利收益，巧妙的轉換成存股證的資本利得，以達到節稅的效果。

例如：假設某存股證延展後，履約價格調整爲35元；其標的股票若發放現金股利2元，存股證若以「調降存股證的履約價」方式處理，則最新的履約價格調整爲33元（35 － 2）。若將來投資人將存股證以60元出售，則投資人共可獲利27元（60 － 33）的資本利得（其中包含2元的現金股利），這些資本利得皆不用被課稅。若投資人是持有現股，那所發放的2元的現金股利就必須被課稅。

3. 股利迅速移轉：若延展後的牛熊證，發放現金股利，該除息後的標的物，若立即塡息，存股證也同步上漲，且此時投資人也立即售出，這樣投資人有如同馬上領取股利的感覺，享受現金股利迅速移轉的好處；不若現股持股人須等待一段時間，才能領取股利。

例如：假設某檔存股證，現在的價格爲20元後，其標的股票股價爲50元，現在發放2元現金股利，股價受到除息的影響而下降爲48元（50 － 2），存股證價格也跟著下跌2元爲18元。若標的股票現在立即塡息上漲2元，則存股證亦同步上漲2元；若此時將存股證售出，資本利得收入已包含股利，所以投資人如同馬上領取股利的好處，不用像現股須等待一段時間，現金股利才會入帳。

例題 17-1 【牛證】

假設某一券商發行牛證，其發行時標的證券市價爲40元，權證限制價爲32元，履約價25元，財務費用比率5%，權證與標的證券行使比例1:1，存續期間3個月。請問

1. 權證發行價格爲何？
2. 權證有效槓桿效果爲何？
3. 若權證未到期前跌至限制價，且次一日結算價爲31.8元，則投資人可回收多少剩餘價值？此時投資人報酬率爲何？
4. 若標的證券於存續期間無觸及限制價，且到期日收盤前60分鐘均價漲至50元，此時投資人報酬率爲何？
5. 若權證3個月到期，投資人欲展延3個月，此時發行券商將履約價調整至25.5元，以0.5元當作下期費用；若3個月到期後，股價結算價爲52元，請問投資人可獲利多少元？

解

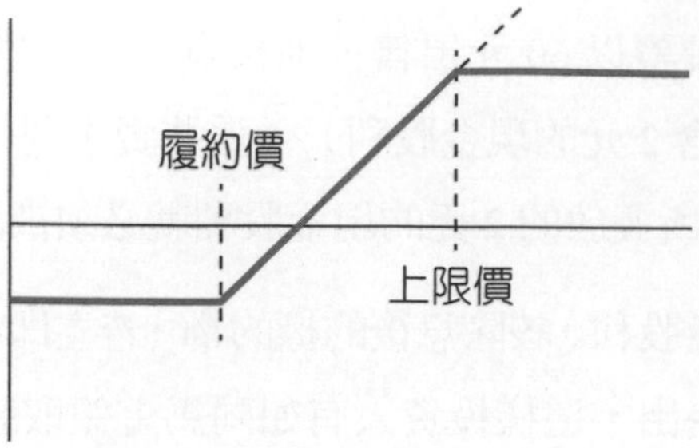

1. 權證發行價格＝[證券市價－履約價＋履約價 × 財務費用比率 ×($\frac{距到期日}{365}$)] × 行使比例＝$(40-25+25\times5\%\times\frac{90}{365})\times1=15.308$

2. 權證有效槓桿效果＝$\frac{40}{15.308}=2.613$ 倍。

3. 標的證券收盤價已觸及限制價 32 元，且次一營業日所有成交價之簡單算術平均價爲 31.8 元，則投資人可得之剩餘價值＝（結算價－履約價）× 行使比例＝（31.8–25）×1 ＝ 6.8 元。

   投資人報酬率爲＝$\frac{6.8-15.308}{15.308}=-55.58\%$

4. 標的證券於存續期間無觸及限制價，到期日收盤前 60 分鐘均價漲至 50 元，則投資人可獲利之金額＝（到期日收盤前 60 分鐘均價－履約價）× 行使比例＝（50–25）×1 ＝ 25 元。

   投資人報酬率爲＝$\frac{25-15.308}{15.308}=63.31\%$

5. 若展延 3 個月到期後，股價結算價爲 52 元，則投資人可獲利之金額＝(結算價－履約價)× 行使比例＝ (52–25.5)×1 ＝ 26.5 元

例題 17-2 【熊證】

假設某一券商發行熊證，其發行時標的證券市價爲 40 元，權證限制價爲 48 元，履約價 52 元，財務費用比率 5%，權證與標的證券行使比例 1:0.5，存續期間 6 個月。請問

1. 權證發行價格爲何？
2. 權證有效槓桿效果爲何？
3. 若權證未到期前漲至限制價，且次一日結算價爲 49 元，則投資人可回收多少剩餘價值？此時投資人報酬率爲何？
4. 若標的證券於存續期間無觸及限制價，且到期日收盤前 60 分鐘均價跌至 20 元，此時投資人報酬率爲何？
5. 若權證 6 個月到期，投資人欲展延 4 個月，此時發行券商將履約價調整至 51.6 元，以 0.4 元當作下期費用；若 4 個月到期後，股價結算價爲 12 元，請問投資人可獲利多少元？

解

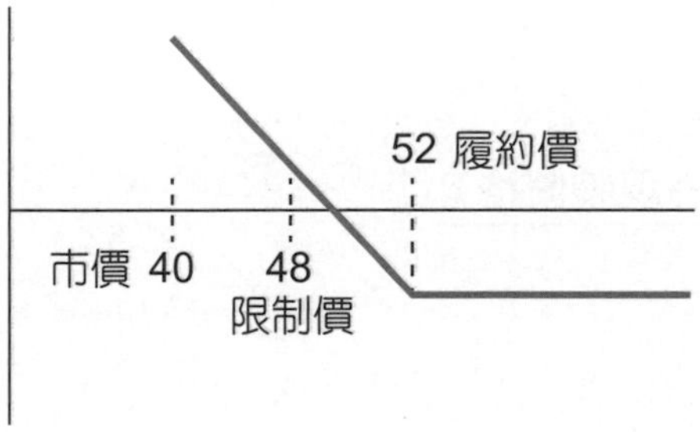

1. 權證發行價格＝[履約價－證券市價＋履約價 × 財務費用比率 ×($\frac{距到期日}{365}$)] × 行使比例 $= (52-40+52\times5\%\times\frac{182}{365})\times0.5=6.648$ 元。

2. 權證有效槓桿效果＝$(\frac{40}{6.648})\times0.5=3.008$ 倍。

3. 標的證券收盤價已觸及限制價 48 元，且次一營業日所有成交價之簡單算術平均價爲 49 元，則投資人可得之剩餘價值＝（履約價－結算價）× 行使比例 ＝（52–49）×0.5 ＝ 1.5 元。

投資人報酬率爲$=\dfrac{1.5-6.648}{6.648}=-77.44\%$

4. 標的證券於存續期間無觸及限制價，到期日收盤前60分鐘均價跌至20元，則投資人可獲利之金額＝（履約價－到期日收盤前60分鐘均價）× 行使比例＝（52–20）×0.5 ＝ 16元。

投資人報酬率爲$=\dfrac{16-6.648}{6.648}=140.67\%$

5. 若展延4個月到期後，股價結算價爲12元，則投資人可獲利之金額＝（履約價－結算價）× 行使比例＝（51.6–12）×0.5 ＝ 19.8元

17-3 認購（售）權證價格評估

一般國內實務在衡量認購（售）權證的價值，以下列幾項評估工具爲主：

一 溢價率（Premium）

$$溢價率=\frac{（權證價格＋履約價格－現股價格）}{現股價格}$$

溢價率其意義有三：

1. 權證的持有者，立即將權證換成股票且賣掉所產生的損失。
2. 投資人買進權證時願意付出的時間價值。
3. 欲補償投資人的支出，現股在到期時須上漲的百分率。

通常溢價率愈高，投資人執行換股權利的可能性愈低，損失的可能性也愈大；反之，溢價率愈低，投資人執行換股權利的可能性就愈高，獲利的機會也愈大。故某權證具有高溢價率，其實是對投資人不利，因爲若現在將權證轉換成股票並賣掉所產生的損失較高；但若以另一觀點則表示該權證在未來具有相當上漲的潛力，所以投資人也願意付出相對高的時間價值來等待。

若某認購權證具有低溢價率，對投資人較具有投資價值，但這個標準的衡量需配合「標的股票的價格」及「距到期日的時間長短」兩因素的考慮，才能在不同條件下，比較兩相同標的物認購權證的投資價值。若以「標的股票的價格」來說，當認購權證處於「價內」時，即（現股價格＞履約價格），其溢價率會比較低；其次，就「距到期日的時間長短」來說，愈接近到期日的權證其溢價比率會較低。所以，在投資低溢價率的權證時，也需檢視其是否因爲「價內」的緣故或較其它認購權證接近到期日的因素，以免判斷失眞。

二 對沖率（Delta）

$$\text{對沖率（}Delta\text{）}=\frac{\text{認股權證價格變動}}{\text{股價的變動}}=\frac{\Delta W}{\Delta S}\text{（適用輕微變動）}$$

對沖率的意義在衡量現股價格每變動一單位，權證的價格變動值，亦可衡量權證到期時成爲價內的機率。所以投資人可選擇 Delta 值較高的權證來投資，以增加獲利的可能性。通常愈價外的權證，Delta 值愈低；愈價內的權證，Delta 值愈高。

對沖率另一含義爲可利用 Delta 值來決定避險策略的買賣數量。例如：某權證 Delta 值爲 0.56，代表每買進 100 股權證所產生的損益，會和買進 56 股的股票所產生的損益相同，所以 Delta 值可供權證投資人用以避險操作的有利參考指標。但是權證的 Delta 值並非固定不變，通常它會隨股價的變動而變動，因此，從事避險操作時，必須隨避險比率的改變，動態修正買賣權證或股票的策略，故稱爲**動態對沖率避險策略**（Dynamic Delta Hedging）。通常當股價上升時，認購權證的價格對股價的變動會變得更爲敏感，例如：股價上升時，Delta 值可能由 0.56 上升至 0.68，代表權證持有人的獲利或損失的風險都較先前加大；相反的，當股價下跌時，權證對股價的變動即會變得較爲遲鈍，Delta 值可能由 0.56 下降至 0.47，代表權證持有人獲利或損失的風險較先前都減小。

三 槓桿比率（Gearing）

$$\text{槓桿比率}=\frac{\text{標的物股價}}{\text{認股權證價格}}$$

槓桿比率是投資權證資金成本的融資成數。例如：某標的物市價 50 元，而其認股權證 10 元，則其槓桿比率 5 倍（50/10 = 5）。以槓桿效應而言，購買權證與現股信用交易的融資（券）具有相同之處，都具以小搏大的槓桿效果，但信用交易的融資的槓桿倍數是固定的，而權證的槓桿比率是變動的。一般來說，權證的槓桿比率則隨時而異，以認購權證來說槓桿比率會隨現股股價上漲而變小（因現股上漲時，權證漲幅通常大於現股漲幅），隨現股股價下跌而變大。

四 實際槓桿比率（Effective Leverage）

實際槓桿比率 = 槓桿比率 × *Delta*

實際槓桿比率是衡量現股股價每變動一個百分點，權證價格實際變動的百分率。例如：某認購權證其槓桿比率為 6 倍，Delta 值為 70%，則實際槓桿比率為 4.2 倍（6×70%），亦即標的股價變動 1%，認購權證會變動 4.2%。權證的槓桿比率計算應與現股融資相同。但實際上，由於權證的價格變動與現股價波動不完全相同，而是由 0 與 1 之間的對沖比率的（Delta）將二者連結起來，以形成實際槓桿比率來衡量權證的槓桿效果較貼切。

五 時間價值敏感度（Theta）

權證價格對時間的敏感度是指當時間消失一單位時，對權證價格的影響變動幅度。一般而言，權證具時間價值，權證的 Theta 值，就是在衡量投資人買進一檔權證後，一天要付出的時間價值，也就是每天權證價格會減損的金額。通常 Theta 值為負值，且會隨時間增加，若權證的 Theta 值愈高，表示權證對時間消逝所產生的損失愈大。因此選擇一檔權證，須挑 Theta 為負值且越小愈好，表示權證價格對時間消逝的敏感度愈低。

六 隱含波動率（Implied Volatility）

隱含波動率（Implied Volatility）是根據權證現在的波動價格反推隱含標的股票的股價波動性。隱含波動率則是由權證市場價格換算出的數據，反映市場對權證供需狀況，可代表目前市場對未來股價變動的看法與預期。通常隱含波動率愈大，其權證價格愈高。此外，權證的隱含波動率與歷史波動率之間的差距可以當作權證價格是否被高估的依據，一般實務上觀察通常隱含波動率大於歷史波動率。

例如：如果有二支相同標的物的權證 A 與 B，若 A 權證的隱含波動率與歷史波動率的兩者差距大於 B 權證，則表 A 權證的價格有被高估之嫌。投資人可利用隱含波動率來評估權證的合理價格，以免買到高估的權證而遭套牢。

此外，權證隱含波動率的穩定性，亦是投資權證的重要參考指標。隱含波動率愈穩定的權證，表示券商造市的穩定能力愈好，此權證愈值得投資。若隱含波動率的變動過大的權證，投資人可能會買到被高估時的價格，又可能賣到被低估時的價格，投資人容易出現損失。所以穩定的隱含波動率，可以使投資人的買賣價格都在合理的範圍內。

七 委賣買價差比

所謂的「委賣買價差比」是指投資人買賣權證時委買與委賣價的差距，其公式計算如下：

$$\text{委賣買價差比} = \frac{\text{委賣價} - \text{委買價}}{\text{委賣價}}$$

國內有些權證的交易並不是那麼活絡，使得投資人買賣的價格，價差報價過寬，這無形會增加投資人的交易成本。通常買賣價差比值越小越好，表示投資人多付出的交易成本較低。例如：有一 A 權證的委賣價為 5 元，委買價為 4.9 元，則委賣買價差比為 2%[(5 − 4.9)/5]；另一 B 權證的委賣價為 2 元，委買價為 1.9 元，則委賣買價差比為 5%[(2 − 1.9)/2]；則兩相比較 B 權證比 A 權證付出較多的交易成本。因此應選擇委賣買價差比愈低的權證，其交易成本愈低。

八 理論價格

認購權證的理論價格

$$W = Se^{-\delta t}N(d_1) - Ee^{-rt}N(d_2)$$

其中

$$d_1 = \frac{\ln\left(\frac{S}{E}\right) + \left(r - \delta + \frac{1}{2}\sigma^2\right)T}{\sigma\sqrt{T}}$$

$$d_2 = d_1 - \sigma\sqrt{T}$$

S：標的物股價。

E：履約價格。

t：距到期日時間。

σ：股價報酬率的瞬間標準差。

δ：股票現金股利分配率。

r ：瞬間無風險利率。

ln：自然對數。

$N(d_1)$, $N(d_2)$ ：代表累積標準常態分配函數。

認股權證的理論價格是由 Black-Scholes 選擇權訂價模型延伸推展出來的，主要衡量認股權證的市價與理論價格的比較是否具合理性。若市價偏離理論價格太多，權證可能被高或低估，投資人可依此價格作爲選擇權證的參考。

九 結論

綜合以上對認購權證價值的分析，要選擇一支好的權證，除了要考慮發行機構的信用、造市能力以及權證市場流動性外，尙須考慮以下幾點。

1. 選擇距到期日越長的權證：因爲履約的機會較大。

2. 選擇溢價比率較低的權證：表示購買成本較低，但需考慮權證是否處於「價內」及權證是否距到期日很近之因素。

3. 選擇 Delta 值較高的認購權證：Delta 愈高，表權證到期時成爲價內的機率愈高，對投資者愈有利。

4. 選擇實際槓桿比率較高的權證：實際槓桿比率愈高，表示權證價格對現股價格的變動敏感度愈高，投資人愈能享受權證以小搏大的槓桿效果。

5. 選擇權證價格對時間敏度（Theta）小的權證，表示權證價格對時間消逝的敏感度愈低。

6. 選擇較低且穩定的隱含波動率：在兩種具有相同標的的權證比較下，應選擇較低的隱含波動率，表示權證價格相對較便宜。且須選擇權證的隱含波動率，還必須長期間的維持穩定，這樣買賣才比較合理。

7. 應選擇委賣買價差比愈低的權證，其交易成本愈低。

8. 選擇較接近理論價格的權證：權證市價與理論價格相距較近，表權證的市價較合理。

市場焦點

搞懂「權證」大小事！這 6 個時間點，券商不報價！

1. 在開盤 5 分鐘內，券商可以不必報價

開盤時股價上下未明，主管機關同意在開盤 5 分鐘內券商可以不用報價，當然也有些券商早早就鋪單或有投資人掛的單，建議可以先觀察盤勢再做權證買賣，在這個部分若為較積極的投資人要拚流動的話，手腳就要比別人快了，因為這時候就算價格合理鋪單量也是不夠的。

2. 權證標的漲停、跌停或暫停交易

當遇到標的漲停、跌停或暫停交易時，因為券商無法買進或賣出股票進行避險，因此也沒有理由造市給投資人。部分比較沒爭議，就跟我們股票漲跌停鎖死買賣不到一樣，只是隔天權證的價格很容易失真，投資人要更加謹慎。

3. 券商手中無庫存時

券商手中庫存量不到 10 張時，就會無法報價，此種情況只會掛委買單收回，待手上有充於券源才會重新鋪單。

4. 權證價值低於 0.01 時

一般常見的就是時間快到期及深度價內外的權證，一般來說券商可以不鋪買單收回，但有良心的券商還是會跟你收。

5. 不可抗的技術性問題

凡是系統性風險、非系統性風險，當機、駭客入侵、網路異常或人力不足等等，券商都可以不造市及不提供報價，說穿了就是來不及避險，這時候只能等券商排除種種問題之後才會恢復正常，時常會遇到已經開盤兩小時但權證尚未報價的情況。

6. 能提供者應訂定最高申報買進價格與最低申報賣出價格間最大為 10 個升降單位

簡單說就是委買跟委賣差了 9 個 TICK，這樣的鋪單是合法的。這一點為券商的免死金牌，在合法範圍下我們就是得承擔 1Tick – 9Tick 的隱藏性風險。

資料來源：節錄自 STOCKFEEL 2021/08/05

解說

這幾年來，國內的券商大肆的發行權證，結果導致權證市場出現流動性不足的現象。因此投資權證，必須仰賴發行券商的造市機制；但券商在以上六種情形可以選擇不報價，投資人投資前，必須清楚明瞭。

投資新視界

他 All in 權證 35 萬變 500 萬 網友封「股海賭神」

https://www.youtube.com/watch?v=dZdC8dhUspA

有一位民衆被封為「賭神」，在股市把 35 萬資金變成 500 萬，全是靠買權證！專家提醒，權證期限到期會歸零，因此最好選期限 90 至 100 天較保險。

權證怎麼選？專家報你四大原則

https://www.youtube.com/watch?v=0TZ9RRehioA

專家分析，挑選權證四大原則：避開快到期、日均成交量 500 張以上、行使比例愈高愈好、選短線能急漲急跌的個股。就能靠權證將小錢變大錢。

本章習題

一、選擇題

證照題

( ) 1. 標的物市價爲 90 元，執行價格 60 元，認購權證 50 元，則該認購權證之槓桿比率爲何？ (A) 2.5 (B) 2 (C) 1.8 (D) 1.5。 【2010-1 證券商高級業務員】

( ) 2. 認購權證上市後，爲何會對標的股票造成助漲助跌之效果？ (A) 認購權證之槓桿操作 (B) 券商之避險動作 (C) 權證之漲跌幅大於標的股 (D) 選項 (A)、(B)、(C) 皆是。 【2011-3 證券商高級業務員】

( ) 3. 如果股價波動性增大，則： (A) 認購權證及認售權證的價格均會上漲 (B) 認購權證及認售權證的價格均會下跌 (C) 認購權證價格上漲，認售權證價格會下跌 (D) 認購權證價格下跌，認售權證價格會上漲。 【2011-4 證券商高級業務員】

( ) 4. 隱含波動率愈大時，則權證的價格： (A) 愈高 (B) 愈低 (C) 不變 (D) 不一定。 【2011-4 證券商高級業務員】

( ) 5. 某證券商發行 A 股票之認購權證，爲規避風險該券商應採取何種行動？ (A) 售出或放空適當數量的 A 股票 (B) 買入並持有適當數量的 A 股票 (C) 買入並持有適當數量的政府公債 (D) 售出或放空適當數量的股價指數期貨。 【2012-1 證券商高級業務員】

( ) 6. 認購權證與認股權證之不同點包括：甲 . 發行者；乙 . 稀釋效果；丙 . 認購股票之權利 (A) 僅甲對 (B) 僅甲、乙對 (C) 僅乙、丙對 (D) 甲、乙、丙均對。 【2012-1 證券商高級業務員】

( ) 7. 認購權證中，槓桿倍數（Gearing）的定義爲： (A) 認購權證價格 ÷ 標的股價 (B) 標的股價 ÷ 認購權證價格 (C) 標的股價 ÷ 認購權證履約價格 (D) 標的股價變動百分比 ÷ 認購權證價格變動百分比。 【2013-2 證券商高級業務員】

( ) 8. 下列權證影響因素中，何者與認購權證價格變動方向相反？ (A) 利率 (B) 股價 (C) 距到期時間 (D) 執行價格。 【2013-4 證券商高級業務員】

( ) 9. 申購認購權證，將會面臨何種風險？ (A) 利率風險 (B) 流動性風險 (C) 市場風險 (D) 選項 (A)(B)(C) 皆是。 【2015-2 證券業務員】

(　) 10. 認購權證一交易單位爲：(A) 一千個認購權證單位 (B) 五百個認購權證單位 (C) 三百個認購權證單位 (D) 一百個認購權證單位。

【2016-2 證券高級業務員】

(　) 11. 一般而言，認購權證履約時，結算方式有：甲 . 現金給付；乙 . 標的物給付 (A) 僅甲對 (B) 僅乙對 (C) 甲、乙皆可 (D) 甲、乙皆不可。

【2016-3 證券高級業務員】

(　) 12. 所謂的「美式」及「歐式」認購（售）權證，係依何項爲分類之依據？ (A) 地理區域 (B) 發行人 (C) 標的證券 (D) 履約期間。

【2018-4 證券高級業務員】

(　) 13. 有關認購售權證之敘述何者不正確？ (A) 權證投資有時間限制，到期日後此權證即失去履約的權利 (B) 權證交易無升降幅度限制 (C) 開盤及收盤採集合競價 (D) 認購（售）權證盤中採逐筆交易。【2019-1 證券商高級業務員】

(　) 14. 某認購權證之發行總認購股數爲 2,000 萬股，當其避險比率爲 0.4 時，則理論上發行券商應持有之避險部位爲多少？ (A) 800 萬股 (B) 2,100 萬股 (C) 1,500 萬股 (D) 1,000 萬股。【2021-2 證券商高級業務員】

(　) 15. 假設前一營業日 H 公司股價收盤爲 30 元，其認購權證之履約價格爲 25 元，權利金爲 4.5 元，若執行比例爲 1.3，請問今天 H 公司權證之最大上漲幅度爲：(A)7.00 (B)10.00% (C)86.67% (D)111.43%。【2021-3 證券商高級業務員】

二、簡答與計算題

基礎題

1. 請問美式與歐式權證的差別爲何？
2. 請說明認購權證，當價平、價外、價內時，股票市價與履約價格關係爲何？
3. 請問重設型的認購權證是指何者可以重設？
4. 通常上限型認購權證與下限型認售權證，請問履約價與上限、下限價關係各爲何？
5. 請問國內牛證與熊證，標的物股價、限制價與履約價的關係各爲何？
6. 請問溢價率的公式爲何？
7. 請問對沖率（Delta）的意義爲何？
8. 請問槓桿比率如何計算？

9. 請問實際槓桿比率與槓桿比率關係爲何？

10. 請問隱含波動率的意義爲何？

進階題

11. 假設某一券商發行牛證，其發行時標的證券市價爲 100 元，權證限制價爲 80 元，履約價 60 元，財務費用比率 6%，權證與標的證券行使比例 1:0.1，存續期間 3 個月。請問：

(1) 權證發行價格爲何？

(2) 權證有效槓桿效果爲何？

(3) 若權證未到期前跌至限制價，且次一日結算價爲 78 元，則投資人可回收多少剩餘價值？此時投資人報酬率爲何？

(4) 若標的證券於存續期間無觸及限制價，且到期日收盤前 60 分鐘均價漲至 130 元，此時投資人報酬率爲何？

(5) 若權證 3 個月到期，投資人欲展延 3 個月，此時發行券商將履約價調整至 61 元，以 1 元當作下期費用；若 3 個月到期後，股價結算價爲 120 元，請問投資人可獲利多少元？

12. 假設某一券商發行熊證，其發行時標的證券市價爲 100 元，權證限制價爲 130 元，履約價 150 元，財務費用比率 6%，權證與標的證券行使比例 1:0.1，存續期間 6 個月。請問：

(1) 權證發行價格爲何？

(2) 權證有效槓桿效果爲何？

(3) 若權證未到期前漲至限制價，且次一日結算價爲 132 元，則投資人可回收多少剩餘價值？此時投資人報酬率爲何？

(4) 若標的證券於存續期間無觸及限制價，且到期日收盤前 60 分鐘均價跌至 70 元，此時投資人報酬率爲何？

(5) 若權證 6 個月到期，投資人欲展延 3 個月，此時發行券商將履約價調整至 147.5 元，以 2.5 元當作下期費用；若 4 個月到期後，股價結算價爲 80 元，請問投資人可獲利多少元？

NOTE

appendix

附錄

表 A-1　終值利率因子表：$FVIF_{(r,n)} = (1 + r)^n$

期	每期利率														
	1%	2%	3%	4%	5%	6%	7%	8%	9%	10%	11%	12%	13%	14%	15%
1	1.0100	1.0200	1.0300	1.0400	1.0500	1.0600	1.0700	1.0800	1.0900	1.1000	1.1100	1.1200	1.1300	1.1400	1.1500
2	1.0201	1.0404	1.0609	1.0816	1.1025	1.1236	1.1449	1.1664	1.1881	1.2100	1.2321	1.2544	1.2769	1.2996	1.3225
3	1.0303	1.0612	1.0927	1.1249	1.1576	1.1910	1.2250	1.2597	1.2950	1.3310	1.3676	1.4049	1.4429	1.4815	1.5209
4	1.0406	1.0824	1.1255	1.1699	1.2155	1.2625	1.3108	1.3605	1.4116	1.4641	1.5181	1.5735	1.6305	1.6890	1.7490
5	1.0510	1.1041	1.1593	1.2167	1.2763	1.3382	1.4026	1.4693	1.5386	1.6105	1.6851	1.7623	1.8424	1.9254	2.0114
6	1.0615	1.1262	1.1941	1.2653	1.3401	1.4185	1.5007	1.5869	1.6771	1.7716	1.8704	1.9738	2.0820	2.1950	2.3131
7	1.0721	1.1487	1.2299	1.3159	1.4071	1.5036	1.6058	1.7138	1.8280	1.9487	2.0762	2.2107	2.3526	2.5023	2.6600
8	1.0829	1.1717	1.2668	1.3686	1.4775	1.5938	1.7182	1.8509	1.9926	2.1436	2.3045	2.4760	2.6584	2.8526	3.0590
9	1.0937	1.1951	1.3048	1.4233	1.5513	1.6895	1.8385	1.9990	2.1719	2.3579	2.5580	2.7731	3.0040	3.2519	3.5179
10	1.1046	1.2190	1.3439	1.4802	1.6289	1.7908	1.9672	2.1589	2.3674	2.5937	2.8394	3.1058	3.3946	3.7072	4.0456
11	1.1157	1.2434	1.3842	1.5395	1.7103	1.8983	2.1049	2.3316	2.5804	2.8531	3.1518	3.4785	3.8359	4.2262	4.6524
12	1.1268	1.2682	1.4258	1.6010	1.7959	2.0122	2.2522	2.5182	2.8127	3.1384	3.4985	3.8960	4.3345	4.8179	5.3503
13	1.1381	1.2936	1.4685	1.6651	1.8856	2.1329	2.4098	2.7196	3.0658	3.4523	3.8833	4.3635	4.8980	5.4924	6.1528
14	1.1495	1.3195	1.5126	1.7317	1.9799	2.2609	2.5785	2.9372	3.3417	3.7975	4.3104	4.8871	5.5348	6.2613	7.0757
15	1.1610	1.3459	1.5580	1.8009	2.0789	2.3966	2.7590	3.1722	3.6425	4.1772	4.7846	5.4736	6.2543	7.1379	8.1371
16	1.1726	1.3728	1.6047	1.8730	2.1829	2.5404	2.9522	3.4259	3.9703	4.5950	5.3109	6.1304	7.0673	8.1372	9.3576
17	1.1843	1.4002	1.6528	1.9479	2.2920	2.6928	3.1588	3.7000	4.3276	5.0545	5.8951	6.8660	7.9861	9.2765	10.7613
18	1.1961	1.4282	1.7024	2.0258	2.4066	2.8543	3.3799	3.9960	4.7171	5.5599	6.5436	7.6900	9.0243	10.5752	12.3755
19	1.2081	1.4568	1.7535	2.1068	2.5270	3.0256	3.6165	4.3157	5.1417	6.1159	7.2633	8.6128	10.1974	12.0557	14.2318
20	1.2202	1.4859	1.8061	2.1911	2.6533	3.2071	3.8697	4.6610	5.6044	6.7275	8.0623	9.6463	11.5231	13.7435	16.3665
21	1.2324	1.5157	1.8603	2.2788	2.7860	3.3996	4.1406	5.0338	6.1088	7.4002	8.9492	10.8038	13.0211	15.6676	18.8215
22	1.2447	1.5460	1.9161	2.3699	2.9253	3.6035	4.4304	5.4365	6.6586	8.1403	9.9336	12.1003	14.7138	17.8610	21.6447
23	1.2572	1.5769	1.9736	2.4647	3.0715	3.8197	4.7405	5.8715	7.2579	8.9543	11.0263	13.5523	16.6266	20.3616	24.8915
24	1.2697	1.6084	2.0328	2.5633	3.2251	4.0489	5.0724	6.3412	7.9111	9.8497	12.2392	15.1786	18.7881	23.2122	28.6252
25	1.2824	1.6406	2.0938	2.6658	3.3864	4.2919	5.4274	6.8485	8.6231	10.8347	13.5855	17.0001	21.2305	26.4619	32.9190
30	1.3478	1.8114	2.4273	3.2434	4.3219	5.7435	7.6123	10.0627	13.2677	17.4494	22.8923	29.9599	39.1159	50.9502	66.2118
40	1.4889	2.2080	3.2620	4.8010	7.0400	10.2857	14.9745	21.7245	31.4094	45.2593	65.0009	93.0510	132.7816	188.8835	267.8635
50	1.6446	2.6916	4.3839	7.1067	11.4674	18.4202	29.4570	46.9016	74.3575	117.3909	184.5648	289.0022	450.7359	700.2330	1,083,657
60	1.8167	3.2810	5.8916	10.5196	18.6792	32.9877	57.9464	101.2571	176.0313	304.4816	524.0572	897.5969	1,530.0535	2,595.9187	4,383.9987

表 A-1　終值利率因子表：$FVIF_{(r,n)} = (1 + r)^n$（續）

期	每期利率														
	16%	17%	18%	19%	20%	21%	22%	23%	24%	25%	26%	27%	28%	29%	30%
1	1.1600	1.1700	1.1800	1.1900	1.2000	1.2100	1.2200	1.2300	1.2400	1.2500	1.2600	1.2700	1.2800	1.2900	1.3000
2	1.3456	1.3689	1.3924	1.4161	1.4400	1.4641	1.4884	1.5129	1.5376	1.5625	1.5876	1.6129	1.6384	1.6641	1.6900
3	1.5609	1.6016	1.6430	1.6852	1.7280	1.7716	1.8158	1.8609	1.9066	1.9531	2.0004	2.0484	2.0972	2.1467	2.1970
4	1.8106	1.8739	1.9388	2.0053	2.0736	2.1436	2.2153	2.2889	2.3642	2.4414	2.5205	2.6014	2.6844	2.7692	2.8561
5	2.1003	2.1924	2.2878	2.3864	2.4883	2.5937	2.7027	2.8153	2.9316	3.0518	3.1758	3.3038	3.4360	3.5723	3.7129
6	2.4364	2.5652	2.6996	2.8398	2.9860	3.1384	3.2973	3.4628	3.6352	3.8147	4.0015	4.1959	4.3980	4.6083	4.8268
7	2.8262	3.0012	3.1855	3.3793	3.5832	3.7975	4.0227	4.2593	4.5077	4.7684	5.0419	5.3288	5.6295	5.9447	6.2749
8	3.2784	3.5115	3.7589	4.0214	4.2998	4.5950	4.9077	5.2389	5.5895	5.9605	6.3528	6.7675	7.2058	7.6686	8.1573
9	3.8030	4.1084	4.4355	4.7854	5.1598	5.5599	5.9874	6.4439	6.9310	7.4506	8.0045	8.5948	9.2234	9.8925	10.6045
10	4.4114	4.8068	5.2338	5.6947	6.1917	6.7275	7.3046	7.9259	8.5944	9.3132	10.0857	10.9153	11.8059	12.7614	13.7858
11	5.1173	5.6240	6.1759	6.7767	7.4301	8.1403	8.9117	9.7489	10.6571	11.6415	12.7080	13.8625	15.1116	16.4622	17.9216
12	5.9360	6.5801	7.2876	8.0642	8.9161	9.8497	10.8722	11.9912	13.2148	14.5519	16.0120	17.6053	19.3428	21.2362	23.2981
13	6.8858	7.6987	8.5994	9.5964	10.6993	11.9182	13.3641	14.7491	16.3863	18.1899	20.1752	22.3588	24.7588	27.3947	30.2875
14	7.9875	9.0075	10.1472	11.4198	12.8392	14.4210	16.1822	18.1414	20.3191	22.7374	25.4207	28.3957	31.6913	35.3391	39.3738
15	9.2655	10.5387	11.9737	13.5895	15.4070	17.4494	19.7423	22.3140	25.1956	28.4217	32.0301	36.0625	40.5648	45.5875	51.1869
16	10.7480	12.3303	14.1290	16.1715	18.4884	21.1138	24.0856	27.4462	31.2426	35.5271	40.3579	45.7994	51.9230	58.8079	66.5417
17	12.4677	14.4265	16.6722	19.2441	22.1861	25.5477	29.3844	33.7588	38.7408	44.4089	50.8510	58.1652	66.4614	75.8621	86.5042
18	14.4625	16.8790	19.6733	22.9005	26.6233	30.9127	35.8490	41.5233	48.0386	55.5112	64.0722	73.8698	85.0706	97.8622	112.4554
19	16.7765	19.7484	23.2144	27.2516	31.9480	37.4043	43.7358	51.0737	59.5679	69.3889	80.7310	93.8147	108.8904	126.2442	146.1920
20	19.4608	23.1056	27.3930	32.4294	38.3376	45.2593	53.3576	62.8206	73.8641	86.7362	101.7211	119.1446	139.3797	162.8524	190.0496
21	22.5745	27.0336	32.3238	38.5910	46.0051	54.7637	65.0963	77.2694	91.5915	108.4202	128.1685	151.3137	178.4060	210.0796	247.0645
22	26.1864	31.6293	38.1421	45.9233	55.2061	66.2641	79.4175	95.0413	113.5735	135.5253	161.4924	192.1683	228.3596	271.0027	321.1839
23	30.3762	37.0062	45.0076	54.6487	66.2474	80.1795	96.8894	116.9008	140.8312	169.4066	203.4804	244.0538	292.3003	349.5935	417.5391
24	35.2364	43.2973	53.1090	65.0320	79.4968	97.0172	118.2050	143.7880	174.6306	211.7582	256.3853	309.9483	374.1444	450.9756	542.8008
25	40.8742	50.6578	62.6686	77.3881	95.3962	117.3909	144.2101	176.8593	216.5420	264.6978	323.0454	393.6344	478.9049	581.7585	705.6410
30	85.8499	111.0647	143.3706	184.6753	237.3763	304.4816	389.7579	497.9129	634.8199	807.7936	1,025.927	1,300.504	1,645.505	2,078.219	2,619.996
40	378.7212	533.8687	750.3783	1,051.668	1,469.772	2,048.400	2,847.038	3,946.430	5,455.913	7,523.164	10,347.18	14,195.44	19,426.69	26,520.91	36,118.86
50	1,670.704	2,566.215	3,927.357	5,988.914	9,100.438	13,780.61	20,796.56	31,279.20	46,890.43	70,064.92	104,358.4	154,948.0	229,349.9	338,443.0	497,929.2
60	7,370.2014	12,335.3565	20,555.1400	34,104.9709	56,347.5144	92,709.0688	151,911.2161	247,917.2160	402,996.3473	652,530.4468	1,052,525.6953	1,691,310.1584	2,707,685.2482	4,318,994.1714	6,864,377.1727

表 A-2 現值利率因子表：$PVIF_{(r,n)} = \dfrac{1}{(1+r)^n}$

期	每期利率														
	1%	2%	3%	4%	5%	6%	7%	8%	9%	10%	11%	12%	13%	14%	15%
1	0.9901	0.9804	0.9709	0.9615	0.9524	0.9434	0.9346	0.9259	0.9174	0.9091	0.9009	0.8929	0.8850	0.8772	0.8696
2	0.9803	0.9612	0.9426	0.9246	0.9070	0.8900	0.8734	0.8573	0.8417	0.8264	0.8116	0.7972	0.7831	0.7695	0.7561
3	0.9706	0.9423	0.9151	0.8890	0.8638	0.8396	0.8163	0.7938	0.7722	0.7513	0.7312	0.7118	0.6931	0.6750	0.6575
4	0.9610	0.9238	0.8885	0.8548	0.8227	0.7921	0.7629	0.7350	0.7084	0.6830	0.6587	0.6355	0.6133	0.5921	0.5718
5	0.9515	0.9057	0.8626	0.8219	0.7835	0.7473	0.7130	0.6806	0.6499	0.6209	0.5935	0.5674	0.5428	0.5194	0.4972
6	0.9420	0.8880	0.8375	0.7903	0.7462	0.7050	0.6663	0.6302	0.5963	0.5645	0.5346	0.5066	0.4803	0.4556	0.4323
7	0.9327	0.8706	0.8131	0.7599	0.7107	0.6651	0.6227	0.5835	0.5470	0.5132	0.4817	0.4523	0.4251	0.3996	0.3759
8	0.9235	0.8535	0.7894	0.7307	0.6768	0.6274	0.5820	0.5403	0.5019	0.4665	0.4339	0.4039	0.3762	0.3506	0.3269
9	0.9143	0.8368	0.7664	0.7026	0.6446	0.5919	0.5439	0.5002	0.4604	0.4241	0.3909	0.3606	0.3329	0.3075	0.2843
10	0.9053	0.8203	0.7441	0.6756	0.6139	0.5584	0.5083	0.4632	0.4224	0.3855	0.3522	0.3220	02946.	0.2697	0.2472
11	0.8963	0.8043	0.7224	0.6496	0.5847	0.5268	0.4751	0.4289	0.3875	0.3505	0.3173	0.2875	0.2607	0.2366	0.2149
12	0.8874	0.7885	0.7014	0.6246	0.5568	0.4970	0.4440	0.3971	0.3555	0.3186	0.2858	0.2567	0.2307	0.2076	0.1869
13	0.8787	0.7730	0.6810	0.6006	0.5303	0.4688	0.4150	0.3677	0.3262	0.2897	0.2575	0.2292	0.2042	0.1821	0.1625
14	0.8700	0.7579	0.6611	0.5775	0.5051	0.4423	0.3878	0.3405	0.2992	0.2633	0.2320	0.2046	0.1807	0.1597	0.1413
15	0.8613	0.7430	0.6419	0.5553	0.4810	0.4173	0.3624	0.3152	0.2745	0.2394	0.2090	0.1827	0.1599	0.1401	0.1229
16	0.8528	0.7284	0.6232	0.5339	0.4581	0.3936	0.3387	0.2919	0.2519	0.2176	0.1883	0.1631	0.1415	0.1229	0.1069
17	0.8444	0.7142	0.6050	0.5134	0.4363	0.3714	0.3166	0.2703	0.2311	0.1978	0.1696	0.1456	0.1252	0.1078	0.0929
18	0.8360	0.7002	0.5874	0.4936	0.4155	0.3503	0.2959	0.2502	0.2120	0.1799	0.1528	0.1300	0.1108	0.0946	0.0808
19	0.8277	0.6864	0.5703	0.4746	0.3957	0.3305	0.2765	0.2317	0.1945	0.1635	0.1377	0.1161	0.0981	0.0829	0.0703
20	0.8195	0.6730	0.5537	0.4564	0.3769	0.3118	0.2584	0.2145	0.1784	0.1486	0.1240	0.1037	0.0868	0.0728	0.0611
21	0.8114	0.6598	0.5375	0.4388	0.3589	0.2942	0.2415	0.1987	0.1637	0.1351	0.1117	0.0926	0.0768	0.0638	0.0531
22	0.8034	0.6468	0.5219	0.4220	0.3418	0.2775	0.2257	0.1839	0.1502	0.1228	0.1007	0.0826	0.0680	0.0560	0.0462
23	0.7954	0.6342	0.5067	0.4057	0.3256	0.2618	0.2109	0.1703	0.1378	0.1117	0.0907	0.0738	0.0601	0.0491	0.0402
24	0.7876	0.6217	0.4919	0.3901	0.3101	0.2470	0.1971	0.1577	0.1264	0.1015	0.0817	0.0659	0.0532	0.0431	0.0349
25	0.7798	0.6095	0.4776	0.3751	0.2953	0.2330	0.1842	0.1460	0.1160	0.0923	0.0736	0.0588	0.0471	0.0378	0.0304
30	0.7419	0.5521	0.4120	0.3083	0.2314	0.1741	0.1314	0.0994	0.0754	0.0573	0.0437	0.0334	0.0256	0.0196	0.0151
40	0.6717	0.4529	0.3066	0.2083	0.1420	0.0972	0.0668	0.0460	0.0318	0.0221	0.0154	0.0107	0.0075	0.0053	0.0037
50	0.6080	0.3715	0.2281	0.1407	0.0872	0.0543	0.0339	0.0213	0.0134	0.0085	0.0054	0.0035	0.0022	0.0014	0.0009
60	0.5504	0.3048	0.1697	0.0951	0.0535	0.0303	0.0173	0.0099	0.0057	0.0033	0.0019	0.0011	0.0007	0.0004	0.0002

表 A-2　現值利率因子表：$PVIF_{(r,n)} = \frac{1}{(1+r)^n}$（續）

期	每期利率														
	16%	17%	18%	19%	20%	21%	22%	23%	24%	25%	26%	27%	28%	29%	30%
1	0.8621	0.8547	0.8475	0.8403	0.8333	0.8264	0.8197	0.8130	0.8065	0.8000	0.7937	0.7874	0.7813	0.7752	0.7692
2	0.7432	0.7305	0.7182	0.7062	0.6944	0.6830	0.6719	0.6610	0.6504	0.6400	0.6299	0.6200	0.6104	0.6009	0.5917
3	0.6407	0.6244	0.6086	0.5934	0.5787	0.5645	0.5507	0.5374	0.5245	0.5120	0.4999	0.4882	0.4768	0.4658	0.4552
4	0.5523	0.5337	0.5158	0.4987	0.4823	0.4665	0.4514	0.4369	0.4230	0.4096	0.3968	0.3844	0.3725	0.3611	0.3501
5	0.4761	0.4561	0.4371	0.4190	0.4019	0.3855	0.3700	0.3552	0.3411	0.3277	0.3149	0.3027	0.2910	0.2799	0.2693
6	0.4104	0.3898	0.3704	0.3521	0.3349	0.3186	0.3033	0.2888	0.2751	0.2621	0.2499	0.2383	0.2274	0.2170	0.2072
7	0.3538	0.3332	0.3139	0.2959	0.2791	0.2633	0.2486	0.2348	0.2218	0.2097	0.1983	0.1877	0.1776	0.1682	0.1594
8	0.3050	0.2848	0.2660	0.2487	0.2326	0.2176	0.2038	0.1909	0.1789	0.1678	0.1574	0.1478	0.1388	0.1304	0.1226
9	0.2630	0.2434	0.2255	0.2090	0.1938	0.1799	0.1670	0.1552	0.1443	0.1342	0.1249	0.1164	0.1084	0.1011	0.0943
10	0.2267	0.2080	0.1911	0.1756	0.1615	0.1486	0.1369	0.1262	0.1164	0.1074	0.0992	0.0916	0.0847	0.0784	0.0725
11	0.1954	0.1778	0.1619	0.1476	0.1346	0.1228	0.1122	0.1026	0.0938	0.0859	0.0787	0.0721	0.0662	0.0607	0.0558
12	0.1685	0.1520	0.1372	0.1240	0.1122	0.1015	0.0920	0.0834	0.0757	0.0687	0.0625	0.0568	0.0517	0.0471	0.0429
13	0.1452	0.1299	0.1163	0.1042	0.0935	0.0839	0.0754	0.0678	0.0610	0.0550	0.0496	0.0447	0.0404	0.0385	0.0330
14	0.1252	0.1110	0.0985	0.0876	0.0779	0.0693	0.0618	0.0551	0.0492	0.0440	0.0393	0.0352	0.0316	0.0283	0.0254
15	0.1079	0.0949	0.0835	0.0736	0.0649	0.0573	0.0507	0.0448	0.0397	0.0352	0.0312	0.0277	0.0247	0.0219	0.0195
16	0.0930	0.0811	0.0708	0.0618	0.0541	0.0474	0.0415	0.0364	0.0320	0.0281	0.0248	0.0218	0.0193	0.0170	0.0150
17	0.0802	0.0693	0.0600	0.0520	0.0451	0.0391	0.0340	0.0296	0.0258	0.0225	0.0197	0.0172	0.0150	0.0132	0.0116
18	0.0691	0.0592	0.0508	0.0437	0.0376	0.0323	0.0279	0.0241	0.0208	0.0180	0.0156	0.0135	0.0118	0.0102	0.0089
19	0.0596	0.0506	0.0431	0.0367	0.0313	0.0267	0.0229	0.0196	0.0168	0.0144	0.0124	0.0107	0.0092	0.0079	0.0068
20	0.0514	0.0433	0.0365	0.0308	0.0261	0.0221	0.0187	0.0159	0.0135	0.0115	0.0098	0.0084	0.0072	0.0061	0.0053
21	0.0443	0.0370	0.0309	0.0259	0.0217	0.0183	0.0154	0.0129	0.0109	0.0092	0.0078	0.0066	0.0056	0.0048	0.0040
22	0.0382	0.0316	0.0262	0.0218	0.0181	0.0151	0.0126	0.0105	0.0088	0.0074	0.0062	0.0052	0.0044	0.0037	0.0031
23	0.0329	0.0270	0.0222	0.0183	0.0151	0.0125	0.0103	0.0086	0.0071	0.0059	0.0049	0.0041	0.0034	0.0029	0.0024
24	0.0284	0.0231	0.0188	0.0154	0.0126	0.0103	0.0085	0.0070	0.0057	0.0047	0.0039	0.0032	0.0027	0.0022	0.0018
25	0.0245	0.0197	0.0160	0.0129	0.0105	0.0035	0.0069	0.0057	0.0046	0.0038	0.0031	0.0025	0.0021	0.0017	0.0014
30	0.0116	0.0090	0.0070	0.0054	0.0042	0.0033	0.0026	0.0020	0.0016	0.0012	0.0010	0.0008	0.0006	0.0005	0.0004
40	0.0026	0.0019	0.0013	0.0010	0.0007	0.0005	0.0004	0.0003	0.0002	0.0001	0.0001	0.0001	0.0001	0.0000	0.0000
50	0.0005	0.0004	0.0003	0.0002	0.0001	0.0001	0.0000	0.0000	0.0000	0.0000	0.0000	0.0000	0.0000	0.0000	0.0000
60	0.0001	0.0001	0.0000	0.0000	0.0000	0.0000	0.0000	0.0000	0.0000	0.0000	0.0000	0.0000	0.0000	0.0000	0.0000

表 A-3　年金終值利率因子表：$FVIFA_{(r,n)} = \frac{(1+r)^n - 1}{r}$

期	每期利率														
	1%	2%	3%	4%	5%	6%	7%	8%	9%	10%	11%	12%	13%	14%	15%
1	1.0000	1.0000	1.0000	1.0000	1.0000	1.0000	1.0000	1.0000	1.0000	1.0000	1.0000	1.0000	1.0000	1.0000	1.0000
2	2.0100	2.0200	2.0300	2.0400	2.0500	2.0600	2.0700	2.0800	2.0900	2.1000	2.1100	2.1200	2.1300	2.1400	2.1500
3	3.0301	3.0604	3.0909	3.1216	3.1525	3.1836	3.2149	3.2464	3.2781	3.3100	3.3421	3.3744	3.4069	3.4396	3.4725
4	4.0604	4.1216	4.1836	4.2465	4.3101	4.3746	4.4399	4.5061	4.5731	4.6410	4.7097	4.7793	4.8498	4.9211	4.9934
5	5.1010	5.2040	5.3091	5.4163	5.5256	5.6371	5.7507	5.8666	5.9347	6.1051	6.2278	6.3528	6.4803	6.6101	6.7424
6	6.1520	6.3081	6.4684	6.6330	6.8019	6.9753	7.1533	7.3359	7.5233	7.7156	7.9129	8.1152	8.3227	8.5355	8.7537
7	7.2135	7.4343	7.6625	7.8983	8.1420	8.3938	8.6540	8.9228	9.2004	9.4872	9.7833	10.0890	10.4047	10.7305	11.0668
8	8.2857	8.5830	8.8923	9.2142	9.5491	9.8975	10.2598	10.6366	11.0285	11.4359	11.8594	12.2997	12.7573	13.2328	13.7268
9	9.3685	9.7546	10.1591	10.5828	11.0266	11.4913	11.9780	12.4876	13.0210	13.5795	14.1640	14.7757	15.4157	16.0853	16.7858
10	10.4622	10.9497	11.4639	12.0061	12.5779	13.1808	13.8164	14.4866	15.1929	15.9374	16.7220	17.5487	18.4197	19.3373	20.3037
11	11.5668	12.1687	12.8078	13.4864	14.2068	14.9716	15.7836	16.6455	17.5603	18.5312	19.5614	20.6546	21.8143	23.0445	24.3493
12	12.6825	13.4121	14.1920	15.0258	15.9171	16.8699	17.8885	18.9771	20.1407	21.3843	22.7132	24.1331	25.6502	27.2707	29.0017
13	13.8093	14.6803	15.6178	16.6268	17.7130	18.8821	20.1406	21.4953	22.9534	24.5227	26.2116	28.0291	29.9847	32.0887	34.3519
14	14.9474	15.9739	17.0863	18.2919	19.5986	21.0151	22.5505	24.2149	26.0192	27.9750	30.0949	32.3926	34.8827	37.5811	40.5047
15	16.0969	17.2934	18.5989	20.0236	21.5786	23.2760	25.1290	27.1521	29.3609	31.7725	34.4054	37.2797	40.4175	43.8424	47.5804
16	17.2579	18.6393	20.1569	21.8245	23.6575	25.6725	27.8881	30.3243	33.0034	35.9497	39.1899	42.7533	46.6717	50.9804	55.7175
17	18.4304	20.0121	21.7616	23.6975	25.8404	28.2129	30.8402	33.7502	36.9737	40.5447	44.5008	48.8837	53.7391	59.1176	65.0751
18	19.6147	21.4123	23.4144	25.6454	28.1324	30.9057	33.9990	37.4502	41.3013	45.5992	50.3959	55.7497	61.7251	68.3941	75.8364
19	20.8109	22.8406	25.1169	27.6712	30.5390	33.7600	37.3790	41.4463	46.0185	51.1591	56.9395	63.4397	70.7494	78.9692	88.2118
20	22.0190	24.2974	26.8704	29.7781	33.0660	36.7856	40.9955	45.7620	51.1601	57.2750	64.2028	72.0524	80.9468	91.0249	102.4436
21	23.2392	25.7833	28.6765	31.9692	35.7193	39.9927	44.8652	50.4229	56.7645	64.0025	72.2651	81.6987	92.4699	104.7684	118.8101
22	24.4716	27.2990	30.5368	34.2480	38.5052	43.3923	49.0057	55.4568	62.8733	71.4027	81.2143	92.5026	105.4910	120.4360	137.6316
23	25.7163	28.8450	32.4529	36.6179	41.4305	46.9958	53.4361	60.8933	69.5319	79.5430	91.1479	104.6029	120.2048	138.2970	159.2764
24	26.9735	30.4219	34.4265	39.0826	44.5020	50.8156	58.1767	66.7648	76.7898	88.4973	102.1742	118.1552	136.8315	158.6586	184.1678
25	28.2432	32.0303	36.4593	41.6459	47.7271	54.8645	63.2490	73.1059	84.7009	98.3471	114.4133	133.3339	155.6196	181.8708	212.7930
30	34.7849	40.5681	47.5754	56.0849	66.4388	79.0582	94.4608	113.2832	136.3075	164.4940	199.0209	241.3327	293.1992	356.7868	434.7451
40	48.8864	60.4020	75.4013	95.0255	120.7998	154.7620	199.6351	259.0565	337.8824	442.5926	581.8261	767.0914	1,013.704	1,342.025	1,779.0903
50	64.4632	84.5794	112.7969	152.6671	209.3480	290.3359	406.5289	573.7702	815.0836	1,163.909	1,668.771	2,400.018	3,459.507	4,994.521	7,217.7163
60	81.6697	114.0515	163.0534	237.9907	353.5837	533.1282	813.5204	1,253.2133	1,944.7921	3,034.8164	4,755.0658	7,471.6411	11,761.9498	18,535.1333	29,219.9916

表 A-3　年金終値利率因子表：$FVIFA_{(r,n)} = \frac{(1+r)^n - 1}{r}$（續）

期	每期利率														
	16%	17%	18%	19%	20%	21%	22%	23%	24%	25%	26%	27%	28%	29%	30%
1	1.0000	1.0000	1.0000	1.0000	1.0000	1.0000	1.0000	1.0000	1.0000	1.0000	1.0000	1.0000	1.0000	1.0000	1.0000
2	2.1600	2.1700	2.1800	2.1900	2.2000	2.2100	2.2200	2.2300	2.2400	2.2500	2.2600	2.2700	2.2800	2.2900	2.3000
3	3.5056	3.5389	3.5724	3.6051	3.6400	3.6741	3.7084	3.7429	3.7776	3.8125	3.8476	3.8829	3.9184	3.9541	3.9900
4	5.0665	5.1405	5.2154	5.2913	5.3680	5.4457	5.5242	5.6038	5.6842	5.7656	5.8480	5.9313	6.0156	6.1008	6.1870
5	6.8771	7.0144	7.1542	7.2966	7.4416	7.5892	7.7396	7.8926	8.0484	8.2070	8.3684	8.5327	8.6999	8.8700	9.0431
6	8.9775	9.2068	9.4420	9.6830	9.9299	10.1830	10.4423	10.7079	10.9801	11.2588	11.5442	11.8366	12.1359	12.4423	12.7560
7	11.4139	11.7720	12.1415	12.5227	12.9159	13.3214	13.7396	14.1708	14.6153	15.0735	15.5458	16.0324	16.5339	17.0506	17.5828
8	14.2401	14.7733	15.3270	15.9020	16.4991	17.1189	17.7623	18.4300	19.1229	19.8419	20.5876	21.3612	22.1634	22.9953	23.8577
9	17.5185	18.2847	19.0859	19.9234	20.7989	21.7139	22.6700	23.6690	24.7125	25.8023	26.9404	28.1287	29.3692	30.6639	32.0150
10	21.3215	22.3931	23.5213	24.7089	25.9587	27.2738	28.6574	30.1128	31.6434	33.2529	34.9449	36.7235	38.5926	40.5564	42.6195
11	25.7329	27.1999	28.7551	30.4035	32.1504	34.0013	35.9620	38.0388	40.2379	42.5661	45.0306	47.6388	50.3985	53.3178	56.4053
12	30.8502	32.8239	34.9311	37.1802	39.5805	42.1416	44.8737	47.7877	50.8950	54.2077	57.7386	61.5013	65.5100	69.7800	74.3270
13	36.7862	39.4040	42.2187	45.2445	48.4966	51.9913	55.7459	59.7788	64.1097	68.7596	73.7506	79.1066	84.8529	91.0161	97.6250
14	43.6720	47.1027	50.8180	54.8409	59.1959	63.9095	69.0100	74.5280	80.4961	86.9495	93.9258	101.4654	109.6117	118.4108	127.9125
15	51.6595	56.1101	60.9653	66.2607	72.0351	78.3305	85.1922	92.6694	100.8151	109.6868	119.3465	129.8611	141.3029	153.7500	167.2863
16	60.9250	66.6488	72.9390	79.8502	87.4421	95.7799	104.9345	114.9834	126.0108	138.1085	151.3766	165.9236	181.8677	199.3374	218.4722
17	71.6730	78.9792	87.0680	96.0218	105.9306	116.8937	129.0201	142.4295	157.2534	173.6357	191.7345	211.7230	233.7907	258.1453	285.0139
18	84.1407	93.4056	103.7403	115.2659	128.1167	142.4413	158.4045	176.1883	195.9942	218.0446	242.5855	269.8882	300.2521	334.0074	371.5180
19	98.6032	110.2846	123.4135	138.1664	154.7400	173.3540	194.2535	217.7116	244.0328	273.5558	306.6577	343.7580	385.3227	431.8696	483.9734
20	115.3797	130.0329	146.6280	165.4180	186.6880	210.7584	237.9893	268.7853	303.6006	342.9447	387.3887	437.5726	494.2131	558.1118	630.1655
21	134.8405	153.1385	174.0210	197.8474	225.0256	256.0176	291.3469	331.6059	377.4648	429.6809	489.1098	556.7173	633.5927	720.9642	820.2151
22	157.4150	180.1721	206.3448	236.4385	271.0307	310.7813	356.4432	408.8753	469.0563	538.1011	617.2783	708.0309	811.9987	931.0438	1,067.2796
23	183.6014	211.8013	244.4868	282.3618	326.2369	377.0454	435.8607	503.9166	582.6298	673.6264	778.7707	900.1993	1,040.3583	1,202.0465	1,388.4635
24	213.9776	248.8076	289.4945	337.0105	392.4842	457.2249	532.7501	620.8174	723.4610	843.0329	982.2511	1,144.2531	1,332.6586	1,551.6400	1,806.0026
25	249.2140	292.1049	342.6035	420.0425	471.9811	554.2422	650.9551	764.6054	898.0916	1,054.791	1,238.636	1,454.201	1,706.803	2,002.616	2,348.803
30	530.312	647.439	790.948	966.712	1,181.882	1,445.151	1,767.081	2,160.491	2,640.916	3,227.174	3,942.026	4,812.977	5,873.231	7,162.824	8,729.985
40	2,360.76	3,134.52	4,163.21	5,529.83	7,343.86	9,749.52	12,936.54	17,154.05	22,728.80	30,088.66	39,792.98	52,572.00	69,377.46	91,447.96	120,392.9
50	10,435.65	15,089.50	21,813.09	31,515.34	45,497.19	65,617.20	94,525.28	135,992.2	195,372.6442	280,255.7	401,374.5	573,877.9	819,103.1	1,167,041	1,659,761
60	46,057.5085	72,555.0381	114,189.6665	179,494.5838	281,732.5718	441,466.9944	690,500.9824	1,077,896.5914	1,679,147.2802	2,610,117.7872	4,048,171.9049	6,264,107.9942	9,670,300.8863	14,893,079.9014	22,881,253.9091

表 A-4　年金現值利率因子表：$PVIFA_{(r,n)}=\frac{1}{r}-\frac{1}{r(1+r)^n}$

期	每期利率														
	1%	2%	3%	4%	5%	6%	7%	8%	9%	10%	11%	12%	13%	14%	15%
1	0.9901	0.9804	0.9709	0.9615	0.9524	0.9434	0.9346	0.9259	0.9174	0.9091	0.9009	0.8929	0.8850	0.8772	0.8696
2	1.9704	1.9416	1.9135	1.8861	1.8594	1.8334	1.8080	1.7833	1.7591	1.7355	1.7125	1.6901	1.6681	1.6467	1.6257
3	2.9410	2.8839	2.8286	2.7751	2.7232	2.6730	2.6243	2.5771	2.5313	2.4869	2.4437	2.4018	2.3612	2.3216	2.2832
4	3.9020	3.8077	3.7171	3.6299	3.5460	3.4651	3.3872	3.3121	3.2397	3.1699	3.1024	3.0373	2.9745	2.9137	2.8550
5	4.8534	4.7135	4.5797	4.4518	4.3295	4.2124	4.1002	3.9927	3.8897	3.7908	3.6959	3.6048	3.5172	3.4331	3.3522
6	5.7955	5.6014	5.4172	5.2421	5.0757	4.9173	4.7665	4.6229	4.4859	4.3553	4.2305	4.1114	3.9975	3.8887	3.7845
7	6.7282	6.4720	6.2303	6.0021	5.7864	5.5824	5.3893	5.2064	5.0330	4.8684	4.7122	4.5638	4.4226	4.2883	4.1604
8	7.6517	7.3255	7.0197	6.7327	6.4632	6.2098	5.9713	5.7466	5.5348	5.3349	5.1461	4.9676	4.7988	4.6389	4.4873
9	8.5660	8.1622	7.7861	7.4353	7.1078	6.8017	6.5152	6.2469	5.9952	5.7590	5.5370	5.3282	5.1317	4.9464	4.7716
10	9.4713	8.9826	8.5302	8.1109	7.7217	7.3601	7.0236	6.7101	6.4177	6.1446	5.8892	5.6502	5.4262	5.2161	5.0188
11	10.3676	9.7868	9.2526	8.7605	8.3064	7.8869	7.4987	7.1390	6.8052	6.4951	6.2065	5.9377	5.6869	5.4527	5.2337
12	11.2551	10.5753	9.9540	9.3851	8.8633	8.3838	7.9427	7.5361	7.1607	6.8137	6.4924	6.1944	5.9176	5.6603	5.4206
13	12.1337	11.3484	10.6350	9.9856	9.3936	8.8527	8.3577	7.9038	7.4869	7.1034	6.7499	6.4235	6.1218	5.8424	5.5831
14	13.0037	12.1062	11.2961	10.5631	9.8986	9.2950	8.7455	8.2442	7.7862	7.3667	6.9819	6.6282	6.3025	6.0021	5.7245
15	13.8651	12.8493	11.9379	11.1184	10.3797	9.7122	9.1079	8.5595	8.0607	7.6061	7.1909	6.8109	6.4624	6.1422	5.8474
16	14.7179	13.5777	12.5611	11.6523	10.8378	10.1059	9.4466	8.8514	8.3126	7.8237	7.3792	6.9740	6.6039	6.2651	5.9542
17	15.5623	14.2919	13.1661	12.1657	11.2741	10.4773	9.7632	9.1216	8.5436	8.0216	7.5488	7.1196	6.7291	6.3729	6.0472
18	16.3983	14.9920	13.7535	12.6593	11.6896	10.8276	10.0591	9.3719	8.7556	8.2014	7.7016	7.2497	6.8399	6.4674	6.1280
19	17.2260	15.6785	14.3238	13.1339	12.0853	11.1581	10.3356	9.6036	8.9501	8.3649	7.8393	7.3658	6.9380	6.5504	6.1982
20	18.0456	16.3514	14.8775	13.5903	12.4622	11.4699	10.5940	9.8181	9.1285	8.5136	7.9633	7.4694	7.0248	6.6231	6.2593
21	18.8570	17.0112	15.4150	14.0292	12.8212	11.7641	10.8355	10.0168	9.2922	8.6487	8.0751	7.5620	7.1016	6.6870	6.3125
22	19.6604	17.6580	15.9369	14.4511	13.1630	12.0416	11.0612	10.2007	9.4424	8.7715	8.1757	7.6446	7.1695	6.7429	6.3587
23	20.4558	18.2922	16.4436	14.8568	13.4886	12.3034	11.2722	10.3711	9.5802	8.8832	8.2664	7.7184	7.2297	6.7921	6.3988
24	21.2434	18.9139	16.9355	15.2470	13.7986	12.5504	11.4693	10.5288	9.7066	8.9847	8.3481	7.7843	7.2829	6.8351	6.4338
25	22.0232	19.5235	17.4131	15.6221	14.0939	12.7834	11.6536	10.6748	9.8226	9.0770	8.4217	7.8431	7.3300	6.8729	6.4641
30	25.8077	22.3965	19.6004	17.2920	15.3725	13.7648	12.4090	11.2578	10.2737	9.4269	8.6938	8.0552	7.4957	7.0027	6.5660
40	32.8347	27.3555	23.1148	19.7928	17.1591	15.0463	13.3317	11.9246	10.7574	9.7791	8.9511	8.2438	7.6344	7.1050	6.6418
50	39.1961	31.4236	25.7298	21.4822	18.2559	15.7619	13.8007	12.2335	10.9617	9.9148	9.0417	8.3045	7.6752	7.1327	6.6605
60	44.9550	34.7609	27.6756	22.6235	18.9293	16.1614	14.0392	12.3766	11.0480	9.9672	9.0736	8.3240	7.6873	7.1401	6.6651

表 A-4　年金現值利率因子表：$PVIFA_{(r,n)} = \frac{1}{r} - \frac{1}{r(1+r)^n}$（續）

期	每期利率														
	16%	17%	18%	19%	20%	21%	22%	23%	24%	25%	26%	27%	28%	29%	30%
1	0.8621	0.8547	0.8475	0.8403	0.8333	0.8264	0.8197	0.8130	0.8065	0.8000	0.7937	0.7874	0.7813	0.7752	0.7692
2	1.6052	1.5852	1.5656	1.5465	1.5278	1.5095	1.4915	1.4740	1.4568	1.4400	1.4235	1.4074	1.3916	1.3761	1.3609
3	2.2459	2.2096	2.1743	2.1399	2.1065	2.0739	2.0422	2.0114	1.9813	1.9520	1.9234	1.8956	1.8684	1.8420	1.8161
4	2.7982	2.7432	2.6901	2.6386	2.5887	2.5404	2.4936	2.4483	2.4043	2.3616	2.3202	2.2800	2.2410	2.2031	2.1662
5	3.2743	3.1993	3.1272	3.0576	2.9906	2.9260	2.8636	2.8035	2.7454	2.6893	2.6351	2.5827	2.5320	2.4830	2.4356
6	3.6847	3.5892	3.4976	3.4098	3.3255	3.2446	3.1669	3.0923	3.0205	2.9514	2.8850	2.8210	2.7594	2.7000	2.6427
7	4.0386	3.9224	3.8115	3.7057	3.6046	3.5079	3.4155	3.3270	4.2423	3.1611	3.0833	3.0087	2.9370	2.8682	2.8021
8	4.3436	4.2072	4.0776	3.9544	3.8372	3.7256	3.6193	3.5179	3.4212	3.3289	3.2407	3.1564	3.0758	2.9986	2.9247
9	4.6065	4.4506	4.3030	4.1633	4.0310	3.9054	3.7863	3.6731	3.5655	3.4631	3.3657	3.2728	3.1842	3.0997	3.0190
10	4.8332	4.6586	4.4941	4.3389	4.1925	4.0541	3.9232	3.7993	3.6819	3.5705	3.4648	3.3644	3.2689	3.1781	3.0915
11	5.0286	4.8364	4.6560	4.4865	4.3271	4.1769	4.0354	3.9018	3.7757	3.6564	3.5435	3.4365	3.3351	3.2388	3.1473
12	5.1971	4.9884	4.7932	4.6105	4.4392	4.2784	4.1274	3.9852	3.8514	3.7251	3.6059	3.4933	3.3868	3.2859	3.1903
13	5.3423	5.1183	4.9095	4.7147	4.5327	4.3624	4.2028	4.0530	3.9124	3.7801	3.6555	3.5381	3.4272	3.3224	3.2233
14	5.4675	5.2293	5.0081	4.8023	4.6106	4.4317	4.2646	4.1082	3.9616	3.8241	3.6949	3.5733	3.4587	3.3507	3.2487
15	5.5755	5.3242	5.0916	4.8759	4.6755	4.4890	4.3152	4.1530	4.0013	3.8593	3.7261	3.6010	3.4834	3.3726	3.2682
16	5.6685	5.4053	5.1624	4.9377	4.7296	4.5364	4.3567	4.1894	4.0333	3.8874	3.7509	3.6228	3.5026	3.3896	3.2832
17	5.7487	5.4746	5.2223	4.9897	4.7746	4.5755	4.3908	4.2190	4.0591	3.9099	3.7705	3.6400	3.5177	3.4028	3.2948
18	5.8178	5.5339	5.2732	5.0333	4.8122	4.6079	4.4187	4.2431	4.0799	3.9279	3.7861	3.6536	3.5294	3.4130	3.3037
19	5.8775	5.5845	5.3162	5.0700	4.8435	4.6346	4.4415	4.2627	4.0967	3.9424	3.7985	3.6642	3.5386	3.4210	3.3105
20	5.9288	5.6278	5.3527	5.1009	4.8696	4.6567	4.4603	4.2786	4.1103	3.9539	3.8083	3.6726	3.5458	3.4271	3.3158
21	5.9731	5.6648	5.3837	5.1268	4.8913	4.6750	4.4756	4.2916	4.1212	3.9631	3.8161	3.6792	3.5514	3.4319	3.3198
22	6.0113	5.6964	5.4099	5.1486	4.9094	4.6900	4.4882	4.3021	4.1300	3.9705	3.8223	3.6844	3.5558	3.4356	3.3230
23	6.0442	5.7234	5.4321	5.1668	4.9245	4.7025	4.4985	4.3106	4.1371	3.9764	3.8273	3.6885	3.5592	3.4384	3.3254
24	6.0726	5.7465	5.4509	5.1822	4.9371	4.7128	4.5070	4.3176	4.1428	3.9811	3.8312	3.6918	3.5619	3.4406	3.3272
25	6.0971	5.7662	5.4669	5.1951	4.9476	4.7213	4.5139	4.3232	4.1474	3.9849	3.8342	3.6943	3.5640	3.4423	3.3286
30	6.1772	5.8294	5.5168	5.2347	4.9789	4.7463	4.5338	4.3391	4.1601	3.9950	3.8424	3.7009	3.5693	3.4466	3.3321
40	6.2335	5.8713	5.5482	5.2582	4.9966	4.7596	4.5439	4.3467	4.1659	3.9995	3.8458	3.7034	3.5712	3.4481	3.3332
50	6.2463	5.8801	5.5541	5.2623	4.9995	4.7616	4.5452	4.3477	4.1666	3.9999	3.8461	3.7037	3.5714	3.4483	3.3333
60	6.2492	5.8819	5.5553	5.2630	4.9999	4.7619	4.5454	4.3478	4.1667	4.0000	3.8462	3.7037	3.5714	3.4483	3.3333

中英文索引

中英文索引

得分

投資學

CH01 投資學概論

班級：

學號：

姓名：

證照題—證券商業務員

( ) 1. 下列何者為有形投資？
(A) 教育投資 (B) 人脈投資 (C) 股票投資 (D) 心靈投資。

( ) 2. 下列何者非投資要素？
(A) 空間 (B) 時間 (C) 報酬 (D) 風險。

( ) 3. 下列何者非投資行為的特性？
(A) 承擔一定的風險 (B) 持有期間較短
(C) 報酬來自長期增值或額外收入 (D) 須蒐集詳細資訊。

( ) 4. 下列哪一種行為的風險最高？
(A) 投資 (B) 投機 (C) 賭博 (D) 一樣高。

( ) 5. 下列哪一種行為的持有期間較長？
(A) 投資 (B) 投機 (C) 賭博 (D) 一樣高。

( ) 6. 下列何者屬於實體商品？
(A) 股票 (B) 債券 (C) 期貨 (D) 黃金。

( ) 7. 哪一種商品又稱紙黃金？
(A) 金幣 (B) 黃金存摺 (C) 黃金期貨 (D) 金飾。

( ) 8. 下列哪一種商品風險最高？
(A) 股票 (B) 債券 (C) 期貨 (D) 定存。

( ) 9. 下列哪一種商品風險最低？
(A) 股票 (B) 選擇權 (C) 期貨 (D) 定存。

( ) 10. 下列何者不屬於固定收益型金融商品？
(A) 票券 (B) 債券 (C) 定存 (D) 外幣。

( ) 11. 下列何者屬於固定收益型金融商品？
(A) 票券 (B) 股票 (C) 虛擬貨幣 (D) 外幣。

( ) 12. 下列哪一種屬於固定收益型基金？
(A) 貨幣型基金 (B) 股票型基金 (C) 能源型基金 (D) 避險型基金。

（請沿虛線撕下）

(　　) 13.下列何者屬於非固定收益型金融商品？
(A) 貨幣型基金　(B) 股票　(C) 標會　(D) 債券。

(　　) 14.投資下列哪一種商品的報酬會最高？
(A) 股票型基金　(B) 投資型保險　(C) 股票期貨　(D) 債券。

(　　) 15.下列敘述何者有誤？
(A) 買期貨是屬於有形投資　(B) 有形投資比較可以計算出投資報酬
(C) 無形投資較無法衡量風險　(D) 無形投資可以利用貨幣衡量報酬。

(　　) 16.下列敘述對於投資、投機與賭博的差異，何者為非？
(A) 投資行為通常較久　(B) 投機行為的風險通常較高
(C) 賭博行為通常不具風險　(D) 投資行為獲利速度較慢。

(　　) 17.下列對於實體商品的敘述何者正確？
(A) 商品通常被標準化　(B) 通常具抗通貨膨脹之特性
(C) 市場價格統一報價　(D) 通常商品流動性良好。

(　　) 18.下列對於金融商品的敘述何者有誤？
(A) 標會屬於非固定收益型商品
(B) 貨幣型基金可以獲取短期固定收益
(C) 認股權證具有小搏大的財務槓桿的功能
(D) 儲蓄型保險屬於固定收益型商品。

(　　) 19.下列敘述何者有誤？
(A) P2P借貸投資風險較銀行存款高
(B) 投資的風險較投機行為低
(C) 虛擬貨幣屬於商品
(D) 投資型保險風險較期貨高。

(　　) 20.下列敘述何者有誤？
(A) 投資須考慮貨幣的時間機會成本
(B) 基金是屬於一種固定收益型商品
(C) 外幣投資較定存風險高
(D) 儲蓄型保險風險較股票型基金風險低。

得 分

投資學

CH02 金融商品

班級：

學號：

姓名：

證照題─證券商業務員

( ) 1. 請問下列何者屬於現貨商品？
(A) 期貨 (B) 遠期 (C) 債券 (D) 選擇權。

( ) 2. 請問下列何者屬於貨幣市場工具？
(A) 債券 (B) 股票 (C) 國庫券 (D) 期貨。

( ) 3. 請問下列何者屬於資本市場工具？
(A) 國庫券 (B) 銀行承兌匯票 (C) 商業本票 (D) 公司債。

( ) 4. 請問連接國內與國外金融市場的橋梁為何？
(A) 資本市場 (B) 貨幣市場 (C) 外匯市場 (D) 衍生性商品市場。

( ) 5. 下列何者不屬於衍生性商品？
(A) 利率交換 (B) 利率期貨 (C) 股票選擇權 (D) 特別股。

( ) 6. 下列何者不屬於股權的一種？
(A) 認購權證 (B) 普通股 (C) 特別股 (D) 存託憑證。

( ) 7. 請問通常共同基金的發行者為何？
(A) 證券公司 (B) 證券投資顧問公司
(C) 證券投資信託公司 (D) 證券金融公司。

( ) 8. 下列對標會的融資活動中的敘述，何者有誤？
(A) 愈晚得標風險愈高 (B) 屬於小額信用貸款
(C) 愈晚得標利潤愈低 (D) 得過標得稱為死會。

( ) 9. 下列敘述何者非儲蓄型保險商品之特性？
(A) 兼具保險與儲蓄 (B) 可至壽險公司承作
(C) 具有保本功能 (D) 通常具高風險。

( ) 10. 通常有價證券的發行者為了籌措資金，首次出售有價證券給最初資金之供給者的交易市場稱為何？
(A) 集中市場 (B) 初級市場 (C) 次級市場 (D) 流通市場。

( ) 11. 下列何者非集中市場的特性？
(A) 可議價 (B) 競價交易 (C) 交易具效率 (D) 標準化商品。

（請沿虛線撕下）

(　　) 12. 下列何者敘述屬於間接金融？

(A) 企業向銀行借錢　(B) 企業發行股票

(C) 企業發行債券　(D) 企業發行短期票券。

(　　) 13. 下列何者敘述不屬於直接金融的特性？

(A) 資金需求者知道資金是由哪些供給者提供

(B) 企業至資本市場發行有價證券

(C) 不須經過銀行仲介的管道

(D) 須經過銀行仲介的管道。

(　　) 14. 請問下列對於金融科技的敘述，何者有誤？

(A) 可進行P2P 借貸活動　(B) 由傳統的金融機構當仲介

(C) 由電子商務科技公司主導　(D) 可不經銀行進行金融交易。

(　　) 15. 下列何者屬於貨幣機構？

(A) 期貨公司　(B) 票券公司　(C) 證券公司　(D) 信用合作社。

(　　) 16. 下列何者不屬於綜合券商內部成員？

(A) 經紀商　(B) 自營商　(C) 承銷商　(D) 票券商。

(　　) 17. 一般國際上稱為第三方支付，主要由國內何種機構負責？

(A) 電子支付公司　(B) 電子票證公司　(C) 銀行　(D) 信用卡公司。

(　　) 18. 下列請問下列敘述何者有誤？

(A) 投資型保險兼具投資與保險的功能

(B) 標會通常可以獲得比定存高的利息

(C) 基金屬於衍生性商品的一種

(D) 銀行存款利息通常沒風險。

(　　) 19. 請問下列敘述何者有誤？

(A) 股票是屬於資本市場工具

(B) 企業利用股票籌資屬於直接金融

(C) 企業可以到票券公司發行長期債券

(D) 股票上市須透過初級市場發行。

(　　) 20. 請問下列敘述何者正確？

(A) 中央銀行對市場利率與匯率具有主導權

(B) 若公司欲辦理現金增資應找證券公司的自營商處理

(C) 投資信託公司屬於貨幣機構

(D) 電子票證公司亦可交易短期票券。

得 分

投資學

CH03 報酬與風險

班級：＿＿＿＿＿＿

學號：＿＿＿＿＿＿

姓名：＿＿＿＿＿＿

證照題—證券商業務員

(　　) 1. 若甲公司年初的股價為100元，年底股價上漲到120 元，今年發放現金股利5元，請問的實際報酬率為何？ (A) 20%　(B) 25%　(C) 5%　(D) 10%。

(　　) 2. 承上題，若今年改發放股票股利2元，請問的實際報酬率為何？
(A) 40%　(B) 42%　(C) 44%　(D) 46%。

(　　) 3. 若A股票現在價格為30元，預計將發放現金股利3 元，若預期投資該股票一年後報酬率為30%，請問一年後A 股票價格應為何？
(A) 36元　(B) 37元　(C) 38元　(D) 40元。

(　　) 4. 下列何者在計算多期數的報酬率時較為正確？
(A) 幾何平均數　(B) 算術平均數　(C) 調和平均數　(D) 移動平均數。

(　　) 5. 下列何者為衡量資產風險的指標？
(A) 全距　(B) 標準差　(C) 四分位距　(D) 以上皆是。

(　　) 6. 下列何者可以用來衡量不同期望報酬率投資方案之相對風險？
(A) 變異數　(B) 標準差　(C) 變異係數　(D) 貝它係數。

(　　) 7. 假設有一股票近5年的年報酬率分別為8%、10%、–3%、6%、4%，請問算術平均報酬率為何？ (A) 4%　(B) 5%　(C) 6%　(D) 7%

(　　) 8. 承上題，請問算術平均報酬率為何？
(A) 4.90%　(B) 4.95%　(C) 5%　(D) 5.05%。

(　　) 9. 同上題，請問此股票的風險為何？
(A) 5.0%　(B) 7.12%　(C) 8.24%　(D) 10.32%。

(　　) 10.同上題，請問此股票的變異係數為何？
(A) 1　(B) 1.5　(C) 1.8　(D) 2。

(　　) 11. 假設將來經濟繁榮的機率為30%，此時甲公司股票報酬率為30%；經濟普通的機率為40%，此時甲公司股票報酬率為10%；經濟蕭條的機率為30%，此時甲公司股票報酬率為－ 10%，請問甲公司股票的期望報酬率為何？
(A) 8%　(B) 10%　(C) 12%　(D) 14%。

（請沿虛線撕下）

(　　) 12.承上題，請問甲公司股票的期望風險為何？

(A) 12.8%　(B) 15.5%　(C) 16.8%　(D) 18.2%。

(　　) 13.承上題，請問甲公司股票的變異係數為何？

(A) 1.60　(B) 1.55　(C) 1.40　(D) 1.30。

(　　) 14.下列何者非市場風險？

(A) 天災　(B) 戰爭　(C) 利率變動　(D) 專利權被侵占。

(　　) 15.請問美國總統大選後，造成股價激烈變動是屬於何種風險？

(A) 營業風險　(B) 財務風險　(C) 市場風險　(D) 公司特有風險。

(　　) 16.下列何者不屬於公司特有風險？

(A) 公司所在地遇到天災所造成損失　(B) 公司宣布裁撤三百名員工

(C) 公司購併失敗　(D) 政治情況的變化。

(　　) 17.下列敘述何者有誤？

(A) 幾何平均估計隨時間變動的報酬率較算術平均準確

(B) 當數量很大時，幾何平均接近算術平均

(C) 預期報酬適用幾何平均求算的

(D) 變異係數是衡量相對風險的。

(　　) 18.假設你今日以30元買了A 股票，1 年後以40元賣出，期間各配發 1 元現金與 1 元股票股利，請問報酬率為何？

(A) 33.3%　(B) 36.6%　(C) 50%　(D) 50.3%。

(　　) 19.下列何種事件屬於市場風險？

A.央行無預警調高市場利率1碼、B.朝野政黨協商破裂、C.公司工廠發生大火、D.產品發現瑕疵，必須延後上市、E.公司專利權被侵占？

(A) AB　(B) CD　(C) BE　(D) AC。

(　　) 20.甲公司未來一年內的預期股價有如下表的機率分配，若今天以每股50元買進此股票，而一年內將可配發每股2元的現金股利，則這一年預期的投資報酬率為何？

(A) 21%　(B) 24%　(C) 27%　(D) 30%。

	甲公司	
經濟景氣狀況	發生機率	股價
繁榮	0.3	80
持平	0.5	60
衰退	0.2	30

得 分

投資學

CH04 投資組合管理

班級：

學號：

姓名：

證照題—證券商業務員

( ) 1. 假設有一筆資金6:4投資A與B股票，其預期報酬率分別為12%、15%，其標準差分別為15%及18%，其投資組合報酬率為何？
(A) 12.5% (B) 13.2% (C) 14.6% (D) 15.4%。

( ) 2. 承上題，若兩股票之相關係數為＋0.8，則投資組合報酬率的標準差為何？
(A) 14.96% (B) 15.38% (C) 15.78% (D) 16.20%。

( ) 3. 若A基金之年期望報酬率為20%，而標準差為30%，無風險利率為5%，假若你投資60%資金於A資產，其餘投資於無風險資產。試問你的投資組合報酬與標準差為何？
(A) 12%，24% (B) 14%，18% (C) 18%，16% (D) 24%，12%。

( ) 4. 當兩證券的相關係數為何時，可以建構完全無風險的投資組合？
(A) 相關係數為-1 (B) 相關係數為＋1
(C) 相關係數為0 (D) 相關係數介於-1 與+1 之間。

( ) 5. 通常投資人建構投資組合時，投資數目愈多，主要的目的為何？
(A) 總風險不變 (B) 市場風險增加
(C) 系統風險降低 (D) 非系統風險降低。

( ) 6. 下列對於系統風險的敘述，何者有誤？
(A) 可用 β 係數來衡量 (B) 可以分散
(C) 就是市場風險 (D) 可獲取額外的風險溢酬。

( ) 7. 下列對於非系統風險的敘述，何者有誤？
(A) 可分散風險 (B) β 值可代表之
(C) 公司特有風險 (D) 不可獲取額外的風險溢酬。

( ) 8. 若一股票的預期報酬率等於無風險利率，則其貝它（β）係數為何？
(A) 0 (B) 1 (C) –1 (D) 不確定。

( ) 9. 通常高 β 值的股票，在多頭市場狀況下，比低 β 值的股票，出現下列何種情形？
(A) 上漲較快 (B) 上漲較慢 (C) 與漲跌無關 (D) 以上皆非。

（請沿虛線撕下）

( ) 10.下列哪一種商品的β值較接近於零？

(A) 公司債 (B) 國庫券 (C) 普通股 (D) 商業本票。

( ) 11.A、B、C 三檔股票的β 值分別為0.9、1.3、1.5，若投入A、B、C的資金權重分別為30%、20%、50%，則此投資組合的β 值為何？

(A) 1.28 (B) 1.32 (C) 1.36 (D) 1.42。

( ) 12.有一股票之β值為0.8，若市場之期望報酬率上升5%，則此股票之預期報酬率應上升多少？

(A) 3% (B) 4% (C) 5% (D) 0%。

( ) 13.下列針對積極型投資組合管理策略的敘述，何者有誤？

(A) 市場通常效率較低 (B) 可能可以獲取超額報酬

(C) 須仔細擇股 (D) 鮮少隨著市場的變化去調整投資組合。

( ) 14. 何謂動能策略？

(A) 追高殺低 (B) 買低賣高 (C) 反向投資策略 (D) 買弱勢股賣強勢股。

( ) 15. 下列針對戰術型策略的敘述，何者正確？

(A) 長期規劃 (B) 投資比較不會因為市場的變化而改變

(C) 短期規劃 (D) 以上皆非。

( ) 16. 下列針對消極型投資組合管理策略的敘述，何者有誤？

(A) 市場通常效率較高 (B) 複製指數標的

(C) 通常不須仔細擇股 (D) 通常採抽樣近似法較能貼近被追蹤指數。

( ) 17.若一投資組合酬率為20%，總風險值為15%，系統風險值1.2，此時無風險報酬為5%，市場報酬為10%，請問報酬風險比為何？

(A) 1.28 (B) 1.33 (C) 1.36 (D) 1.42。

( ) 18.承上題，夏普指數為何？

(A) 1.0 (B) 1.2 (C) 1.25 (D) 1.3。

( ) 19.承上題，崔納指數為何？

(A) 0.12 (B) 0.125 (C) 0.13 (D) 0.14。

( ) 20.承上題，傑森指數為何？

(A) 6% (B) 7% (C) 8% (D) 9%。

得　分

全華圖書（版權所有，翻印必究）

投資學

CH05 投資理論

班級：

學號：

姓名：

證照題─證券商業務員

(　　) 1. 請問效率投資組合的定義為何？

(A) 風險最小之投資組合　(B) 在相同風險下，期望報酬率最大之投資組合　(C) 期望報酬率最大之投資組合　(D) 以上皆是。

(　　) 2. 請問由最有效率的投資組合所建構的曲線稱為何？

(A) 效率前緣線　(B) 利率結構曲線　(C) 無異曲線　(D) 效率平均線。

(　　) 3. 請問要尋找效率前緣曲線須利用何種法則？

(A) M-V法則　(B) 大數法則　(C) 公平法則　(D) KD法則。

(　　) 4. 若資產落在效率前緣曲線上，表示為何？

(A) 風險最小　(B) 報酬最大　(C) 最有效率　(D) 以上皆是。

(　　) 5. 請問與效率前緣線相切的線是何種？

(A) SML　(B) CML　(C) MACD　(D) RSI。

(　　) 6. 請問資本資產定價模式（CAPM），認為最能完整解釋投資組合報酬率的因子為何？

(A) 無風險資產　(B) 總風險　(C) 系統風險　(D) 非系統風險。

(　　) 7. 設無風險利率為6%，市場期望報酬率為10%，若某股票之 β 值為1.5， 則其期望報酬率為何？　(A) 10%　(B) 11%　(C) 12%　(D) 13%。

(　　) 8. 在*CAPM*模式中，若已知A基金的預期報酬率為20%，A基金的β 值為1.2，無風險利率為6%，則市場預期報酬率為何？

(A) 10%　(B) 12%　(C) 15%　(D) 17.6%。

(　　) 9. 在*CAPM*模式中，若已知B 基金的預期報酬率為16%，無風險利率為4%，市場預期報酬率12%，則B 基金的β 值為何？

(A) 1.0　(B) 1.2　(C) 1.5　(D) 1.8。

(　　) 10.請問當投資人風險趨避增加時，*SML* 線會如何移動？

(A) 平行上移　(B) 平行下移　(C) 斜率變陡　(D) 斜率變緩。

(　　) 11.請問當通貨膨脹率增加時，*SML* 線會如何移動？

(A) 平行上移　(B) 平行下移　(C) 斜率變陡　(D) 斜率變緩。

（請沿虛線撕下）

(　　) 12.下列敘述何者正確？

(A) 當投資人風險趨避增加時，*SML* 線會變陡

(B) 市場通貨膨脹率增加時，*SML* 線會上移

(C) 當投資人風險趨避增加時，證券市場必須提供更多的風險溢酬

(D) 以上皆是。

(　　) 13.*APT* 與*CAPM* 兩者最大的差異，為*APT*？

(A) 只有強調市場風險　(B) 不須強調分散風險

(C) 包含多項系統風險因素　(D) 包含多項非系統風險因素。

(　　) 14.有關資本資產訂價理論（*CAPM*）與套利訂價理論（*APT*）之敘述，何者正確？

(A) *CAPM* 是單因子模型；*APT* 則為多因子模型　(B) *CAPM* 與*APT* 皆探討單一證券的預期報酬率　(C) *CAPM* 與*APT* 皆受無風險利率影響　(D) 以上皆是。

(　　) 15.套利定價理論（*APT*）模式中，若A 投資組合受兩因子影響，兩因子係數為分別1.2、1.6，風險溢酬分別為3%及5%，市場無風險利率為4%，在無套利機會下，A 組合之期望報酬率為何？

(A) 15.6%　(B) 18.2%　(C) 19.8%　(D) 20.6%。

(　　) 16.下列有關效率前緣之敘述何者正確？

(A) 落在效率前緣皆為效率投資組合　(B) 效率前緣的投資組合皆是相同風險下，報酬最高　(C) 效率前緣的投資組合皆是相同報酬下，風險最小　(D) 以上皆是。

(　　) 17.下列敘述何者為非？

(A) 個別證券β 值，可依權重相加成投資組合的β 值　(B) 個別證券預期報酬率，可依權重相加成投資組合的預期報酬率　(C) 個別證券風險值，可依權重相加成投資組合的風險值　(D) 以上皆非。

(　　) 18.下列有關於資本資產定價模式的敘述，何者正確？

(A) 所有投資組合皆是效率投資組合　(B) 建構資本市場線　(C) 多因子模型

(D) 所有的投資組合皆會落在證券市場線上。

(　　) 19.有關*SML* 與*CML* 之敘述何者正確？

(A) 兩者投資組合皆是效率投資組合　(B) 兩者圖形的X 軸皆為系統風險

(C) 兩者圖形的X 軸皆為總風險　(D) 兩者圖形的Y 軸皆為預期報酬率。

(　　) 20.關於*CAPM* 與*APT* 之敘述，下列何者有誤？

(A) 皆為對資產作評價之模型　(B) 皆為效率投資組合　(C) 皆認為非系統風險無法解釋期望報酬　(D) 以上皆非。

得 分

投資學

CH06 效率市場

班級：

學號：

姓名：

證照題—證券商業務員

( ) 1. 請問效率市場對市場訊息的反應為何？
(A) 緩慢 (B) 迅速 (C) 無關 (D) 反向。

( ) 2. 下列何者非效率市場的種類？
(A) 弱式 (B) 半強式 (C) 強式 (D) 半弱式。

( ) 3. 請問符合弱式效率市場，何種訊息將無法獲取超額報酬？
(A) 歷史 (B) 現在 (C) 將來 (D) 內部。

( ) 4. 若目前的股票價格已充分反應過去已公開之價格資訊，則該市場之效率性屬於何種？ (A) 半弱式 (B) 半強式 (C) 強式 (D) 弱式。

( ) 5. 現在即時且公開的資訊，在何種效率市場中最具有獲利價值？
(A) 弱式效率市場 (B) 半強式效率市場 (C) 強式效率市場 (D) 以上皆是。

( ) 6. 下列何者不符合半強式效率市場假說？
(A) 投資人經由技術分析可獲取超額報酬 (B) 市場中目前股價可反應所有已公開的資訊 (C) 內線交易可以賺取超額報酬 (D) 未來資訊可以賺取超額報酬。

( ) 7. 下列何者符合強式效率市場假說？
(A) 內線交易無法賺取超額報酬 (B) 現在訊息無法賺取超額報酬
(C) 歷史股價資料無法賺取超額報酬 (D) 以上皆是。

( ) 8. 若利用技術分析可以獲利，則何種效率市場不成立？
(A) 只有弱式效率不成立 (B) 只有半強式效率不成立 (C) 只有半強式與強式效率不成立 (D) 弱式、半強式及強式效率均不成立。

( ) 9. 在檢定效率市場假說的方法中，利用股價報酬率之正負值排列來進行檢定的方法為何？
(A) 連檢定 (B) 濾嘴法則檢定 (C) 自我相關檢定 (D) 交叉相關檢定。

( ) 10. 若一個市場符合半強式效率假說時，投資人須從事何種行為，才有機會獲取超額報酬？
(A) 研究技術分析 (B) 研究基本分析
(C) 研究報紙所有資訊 (D) 獲取內線消息。

（請沿虛線撕下）

(　　) 11. 一個市場連內線消息都無法獲取超額報酬，則該市場是屬於何種效率市場假說？ (A) 弱式 (B) 半強式 (C) 強式 (D) 弱式及半強式。

(　　) 12. 在檢定效率市場假說的方法中，若根據股價漲跌超過某一預定比率來決定交易的原則為何？
(A) 連檢定 (B) 濾嘴法則檢定 (C) 隨機漫步檢定 (D) 規模效應檢定。

(　　) 13. 通常會利用公司的事件研究法，來檢驗市場是否符合何種市場效率假說？
(A) 強式 (B) 半強式 (C) 弱式 (D) 以上皆可。

(　　) 14. 研究公司股利宣告，常用來檢定下列何種效率市場假說？
(A) 弱式 (B) 半強式 (C) 強式 (D) 以下皆是。

(　　) 15. 若長期利用聽從證券分析師的建議買賣股票，仍無法獲取超額報酬， 則該市場是屬於何種效率市場假說？ (A) 強式 (B) 半強式 (C) 弱式 (D) 以上皆可。

(　　) 16. 下列關於敘述效率市場的定義何者正確？
(A) 市場需交易成本、稅負 (B) 市場能夠迅速完全反應完所有資訊，投資者無法利用任何資訊賺取超額的報酬 (C) 市場提供資金自由進場交易制度 (D) 市場所有交易的作業流程完全電腦化。

(　　) 17. 若一市場為弱式效率，則下列敘述何者正確？
(A) 技術分析專家可賺取超額利潤 (B) 技術分析專家及基本面分析專家可賺取超額利潤 (C) 基本面分析專家及擁有私有資訊之內部人員可賺取超額利潤 (D) 擁有私有資訊之內部人員可賺取超額利潤。

(　　) 18. 下列何者違反效率市場理論中的弱式效率市場假說？
(A) 技術分析可以獲取超額報酬 (B) 總體經濟分析可以預測未來 (C) 公司大股東可較散戶賺取更多利潤 (D) 過去的股價走勢不代表未來的股價趨勢。

(　　) 19. 下列敘述何者正確？
(A) 若市場元月份具有異常報酬，則市場符合半強式效率市場 (B) 若在市場中買賣小型股可以獲取超額利潤，則市場符合半強式效率市場 (C) 若利用公司購併消息公布後，買賣股票可以獲取超額利潤，則市場符合半強式效率市場 (D) 若利用公司以往成交量的變化，買賣股票可以獲取超額利潤，則市場符合半強式效率市場。

(　　) 20. 下列敘述何者有誤？
(A) 強式效率市場，內線交易無用 (B) 常常利用技術分析中的RSI、KD 值研判買賣股票，若可獲取超額利潤，則市場至少符合弱式效率市場 (C) 長期聽從證券分析師的建議買賣股票，仍無法獲取超額報酬，則市場可能符合強式效率市場 (D) 每年年初買股票，並無較高的報酬，則市場至少符合半強式效率市場。

得分

投資學

CH07 權益證券

班級：

學號：

姓名：

證照題—證券商業務員

(　　)1. 下列何者非權益證券的一種？
(A) 特別股　(B) 普通股　(C) 認股權證　(D) 存託憑證。

(　　)2. 通常臺灣的股票，一張多少股數？
(A) 1,000股　(B) 10,000股　(C) 100股　(D) 500股。

(　　)3. 假設A上市公司資本額60億元，假設股票面額每股10元，請問該公司有多少張股票流通在外？
(A) 6萬張　(B) 60萬張　(C) 600萬張　(D) 6,000萬張。

(　　)4. 承上題，如果A上市公司財務報表上的帳面價值為120億元，該公司股票每單位淨值為何？
(A) 20元　(B) 25元　(C) 28元　(D) 30元。

(　　)5. 某公司今年除權2元，即每張股票配發
(A) 現金200元　(B) 現金2,000元　(C) 股票200股　(D) 股票2,000股。

(　　)6. 某公司股本為10億元，若每股配發2元現金股利後，則股本變成多少？
(A) 10億元　(B) 11億元　(C) 9億元　(D) 20億元。

(　　)7. 承上題，若每股配發2元股票股利後，則股本變成多少？
(A) 10億元　(B) 12億元　(C) 8億元　(D) 20億元。

(　　)8. 假設現在公司每股市場價格為60元，則在發放2元現金股利後，請問除息後股價為何？
(A) 58元　(B) 55元　(C) 62元　(D) 60元。

(　　)9. 承上題，若公司改發放2元股票股利，請問除權後股價為何？
(A) 58元　(B) 50元　(C) 62元　(D) 60元。

(　　)10. 承上題，若公司同時發放2元現金與2元股票股利，請問除權息後股價為何？
(A) 56元　(B) 50.3元　(C) 48.3元　(D) 48元。

(　　)11. 下列何者非普通股的權益？
(A) 盈餘分配權　(B) 資產優先請求權　(C) 選舉董監事權　(D) 新股認股權。

（請沿虛線撕下）

( ) 12.下列何者為特別股被賦予的權利？
(A) 優先分配股利權利　(B) 優先認股之權利
(C) 優先表決之權利　(D) 以上皆非。

( ) 13.所謂可參與特別股是指持有者？
(A) 可參加公司股東會　(B) 可參與公司之董事選舉
(C) 可參與普通股之盈餘分配　(D) 可參與公司之經營權。

( ) 14.公司發行無表決權特別股有何優點？
(A) 為長期資金　(B) 不稀釋管理控制權
(C) 可改善財務結構　(D) 以上皆是。

( ) 15.下列對於存託憑證（DR）的敘述何者有誤？
(A) 由外國公司至本地發行憑證　(B) 由本國公司至海外發行憑證
(C) 屬於股票的一種　(D) 屬於債務的一種。

( ) 16.臺灣的公司至境外去發行全球存託憑證稱為何？
(A) ADR　(B) GDR　(C) TDR　(D) JDR。

( ) 17.下列公司參與型存託憑證的敘述，何者有誤？
(A) 僅交易流通用　(B) 有可能會稀釋管理控制權
(C) 具籌資功能　(D) 通常臺灣發行此類。

( ) 18.某公司普通股，每年固定配發現金股利3元，且設定最小報酬率為4%，則普通股現值為何？
(A) 60元　(B) 75元　(C) 80元　(D) 100元。

( ) 19.若現在某公司的股價為80元，該公司股東要求的最低報酬率為5%，請利用股利固定折現模式，評估公司每年應發多少現金股利？
(A) 5元　(B) 6元　(C) 4元　(D) 2元。

( ) 20.若公司目前支付每股股利2元，將來股利成長率為5%，該公司的股東最低報酬率為10%，請問在此情況下，該公司股票現在價位為何？
(A) 50元　(B) 56元　(C) 40元　(D) 42元。

得　分

投資學

CH08 股票市場

班級：＿＿＿＿＿＿

學號：＿＿＿＿＿＿

姓名：＿＿＿＿＿＿

證照題—證券商業務員

(　　) 1. 下列何者非綜合證券商的一部份？
(A) 經紀商　(B) 承銷商　(C) 票券商　(D) 自營商。

(　　) 2. 下列何種證券不在證券交易所交易？
(A) 普通股　(B) 公司債　(C) 存託憑證　(D) 國庫券。

(　　) 3. 臺灣櫃檯買賣中心的交易制度為何？
(A) 店頭交易　(B) 集中交易　(C) 店頭與集中交易並用　(D) 以上皆非。

(　　) 4. 通常買賣股票，會將股票放在哪裡保管？
(A) 證券交易所　(B) 櫃檯買賣中心　(C) 集中保管結算所　(D) 證券公司。

(　　) 5. 請問下列哪一金融機構主要的業務為負責信用交易？
(A) 投資信託公司　(B) 投資顧問公司
(C) 信託投資公司　(D) 證券金融公司。

(　　) 6. 下列何者不屬於國內的機構投資人？
(A) 證券承銷商　(B) 證券自營商　(C) 投信公司　(D) 外資。

(　　) 7. 如果投資人下一個95元買進A股的限價委託單，請問下列何者不是他會成交的價位
(A) 94元　(B) 94.5元　(C) 95元　(D) 95.5元。

(　　) 8. 請問股價在10～50元的股票，其最小升降單位為何？
(A) 0.01元　(B) 0.05元　(C) 0.1元　(D) 0.5元。

(　　) 9. 通常採普通交割的股票，將於成交後哪一天進行交割？
(A) 當日　(B) 次一日　(C) 次二日　(D) 次三日。

(　　) 10. 臺灣現行交易普通股的證券交易稅為何？
(A) 0.1%　(B) 0.2%　(C) 0.3%　(D) 免稅。

(　　) 11. 通常鉅額交易的標準，需同一種股票買賣幾張以上？
(A) 100 張　(B) 500 張　(C) 1,000 張　(D) 1,500 張。

（請沿虛線撕下）

( ) 12.國內現行零股交易的價格如何決定？
(A) 以早上收盤價格成　(B) 以早上收盤價格多1% 成交
(C) 以早上收盤價格少1% 成交　(D) 一次集合競價成交。

( ) 13.當日沖銷為
(A) 先融資再融券　(B) 先融券再融資　(C) 以上兩者皆可　(D) 以上皆非。

( ) 14.臺灣現行制度中，若公司欲申請停牌交易，必須提早幾個交易日提出申請？
(A) 1　(B) 3　(C) 5　(D) 10。

( ) 15.現在甲股票一股為100 元，若市場融資成數為60%，投資人可以融資到的金額為何？
(A) 60,000　(B) 40,000　(C) 100,000　(D) 10,000。

( ) 16.現在乙股票一股為80 元，若市場融資成數為70%，投資人所需繳交的融資自備款為何？
(A) 56,000　(B) 24,000　(C) 80,000　(D) 10,000。

( ) 17.現在丙股票一股為50 元，若市場融券保證金成數為90%，投資人須繳交多少元的融券保證金？
(A) 5,000　(B) 50,000　(C) 45,000　(D) 10,000。

( ) 18.通常融資融券時，融券餘額大於融資餘額，產生無法交割的現象，首先可至市場採取哪種方式借券？
(A) 議借　(B) 標借　(C) 標購　(D) 拍賣。

( ) 19.公司上市、上櫃時，承銷商未能在承銷期間將新發行的證券全數銷售完畢，剩下的證券則退還給發行公司，此種方式稱為？
(A) 代銷　(B) 分銷　(C) 全額包銷　(D) 餘額包銷。

( ) 20.下列何者非庫藏股制的功能？
(A) 增加股東人數　(B) 防止公司被惡意購併
(C) 穩定公司股價　(D) 調整公司的資本結構。

得 分

全華圖書（版權所有，翻印必究）

投資學

CH09 共同基金

班級：

學號：

姓名：

證照題—證券商業務員

( ) 1. 下列何者為發行共同基金的機構？

(A) 投資信託公司 (B) 投資顧問公司

(C) 信託投資公司 (D) 證券金融公司。

( ) 2. 投信發行基金後，通常會將受益憑證委託何者保管？

(A) 證券集保公司 (B) 投資顧問公司 (C) 保管銀行 (D) 證券金融公司。

( ) 3. 下列對於開放型基金敘述何者正確？

(A) 基金規模固定 (B) 通常掛牌上市 (C) 依市價買賣 (D) 可以贖回。

( ) 4. 下列對於封閉型基金敘述何者為非？

(A) 依淨值買賣 (B) 通常掛牌上市

(C) 基金規模固定 (D) 不可以申購贖回。

( ) 5. 通常平衡型基金的標的物為何？

(A) 債券與期貨 (B) 債券與票券 (C) 股票與債券 (D) 股票與期貨。

( ) 6. 下列基金何者獲利可能最高？

(A) 積極成長型 (B) 成長型 (C) 成長加收益型 (D) 平衡型。

( ) 7. 下列基金何者風險最高？

(A) 債券型基金 (B) 股票型基金 (C) 認股權證基金 (D) 貨幣型基金。

( ) 8. 下列基金何者風險較低？

(A) 單一國家型基金 (B) 區域型基金 (C) 全球型基金 (D) 以上皆是。

( ) 9. 下列為指數型基金的特性？

(A) 主動式管理 (B) 依市價買賣

(C) 基金規模固定 (D) 淨值波動與指數相似。

( ) 10.下列何者為ETF 的特性？

(A) 依市價買賣 (B) 可以實物申購 (C) 被動式管理 (D) 以上皆是。

( ) 11.下列何者非ETN 的特性？

(A) 集中市場交易 (B) 可以信用交易 (C) 依市價買賣 (D) 投信發行。

（請沿虛線撕下）

(　) 12. 下列對保本型基金的敘述何者有誤？
(A) 投資的本金具保障　(B) 通常具有投資期限
(C) 先將資金投資在債券　(D) 必須在集中市場交易。

(　) 13. 下列對傘型基金的敘述何者有誤？
(A) 包含數檔基金　(B) 通常具有規定可以轉換的期間
(C) 可以節省轉換手續費　(D) 以上皆非。

(　) 14. 下列對組合型基金的敘述何者有誤？
(A) 可以支付較多的手續費　(B) 投資標的物為基金
(C) 投資標的物為股票　(D) 波動較一般基金低。

(　) 15. 下列何者非定期定額投資基金的好處？
(A) 分散風險　(B) 穩定投資　(C) 理財便利　(D) 獲利較高。

(　) 16. 下列敘述何者正確？
(A) 買賣基金只能直接找投信購買
(B) 國內的基金是屬於公司型
(C) 基金受益憑證通常保管在代銷機構
(D) 能源基金是買開採能源公司的股票。

(　) 17. 下列敘述何者有誤？
(A) 指數型基金與指數股票型基金都依市價買賣
(B) ETF 是可以信用交易的
(C) 保本型基金通常具有投資期限
(D) 組合型基金的標的物是基金。

(　) 18. 下列敘述何者有誤？
(A) 指數證券型基金必須掛牌上市
(B) 指數型基金可以隨時開放實物申購與贖回
(C) 封閉型基金規模固定
(D) 定期定額投資的基金應屬於開放型基金。

(　) 19. 下列敘述何者有誤？
(A) ETN與ETF必須掛牌上市　(B) ETN可實物申購與贖回
(C) ETN有到期日　(D) ETF有流動風險。

(　) 20. 下列敘述何者有誤？
(A) ETF屬於被動式管理　(B) ETN具發行人信用風險
(C) ETF有到期日　(D) ETN有流動風險。

得　分

全華圖書（版權所有，翻印必究）
投資學
CH10 固定收益證券

班級：＿＿＿＿＿＿
學號：＿＿＿＿＿＿
姓名：＿＿＿＿＿＿

證照題─證券商業務員

(　　) 1. 通常債券的特性不包含下列何種特性？
(A) 定期領息　(B) 到期還本　(C) 具公司管理權　(D) 具公司資產求償權。

(　　) 2. 請問衡量債券的到期報酬率為何？
(A) 殖利率　(B) 票面利率　(C) 當期收益率　(D) 贖回利率。

(　　) 3. 通常發行債券時，提供債券保本保息的單位為何？
(A) 受託機構　(B) 簽證機構　(C) 評鑑機構　(D) 保證機構。

(　　) 4. 通常公司發行債券，提供資產作為抵押，或沒有提供擔保品，但有銀行願保證之債券稱為何？
(A) 有擔保公司債　(B) 無擔保公司債　(C) 抵押債券　(D) 信用公司債。

(　　) 5. 通常公司債以資產擔保型態發行，哪一個機構須擔負擔保品評價之責？
(A) 投資機構　(B) 發行公司　(C) 承銷商　(D) 受託機構。

(　　) 6. 通常可賣回公司債之賣回權利是操之為何者？
(A) 受託機構　(B) 發行公司　(C) 證券承銷商　(D) 債權人。

(　　) 7. 通常可贖回公司債在何種時機會選擇贖回？
(A) 市場利率下跌時　　(B) 市場利率上漲時
(C) 公司倒閉前　　(D) 公司發放股利時。

(　　) 8. 通常可交換公司債可在發行期間後，換成下列何者？
(A) 公司的普通股　　(B) 公司的特別股
(C) 其他公司的債券　　(D) 其他公司的普通股。

(　　) 9. 通常零息債券的發行方式為何？
(A) 貼現發行　(B) 附載利息發行　(C) 按面額發行　(D) 以上皆可。

(　　) 10. 下列何者屬於債券溢價發行的情況？
(A) 票面利率＜當期收益率＜到期殖利率
(B) 票面利率＝當期收益率＝到期殖利率
(C) 票面利率＞ 當期收益率＞到期殖利率
(D) 當期收益率＞票面利率＞到期殖利率。

（請沿虛線撕下）

(　　) 11.某一債券3年後到期，面額100,000元，票面利率為5%，若以$95,000買入，則當期收益率為何？

(A) 6.31%　(B) 5.26%　(C) 5%　(D) 6.41%。

(　　) 12.某公司目前發行為期3年、面額100,000元之債券，票面利率為6%，每一年付息一次，殖利率為5%，則發行價格應為何？

(A) 102,723元　(B) 101,550元　(C) 100,000元　(D) 103,550元。

(　　) 13.有一為期3 年，面額100,000 元之零息債券，目前折現率為6%，則債券價格為何？

(A) 83,962 元　(B) 86,384 元　(C) 10,000 元　(D) 83,666 元。

(　　) 14.有一永續債券永遠可收到10 萬元的利息，在折現率為5% 的情況下，試問此公司債的價值為何？

(A) 2,000,000元　(B) 100,000元　(C) 1,250,000元　(D) 800,000元。

(　　) 15.某公司發行3 年期附息債券，面額1 萬元，票面利率6%，每半年支付利息一次，若殖利率為7%，則此債券屬於：

(A) 溢價債券　(B) 平價債券　(C) 折價債券　(D) 無息債券。

(　　) 16.若A 債券的存續期間為5.6，該債券的殖利率為6%，且採半年付息一次，請問該債券的修正存續期間為何？

(A) 5.6　(B) 6　(C) 5.28　(D) 5.44。

(　　) 17.請問存續期間與下列何項因素成正比？

(A) 到期年限　(B) 票面利率　(C) 殖利率　(D) 付息次數。

(　　) 18.債券評等主要在評估債券的

(A) 利率風險　(B) 違約風險　(C) 流動性風險　(D) 再投資風險。

(　　) 19.債券評等的等級愈高，債券的何種風險愈低？

(A) 系統風險　(B) 流動性風險　(C) 利率風險　(D) 違約風險。

(　　) 20.下列何者不會影響投資者投資債券的風險？

(A) 利率風險　(B) 違約風險　(C) 贖回風險　(D) 以上皆非。

得　分	**全華圖書**（版權所有，翻印必究）	班級： _____
	投資學	學號： _____
	CH11 債券市場	姓名： _____

證照題─證券商業務員

（　　）1. 請問現行臺灣的債券交易中，下列哪一種債券在集中市場交易？
(A) 公債　(B) 金融債　(C) 可轉換公司債　(D) 外國債。

（　　）2. 請問臺灣的債券市場是以哪一機構為市場創造者？
(A) 郵匯局　(B) 證券自營商　(C) 保險公司　(D) 銀行。

（　　）3. 請問臺灣欲購買小額公債須至哪裡購買？
(A) 郵匯局　(B) 證券自營商　(C) 票券金融公司　(D) 銀行。

（　　）4. 現行國內發行的寶島債是以何種幣別計價？
(A) 新臺幣　(B) 人民幣　(C) 日圓　(D) 美元。

（　　）5. 現行臺灣承作債券附條件交易的稅負為？
(A) 0%　(B) 10%　(C) 20%　(D) 30%。

（　　）6. 請問承作債券附條件交易，其買賣是以何者的觀點去定義？
(A) 投資人　(B) 證券自營商　(C) 中央銀行　(D) 政府。

（　　）7. 請問債券附買回的簡稱為何？
(A) OP　(B) OS　(C) RS　(D) RP。

（　　）8. 請問債券附賣回的簡稱為何？
(A) OP　(B) OS　(C) RS　(D) RP。

（　　）9. 請問債券賣斷的簡稱為何？
(A) OP　(B) OS　(C) RS　(D) RP。

（　　）10. 通常臺灣從事債券買賣斷交易基本的金額為何？
(A) 500 萬　(B) 1,000 萬　(C) 5,000 萬　(D) 1 億。

（　　）11. 在從事債券殖利率報價時，其報價的基本升降單位為1 個基準點（Basis Point；BP）為何？
(A) 10%　(B) 1%　(C) 0.1%　(D) 0.01%。

（　　）12. 通常附條件交易的交割期限，依一般市場實務以成交日（T）為基準的哪一天交割？
(A) T　(B) T＋1　(C) T＋2　(D) 以上皆可。

(　　) 13. 若至證券商營業處所交易債券買賣斷，其交割期限以成交日（T）為基準的哪一天交割？
(A) T　(B) T＋1　(C) T＋2　(D) 以上皆可。

(　　) 14. 請問國內實施公債發行前交易（When-issued Trading），是指公債在發行前幾天可先進行交易？
(A) 8　(B) 10　(C) 15　(D) 20。

(　　) 15. 下列敘述何者有誤？
(A) 普通公司債，如欲對外公開銷售，不全數委託證券承銷商包銷　(B) 目前債券買賣斷交易是採指標公債電腦議價制度　(C) 銀行是債券市場的市場創造者　(D) 一般個人投資戶承作RP，利息收入採分離課10%的利息所得稅。

(　　) 16. 下列敘述何者正確？
(A) 通常在同一天之中，交易商對同天期的RP與RS 的利率報價，會RP高於RS　(B) 公司債與可轉換公司債的RP利率會高於公債RP利率　(C) RP是一種具有融資效果的債券交易　(D) 投資買賣斷債券所產生的債息收入，個人亦採20%分離課稅。

(　　) 17. 下列敘述何者有誤？
(A) 臺灣債券大都以殖利率報價　(B) 公債發行前交易，公債可在發行前15天可先進行交易　(C) RS是一種具有融資效果的債券交易　(D) 通常臺灣從事債券買賣斷交易基本的金額為1億元。

(　　) 18. 下列敘述何者有誤？
(A) 政府公債採標售發行　(B) 寶島債是以美元計價為主　(C) RS稱為債券附賣回交易　(D) OS稱為債券賣斷交易。

(　　) 19. 下列敘述何者有誤？
(A) 債券買賣交易是以投資人觀點出發　(B) 寶島債是以人民幣計價為主　(C) RP稱為債券附買回交易　(D) OP稱為債券買斷交易。

(　　) 20. 下列敘述何者有誤？
(A) 國內保險公司亦可參與公債標售　(B) 通常同天期RS的利率報價會高於RP　(C) 郵匯局是國內主要的債券市場創造者　(D) 國內公司債可採私下募集。

得　分

投資學　班級：＿＿＿＿＿＿

CH12 基本面分析——市場面與產業面　學號：＿＿＿＿＿＿

姓名：＿＿＿＿＿＿

證照題—證券商業務員

(　　) 1. 基本分析中，由上而下分析法認為選股應該最先應考慮的何種方面的因素？
(A) 市場面　(B) 產業面　(C) 公司面　(D) 消息面。

(　　) 2. 基本分析中，由下而上分析法認為選股應該最先應考慮的何種方面的因素？
(A) 市場面　(B) 產業面　(C) 公司面　(D) 消息面。

(　　) 3. 下列何者屬於市場面分析的非經濟因素？
(A) 利率　(B) 物價　(C) 政策　(D) 匯率。

(　　) 4. 下列何項不算景氣指標？
(A) 景氣燈號　(B) 同時指標　(C) 領先指標　(D) 物價指數。

(　　) 5. 當景氣燈號為黃藍燈表示景氣處於？
(A) 過熱　(B) 穩定　(C) 趨向熱絡　(D) 趨向衰退。

(　　) 6. 通常市場利率的走勢會與股價成何種關係？
(A) 正比　(B) 反比　(C) 無關　(D) 穩定。

(　　) 7. 當新臺幣升值時，可能會導致臺灣以出口為導向的公司股價？
(A) 下跌　(B) 上漲　(C) 無關　(D) 穩定。

(　　) 8. 當新臺幣貶值時，可能會導致外國資金流出，對股市的走勢造成何種情形？
(A) 下跌　(B) 上漲　(C) 無關　(D) 穩定。

(　　) 9. 通常物價持續上漲對股市的影響為何？
(A) 正面　(B) 反面　(C) 無關　(D) 穩定。

(　　) 10.貨幣供給額增加，將導致股市價格如何？
(A) 下跌　(B) 上漲　(C) 無關　(D) 穩定。

(　　) 11.當預期M1B年增率減緩，投資人將預期整體股價：
(A) 上漲　(B) 下跌　(C) 可能上漲或下跌　(D) 無關。

(　　) 12.就產業生命週期而言，投資下列何種時期的股票比較容易獲取資本利得？
(A) 草創期　(B) 成長期　(C) 成熟期　(D) 衰退期。

（請沿虛線撕下）

(　　) 13.承上題，投資人會以享有較高的股利收益為主，為何時期？

(A) 草創期　(B) 成長期　(C) 成熟期　(D) 衰退期。

(　　) 14.下列哪一產業比較屬於成長型產業？

(A) 食品業　(B) 電子業　(C) 汽車業　(D) 證券業。

(　　) 15.下列哪一產業比較屬於防禦型產業？

(A) 食品業　(B) 電子業　(C) 汽車業　(D) 證券業。

(　　) 16.下列哪一產業比較屬於循環型產業？

(A) 食品業　(B) 電子業　(C) 汽車業　(D) 公用事業。

(　　) 17.下列哪一產業比較屬於利率敏感型產業？

(A) 證券業　(B) 電子業　(C) 汽車業　(D) 公用事業。

(　　) 18.對產業結構分析中，常常使用的五力分析，不包括何項？

(A) 潛在競爭者　(B) 替代性產品　(C) 政府介入　(D) 買方議價力。

(　　) 19.下列敘述中何者有誤？

(A) 基本分析中，由上而下分析應先考慮總體經濟面　(B) 景氣燈號，紅黃燈代表景氣趨向衰退　(C) 國際經濟衰退，臺灣也會受衝擊　(D) 股市漲跌領先景氣起落。

(　　) 20.下列事項那些對股市具有正面效果？ a. 領先指標上揚、b. 央行調高存款準備率、c. 新臺幣升值、d. 油價上漲、e. M_{1B} 貨幣供給額增加。

(A) abc　(B) ae　(C) abce　(D) be。

得 分

投資學

CH13 基本面分析——公司面

班級：

學號：

姓名：

證照題—證券商業務員

(　　) 1. 下列那項與基本分析的公司面分析無關？

(A) 負債比率　(B) 本益比　(C) 資券比　(D) 盈餘宣告。

(　　) 2. 下列何者不是企業的主要財務報表？

(A) 權益變動表　(B) 資產負債表（財務狀況表）

(C) 公司財產明細表　(D) 現金流量表。

(　　) 3. 下列何者屬於衡量企業之「流動性」的財務比率？

(A) 流動比率　(B) 應收帳款週轉率　(C) 負債比率　(D) 現金流量比。

(　　) 4. 下列何者屬於衡量企業之「資產管理能力」的財務比率？

(A) 流動比率　(B) 速動比率　(C) 利息賺得倍數　(D) 存貨週轉率。

(　　) 5. 下列何者屬於衡量企業之「負債管理」的財務比率？

(A) 資產報酬率　(B) 純益率　(C) 每股盈餘　(D) 利息賺得倍數。

(　　) 6. 下列何者屬於衡量企業之「獲利能力」的財務比率？

(A) 資產報酬率　(B) 營業利益率　(C) 股東權益報酬率　(D) 以上皆是。

(　　) 7. 下列何者屬於衡量企業之「市場價值」的財務比率？

(A) 每股盈餘　(B) 股價淨值比　(C) 本益比　(D) 以上皆是。

(　　) 8. 在財務比率指標中，下列何者愈高愈好？

(A) 應收帳款週轉率　(B) 平均收現期間　(C) 負債比率　(D) 存貨週轉天數。

(　　) 9. 在財務比率指標中，下列何者愈低愈好？

(A) 速動比率　(B) 流動比率　(C) 負債比率　(D) 股東權益報酬率。

(　　) 10. 若A 公司每股淨值為30，目前該公司股票的市場價格為每股150 元，請問該公司的普通股市價對淨值比為何？

(A) 5　(B) 0.2　(C) 6　(D) 1.8。

(　　) 11. 若B 公司的普通股市價對淨值比為4，公司淨值每股20元，每股盈餘4元，請問該公司的本益比為何？

(A) 5　(B) 8　(C) 10　(D) 20。

（請沿虛線撕下）

(　　) 12.某公司的股價為30元，今年預計發放1.5元現金股利，請問該公司的股利殖利率為何？
(A) 5%　(B) 8%　(C) 10%　(D) 12%。

(　　) 13.若AB 兩家公司，其本益比分別為10與20，請問下列敘述何者正確？
(A) A股價相較B股價被高估　(B) A股價相較B股價被低估
(C) A的股價比B高　(D) A的股價比B低。

(　　) 14.若CD兩家公司，股價淨值比分別為2與5，請問下列敘述何者正確？
(A) C的股價比D高　(B) D股價比C高
(C) C和D的股價相同　(D) 兩者股價無法比較。

(　　) 15.通常股票新上市上櫃對股價的影響為何？
(A) 正向　(B) 反向　(C) 無關　(D) 以上皆非。

(　　) 16.請問發行現金增資股通常對股價的影響為何？
(A) 正向　(B) 反向　(C) 無關　(D) 不一定。

(　　) 17.通常公司實施庫藏股對股價的影響為何？
(A) 正向　(B) 反向　(C) 無關　(D) 不一定。

(　　) 18.下列何項非屬公司事件研究分析之範疇？
(A) 實施庫藏股　(B) 減資　(C) 股利發放　(D) 融資融券。

(　　) 19.下列有關企業的資產負債表（財務狀況表）分析敘述，何者有誤？
(A) 流動性比率可以研判企業的短期償債風險　(B) 在資產報酬率高於舉債資金成本前提下，負債比率愈高，股東權益報酬率愈高　(C) 公司總資產報酬率和公司舉債程度成正向關係　(D) 企業的流動性比率愈高，總資產的報酬率愈低。

(　　) 20.下列哪些事件發生後對股價為較正向反應？
A.公司新上市上櫃 B.公司現金增資 C.良好的公司辦理減資 D.公司買回庫藏股 E.公司董監事改選 F.多頭市場除權 G. 公司宣佈高股利發放 H. 公司宣佈購併 I. 被投信認養的股票的年底作帳
(A) ACDEFGI　(B) ABCDEFGHI　(C) ABCDEFGI　(D) ACDEFGHI。

得 分

投資學

CH14 技術面分析

班級：＿＿＿＿＿＿
學號：＿＿＿＿＿＿
姓名：＿＿＿＿＿＿

證照題—證券商業務員

(　　) 1. 下列何者是技術分析考慮的因素？
(A) 總體經濟表現　(B) 產業發展景氣　(C) 股票的價量關係　(D) 公司財務資料。

(　　) 2. 若要描繪K 線須某一期間內的何些股價？
(A) 收盤價　(B) 開盤價及收盤價
(C) 最高價、最低價及收盤價　(D) 開盤價、收盤價、最高價、最低價。

(　　) 3. 若K線留下很長的上影線表示為何？
(A) 股票在高檔會被大量買進　(B) 股票在高檔會被大量賣出
(C) 股票在低檔會被大量買進　(D) 股票在低檔會被大量賣出。

(　　) 4. 下列何者屬於應買進的型態？
(A) 頭肩頂　(B) 雙重頂　(C) M頭　(D) W底。

(　　) 5. 波浪理論中上漲波與下跌波，各有幾波？
(A) 3,5　(B) 5,8　(C) 3,8　(D) 5,3。

(　　) 6. 下列對KD值，敘述何者正確？
(A) K為短線　(B) D為長線　(C) KD介於0～100　(D) 以上皆是。

(　　) 7. RSI指標中，下列何值屬於超賣區？
(A) 100　(B) 90　(C) 50　(D) 10。

(　　) 8. 下列對MACD 的敘述，何者錯誤？
(A) 有快與慢線之分　(B) 指標計算過程中加以平滑化
(C) 為成交量的技術指標　(D) 有二條平均線。

(　　) 9. 下列對乖離率的敘述，何者錯誤？
(A) 有正負乖離率之分　(B) 價格性指標
(C) 正乖離率愈大愈要買進　(D) 負乖離率愈大愈要買進。

(　　) 10. 下列有關成交量敘述，何者正確？
(A) 價是量的先行指標　(B) 價漲量縮，後勢看漲
(C) 價跌量增，後市看空　(D) 價漲量增，後市持平。

(請沿虛線撕下)

(　) 11. 下列有關融資融券，何者有誤？
(A) 融資太高，股價愈易上漲　(B) 融券太高，愈容易軋空
(C) 券資比為融券金額除以融資金額　(D) 研判市場投機的多空力道強弱。

(　) 12. 有關心理線（PSY）敘述，何者有誤？
(A) PSY愈高，表示超買　(B) 是衡量上漲或下跌天數的一種技術指標
(C) PSY愈低，表示賣出訊號　(D) 正常值介於25%～75%。

(　) 13. 下列哪一種屬於價的技術指標？
(A) MACD　(B) 成交量　(C) OBV　(D) 融資融券。

(　) 14. 下列哪一種屬於量的技術指標？　(A) MACD　(B) RSI　(C) OBV　(D) KD。

(　) 15. 下列敘述何者有誤？
(A) 每日K線留下很長下影線，對後市是好的　(B) 三重底之後，股市有可能往上　(C) 股價在移動平均線之下，但移動平均線仍往上，可以買進　(D) 道氏理論強調上漲5大波，下跌3大波。

(　) 16. 下列敘述何者有誤？
(A) KD與MACD都有快與慢線之分
(B) 威廉指標的研判與KD值相同
(C) DMI趨勢指標可適用於大盤與個股的技術指標
(D) 若K值大於D值，K線向上突破D線時，表示買進訊號。

(　) 17. 下列敘述何者有誤？
(A) 價漲量增，後勢看漲　(B) 若OBV線下降，股價上升，為賣出訊號
(C) ADL與ADR技術指標都與漲跌家數有關　(D) 心理線愈高，愈應買進。

(　) 18. 下列敘述何者有誤？
(A) RSI愈高表示股票可能被超買　(B) KD值中，K表慢線，D表快線
(C) VIX愈高，表示投資人對未來股市走勢愈恐慌　(D) DMI是一種價的技術指標。

(　) 19. 下列敘述何者有誤？
(A) 券資比愈高表示有軋空的可能　(B) KD值中，K表短線，D表長線
(C) OBV是一種價的技術指標　(D) P/C Ratio也可用於研判股市漲跌。

(　) 20. 下列敘述何者有誤？
(A) RSI愈低表示股票可能被超賣　(B) MACD是一種價的技術指標　(C) 乖離率主要衡量目前股價偏離移動平均線的程度　(D) 波浪理論強調上漲3大波，下跌5大波。

得 分

全華圖書(版權所有,翻印必究)

投資學

CH15 期貨市場

班級:

學號:

姓名:

證照題─證券商業務員

( ) 1. 請問市場的演進為何?

(A) 現貨交易→遠期交易→期貨交易 (B) 期貨交易→遠期交易→現貨交易

(C) 現貨交易→期貨交易→遠期交易 (D) 期貨交易→現貨交易→遠期交易。

( ) 2. 下列何者屬於商品期貨?

(A) 黃金期貨 (B) 股價指數期貨 (C) 利率期貨 (D) 外匯期貨。

( ) 3. 下列何者不屬於金融期貨?

(A) 利率期貨 (B) 股價指數期貨 (C) 金屬期貨 (D) 外匯期貨。

( ) 4. 何者非外匯期貨商品?

(A) 歐元期貨 (B) 日圓期貨 (C) 歐洲美元期貨 (D) 英鎊期貨。

( ) 5. 下列何者非期貨合約之特性?

(A) 合約內容標準化 (B) 交易雙方可以議價

(C) 保證金會每日結算 (D) 在集中市場交易。

( ) 6. 下列何者為期貨合約的功能?

(A) 避險的功能 (B) 價格發現的功能 (C) 投機的功能 (D) 以上皆是。

( ) 7. 國內期貨交易的主管機關為何?

(A) 經濟部 (B) 金融監督管理委員會 (C) 中央銀行 (D) 國貿局。

( ) 8. 下列對「臺灣期貨交易所」之描述,何者為正確?

(A) 公司制、具非營利事業機構 (B) 會員制、具非營利事業機構

(C) 公司制、具營利事業機構 (D) 會員制、具營利事業機構。

( ) 9. 臺灣期貨交易所之結算機構組織為何?

(A) 會員制 (B) 獨立之機構 (C) 合併在期交所內 (D) 以上皆非。

( ) 10. 下列描述「場內自營商」(Floor Trader)何者不正確?

(A) 幫其他會員下單 (B) 俗稱搶帽客(Scalper)

(C) 只為自己下單 (D) 賺取買賣價差。

(請沿虛線撕下)

(　　) 11. 下列描述「期貨營業員」何者不正確？
(A) 為期貨經紀商之業務代表　(B) 接受客戶的委託單轉給發單人員並回報交易結果　(C) 提供客戶所需市場價格資訊　(D) 因期貨操作難度高，故可代客操作。

(　　) 12. 當期貨合約於到期日收盤後，則期貨價格與現貨價格應為何較合理？
(A) 期貨價格可高於現貨價格　(B) 期貨價格可低於現貨價格
(C) 期貨價格需等於現貨價格　(D) 期貨價格一定等於現貨價格。

(　　) 13. 下列何者不屬於持有成本（Cost of Carrying）？
(A) 運輸成本　(B) 保險費用　(C) 倉儲費用　(D) 保證金費用。

(　　) 14. 下列何者會造成在不同交易所，交易之同一種期貨商品價格的差異？
(A) 地理位置　(B) 交割品質的規定
(C) 運輸成本　(D) 選項(A)、(B)、(C) 皆是。

(　　) 15. 請問臺灣加權股價指數期貨的契約價值為何？
(A) 指數乘上新臺幣50元　(B) 指數乘上新臺幣100元
(C) 指數乘上新臺幣200元　(D) 指數乘上新臺幣500元。

(　　) 16. 請問臺灣期貨交易所股價指數期貨之最後交易日為何？
(A) 交割月份倒數第2個工作日　(B) 交割月份第2個星期三
(C) 交割月份第4個星期三　(D) 交割月份之第3個星期三。

(　　) 17. 下列敘述何者為非？
(A) 遠期合約的交易方式是屬於店頭市場　(B) 期貨合約是標準化的合約
(C) 期貨的買賣方都需付保證金　(D) 歐洲美元是外匯期貨的一種。

(　　) 18. 下列敘述何者正確？
(A) 期貨合約必須對交易價格進行標準化　(B) 股價指數合約只能現金交割
(C) 期貨的買方需付權利金，賣方需付保證金　(D) 黃金期貨屬於金融商品期貨。

(　　) 19. 下列敘述何者正確？
(A) 臺灣期貨交易所採會員制
(B) 期貨自營商可以幫客戶下單買賣期貨
(C) 期貨結算所需每日計算客戶保證金的餘額
(D) 仲介經紀商亦可收取客戶保證金。

(　　) 20. 下列敘述何者為非？
(A) 期貨價格等於現貨價格加持有成本　(B) 期貨價格一定高於現貨價格
(C) 期貨持有成本通常為正　(D) 不一定每種商品都有便利收益。

得　分

投資學

CH16 選擇權市場

班級：________

學號：________

姓名：________

證照題—證券商業務員

(　　) 1. 買進股票賣權具有：

(A) 依履約價格買進標的股票之權利　(B) 依履約價格賣出標的股票之權利

(C) 依履約價格買進標的股票之義務　(D) 依履約價格賣出標的股票之義務。

(　　) 2. 賣出股票買權具備：

(A) 按履約價格買入該股票的權利　(B) 按履約價格賣出該股票的權利

(C) 按履約價格買入該股票的義務　(D) 按履約價格賣出該股票的義務。

(　　) 3. 在股票選擇權交易中，其交易價格是指？

(A) 權利金　(B) 保證金　(C) 履約價格　(D) 股價。

(　　) 4. 買賣選擇權何者須付權利金？

(A) 買方　(B) 賣方　(C) 買賣雙方均要　(D) 買賣雙方均不要。

(　　) 5. 買進買權的損益兩平點等於？

(A) 履約價格減權利金　(B) 履約價格減保證金

(C) 履約價格加權利金　(D) 履約價格加保證金。

(　　) 6. 買進賣權的時機通常應該是：

(A) 多頭市場　(B) 空頭市場　(C) 多、空頭市場皆可　(D) 與市場無關。

(　　) 7. 價外（out-of-the-money）期貨買權指期貨價格：

(A) 等於履約價格　(B) 大於履約價格

(C) 小於履約價格　(D) 大於或小於履約價格。

(　　) 8. 設期貨買權（Call）履約價格為E，選擇權標的期貨市價F，若F ＞ E，則其內含價值等於：

(A) 0　(B) F － E　(C) E － F　(D) F。

(　　) 9. 關於選擇權價值何者正確？

(A) 時間價值＝權利金＋內含價值　(B) 時間價值＝權利金

(C) 時間價值＝權利金－內含價值　(D) 時間價值＝履約價格。

(　　) 10.其他條件不考慮，到期期限越長之期貨買權，其價格應如何？

(A) 越低　(B) 越高　(C) 不一定　(D) 不受影響。

（請沿虛線撕下）

(　) 11.下列何者會使期貨買權的權利金增加？
(A) 到期日接近 (B) 期貨價格下跌
(C) 期貨價格波動性加大 (D) 利率下跌。

(　) 12.期貨價格的波動度增大，則期貨賣權的價值會如何？
(A) 增加 (B) 減少 (C) 不受影響 (D) 有時增加，有時減少。

(　) 13.期貨賣權（Put）的履約價格越高，其他條件不變，賣權的價格應該如何？
(A) 越高 (B) 越低 (C) 不一定 (D) 不受影響。

(　) 14.下列因素哪些與買權價值成正比？
(A) 標的物價格 (B) 履約價格 (C) 距到期日時間長短 (D) 標的物價格的變動幅度 (e) 標的物的股利發放率 (f) 無風險利率
(A) acdf (B) acd (C) bcde (D) bcdg。

(　) 15.承上題，哪些與賣權價值成正比？
(A) acd (B) bcde (C) acdf (D) bcdg。

(　) 16.我國臺指選擇權的契約乘數為何？
(A) 每點150元 (B) 每點100元 (C) 每點50元 (D) 每點200元。

(　) 17.以下有關股票選擇權的敘述，何者有誤？
(A) 賣方收取權利金，但必須承擔履約義務 (B) 買方執行契約後將會持有股票部位 (C) 買方的利潤為履約價格與選擇權結算價格之價差 (D) 不管買方或賣方，在履約後都必須承擔股票價格變動的風險。

(　) 18.若交易人預期黃金上漲，則應選擇下列哪些情形？（Ⅰ）賣黃金期貨賣權（Ⅱ）買黃金期貨賣權（Ⅲ）賣黃金期貨買權（Ⅳ）買黃金期貨買權
(A)（Ⅰ）、（Ⅱ） (B)（Ⅱ）、（Ⅲ） (C)（Ⅰ）、（Ⅳ） (D)（Ⅰ）、（Ⅲ）。

(　) 19.下列敘述何者為正確？
(A) 選擇權的買方需付保證金 (B) 美式選擇權價格較歐式高 (C) B-S 選擇權訂價模式是一個離散型模型 (D) 時間價值＝權利金＋內含價值。

(　) 20.關於期貨買權，以下何者正確？
(A) 價內買權價值小於價外買權價值 (B) 價內買權內含價值小於價外買權內含價值 (C) 價內買權內含價值大於價外買權內含價值 (D) 價內買權時間價值大於價外買權時間價值。

得 分

投資學

CH17 認購（售）權證

班級：

學號：

姓名：

證照題—證券商業務員

( ) 1. 下列何者非權證的特性？
(A) 具槓桿功能 (B) 可以避險 (C) 可以投機 (D) 價值不隨時間改變。

( ) 2. 買認購權證，通常認為將來股市會如何？
(A) 上漲 (B) 下跌 (C) 盤整 (D) 持平。

( ) 3. 買認售權證，通常認為將來股市會如何？
(A) 上漲 (B) 下跌 (C) 盤整 (D) 持平。

( ) 4. 某交易人買入認購權證，則「交易人」相當於下列那一種角色？
(A) 買進買權 (B) 買進賣權 (C) 賣出買權 (D) 賣出賣權。

( ) 5. 認售權證的發行者具有何種權利或義務？
(A) 依履約價格買進股票的義務 (B) 依履約價格買進股票的權利
(C) 依履約價格賣出股票的權利 (D) 依履約價格賣出股票的義務。

( ) 6. 下列何者為掩護型認購權證的特色？
(A) 通常隨債券發行 (B) 可幫公司籌資 (C) 交易流通用 (D) 以上皆是。

( ) 7. 下列何種權證的波動性比較高？
(A) 組合型權證 (B) 單一個股型權證 (C) 指數型權證 (D) 以上都沒差異。

( ) 8. 下列何者為價平認購權證的特性？
(A) 權利金較價外為低 (B) 可提早履約
(C) 股價等於履約價 (D) 股價大於履約價。

( ) 9. 下列何種認購權證最可能提早履約？
(A) 價內認購權證 (B) 歐式認購權證
(C) 價外認購權證 (D) 價平認購權證。

( ) 10.重設型的認購權證是指何者可以重設？
(A) 權利金 (B) 權證價格 (C) 履約價格 (D) 行使比例。

( ) 11.上限型認購權證是指下列哪項有設上限價？
(A) 漲跌幅 (B) 權證價格 (C) 履約價格 (D) 投資人的獲利。

（請沿虛線撕下）

(　　) 12.下列何者非國內發行牛熊證的特性？
(A) 權證漲跌貼近市價　(B) 訂價透明　(C) 具停損機制　(D) 價外發行。

(　　) 13.請問國內的延展牛熊證，若投資人欲須延展時，無須再支付下一期的財務相關費用，通常調整何種項目來替代？
(A) 履約價格　(B) 權證價格　(C) 權利金　(D) 行使比例。

(　　) 14.若權證的溢價率愈高表示？
(A) 被執行的機會愈低　(B) 現在被執行損失愈小
(C) 權證的履約價很高　(D) 權證價格愈高。

(　　) 15.認購權證之槓桿比率為何？
(A) 標的物市價除以認購權證價格　(B) 標的物市價除以執行價格
(C) 認購權證價格除以執行價格　(D) 執行價格除以標的物市價。

(　　) 16.如果某檔權證槓桿比率為6，Delta 為0.6，則實際槓桿比率為何？
(A) 10　(B) 6　(C) 3.6　(D) 0.6。

(　　) 17.權證的隱含波動率愈大，表示如何？
(A) 權證價格愈貴　(B) 權證履約價格愈高
(C) 權證距到期日愈久　(D) 無風險利率愈高。

(　　) 18.下列何種因素對權證的理論價格沒有影響？
(A) 無風險利率　(B) 權證履約價格
(C) 權證距到期日　(D) 權證發行者的信用。

(　　) 19.下列敘述何者有誤？
(A) 美式權證的價格通常較歐式高　(B) 單一型權證波動度較指數型高
(C) 重設型權證的訂價應較一般型高　(D) 上限型認購權證的訂價應較一般型高。

(　　) 20.下列有關國內發行牛熊證的敘述何者正確？
(A) 牛證：履約價＞限制價＞標的物市價
(B) 熊證：標的物市價＞限制價＞履約價
(C) 牛熊證的價格無一般選擇權因隨著到期日的逼近，而使時間價值逐漸遞減之情形
(D) 牛熊證在發行時採價外發行。

（請由此線剪下）

讀者回函卡

掃 QRcode 線上填寫 ▶▶▶

姓名：＿＿＿＿＿＿ 生日：西元＿＿＿年＿＿月＿＿日 性別：□男 □女

電話：（ ）＿＿＿＿ 手機：＿＿＿＿＿＿

e-mail：（必填）＿＿＿＿＿＿＿＿＿＿

註：數字零，請用 Φ 表示，數字 1 與英文 L 請另註明並書寫端正，謝謝。

通訊處：□□□□□

學歷：□高中・職 □專科 □大學 □碩士 □博士

職業：□工程師 □教師 □學生 □軍・公 □其他

學校／公司：＿＿＿＿＿＿ 科系／部門：＿＿＿＿＿＿

・需求書類：

□A. 電子 □B. 電機 □C. 資訊 □D. 機械 □E. 汽車 □F. 工管 □G. 土木 □H. 化工 □I. 設計 □J. 商管 □K. 日文 □L. 美容 □M. 休閒 □N. 餐飲 □O. 其他

・本次購買圖書為：＿＿＿＿＿＿ 書號：＿＿＿＿＿＿

・您對本書的評價：

封面設計：□非常滿意 □滿意 □尚可 □需改善，請說明＿＿＿＿

內容表達：□非常滿意 □滿意 □尚可 □需改善，請說明＿＿＿＿

版面編排：□非常滿意 □滿意 □尚可 □需改善，請說明＿＿＿＿

印刷品質：□非常滿意 □滿意 □尚可 □需改善，請說明＿＿＿＿

書籍定價：□非常滿意 □滿意 □尚可 □需改善，請說明＿＿＿＿

整體評價：請說明＿＿＿＿

・您在何處購買本書？

□書局 □網路書店 □書展 □團購 □其他＿＿＿＿

・您購買本書的原因？（可複選）

□個人需要 □公司採購 □親友推薦 □老師指定用書 □其他＿＿＿＿

・您希望全華以何種方式提供出版訊息及特惠活動？

□電子報 □DM □廣告（媒體名稱＿＿＿＿）

・您是否上過全華網路書店？（www.opentech.com.tw）

□是 □否 您的建議＿＿＿＿

・您希望全華出版哪方面書籍？＿＿＿＿

・您希望全華加強哪些服務？＿＿＿＿

感謝您提供寶貴意見，全華將秉持服務的熱忱，出版更多好書，以饗讀者。

填寫日期：　／　／

2020.09 修訂

親愛的讀者：

感謝您對全華圖書的支持與愛護，雖然我們很慎重的處理每一本書，但恐仍有疏漏之處，若您發現本書有任何錯誤，請填寫於勘誤表內寄回，我們將於再版時修正，您的批評與指教是我們進步的原動力，謝謝！

全華圖書　敬上

勘誤表

書號		書名		作者	
頁數	行數	錯誤或不當之詞句		建議修改之詞句	

我有話要說：（其它之批評與建議，如封面、編排、內容、印刷品質等・・・）